억만장자의 거리

Billionaires' Row

Copyright © 2023 by Katherine Clarke
Map copyright © 2023 by Jeffrey L. Ward, Inc.
This edition published by arrangement with Crown Currency,
an imprint of the Crown Publishing Group, a division of
Penguin Random House LLC.
All Rights Reserved.

Korean translation copyright © 2025 by ITDAM BOOKS
Korean translation rights arranged with
The Crown Publishing Group through EYA Co.,Ltd

이 책의 한국어판 저작권은 EYA Co.,Ltd를 통해
The Crown Publishing Group과 독점 계약한 잇담에 있습니다.
저작권법에 의하여 한국 내에서 보호를 받는 저작물이므로
무단 전재와 무단 복제를 금합니다.

BILLIONAIRES' ROW

억만장자의 거리

세계에서 가장 비싼 부동산,
뉴욕 억만장자 거리에 숨겨진 이야기

캐서린 클라크 지음 | 이윤정 옮김

ITDAM BOOKS

이 책에 대한 찬사

초호화 아파트의 건축 이면에 숨겨진 인간과 금융, 정치 드라마를 다채롭게 풀어냈다.―「뉴욕 포스트」

미래 인류학자나 외계인은 초부유 시대를 이해하기 위해 뉴욕 센트럴파크 남단 가장자리 위로 믿기 힘들 만큼 높이 솟은 여섯 개의 뾰족한 건물들을 들여다볼 것이다. 당신은 그 건물과 건물을 지은 사람들에 관한 캐서린 클라크의 스릴 넘치는 연대기 『억만장자의 거리』를 참고하면 된다.―「파이낸셜타임스」

『억만장자의 거리』는 뉴욕 초호화 부동산과 최신식 초고층 주택의 세계에 드리운 장막을 걷어낸다. 엠파이어스테이트빌딩과 크라이슬러 빌딩이 세워진 지 한 세기가 지난 지금까지도 뉴욕의 스카이라인을 변화시키는 자존심, 돈, 경쟁이라는 강력한 조합을 매혹적으로 그려냈다.― 케이트 애셔Kate Ascher, 컬럼비아대학교 도시개발학과 교수

『억만장자의 거리』는 맨해튼 스카이라인을 만든 계략, 자존심과 대담함으로 21세기 뉴욕을 재정의한 다채로운 인물에 대한 심층적인 여정으로 독자를 안내한다. 수사물인 동시에 전기이기도 한 이 책은 빅 애플(뉴욕의 별칭)에서는 어떻게 부와 야망이 다른 모든 것을 압도하는가에 주목한다.― 줄리 사토우Julie Satow, 『더 플라자The Plaza』 저자

뉴욕 센트럴파크를 따라 우뚝 솟은 초대형 마천루를 날카로운 눈으로 바라보고, 엄청난 불평등 시대의 대차대조표를 폭로한다.―『커커스 리뷰』

캐서린 클라크는 뉴욕 맨해튼 57번가의 현대판 바벨탑 이면에 숨겨진 인물과 숫자를 이해하기 쉽게 풀어내는 남다른 능력을 지녔다. 저자는 뉴욕 스카이라인에 영구적인 상흔을 남긴 탐욕과 자아의 게임을 냉정하게 묘사해 파괴적인 초상을 그려낸다. ― 토머스 디야Thomas Dyja, 『뉴욕, 뉴욕, 뉴욕New york, New york, New york』 저자

『억만장자의 거리』는 캐서린 클라크의 고급 부동산 강좌다. 뉴욕의 최신 고층 빌딩을 그곳을 건설하는 사람들과 그곳에 사는 사람들의 무분별한 야망, 이기주의, 탐욕의 상징으로 묘사한다. 오스카 와일드의 말을 각색하자면, '별만큼 높은 곳에 있어도 시궁창을 벗어나지 못하는 것'이다. ― 마이클 그로스Michael Gross, 『740 파크740 Park』 저자

캐서린 클라크는 부자와 권력자의 삶을 엿보는 기사로 부동산 분야에서 두각을 나타냈다. 저자는 이 책에서 뉴욕 스카이라인을 새로 쓴 금융 버블에 관한 놀라운 이야기를 깊이 있게 다룬다. 자존심 강한 개발업자들의 하늘을 향한 경쟁, 초호화 타워로 이루어진 거리와 좌절된 꿈, 빈약한 수익으로 이어진 이야기를 시간순으로 기록했다. ― 엘리엇 브라운Eliot Brown, 『위워크의 몰락The Cult of We』 저자

어머니, 아버지, 그리고 존에게

자, 도시를 세우고, 그 안에 탑을 쌓고서,
탑 꼭대기가 하늘에 닿게 하여 우리의 이름을 날리자.
—「창세기」 11장 4절

차례

이 책에 대한 찬사 —————————————————— 5
작가의 말 ——————————————————————— 15
프롤로그 정점 ————————————————————— 29

1부 하늘을 꿈꾸다

1장 해리 맥클로우 구하기 ———————————————— 51
2장 궁전의 모퉁이 ——————————————————— 65
3장 랍비, 보석상, 부동산 개발업자 ———————————— 85
4장 체스 마스터 ———————————————————— 101
5장 캘리포니아 드림 ——————————————————— 123
6장 잭팟을 터뜨리다 —————————————————— 141
7장 건축의 아이콘을 창조하다 —————————————— 167
8장 억만장자들을 위한 양보 ——————————————— 186
9장 그림자를 드리우다 ————————————————— 206

2부 난기류

10장 넘치는 돈 — 231

11장 뉴키즈 온 더 블록 — 241

12장 왕자 — 260

13장 공급과 수요 — 266

14장 뉴욕 최고의 빌딩 — 277

15장 전쟁의 시작 — 294

16장 낙원에서의 경멸 — 310

17장 억만장자 거리를 팔다 — 317

3부 땅에 떨어지다

18장 수상한 사람들 — 335

19장 음악이 멈추다 — 349

20장 원점으로 돌아가다 ——— 366
21장 칼을 꺼내다 ——— 377
22장 전쟁의 사상자 ——— 388
23장 보기 좋지 않은 ——— 400
24장 멈춰버린 뉴욕 ——— 410
25장 지옥의 타워 ——— 419
26장 법정에서 봅시다 ——— 429
27장 회복의 씨앗 ——— 436
28장 분노 ——— 444

에필로그 영원한 유산 ——— 448
감사의 말 ——— 457
참고 자료 ——— 459
찾아보기 ——— 469

일러두기

· 인명, 지명 등 외래어 표기는 국립국어원의 외래어표기법을 따랐다.
  단, 일부 굳어진 명칭은 일반적으로 통용되는 표기를 사용했다.
· 본문의 각주는 내용 이해를 돕기 위해 옮긴이가 쓴 것이다.
· 신문·단편 작품명은 「 」, 책·잡지 등은 『 』, 미술·음악 작품명과
  영화·공연·TV 프로그램 등은 < >로 표기했다.

작가의 말

뉴욕 센트럴파크 남쪽을 바라보는 것은 수백억 달러에 달하는 부의 물리적 현현顯現을 보는 일이다. 줄지어 선 극도로 얇은 초고층 빌딩들이 공원 남단에 긴 그림자를 드리우고 있다.

이 초고층 건물들은 뉴욕 스카이라인을 극적으로 바꿔놓았다. 물론 평범한 뉴욕 시민은 초고층 건물 중 어느 곳에도 발을 들여놓을 일이 없다. 엠파이어스테이트빌딩의 전망대처럼 망원경으로 도심을 들여다보거나 30 록펠러센터 유명 레스토랑인 레인보우 룸 댄스 플로어에서 춤을 출 수도 없다. 과거에 지은 마천루와 달리 최근에 지은 초고층 건물에는 공용 공간이 거의 없기 때문이다. '억만장자 거리Billionaires' Row'라고 불리는 '초고층 건물' 밀집 구역은 지구상에서 가장 부유한 사람들을 위한 성소이자, 외부인의 출입이 엄격히 금지된 하늘 위 최상류층 커뮤니티다. 이곳에 들어가려면 초대를 받아야만 한다.

2010년경 원 57의 공사를 시작으로, 억만장자 거리의 고층 빌딩들은 과거에 비해 더 높고, 더 얇고, 더 비싸고, 더 호화롭게 짓겠다고 약속한 듯 빠른 속도로 치솟았다. 한때 허름한 기념품 가게, 모피 상점, 식당으로 가득했던 낡은 거리가 지구상에서 가장 비싼 거리로 바뀌었다. 건축물과 입주에 들인 돈이 전 세계를 매혹했고, 수를 헤아릴 수 없는 언론 기사와 유튜브 영상, 인스타그램 이미지를 양산했다. 젊은 '인스타그래머'가 온라인에 공유할 만한 사진을 찍겠다고 432 파크 애비뉴 상층부에 침입했다가 체포된 사건이 있었을 정도다. 값싼 일회용품이 넘쳐나는 오늘날, 억만장자 거리의 건물들은 지평선에 우뚝 솟은 높이 외에도 인간의 생명력을 뛰어넘는 대상을 바라볼 때 느낄 법한 경이로움을 안겨준다.

하룻밤 사이 미드타운 스카이라인을 완전히 바꿔놓은 듯한 고층 빌딩들의 갑작스러운 등장은 지난 수십 년간 미국에 주거용 고층 빌딩이 거의 세워지지 않았음을 의미했다. 뉴욕은 두바이와 상하이 같은 도시에 뒤처지고 있었다.

억만장자 거리에서 '초고층 건물들'을 올려다보면 그 안에서 어떤 일이 벌어지는지 상상하게 마련이다. 러시아의 신흥 재벌 올리가르히가 주체할 수 없는 현금을 세고 있을까? 다이아몬드를 가득 채운 욕조에서 슈퍼모델이 하루 동안 쌓인 피로를 씻고 있을까? 미국 헤지펀드 억만장자들이 최고의 전망을 놓고 사우디 왕자들과 다투고 있을까? 아니, 그들이 저 위에서 우리를 내려다보는 건 아닐까?

대다수 사람이 궁금해하는 이런 질문을 나는 일로써 던져볼 수 있었다. 2011년, 부동산에 관한 기사를 쓰면서 처음 억만장자 거리를 취재하게 되었다. 당시 모든 언론은 억만장자의 빌딩이라고 불리는, 공사가 한창 진행 중인 원 57에 집중했다. 원 57은 사우디아라비아 금융가의 지원을 받아 전 세계 부호들과 수천만 달러에 달하는 거래를 속속 성사하며 세계인의 관심을 모았다. 그로부터 수년 동안 원 57을 모방한 초고층 빌딩들이 같은 거리에 생겨나 같은 억만장자들을 두고 경쟁하면서 가십을 장식했다. 엄청나게 증가한 세계의 부와 그 부의 일부를 차지하려고 갖은 애를 쓰는 사람들에 관한 이야기였다. 인간의 탐욕, 정교해진 금융 공학, 대담한 건축, 수상한 돈, 그리고 보통 사람보다 한발 앞선 사람들에 관한 이야기이기도 했다. 나는 그 이야기에 매료되었다.

작가의 말

· · ·

이 책을 집필하며 취재하는 과정에서 어느 취재원이 프랑스 철학자 미셸 푸코Michel Foucault의 권력과 사회 통제라는 담론을 언급한 적이 있다. 알다시피 미셸 푸코는 1975년에 출간한 저서 『감시와 처벌Discipline and Punish: The Birth of the Prison』에서 18세기 영국 철학자 제러미 벤담Jeremy Bentham이 설계한 제도적 건물 또는 감옥인 '파놉티콘'을 다루었다. 푸코가 파놉티콘에 흥미를 느낀 이유는 파놉티콘의 설계 자체가 통제 시스템으로 작용했기 때문이다. 원통 모양을 한 파놉티콘은 중앙 망루에서 볼 수 있는 개별 감방으로 이루어져 있다. 셔터가 설치된 망루에서는 수감자를 감시할 수 있지만, 수감자는 망루 안에 있는 사람을 절대 볼 수 없다. 이러한 설계 덕분에 경비원 한 명이 교도소 내 모든 수감자를 감시할 수 있지만, 정작 수감자는 자신이 감시당하는 상황을 인지할 수 없다. 권력은 항상 눈에 보여야 하지만 절대 검증할 수 없어야 한다는 것이 파놉티콘의 원칙이었다.

나는 432 파크 애비뉴를 몇 차례 방문하며 벤담과 푸코의 파놉티콘을 떠올렸다. 이스트 56번가에 자리한 드라마틱한 건물 입구를 지나칠 때마다 부유한 입주자를 엿보고 싶어 했다면, 그러나 자신의 시선이 건물 로비에 닿지 않는다는 사실을 깨달은 사람이라면 이 개념의 의미를 알리라.

거주자의 사생활 보호에 집착했던 부동산 개발업자들은 우루과이 출신 건축가 라파엘 비뇰리Rafael Viñoly에게 차에서 내려 건물 내부로 들어가는 시간을 획기적으로 단축해 달라고 의뢰했다. 건축업자는 외부인에게 노출되는 안내 데스크 구역과 입주민이 위층으로 올라가기 전에 잠시 머무는 엘리베이터 구역 사이에 나무로 만든 여닫이문을 설치했다. 입주민을 숨기는 중문은 건물 내부에 성역을 만듦으로써 현실을 초월하는 것을 목표로 삼은 자본주의적 욕망에 들어맞는 최적의 해답이 되었다. 입주민은 차에서 내려 로비에 들어가 중문으로 들어서는 순간 선택받은 계급이 된다. 외부인의 시선에서 자유로운 입주민은 에르메스 가죽이 덮인 엘리베이터를 타고 1,396피트(약 426미터) 상공에 위치한 아파트로 올라간다.

억만장자 거리의 권력 구조를 생각해 보면, 파놉티콘은 최적의 비유라 할 만하다. 부동산 기업가 마이어스 머멜Myers Mermel이 말했듯이 이 건물들은 "유리, 강철, 돌로 드러낸 계급"이자 보통 사람에게 사회 계급을 떠올리게 하는 물리적 상징이니까 말이다.

이 책은 돈에 관한 이야기다. 돈이 있는 사람들과 그들이 어떻게 돈을 사용하는지에 관한 이야기다.

책에 등장하는 가느다란 타워들은 유명인, 금융업자, 러시아 올리가르히, 사우디아라비아 왕자를 한데 모은다. 엄청난 높이에서 탁 트인 도시 전망을 제공하고, (부동산업계의 전문 용어를 빌리자면) 프라이빗 클럽, 레스토랑, 수영장, 바, 피트니스 센터, 농구장, 스크린 골프 같은 편의시설이 지척에 마련되어 있다.

물론 뉴욕의 마천루를 장식하는 이 건물들은 대부분이 비어 있다. 주택 중개 회사 서핸트Serhant가 실시한 조사에 따르면 2020년 기준, 억만장자 거리에 위치한 신규 고급 주택의 44퍼센트가 미분양 혹은 공실로 드러났다. 이 고급 주택이 누군가의 집인 동시에 세계 최부유층의 투자 수단이기 때문이다. 초고층 아파트를 주식, 채권, 위대한 거장의 예술품처럼 부를 저장하는 수단으로 간주하는 일부 소유주는 아파트에 발을 들여놓지 않는다.

그렇다고 내가 저널리스트 자격으로 '억만장자 거리'에 뛰어든 이유가 특정 정치적 관점을 강조하기 위함은 아니다. 나는 이 책에서 마천루, 21세기 뉴욕, 그리고 세계를 움직이는 권력이 작동하는 방식을 다루고자 했다. 물론 그들이 소유한 타워 이면의 놀라운 이야기를 취재하고 글로 옮기려면 건물, 개발업자, 그리고 초고층 건물을 올려다보는 평범한 우리 사이에 놓인 복잡한 관계를 밝혀내야 했다. 어떤 이들은 초고층 건물을 짓는 사람들을 선구자, 개척자, 아메리칸드림의 화신으로 찬양한다. 반면 이들이야말로 인간보다 이익을 우선하고, 거짓말과 속임수와 도둑질을 일삼는 변덕스러운 자아를 지닌 사악하고 탐욕에 가득한 악당으로 묘사하는 사람들도 있다.

그러나 이 책을 쓰는 동안 초고층 건물을 오르내리며 수많은 사람을 만난 결과, 초고층 건물과 이곳을 지은 사람들을 흑백 논리로 바라볼 필요가 없음을 확신하게 되었다. 물론 이제부터 소개할 이야기는 지저분하고 독창적이며, 오만과 승리와 절망으로 가득할 것이다. 우리가 경외하는 마천루의 눈부신 외관 이면에는 복잡한 금융 공학과 소송과 방해 공작이라는 보이지 않는 속살이 숨어 있다.

그럼에도 분명히 말할 수 있는 한 가지가 있다. 초호화 부동산 개발 세계는 배짱 없이는 발을 디딜 수 없는 곳이라는 점이다. 이곳은 피를 말리는 스포츠 세계와 같다. 입지 좋은 곳에 부지를 마련하고, 금융업자를 섭외하고, 지상 1천 피트(약 305미터) 상공에서 공사를 감독하고, 억만장자 구매자를 찾는 데 수반되는 위험은 이 세계에 익숙하지 않은 이들에게는 상상할 수 없을 정도다.

마천루를 짓는 사람 중 일부는 재능 있는 쇼맨이고, 일부는 숫자에 능한 사람이다. 스스로 건축의 선구자라고 자처하는 사람이 있고, 협상과 토지 확보라는 전략적 기술에 능한 사람도 있다. 세상의 관심을 피해 소박하게 사는 이가 있는가 하면, 자신이 지은 건물에 입주한 사람만큼 호화로운 삶을 과시하는 이도 있다.

그러나 이들 사이에 중요한 공통점이 있으니, 바로 위험을 감수하는 모험가라는 점이다. 평범한 사람이라면 고꾸라질 수밖에 없는 엄청난 압력에 면역이라도 생긴 듯 대담하기 짝이 없다. 보통 사람이라면 극심한 스트레스를 호소하기 마련인 소송에 능숙한 이들은 자신에게는 세상의 규칙이 적용되지 않는다고 믿는 듯하다.

실제로 부동산업계는 강력한 규제가 적용되지 않는 섬 같아서 기업금융 및 은행과 근본적으로 다르다. 대다수 개발업자는 상장되지 않은 개인 사업자 자격으로 일하기 때문에 공공 투자나 사회적 책임으로부터 자유롭다. 실적을 발표하거나 증권거래위원회SEC에 서류를 제출할 일도 없다. 거액을 벌어들이건 그만큼 잃건 공개할 의무가 없다.

그들이 살아가는 세계가 마치 서부 개척 시대처럼 느껴지는 이유일 것이다. 21세기 카우보이들이 이 세계에 이끌리는 것은 어찌 보면 당연해 보인다.

어떤 면에서 이 책은 타이밍에 관한 교훈집이기도 하다. 2008년 세계를 강타한 금융 위기에도 부동산 프로젝트를 끈질기게 추진한 개발업자들은 경기 회복이 도래한 후 준비한 제품을 시장에 내놓아 보상을 얻었다. 그러나 경제 상황이 안전해질 때까지 기다린 개발업자들은 다시 찾아온 물결에 올라탈 수 없었다.

부디 이 책을 통해 많은 독자가 건축가와 디자이너가 상상하는 21세기 새로운 건축 환경을 함께 꿈꾸기를 바란다. 억만장자 거리는 토지 희소성과 글로벌 부의 창출이라는 힘이 충돌하며 발생한, 부동산 개발업자들을 위한 거대한 폭풍이 일어난 독특한 시기의 부산물이다. 아무리 생각해도 가까운 시일 내에 오늘날 우리가 목도하는 현상이 반복해서 일어날 것 같지는 않다.

덧붙이자면, 이 책에 등장하는 억만장자 거리는 엄격한 지리적 기준이 아닌 특정 초고층 빌딩을 가리키는 용어로 정의했음을 밝힌다. 센트럴파크 남단의 56번가부터 59번가, 8번가부터 파크 애비뉴, 호화로운 플라자 호텔과 센트럴파크 관광객을 태운 마차들이 다니는 곳을 포함한 구역으로 이해해 주면 좋겠다. 타임스스퀘어가 자리한 번화한 미드타운 상업 지구와 역사적으로 화려한 센트럴파크의 이스트사이드 및 웨스트사이드 사이도 해당한다. 그중에서도 이야기의 주제를 잘 드러내는 다섯 건물, 즉 432 파크 애비뉴, 111 웨스트 57번가, 157 웨스트 57번가의 원 57, 217 웨스트 57번가의 센트럴파크 타워, 220 센트럴파크 사우스에 집중했다.

억만장자 거리의 초상은 건축, 자금 조달, 설계, 거주 경험을 기꺼이 공유해 준 1백여 명과의 인터뷰를 바탕으로 그려졌다. 그들 중 일부는 기밀 유지 계약, 진행 중인 소송, 업무상 관계 등을 이유로 신원을 밝히지 않았다. 특정 사건에 대한 기억이 서로 다른 경우에는 가장 많이 일치하는 기억을 중점적으로 기술하며 동시에 다른 의견을 덧붙여 균형을 지키고자 했다.

책에 실린 인터뷰는 2021년과 2022년에 진행되었다. 몇몇 내용은 여러 해 동안 기자로 일하며 쓴 글과 프로젝트 현장을 방문한 경험을 바탕으로 쓰였다. 처음에는 『리얼 딜 The Real Deal』, 그다음에는 「뉴욕 데일리 뉴스 New York Daily News」, 마지막에는 「월스트리트 저널 The Wall Street Journals」에서 일하며 다양한 인물을 만나는 행운을 누렸음을 고백한다. 그 과정에서 많은 취재원이 기꺼이 귀한 시간을 내어주었다. 책에 실은 내용은 모두 사실을 확인하는 과정을 거쳤고, 주요 인물에게 발언하거나 해명할 기회도 제공했다.

최근 들어 뉴욕 부동산 세계 역시 대기업과 기관 투자자 들이 경쟁에 뛰어들며 진흙탕 싸움으로 일관하고 있다. 그 결과, 이 세계에서 역동적으로 활동했던 다채로운 인물의 수도 줄어들었다. 기자로서 이 광경을 목격했던 것도 이 책을 쓰게 된 동기가 되었다. 어쩌면 『억만장자의 거리』는 모든 것을 잃을 수도 있는 위험을 감수하고 기꺼이 베팅을 선택한, 사라져 가는 뉴욕의 부동산 거물들을 기리는 책일 것이다.

억만장자 거리의 거물

개리 바넷 Gary Barnett

본명은 게르숀 스위아티키Gershon Swiatycki. 60대 중반의 숫자광이자 맨해튼 부동산 배치 게임의 제왕인 개리 바넷은 2008년 글로벌 금융 위기가 한창이던 시기에 원 57의 개발을 추진해 억만장자 거리를 개척했다. 이후 그는 두 번째 초고층 빌딩인 센트럴파크 타워를 건설하면서 두 번이나 같은 도박을 했다. 일각에서는 바넷의 두 프로젝트가 부동산 경기 사이클의 시작과 끝을 알리는 신호탄으로, 첫 번째는 살아나는 시장을, 두 번째는 흔들리는 시장을 알렸다고 말한다. 톰 포드보다 터틀넥을 즐겨 입는 그는 독실한 유대교 신자로, 뉴욕주 몬시에서 가족들과 소박한 삶을 살고 있다.

해리 맥클로우 Harry Macklowe

뉴욕 부동산업계에서 유명한 인물 중 한 명인 해리 맥클로우는 수십 년간 맨해튼 시장의 롤러코스터를 탔다. 이제 80대 중반에 접어든 맥클로우는 레버리지 한도를 한계에 가깝게 밀어붙이는 것으로 유명하며, 자신의 부동산 제국을 여러 번 잃었다가 되찾은 전적이 있다. 432 파크 애비뉴의 건축적이고 예술적인 유산과 선구자적 취향을 건축물에 드러내는 데 집착한다. 나이 든 로버트 드니로Robert De Niro처럼 보이는 맥클로우는 저명한 미술품 수집가로, 억만장자 고객만큼이나 화려한 삶을 즐긴다고 알려졌다. 디자이너 스카프를 두르고 벨벳 로퍼를 즐겨 신는다.

스티븐 로스 Steven Roth

80대 초반인 스티븐 로스는 고급 콘도 건설업자보다는 사무실 임대 분야의 거물로 더 잘 알려져 있다. 220 센트럴파크 사우스의 건축과 설계는 로스에게 투자보다 개인적 열정을 담은 프로젝트에 가까웠다. 상장 기업의 최고 경영자로 속마음을 좀처럼 드러내지 않는 월 스트리트 스타일이라는 이미지가 강하지만, 많은 상장 기업의 수장과 달리 자기 생각을 말하기를 주저하지 않는다.

마이클 스턴 Michael Stern

억만장자 거리의 새 얼굴. 억만장자 거리에 붐이 일면서 갑자기 등장한 젊은 신예로, 40대 중반인 마이클 스턴은 작은 프로젝트에서 시작해 대형 프로젝트로 빠르게 전환했다. 그러나 스턴이 어떻게 성공했는지 그 배경에 대해 아는 사람은 거의 없다. 그가 지은 111 웨스트 57번가는 순식간에 소송과 내분에 휩싸였다.

억만장자 거리에 위치한 타워

원 57
One57
억만장자 거리에서 첫선을 보인 원 57은 뉴욕 콘도 가격의 새로운 기준을 세웠다. 2010년에 공사가 시작되자 사람들은 원 57을 '억만장자 빌딩'이라고 부르기 시작했는데, 주요 구매자 중에는 마이클 델Michael Dell과 빌 애크먼Bill Ackman이 포함되었다. 개리 바넷이 개발한 1,004피트(약 306미터) 높이의 원 57은 프랑스 건축가 크리스티앙 드 포르잠파르크Christian de Portzamparc의 호불호가 갈리는 디자인으로 유명한데, 푸른빛을 띤 외관을 폭포처럼 보이도록 설계했다.

432 파크 애비뉴
432 Park Avenue
1,396피트(약 426미터) 높이 덕분에 롱아일랜드에서도 보이는 432 파크는 라파엘 비뇰리가 설계한 격자 모양의 미니멀한 디자인이 돋보이는 빌딩이다. 해리 맥클로우가 주도해 2011년 착공한 432 파크는 초기 구매자를 놓고 원 57과 경쟁을 벌였지만, 건축적 하자가 있다는 주장이 제기되면서 명성이 실추됐다.

220 센트럴파크 사우스
220 Central Park South

스티븐 로스가 의뢰해 건축가 로버트 A. M. 스턴Robert A. M. Stern이 설계한 고전적인 석회암 타워로, 높이는 952피트(약 290미터)에 불과하다. 2013년에 착공했으며, 억만장자 헤지펀드 시타델Citadel 창립자인 켄 그리핀Ken Griffin에게 2억 4천만 달러에 가까운 금액에 분양되는 등 억만장자 거리에서 최고 금액의 거래 기록을 빠르게 갈아 치웠다.

111 웨스트 57번가
111 West 57th Street

숍 아키텍츠 SHoP Architects가 역사적인 스타인웨이 피아노 쇼룸에 더하는 방식으로 설계한 111 웨스트 57번가는 1,428피트(약 435미터) 높이에 테라코타와 황동으로 장식된 외관, 깃털처럼 끝으로 갈수록 가늘어지는 첨탑을 갖추고 있다. 2015년에 착공했으며, 마이클 스턴과 파트너들의 아이디어로 탄생한 건물이다.

센트럴파크 타워
Central Park Tower

아드리안 스미스+고든 길 아키텍처Adrian Smith+Gordon Gill Architecture가 설계한 센트럴파크 타워는 1,550피트(약 472미터)로 세계에서 가장 높은 주거용 빌딩이다. 유리로 된 이 타워는 2014년에 착공했으며, 억만장자 거리에서 개리 바넷이 도전장을 내민 두 번째 작품이다.

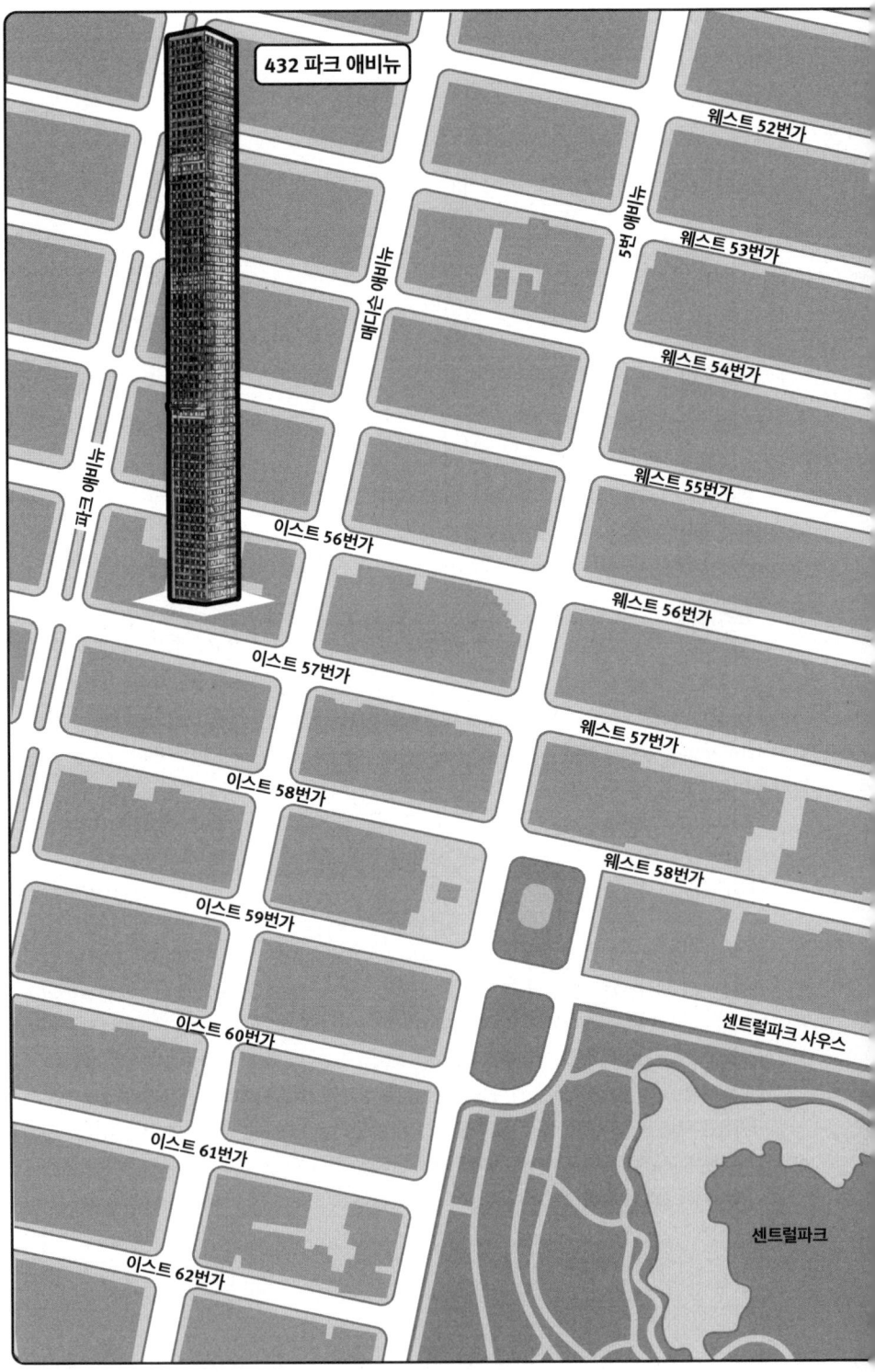

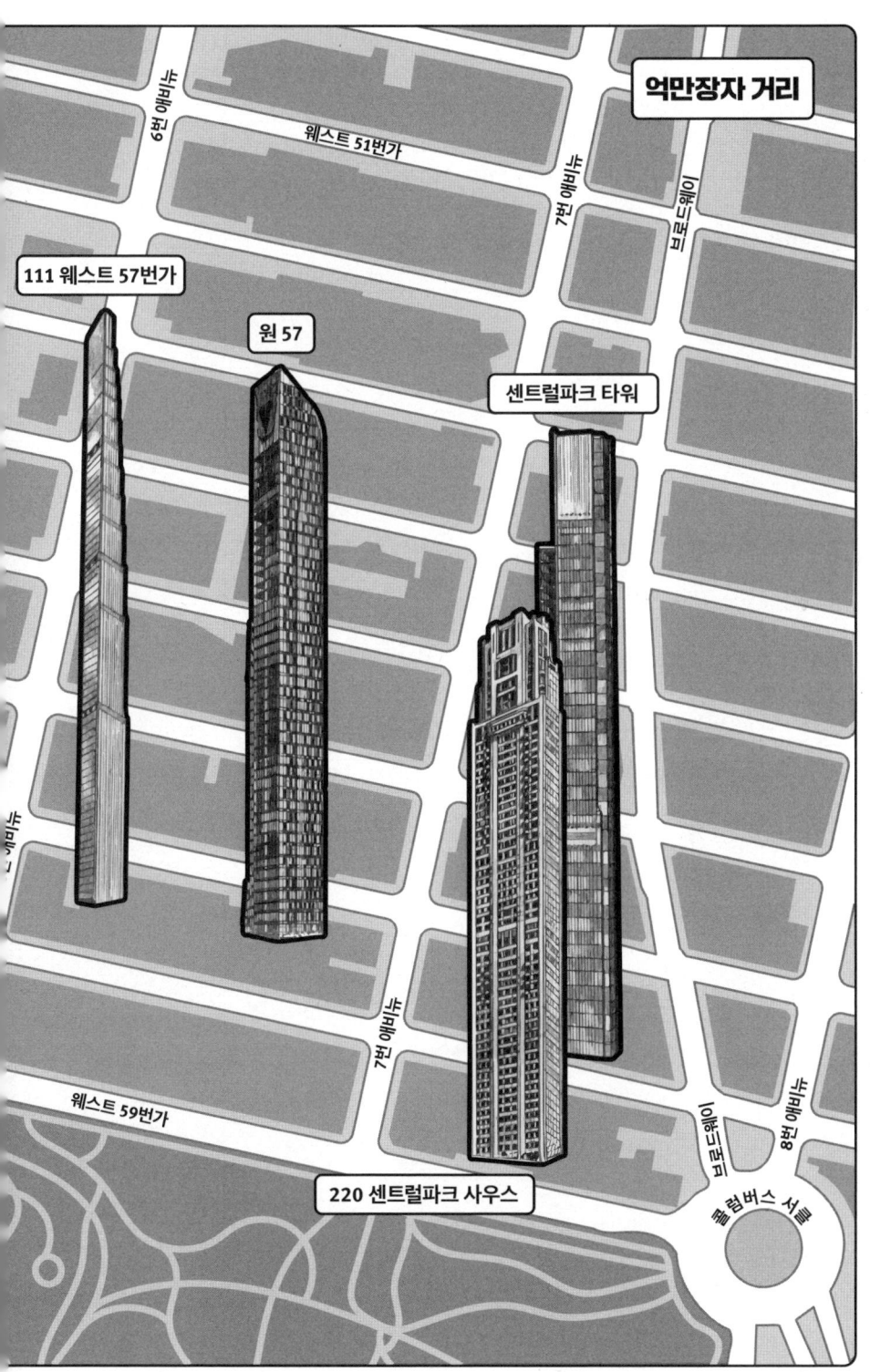

프롤로그

정점
1945년경, 뉴욕시

　해리 맥클로우와 형 로이드는 아버지 맥의 자동차인 뷰익 뒷좌석에 올라탔다. 소년들은 앞으로 펼쳐질 모험에 흥분을 감추지 못했다.
　맥은 아이들을 데리고 인간이 만든 세계 최고의 불가사의 중 하나를 보러 가는 길이었다. 맨해튼에서 북쪽으로 20마일(약 32킬로미터) 떨어진 웨스트체스터 카운티의 뉴로셀에서 자란 아이들에게, 14년 전인 대공황 시기에 완공되어 전후 뉴욕의 경제 호황을 상징하는 엠파이어스테이트빌딩 전망대를 방문하는 것은 통과의례와도 같았다.
　한 시간이 넘게 걸리는 여행이었다. 세 사람이 웨스트체스터를 떠나 브롱크스를 지나 맨해튼으로 향하는 동안 여덟 살 맥클로우와 열한 살 로이드는 블록을 지날수록 혼잡해지는 거리 풍경을 창밖으로 내다봤다.
　도시는 흥분으로 들썩였다. 제2차 세계 대전의 수난과 불안이 거의 사라진 거리에는 모직 코트와 중절모를 쓴 채 차량 사이를 뚫고 지나가는 남성들과 실크 스타킹에 어깨 패드를 착용하고 팔짱을 낀 여성들로 가득했다. 길거리 행상은 생선과 빵과 신선한 옥수수 이삭을 팔았고, 클래식 쿠페와 배달 트럭이 통행권을 놓고 다퉜다.

이곳에서 맥은 낯선 사람이 아니었다. 브루클린에서 태어난 그는 1800년대 후반 이디시어만 사용하던 폴란드 이민자 부부 사이에서 태어난 자녀 아홉 명 중 한 명이었다. 대공황이 끝나가던 1930년대에 수많은 뉴요커와 마찬가지로, 맥은 아내와 함께 통근이 가능한 교외로 이주했다. 부부는 조용하고 나무가 무성한 알파인 로드에 튜더 양식으로 지은 집을 구입했다. 맥은 공장에서 원단을 사서 디자인하고 완성한 뒤 의류 및 외투 제조 업체에 재판매하는 회사를 운영하며 남부럽지 않은 생활을 누렸다. 아이들과 함께 도시에 다녀오는 것은 정기적인 일상이었다. 해리 맥클로우는 훗날 1943년 세인트 제임스 극장에서 초연한 〈오클라호마!Oklahoma!〉와 1949년 마제스틱 극장에서 초연한 〈사우스 퍼시픽South Pacific〉 같은 뮤지컬의 오리지널 프로덕션에 참석했던 추억을 회상했다. 그는 에지오 핀자Ezio Pinza, 메리 마틴Mary Martin, 에델 머먼Ethel Merman 같은 배우를 좋아했다.

반바지에 뉴스보이 캡, 소가죽 재킷을 걸치고 엠파이어스테이트빌딩으로 향하던 어린 해리 맥클로우에게 뉴욕은 거대한 도시였지만, 제아무리 높은 건물도 이 거대한 오피스 타워와 비교하면 작아 보였다. 도시 속의 진정한 도시, 높이 약 1,250피트(약 381미터)의 빌딩은 이미 10년 전에 라디오 시티 뮤직홀에서 극찬을 받으며 개봉한 영화 〈킹콩King Kong〉 덕분에 불멸의 명물로 자리 잡았다.

5번 애비뉴에서 건물이 가까워지자 고개를 들어 올려다본 해리는 그 거대한 높이에 압도되었다. 맥클로우 부부는 건물의 세련된 고속 승강기를 타고 독특한 돛대 아래 자리한 전망대까지 올라갔다. 당시 세계에서 가장 빠른 승강기는 7마일(약 11킬로미터) 길이의 승강기 통로를 분당 800피트(약 244미터)의 속도로 움직였다. 실제로 속도가 너무 빨라 운영을 허용하기 위해 현지 규정을 개정해야 할 정도였다. 승강기는 별다른 사고 없이 방문객을 위아래로 수송했다. 하지만 같은 해에 B-25 미첼 폭격기가 건물 79층을 침범하면서 승강기 통로를 들이박는 바람에 승강기가 자유 낙하를 하는 사고가 발생했다. 다행스럽게도 유일한 탑승자였던 스무 살짜리 여성 운전원은 무사히 살아남았다.

맥클로우 가족이 전망대에 올라서자, 그들의 발아래로 뉴욕의 파노라마가 광활하게 펼쳐졌다. 센트럴파크와 브롱크스는 물론이고, 저 멀리 코네티컷까지 보였다.

그 풍경은 어린 해리 맥클로우에게 지울 수 없는 인상을 남겼다.

· · ·

약 15년 전에 준공된 엠파이어스테이트빌딩은 뉴욕의 스카이라인을 영구적으로 바꿔버린 초고층 빌딩 붐의 정점을 찍었다. 엠파이어스테이트빌딩, 42번가와 렉싱턴 애비뉴의 크라이슬러 빌딩, 금융 지구의 40 월 스트리트 등 업타운과 다운타운의 랜드마크를 특징으로 하는 초고층 빌딩 붐은 업계 거물들이 더 높은 타워를 짓기 위한 경쟁을 이어가면서 하늘로 향하는 경주의 양상을 띠게 되었다. 이러한 경주는 기술 발전으로 경제가 확장되고 주식시장에 열풍이 불어닥친 1920년대, 즉 돈과 문화가 넘치던 전후를 배경으로 펼쳐졌다.

하늘을 향한 전투는 건축가 윌리엄 반 앨런William Van Alen과 그의 전 사업 파트너이자 라이벌인 H. 크레이그 세버런스H. Craig Severance를 세계 최고의 빌딩 자리를 두고 겨루게 했다. 반 앨런은 각진 금속 클래딩과 화려한 석상이 돋보이는 아르데코 타워인 크라이슬러 빌딩을 담당했고, 세버런스는 현재 트럼프 기업이 소유하고 있는 월 스트리트의 뱅크 오브 맨해튼 트러스트 빌딩의 설계를 주도했다. 세버런스가 마지막 순간에 타워의 높이를 927피트(약 283미터)로 높이겠다는 계획을 세운 뒤 반 앨런을 이겼다고 확신한 것은 유명한 일화다. 그러나 앨런이 타워 꼭대기에 185피트(약 56미터) 높이의 첨탑을 세우는 계획을 깜짝 공개하면서 세버런스가 품었던 환상을 산산조각 냈고, 상부 구조물 내부에 비밀리에 만들어 놓았다가 나중에 올린 첨탑으로 크라이슬러 빌딩은 최종적으로 1,046피트(약 319미터)가 되었다. 두 사람은 건물이 완공된 후에도 누구의 건물이 더 높은지 논쟁을 벌였다. 궁극적으로 누구의 주장이 맞았는지는 별로 중요하지 않았다. 1년 후인 1931년에 엠파이어스테이트빌딩이 두 건물을 제쳤다.

그날 전망대에 서 있던 젊은 해리 맥클로우는 언젠가 자신이 뉴욕 스카이라인에 거대한 영향을 미치는, 하늘을 향한 경쟁에 휩쓸리게 되리라는 것을 예측하지 못했다. 그러나 그가 참가하게 될 경쟁은 미국 산업가들의 허세보다 전 세계에서 유입되는 부에 의해 정의되는 경쟁이었다.

세월이 흘러 맥클로우는 80대가 되었지만, 여전히 그날을 생생하게 기억했다.

"제 인생에서 한 가지 아쉬운 점이 있습니다. 돌아가신 부모님이 엠파이어스테이트빌딩만큼 높은 건물을 짓는 아들의 모습을 보지 못하셨다는 겁니다."

위 초고층 빌딩이 빼곡히 들어선 이 지역은 억만장자 거리로 알려졌고, 뉴욕으로 흘러들어오는 전 세계의 부를 상징하는 곳이 되었다. ⓒ 웨이드 짐머만 Wade Zimmerman

다음 페이지 2010년에 착공한 원 57은 뉴욕 센트럴파크 남단을 완전히 바꿔놓은 콘도 개발 열풍의 시작이었다. ⓒ 숀 파본 Sean Pavone, 아이스톡 iStock

위 왼쪽 펜트하우스 테라스에서 찍은 사진 속 인물인 조엘 다이아몬드는 당시 젊은 음반 프로듀서로, 원래 220 센트럴파크 사우스의 세입자 중 한 명이었다. 이 건물은 스티브 로스의 보르나도 리얼티 트러스트가 새로운 타워를 짓기 위해 철거했다.
ⓒ 실버 블루 프로덕션Silver Blue Production, Ltd.다.

위 오른쪽 '보석상 제이콥'으로 알려진 제이콥 아라보는 드레이크 호텔 옆에 있던 타운하우스 중 한 채를 소유했다. 그는 해리 맥클로우와 기나긴 협상을 벌였지만, 끝내 그 집을 팔기를 거부했다.
ⓒ 조니 누네즈Johnny Nunez, 와이어이미지WireImage

아래 1920년대에 문을 연 드레이크 호텔은 록밴드 더 후의 레드 제플린 등 유명인이 즐겨 찾는 장소였다.
ⓒ 조지 린하트George Rinhart, 게티 이미지Getty Image 제공
코비스Corbis 사진

위 2012년, 게리 바넷의 원 57 건설 현장에서 허리케인 샌디로 인해 크레인이 부러지는 모습이 텔레비전 뉴스에 방영되었다. 바넷은 이를 건물의 운명을 결정지은 사건으로 꼽았다.
ⓒ 피터 폴리 Peter Foley, 게티 이미지 제공 블룸버그 Bloomberg 사진

아래 건설 노조의 수장인 게리 라바르베라는 2018년 당시 뉴욕 주지사였던 앤드루 쿠오모와 함께 찍은 사진에서 볼 수 있듯이 거대한 정치적 영향력을 지니고 있었지만, 노조의 시장 점유율 감소라는 문제에 직면했다. 11 웨스트 57번가에서 개발업자인 마이클 스턴이 비노조 하청업체를 고용하겠다는 결정을 내리면서 라바르베라와 공개적으로 충돌했다.
ⓒ 레프 라딘 Lev Radin,
알라미 스톡 포토 Alamy Stock Photo

다음 페이지 억만장자 거리를 탄생시킨 개발업자들은 초고층 빌딩이 바람에 흔들리지 않는 방법을 고심했다. 432 파크 애비뉴는 파사드에 바람이 건물을 통과할 수 있는 틈을 만들었다.
ⓒ CIM 그룹과 맥클로우 프로퍼티를 위해 DBOX가 제작한 이미지

위 빌리 맥클로우(어머니 린다와 함께 찍은 사진)와 아버지 맥클로우의 갈등은 드레이크 호텔 프로젝트를 둘러싼 로스앤젤레스의 사모펀드 CIM과의 협상에도 영향을 미쳤다.
ⓒ 게티 이미지 제공 패트릭 맥멀란Patrick McMullan 사진

아래 우크라이나 사업가 드미트로 피르타쉬는 드레이크 프로젝트의 잠재적 투자자 중 한 명이었다.
ⓒ 사이먼 도슨Simon Dawson, 게티 이미지 제공 블룸버그 사진

위 해리 맥클로우는 432 파크 애비뉴를 홍보하기 위해 마케팅 영상에서 킹콩처럼 분장했다. 이 영상을 제작하는 데 1백만 달러 이상이 들었다.
© CIM 그룹과 맥클로우 프로퍼티를 위해 DBOX가 제작한 이미지

아래 헤지펀드 억만장자인 빌 애크먼은 바넷의 원 57을 초기에 구매한 유명인 중 한 명이었다. 그는 2012년에 몇몇 투자자 친구와 함께 '겨울 정원'으로 알려진 유닛을 9150만 달러에 계약했다.
© 크리스 랫클리프 Chris Ratcliffe, 게티 이미지 제공 블룸버그 사진

위 댄서이자 곡예사인 빅토리아 호프스테터는 432 파크 애비뉴의 마케팅 캠페인에 등장했다. 브루클린의 한 영화 스튜디오에서 촬영한 사진 속에서 호프스테터는 타워의 창문처럼 보이는 프레임에서 발레 동작을 취하고 있다.
ⓒ CIM 그룹과 맥클로우 프로퍼티를 위해 DBOX가 제작한 이미지

아래 센트럴파크 타워 100층에 있는 프라이빗 클럽에서는 센트럴파크 전망을 즐길 수 있다.
ⓒ 에반 조지프 Evan Joseph

게리 바넷과 스티브 로스는 2013년에 바넷이 지은 두 번째 빌딩인 센트럴파크 타워에서 한 블록 떨어진 로스의 220 센트럴파크 사우스에서 주차장 문제를 두고 충돌했다. 두 사람은 전망을 최대한 확보하기 위해 두 건물의 위치를 조금씩 이동하기로 합의했다.
© 크로블로힌Krblokhin, 아이스톡

위 바넷은 2019년 센트럴파크 타워 완공식에서 평소와는 다르게 극적인 발표를 했다. 몇 달 후, 센트럴파크의 영업 사무소는 펜데믹으로 문을 닫아야 했다.
ⓒ 『리얼 딜The Real Deal』의 아누자 샤카Anuja Shakya

아래 헤지펀드 억만장자 켄 그리핀은 로스의 타워 유닛을 2억 4천만 달러에 구입했다. 이는 미국 주택 사상 최고가 기록이었다.
ⓒ 로이터Reuter, 알라미 스톡 포토

위 220 센트럴파크 사우스의 타워에서 아내 대릴, 그리고 도널드 트럼프 대통령과 함께 찍은 사진에서 볼 수 있듯이 보르나도의 스티븐 로스는 인맥을 활용해 타워의 구매자를 찾았다.
© 빌리 패럴 Billy Farrell, 게티 이미지 제공 패트릭 맥멀란 사진

아래 220 센트럴파크 사우스 거래는 당시 뉴욕에서 주목받는 브로커였던 오렌과 탈 알렉산더 형제가 성사했다. 이 거래는 오렌과 탈의 커리어에 큰 도움이 되었다.
© 세스 브로워닉 Seth Browarnik, WorldRedEye.com

위 케빈 멀로니(가운데)와 마이클 스턴(오른쪽)은 첼시에 있는 워커 타워 프로젝트를 진행할 때 처음 협력했다. 111 웨스트 57번가 프로젝트를 시작할 즈음, 둘의 관계는 이미 틀어진 상태였다.
© 마크 패트릭 Marc Patrick, BFA.com

(친구들 사이에서는 웨이비 데이브로 알려진) 데이비드 주라시치는 111 웨스트 57번가의 건설 지연과 소송으로 피해를 본 투자자 중 한 명이었다. 아내 캐서린 주라시치와 함께 찍은 사진이다.
© 브렌던 쿡 Brendon Cook, BFA.com

아래 에미리트 사업가 카뎀 알 쿠바이시는 바넷이 구상한 원 57 프로젝트의 재정에 핵심적인 역할을 했고, 한때 111 웨스트 57번가의 지분을 구매할 의향을 보였다. 현재 그는 말레이시아 국부펀드 스캔들로 교도소에 수감 중이다.
© WENN Rights Ltd., 알라미 스톡 포토

111 웨스트 57번가의 개발업자들은 스테인웨이 홀의 내부를 복원하기로 합의했다.
이 제안은 뉴욕시의 랜드마크 보존 위원회로부터 프로젝트 승인을 얻는 데 유리하게 작용했다.
© 피터 머독 Peter Murdock

위 2019년에 해리 맥클로우는 432 파크 애비뉴 건물 외벽에 자신과 약혼자 퍼트리샤 랑도의 사진을 걸었다. 해리는 사랑의 표현이라고 주장했지만, 일부는 복수심에서 비롯한 행동이라고 추측했다.
© 티머시 클라리Timothy Clary, 게티 이미지 제공 AFP 사진

아래 뉴욕을 방문하는 사람들은 이제 30 록펠러 플라자(사진)와 엠파이어스테이트빌딩의 관람 데크에서 432 파크 애비뉴를 올려다볼 수 있다. 1930년대에 세워진 두 타워는 뉴욕에서 벌어진 하늘을 향한 경쟁을 알리는 시초였다.
© 스펜서 플랫Spencer Platt, 게티 이미지

1부
하늘을 꿈꾸다

1장

해리 맥클로우 구하기

"산책을 좀 하는 게 어때요?"

글로벌 금융 위기가 한창이던 2008년, 로어 맨해튼에 있는 사무실에 몇 시간이고 틀어박혀 있던 해리 맥클로우에게 부동산 거물인 다시 스테이콤Darcy Stacom이 밖으로 나가 머리를 식히자고 제안했다.

해리와 스테이콤이 문으로 향하는 동안, 자리에 남은 변호사와 중개인 팀은 해리가 필사적으로 지키려 했던 뉴욕 5번 애비뉴의 상징적 건물인 제너럴 모터스 빌딩을 매각하기 위해 최종 계약 조건의 협상을 이어갔다.

센트럴파크 남동쪽 모퉁이에 자리 잡은, 빛나는 대리석으로 덮인 제너럴 모터스 빌딩은 한때 미드타운과 그 주변에 최소 10개에 달하는 트로피 오피스 빌딩*을 소유했던 맥클로우 부동산 포트폴리오의 정점이었다. 1960년대에 건축사 에머리 로스 앤드 선스Emery Roth

---

* trophy office building. 특정 지역을 대표할 만한 상징성 있는 오피스 빌딩

& Sons와 에드워드 듀렐 스톤 앤드 어소시에이츠Edward Durell Stone & Associates가 합작으로 설계했다. 제너럴 모터스 빌딩은 깔끔한 직선 형태가 특징인 국제주의 양식으로 지은 대표적인 건물로, '건축의 순수성'을 추구하는 해리의 취향에 잘 들어맞았다. 그가 설립한 회사 맥클로우 프로퍼티는 2003년 다른 부동산 개발 업체 최소 12곳을 제치고 미국 내 초고층 빌딩으로 사상 최고가인 14억 달러에 빌딩을 차입 매수하면서 보증금으로만 5천만 달러를 지불했다. 그 후 그는 대리석에 붙은 전 소유주의 이름인 '트럼프TRUMP'라는 금색 글자를 떼어내고 세련되고 깔끔한 외관을 복원하며 큰 기쁨을 느꼈다.

처음 부동산업계는 거액에 빌딩을 매입한 해리에게 조소를 날렸지만, 해리는 뉴욕 애플 스토어의 화려한 입구인 유리 큐브를 공개했고, 첫해에만 주당 5만 명의 방문객을 끌어들이면서 그들이 틀렸다는 것이 입증되었다. 유리 큐브는 건물 가치를 두 배로 끌어올린 기발한 아이디어였고, 해리의 뉴욕 부동산업계 진출을 알린 신호탄이기도 했다. 재능 있는 이야기꾼이었던 그는 유리 큐브 이야기를 꺼낼 때마다 큐브를 제작할 당시에 자신이 애플 창립자 스티브 잡스Steve Jobs와 함께 어떤 역할을 했는지 점점 부풀려서 말했다.

제너럴 모터스 빌딩의 성공은 건축가이자 선구자이면서 취향 창조자인 해리의 자존심을 세워줬다. 로버트 드니로를 닮은 외모에 작은 체구를 지닌 그는 이탈리아 사르데냐 연안에서 요트를 타며 레가타* 경주를 하고, 디자이너 로퍼에 물방울무늬 스카프를 두르는, 햄튼 엘리트의 상류층 생활에 익숙한 사람이었다.

애플 큐브를 공개한 뒤에는 엄청난 과시욕을 드러내며 제너럴 모

---

* regatta. 조정, 보트, 요트 등 원동기 없는 배를 사용한 경주

터스 빌딩 건너편에 있는 플라자 호텔의 아파트 일곱 채를 6천만 달러에 사들였다. 그곳 전체를 합쳐 매일 아침 자신이 만든 작품을 감상할 수 있는 사택으로 만들려는 목적이었다. 데이비드 게펀David Geffen과 스티븐 스필버그Steven Spielberg 등 유명인의 집을 설계한 것으로 유명한 모더니스트 건축가 찰스 과스메이Charles Gwathmey가 설계를 맡았다. 완성된 건물은 집보다는 아트 갤러리처럼 보였다.

그러나 해리는 제너럴 모터스 빌딩의 성공에 도취되어 승승장구하던 시기에 또 다른 거래를 했다가 심각한 재정난에 빠지게 되었다. 2007년에 그는 사모펀드인 블랙스톤Blackstone으로부터 트로피 오피스 빌딩 여덟 채를 빌딩 거래 사상 최고가인 72억 5천만 달러에 차입 매수했다. 제너럴 모터스 빌딩의 가격을 푼돈처럼 보이게 만든 거액이었다. 금융 위기 직전 어지러울 정도로 과열된 시장에서 불과 열흘 만에 성사된 이 거래는 업계에 큰 충격을 안겼고, 강철 신경을 가졌다는 해리의 명성은 더욱 공고해졌다. 일각에서는 무모한 거래라고 했지만, 애플 큐브처럼 남들이 보지 못하는 기회를 포착한 선구자의 움직임이라고 말하는 사람도 있었다. 이 거래 한 건으로 맥클로우의 부동산 포트폴리오 규모가 두 배 이상 늘어났다.

그러나 서브프라임 모기지 위기가 상업용 부동산까지 확산하면서, 맥클로우는 블랙스톤 포트폴리오를 인수하기 위해 포트리스 인베스트먼트 그룹Fortress Investment Group과 도이체방크Deutsche Bank에서 받은 수십억 달러의 고금리 단기 대출 브리지 론을 재융자해 줄 대출 기관을 찾지 못해 어려움을 겪었다. 제너럴 모터스 빌딩을 비롯한 여러 부동산 또한 거래에 사용된 7십억 달러 이상의 부채에 대한 담보로 제공한 상황이었다. 갑자기 빚더미에 앉게 되자 제너럴 모터스 빌딩을 매각하는 것 외에는 사태를 수습할 다른 선택지가 없었다. 해리의 부동산 제국은 무너져 내렸고, 아내인 린다, 맥클로우 프로퍼티의 사장으로 임명했던 외아들 빌리와의 관계도 망가졌다. 두 사람 모두 재정적 실수로 이런 상황을 초래한 해리를 원망했다.

대부분의 금융업자나 부동산 업자와 마찬가지로 운명이 뒤바뀐 그는 사색이 된 채 아내 린다, 아들 빌리와 함께 회의실에 앉아 건물 입찰자들과 자신들 사이를 오가는 고문들의 모습을 지켜보아야 했다. 나중에 빌리는 당시 해리의 모습이 "헤드라이트 불빛에 놀란 사슴" 같았다고 회상했다.

잔인할 정도로 긴 겨울을 보낸 뉴요커들이 거리로 쏟아져 나올 만큼 따뜻한 5월 저녁에 해리는 머리를 식히자는 스테이콤의 말을 듣고 밖으로 나갔다. 늦은 시간이었지만 자유의 여신상을 보려는 관광객들이 배터리 파크 주변을 산책하고 있었고, 인근 스톤 스트리트에는 퇴근 후에 한잔한 직장인들이 지하철역이나 페리로 향하고 있었다. 금발 머리에 키가 큰 독설가로 유명한 스테이콤과 함께 남쪽으로 걸어가던 해리는 스태튼 아일랜드 페리 터미널 앞에 잠시 멈춰 서서 맨해튼섬 남단에 있는 날렵하고 심플한 유리벽 건물을 올려다보았다.

대화 주제를 바꾸고 싶었던 해리는 그 자리에서 건축에 대한 일장연설을 늘어놓았다. 냉혹한 시장 현실보다 예술과 건축의 낭만에 더 관심이 많은, 전형적인 해리의 모습이었다. 하지만 스테이콤이 해리의 말을 가로막고 이제 그만하라고 말했다. 제너럴 모터스 빌딩에 계속 집착하는 것은 그와 가족의 평판을 망치는 일이었다. 이제 손실을 받아들이고, 다시 시작해야 할 시기였다.

해리는 눈시울을 적신 채 스테이콤을 보며 물었다. "그렇게 심각한 상황인가?"

"해리, 생각보다 더 심각해요." 스테이콤이 대답했다.

• • •

뉴로셸에서 온 소년이 하루아침에 성공한 것은 아니었다. 수십 년간 난관을 헤치고 여기까지 올라온 해리였다.

해리는 대학 중퇴자로 시작했다. 1950년대 중반 앨라배마에서 한 학기만 대학에 다녔던 그는 자신감이 넘쳤고 비즈니스 세계에서 이름을 알리고 싶어 안달이 나 있었다. 예일대에 진학하고 싶었으나 예일대는 고사하고 동부 해안에 있는 '좋은 학교' 중 어느 곳에도 합격하지 못했다. 그래서 동창을 따라 앨라배마로 향했다. 그러나 수개월 만에 남부에서 머물렀던 짧은 시간은 경험으로 삼기로 하고 도시로 되돌아왔다. "그곳은 완전히 다른 문화권이었습니다. 만족스럽지 않았어요. 다른 곳에서 훨씬 더 잘할 수 있다고 생각했습니다." 하지만 긍정적인 면도 있었다. 닥터 페퍼를 만난 곳이 남부였기 때문이다.

뉴욕으로 돌아와서는 매디슨 애비뉴에 있는 쿠드너Kudner라는 광고 회사에서 주당 35달러를 받는 수습사원으로 일했다. 쿠드너는 큰 회사였고, 해리는 조직에서 가장 직급이 낮은 직원이었다. 그는 매디슨 애비뉴 575번지에 위치한 회사 본사에서 매일 도시를 가로질러 오갔고, 특히 56번가와 57번가에 늘어선 미술 갤러리를 자주 지나다녔다. 그 길에는 전 세계 20세기 예술을 종합적으로 볼 수 있는 시드니 제니스Sidney Janis, 피에르 마티스Pierre Matisse 등의 갤러리가 있었다.

얼마 후 해리는 롱아일랜드에서 열린 여름 파티에서 미래에 아내가 될 갈색 머리의 린다를 처음 만났다. 며칠 후, 두 사람은 출판사 로비에서 다시 마주쳤다. 린다는 접수원으로, 해리는 광고 영업 담당으로 일하는 중이었다. 그는 그녀의 스웨터 앞을 훔쳐보며 "지난밤에 보지 않았나요?"라고 물었다. 두 사람은 1959년 뉴로셸의 한 회당에서 결혼식을 올렸고, 150여 명의 친구와 가족을 초대해 센트럴파크의 사보이 플라자 호텔에서 성대한 축하 파티를 열었다. 해리는 겨우 스물한 살이었고, 린다는 스무 살이었다. 둘 다 돈이 많지 않았다. 린다는 1960년에 큰딸 엘리자베스를 낳았고, 8년 뒤 아들 빌리를 낳을 때까지 계속 일했다.

그때도 해리의 비전과 아이디어는 넘쳐났다. 어머니 샬럿은 파스텔과 수채화로 그림을 그리는 예술가였고, 해리는 그런 어머니에게서 예술과 디자인에 대한 흥미를 물려받았다. 고등학교 시절에는 용기화用器畵를 좋아했다. 광고에 입문한 후에는 서체, 복제, 일러스트레이션에 관심을 가졌다. 해리는 스물한 살에 처음으로, 개구리를 그린 스페인 예술가 호안 미로Joan Miró의 작품을 구입했다. 〈심해의 주민들Denizens of the Deep〉이라는 작품이었다. 125달러짜리 작품을 한 번에 구매할 여력이 없는 그를 위해 갤러리 주인이 몇 달에 걸쳐 값을 치를 수 있게 해줬다.

광고업계에서 승승장구하던 해리는 갑갑함을 느끼기 시작했다. 너무 어리고 경험이 부족하다는 이유로 중요한 회의에 참석할 수 없었지만, 수년을 기다리기에는 인내심이 허락하지 않았다. 스스로 운명을 설계할 수 있는 일이 필요하다는 것을 깨닫고, 부동산으로 눈을 돌렸다.

해리는 친구의 제안으로 임대차 협상에서 임차인을 대변하는 전문 부동산 중개 회사인 쥘리앵 스터들리Julien Studley를 비롯한 상업용 부동산 중개 회사 몇 군데에서 면접을 봤다. 그는 모든 회사에 합격했고, 급여 대신 약 50퍼센트가량 높은 수수료를 지급해 잠재적 수익이 훨씬 높다는 이유로 스터들리를 선택했다.

거래에 익숙해지기까지는 1년이 걸렸지만, 해리가 지닌 타고난 자신감은 부족한 경험을 무색하게 했다. 초반에는 광고업계와의 연줄을 활용해 광고대행사와 사진작가에게 사무실 공간을 임대했다. 매일 아침에는 「뉴욕 타임스The New York Times」를 커닝 페이퍼 삼아 그 주에 가장 큰 계약을 따낸 대행사가 맥켄 에릭슨McCann Erickson, 벤턴 앤드 볼스Benton & Bowles 중 어디인지를 확인하고, 어느 회사가 사업 영역 확장을 고려할지를 고민했다.

고객이 점점 늘어나자, 몇 년 후에는 멘토인 멜 울프Mel Wolf와 함께 부동산 중개 법인을 설립했다. 얼마 지나지 않아 벌어들인 수익으로 부동산 투자에도 직접 뛰어들었다. 초반에는 자본이 부족해 로프트 건물과 브라운스톤을 업그레이드하는 정도였지만, 해를 거듭할수록 목표를 높여 잡았다. 임대 주택, 호텔, 아파트를 짓는 것은 시간문제였다. 앨라배마에서 돌아온 지 불과 수십 년 후인 1980년대에 해리는 맨해튼에서 활발히 활동하는 건축업자 중 한 명이 되었다.

시간이 지나면서 해리의 부동산 포트폴리오에서 흘러나오는 현금으로 해리와 린다는 더욱 호화로운 라이프 스타일을 누리게 되었다. 이제는 할부로 구입하지 않아도 상당한 금액을 미술품에 투자할 수 있었고, 주말에는 갤러리를 방문해 예술가나 수집가를 만나며 시간을 보냈다. 다른 사람들과 달리 둘은 주식, 채권 같은 투자를 마다하고, 세계적으로 유명한 근현대 미술 작품을 수집하는 데 집중했다.

린다는 어린 시절부터 예술에 관심이 많았다. 현재는 라과디아 예술고등학교가 된 할렘의 예술고등학교에 다녔고, 10대 시절에는 뉴욕 현대 미술관MoMA을 비롯한 뉴욕의 거의 모든 박물관을 자주 방문했다. 첫아이인 엘리자베스가 태어난 뒤에도 헌터 칼리지와 더뉴스쿨 등 대학에 진학해 그림 공부를 이어갔다. 린다는 1970년대에는 뉴욕시의 의뢰를 받아 해리가 소유한 사무실 건물이 있었던 1번 애비뉴와 2번 애비뉴 사이 47번가 남쪽에 위치한, 유엔 건물에서 북쪽에 있는 다그 함마르셸드 플라자의 조각 정원을 구상했다. 이후에는 브롱크스에 있는 문화 센터 웨이브힐에서 큐레이터로 일하면서 수년간 해리의 건물 로비와 공공장소의 예술 작품을 큐레이팅했다.

"해리가 빌딩을 지었다면, 저는 미술 컬렉션을 만들었죠." 린다가 말했다.

시간이 지나면서 해리는 규칙을 어기는 것을 두려워하지 않는 도박꾼이자 쇼맨이라는 이미지를 얻었다. 그는 1985년 타임스스퀘어의 건물 네 채를 심야에 허가 없이 철거한 사건으로 초반에 명성을 얻었다. 이 사건을 어떻게 보느냐에 따라 명성이 훼손됐다고 볼 수도 있겠다. 노숙자가 될 위험이 있는 취약 계층을 위한 저렴한 1인용 숙소 Single Room Occupancy, SRO의 철거를 금지하는 뉴욕시의 명령이 발효되기 단 몇 시간 전에 취한 조치였다. 불법 철거에 대해서는 범죄 의도가 입증되지 않아 형사사건으로 기소되지 않았지만, 시에서 제기한 민사소송으로 인해 합의금 2백만 달러를 납부했다. 이후 뉴욕주 항소법원에서 SRO 철거 금지 조치가 헌법적으로 무효라는 판결을 내렸으며, 뉴욕시로부터 배상금을 받았지만, 안타깝게도 사건의 여파는 수년간 해리를 따라다니며 그의 신용을 떨어뜨렸다.

1980년대까지 유명했던 그의 프로젝트로는 1987년에 완공된, 카네기홀 동편에 있는 68층짜리 콘도미니엄*인 메트로폴리탄 타워와 옛 SRO 부지에 지어진 52층짜리 호텔 맥클로우가 있다. 해리는 건축학적으로 중요한 건물을 짓기 위한 첫 시도로 검은 유리로 둘러싼 삼각형 형태의 타워인 메트로폴리탄 타워를 구상했지만, 기대만큼 인정받지는 못했다. 일각에서는 이 어둡고 위압적인 건물을 〈스타워즈Star

---

* condominium. 객실 단위로 분양하여 구매자가 소유권을 갖는 주택

Wars〉의 악당 다스 베이더에 빗대어 말하기도 했다. 그는 「뉴욕 타임스」와의 인터뷰에서 "그 건물은 찬사를 받은 적이 없어요. 저는 탁월한 건축물이라고 생각했지만요"라며 탄식하기도 했다.

주변 사람들에게 개발업자로서 해리의 철학은 분명했다. 그는 한 프로젝트에는 하나의 비전을 고수해야 하며, 전적으로 본능을 따라야 한다고 믿었다. 건물에서 가치를 창출할 수 있는 방법을 찾으면, 외부의 압력에 굴하지 않고 그 방법을 고수하는 결단력과 역량을 갖추는 것이 바로 부를 창출하는 방법이라고 해리는 말했다.

변호사와 고문의 조언을 듣기는 했지만 무시하는 경우가 많았다. 중요한 결정은 혼자서 내려야 한다고 믿었다. 해리에게 나쁜 거래란 존재하지 않으며, 시기에 맞지 않거나 통제할 수 없는 힘으로 잘못될 가능성이 있는 좋은 거래만 있을 뿐이었다.

전직 브로커였던 해리는 숫자보다 마케팅 쪽에서 뛰어난 능력을 발휘했다. 그는 사람을 끌어당기는 매력을 지녔고, 대출 기관과 잠재적인 파트너에게 높은 비전을 제시하며 영업하는 재능이 있었다. 항상 벼랑 끝까지 밀어붙이던 해리는 결국 1990년대 초, 8개월간 지속된 부동산 침체기에 맥클로우 호텔 외에 최소 두 곳의 부동산을 잃었다.

사실 도널드 트럼프Donald Trump 정도를 제외하고는, 해리 맥클로우만큼 맨해튼 부동산 시장의 흥망성쇠를 잘 보여주는 인물도 없을 것이다. 한때 「뉴욕 타임스」 기자가 부동산계의 이카로스로 묘사하기도 했던 해리의 파란만장한 경력은 그리스 비극과 닮았다.

1993년에 회사에 아들 빌리가 입사했고, 빌리는 단순히 자산을 수집하는 수준이었던 아버지의 회사를 절차와 모범 사례, 정기적인 회의와 보고 체계를 갖춘 회사로 바꿔놓았다. 아버지와 닮았으면서도 아버지보다 예리하고 푸른 눈을 가진 빌리는 여러 면에서 해리와 정반대였다. 해리가 위험을 감수하는 모험가인 반면에 빌리는 보수적인 성향으로 해리에게 외부 투자자를 유치해 주식 위험을 분담하고 부채를 적정 수준으로 유지하자고 독려했다. "저는 항상 회사를 보호하려고 애썼어요." 빌리가 말했다.

빌리의 말에 귀를 기울이는 것이 가장 절실했던 순간에 해리는 그렇게 하지 않았다. 2007년 초, 그의 회사는 세계 최고의 자리에 올랐다. 블랙스톤 포트폴리오와 제너럴 모터스 빌딩의 인수는 재기를 알리는 신호탄이었다. 하지만 불과 12개월 만에 다시 거의 모든 것을 잃게 되었다.

・・・

스테이콤과 함께 배터리 파크에서 뉴욕항을 바라보던 해리는 스테이콤의 말이 옳았다는 사실을 깨달았다. 재건이 필요한 시기였다.

깊어지던 밤이 새벽으로 바뀐 2시 무렵, 맥클로우 부자는 한 계약서에 서명했다. 제너럴 모터스 빌딩과 맨해튼 고층 빌딩 세 채를 「뉴욕 데일리 뉴스」의 발행인 모트 주커만Mort Zuckerman이 이끄는 거대 부동산 기업인 보스턴 프로퍼티Boston Properties에 매각하는 계약이었다. 해리의 변호사 조너선 메카닉Jonathan Mechanic은 그날 아침 「월스트리트 저널」과의 인터뷰에서 "그는 후일에 다시 싸울 것"이라고 했다.

그러나 해리의 투자 실패는 아들 빌리와의 관계에 악영향을 미쳤고, 빌리는 소중한 자산을 팔게 만든 아버지의 재정적 실수를 비난하며, 해리를 지옥 불 속에 내버려둔 채 떠나버렸다. 그날 저녁 작별 인사를 하려고 모인 변호사 사무실 건물 로비에서 빌리는 아버지의 포옹을 거부했다. 축하할 일이 아니었다.

실제로 빌리는 얼마 지나지 않아 회사 경영권을 아버지의 손에서 되찾아 오기 위해 대출 기관 및 파트너들과 협상을 벌이고 매우 어려웠던 상황에서 가족들을 구해냈다.

해리가 값비싼 가격에 블랙스톤 빌딩을 매수했고, 위험이 명백한 사업을 무리하게 추진했다는 것이 중론이었다. 72억 5천만 달러라는 가격을 지불한 것은 이보다 훨씬 높은 임대료를 받으리라는 기대에 근거한 결정이었지만, 경제 상황이 바뀌면서 임차인들에게 그렇게 높은 임대료를 받을 가능성은 희박해졌다. 건물에 가치를 더한다는 해리의 비전은 매입 당시에는 타당해 보였을지 모르나 자본 시장의 상황이 바뀌면서 허황된 꿈이 되었다.

린다는 분노했고, 두 사람의 관계는 적대적으로 바뀌었다. 나중에 법정 공방에서 린다는 1990년대에 개인 보증으로 추진한 투자 때문에 사업 자산의 일부를 대출 기관에 넘겨야 했던 해리가 다시는 개인 보증을 서지 않으리라 맹세했다고 주장했다. 하지만 해리는 2007년 블랙스톤 포트폴리오에 대한 대출을 개인적으로 보증하면서 린다와의 약속을 어겼다. 이제 그 대가를 치르고 있었다. (해리는 그런 약속을 한 적이 없다고 주장했다.)

이후 빌리는 블랙스톤 빌딩에 대해 "아버지는 어머니에게 개인 보증에 대해 말한 적이 없습니다. 어머니는 「월스트리트 저널」의 기사를 보고 알게 된 겁니다"라고 말했다.

2008년 5월 27일, 제너럴 모터스 빌딩의 매각이 발표되고 나서 며칠 후, 당시 마흔 살이었던 빌리는 「월스트리트 저널」과의 인터뷰를 통해 앞으로 맥클로우 가족 기업은 자신이 이끌고, 해리는 회장직에서 물러날 것이라고 밝혔다. "앞으로는 다른 방식으로 사업을 운영할 겁니다."

그 결정을 내린 이면에는 제너럴 모터스 빌딩으로 일찍이 성공을 거둬 한때 은행들 사이에서 황금 손으로 여겨졌던 해리의 인기가 대출 기관에서 시들해진 이유도 있었다. "모든 일이 벌어지고 나서 아버지는 자금 조달이 불가능하다는 조언을 받았습니다. 블랙스톤 거래가 무산되자 후광을 잃은 아버지를 아무도 거들떠보지 않았죠." 빌리가 말했다.

한때 열렬한 등산가였던 빌리는 나중에 해리를 가리켜 '피크 배거 peak bagger'라고 표현했다. 산 정상에 오르고 싶어 하지만 어떻게 내려올지를 생각하지 않는 사람을 의미하는 등산 용어인데, 해리가 건물을 사는 방식이 그랬다. "그런 사람들은 정상에 오르면 모든 게 끝이라고 생각하지만, 정상은 사실상 등반의 중간 지점입니다."

• • •

다사다난한 해였지만, 해리에게는 비장의 무기가 남아 있었다.

몇 년 전, 그는 57번가에 있는 유명 호텔인 드레이크를 매입했다.

뉴욕의 유명 중개인들은 드레이크를 뉴욕 최고의 개발 부지 중 하나로 꼽았다. 포시즌스 호텔에서 한 블록 건너에 있는, 파크 애비뉴와 56번가에 위치한 드레이크 호텔의 입지는 타의 추종을 불허했다. 부지를 적절히 조합하면 시에서 추가로 승인을 받지 않아도 지금껏 뉴욕에서 볼 수 없었던 초고층 타워를 건설할 수 있었다. 해리가 품은 야망에 불을 지핀 것은 누구보다 이 블록을 잘 알고 있다는 사실이었다. 자전거를 타고 서류를 배달할 때마다 지나쳤던 갤러리가 자리 잡고 있던 바로 그 건물이었다.

노후화되고 있는 드레이크 호텔은 1920년대 황금기에 문을 열었다. 1960년대에는 저크, 몽키, 와투시 등 최신 댄스 열풍을 즐기는 젊은이들을 볼 수 있는 디스코텍 셰퍼드의 본거지로 널리 알려져 있었다. 입구에 커다란 금빛 스핑크스 두 마리가 앉아 있는 이집트 테마의 클럽에 입장하기 위해 사람들은 영하의 날씨에도 줄을 섰다.

지미 헨드릭스Jimi Hendrix, 레드 제플린Led Zeppelin, 더 후the Who의 멤버를 비롯한 수많은 에이급 록스타가 뉴욕의 거점으로 삼을 만큼 존재 자체로 사람들을 끌어당기는 매력을 지닌 호텔이었다. 지미 헨드릭스는 이곳에서 36곡의 데모곡을 녹음했다.

1973년, 매디슨 스퀘어 가든 공연을 위해 드레이크 호텔에 머물던 록밴드 레드 제플린의 로드 매니저 리처드 콜Richard Cole이 호텔 금고에서 약 2십만 달러를 도난당한 일은 이 호텔에서 벌어진 가장 악명 높은 사건이다. 곧바로 경찰이 출동해 직원, 밴드 멤버, 팬을 심문했고, 리처드 콜은 자발적으로 거짓말 탐지기 검사를 받았지만 이를 통과했다. 물리적으로 금고를 연 흔적이 없었기에 경찰은 누군가 콜의 열쇠를 훔쳤다가 몰래 다시 가져다 놓았다고 추측했다. 그러나 이 미스터리는 풀리지 않았다.

2006년 해리가 드레이크 호텔을 4억 1천8백만 달러에 인수했을 때, 전성기를 훨씬 지난 호텔은 더 이상 록스타나 유명 고객이 찾는 일은 없었지만, 운영 상태가 양호해 미드타운에서 저렴한 숙박 시설을 찾는 관광객과 비즈니스 여행객이 신뢰하는 곳이었다.

드레이크 호텔을 손에 넣은 해리는 인근으로 눈을 돌려 근처에 있는 타운 하우스* 여러 채를 사들여 부지의 잠재력을 극대화하고 타워 저층에 쇼핑몰을 들이기로 했다. 그는 자신의 유산이자 맨해튼 스카이라인을 영구적으로 바꿀, 건축학적으로 대담한 콘도미니엄 타워를 건설할 계획을 세웠다. 해리의 꿈은 엠파이어스테이트빌딩보다 높은

* townhouse. 벽면 한쪽을 옆집과 공유하는 다층 구조의 주택

건물을 짓는 것이었다.

해리가 겪은 어려움이 투자를 확장한 투자자가 호황에서 불황으로 바뀌면서 겪는 고통을 상징한다면, 드레이크 프로젝트는 기회가 될 수 있었다.

블랙스톤과의 거래가 결렬되기 전인 2007년, 프로젝트는 본격적으로 가동 중이었다. 해리는 새로운 부지 아래 약 25만 제곱피트(약 7,026평)의 공간을 인수하기 위해 노드스트롬 백화점으로부터 의향서를 받아냈는데, 이것으로 필요한 자금을 마련할 수 있었다. 의향서는 법적 구속력은 없었지만 프로젝트에 대한 신뢰를 나타냈으므로, 그는 도시 곳곳에서 선전할 수 있었다.

시애틀에서 노드스트롬과 미팅을 마치고 돌아온 해리는 도이체방크의 은행원 존 바카로Jon Vaccaro로부터 이메일을 받고 기뻐했다. 이메일 내용은 이랬다. "좋은 모멘텀입니다. 축하드립니다!"

업계 내 입지가 불안정했던 해리는 이제 실제로 타워를 지을 자금을 마련할 때까지 불안해하는 채권자를 두고 1년만 시간을 끌면 됐다.

2장
궁전의 모퉁이

57번가가 초부유층의 메카가 된 기원은 1860년대로 거슬러 올라간다. 상류층 출신 유명 작가인 이디스 워튼Edith Wharton의 고모이자 전 케미컬 뱅크Chemical Bank 회장 아이작 존스Isaac Jones의 미망인이었던 메리 메이슨 존스Mary Mason Jones가 아버지로부터 물려받은 땅인 57번가와 58번가 사이에 일련의 대리석 저택들을 지은 것이 그 시초다.

상류 사회의 귀부인이었던 존스는 1920년 워튼의 소설 『순수의 시대The Age of Innocence』에 등장하는 밍고트가家 대모 맨슨 밍고트라는 캐릭터에 영감을 준 인물이고, 밍고트 가문의 금빛 저택은 대리석 저택의 거리에서 영감을 받아 탄생한 것이다.

존스가 이 구역으로 이사하자 당시 뉴욕의 부유층은 고개를 갸우뚱했다. 비록 1858년에 개장한 센트럴파크가 매력적이기는 했지만, 57번가는 워싱턴 스퀘어와 34번가 주변의 번화가와 달리 여전히 농지로 둘러싸여 있어 유행에 뒤처진 무인 지대 취급을 받았기 때문이다.

그러나 존스는 자신만의 개성을 표현할 줄 아는 사람이었다. 그녀는 저택을 프랑스 샤토 양식으로 지어달라고 의뢰했고, 일반적인 연립주택에 사용되는 갈색 사암이 아닌 반짝이는 흰색 대리석으로 외관을 지어 전통을 깼다. 한 채는 자기가 살았고, 다른 한 채는 부유한 친구에게 임대했다.

워튼은 밍고트를 묘사할 때 "1층 거실 창문가에 앉아 고독한 문을 통해 삶과 유행이 북쪽으로 흘러가는 모습을 지켜보는 것이 그녀의 습관이었다"라고 썼다. "그녀의 인내심은 자신감과 같아서 그녀는 그것들을 소유하려 서두르지 않는 것 같았다. 그녀는 창고, 채석장, 단층의 술집들, 허름한 정원에 있는 나무로 된 온실들, 염소들이 밟고 올라가 주변을 살피는 바위들이 사라지고 자신의 주택만큼, 아니 어쩌면 자신의 주택보다도 위엄 있는 (그녀는 객관적인 여성이었다) 저택이 들어서리라고 확신했다."

존스가 예상한 대로 결국 사회는 그녀를 찾았다. 10년이 채 지나지 않아 밴더빌트가와 휘트니가 등 뉴욕에서 가장 부유한 가문들이 주변 거리로 모여들었다. 1880년대 초, 코닐리어스 밴더빌트 2세Cornelius Vanderbilt II는 수차례 증축을 거쳐 장차 미국 최대 규모의 개인 주택으로 꼽히는 저택을 짓기 시작했다. 57번가와 5번 애비뉴 모퉁이에 있는 붉은 벽돌과 석회암으로 지은 궁전은 프랑스의 블루아성을 모델로 작은 탑과 지붕창, 아치형 창문, 화려한 굴뚝 등을 갖추었다. 프랑스 화가 에두아르 투두즈Édouard Toudouze가 1년 가까이 작업한 프레스코화가 천장에 있는 3,250피트(약 991미터)의 무도회장, 사교계 엘리트의 마차를 맞이하는 포르테 코쉐를 비롯해 약 130개의 객실이 있었다고 전해진다. 1800년대 말, 「뉴욕 타임스」는 57번가와 5번 애비뉴의 교차로를 "궁전의 모퉁이"라고 불렀다.

그러나 뉴욕 상류층 중심지로서 이 교차로의 지위는 오래가지 못했다. 20세기로 접어들자, 센트럴파크 남쪽은 주거 지역에서 상업 지구로 변모했다. 이러한 추세는 1890년경 미국 사업가 앤드루 카네기Andrew Carnegie에 의해 57번가와 7번 애비뉴의 모퉁이에 지어져 랜드마크 콘서트홀이 된 카네기홀이 들어서면서 가속화되었다. 1907년에는 플라자 호텔이 개장했다. 이 상징적인 호텔은 백만장자였던 알프레드 그윈 밴더빌트Alfred Gwynne Vanderbilt가 최초 투숙객으로 머물면서 뉴욕에서 가장 세련된 숙박 시설의 위상을 굳혔다. 세기가 바뀔 무렵, 고가 철도가 센트럴파크 웨스트까지 확장되면서 변화의 속도는 더욱 빨라졌다. 14번가 북쪽의 유일한 양방향 도로였던 57번가는 1930년대가 되자 아트 갤러리, 디자이너, 뮤지컬 쇼룸으로 가득 찼다. 1938년 「뉴욕 타임스」의 한 기자는 57번가를 파리의 유명 쇼핑 거리인 뤼 드 라 페Rue de la Paix에 비유하기도 했다.

뉴욕에서 가장 잘사는 사람 중 일부는 자신들의 동네가 더 이상 미드타운의 교통 체증에서 자유로운 목가적인 주거 오아시스가 되지 못하자, 센트럴파크 북쪽의 조용한 구역으로 이주할 때가 되었다고 생각했다. 센트럴파크의 동쪽과 서쪽 거리는 곧 우아한 협동조합 건물*로 유명해졌다. 오늘날에는 존 레논John Lennon이 1980년에 살해된 장소로 잘 알려진, 1880년대에 지어진 다코타 빌딩 등 당대의 예술가와 부유한 보헤미안들을 끌어들였던 유서 깊은 건물들이 센트럴파크 서쪽에 모여 있다.

동쪽에는 1930년경 재클린 부비어 케네디Jacqueline Bouvier Kennedy의

---

* cooperative building. 건물 전체 소유권은 협동조합이 가지고 구매자에게 부동산 지분을 매매하는 건물

할아버지 제임스 T. 리James T. Lee가 건설한, 뉴욕에서 가장 저명한 건물인 740 파크 애비뉴를 비롯해 지루해 보이는 빌딩들이 등장했다.

부유층의 이주는 계속되었고, 20세기 후반에 이르자 57번가는 낡고 허름한 모습으로 서서히 쇠퇴했다.

• • •

뉴욕에서 감정평가사로 승승장구하던 조너선 밀러Jonathan Miller는 대변으로 얼룩진 지하 스튜디오부터 도금 시대*에 지어진 베르사유 궁전 같은 타운 하우스까지 수천 채의 집을 본 사람이었지만, 이런 집은 처음이었다.

1990년대 초, 밀러는 부를 과시하는 한량으로 유명한 사우디아라비아 출신 무기상 아드난 카쇼기Adnan Khashoggi의 5번 애비뉴 펜트하우스를 감정해 달라는 의뢰를 받았다. 이 중동 금융가는 전 필리핀 대통령 페르디난드 마르코스Ferdinand Marcos와 전 영부인 이멜다Imelda가 수년 전 필리핀에서 탈출하면서 가져온 돈과 재산을 은닉하는 것을 도운 혐의로 검찰에 기소되었다가 무죄를 선고받은 참이었다. 카쇼기가 팔고 싶어 하는 1만 8천 제곱피트(약 506평)에 이르는 거대한 아파트는 웨스트 52번가 모퉁이에 위치한 유리 마천루인 올림픽 타워에 있었는데, 이 타워는 그리스 선박왕 아리스토텔레스 오나시스Aristotle Onassis가 참여한 파트너십이 개발한 건물이었다.

세인트 패트릭 대성당 첨탑이 내려다보이는 복층 구조의 아파트에 들어서자, 카쇼기의 호화스러운 생활양식이 눈에 들어왔다. 세계 최

---

* Gilded Age. 산업화와 공업화의 영향으로 엄청난 양의 부를 축적하는 동시에 갖가지 부정이 잇따라 발생하던 미국의 1865~1890년경

고 부자 중 한 명인 그의 아파트는 에드가르 드가Edgar Degas와 호안 미로 같은 예술가의 걸작으로 채워져 있었다. 청동, 은, 상아로 만든 귀중한 장신구가 사방에 놓여 있었다. 연회장, 사우나, 3백여 명의 손님을 수용할 수 있는 주방, 맨해튼의 고가 주택에서도 보기 힘든 실내 수영장이 눈에 띄었다. 1970년대에 개별 아파트 16채를 합쳐 만든 아파트였다. 가격은 145만 달러였다.

화려한 부보다 깔끔하게 정리된 스프레드시트에 더 흥분하는 숫자광 밀러조차 평소와 달리 경외감을 느꼈다. "사방에 명나라 화병과 모네Monet의 작품이 걸려 있었습니다. 마스터 스위트룸에는 밍크와 검은담비로 만든 침대보를 씌워놓은 더블 킹 침대가 있었죠." 광대한 아파트를 둘러보던 밀러는 어릴 적 맨해튼의 한 부자가 석영으로 만든 거대 식탁을 자신의 아파트로 옮기려고 크레인을 빌렸다는 뉴스를 본 기억을 떠올렸다. 그때 본 아파트가 바로 이 아파트였다.

1970년대 중반, 뉴욕시가 재정 위기에 빠져 있던 시기에 완공된 올림픽 타워는 그전까지 뉴욕 고급 아파트의 표준이었던 5번 애비뉴와 파크 애비뉴의 협동조합 건물과는 전혀 다른 주거용 건물이었다. 우선 콘도미니엄이라는 점이 달랐다. 타운 하우스와 협동조합에 익숙했던 뉴욕 시민에게 콘도미니엄이라는 개념은 생소했다. 뉴욕 최초의 콘도미니엄인 이스트 64번가의 세인트 트로페즈는 그보다도 이전인 1965년에 지어졌다.

도시의 엘리트 협동조합 건물들과 비교하면, 올림픽 타워의 구조는 비좁고 협소했다. 협동조합 건물에 있는 방대한 엔터테인먼트 공간이나 호화로운 현관 갤러리, 고용인 숙소 따위는 없었다. 규모가 큰 아파트를 찾는 경우 여러 세대를 하나로 합치는 것만이 유일한 선택지였다. 대신 콘도미니엄은 공간보다 편의성을 우선시하여 호텔 서비스와 같은 편의를 제공했다. 시내 최고의 레스토랑을 예약해 주거나 공항 리무진 픽업 서비스를 제공하는 등 입주자의 요구를 충족시키기 위한 다국어 콘시어지 팀을 갖춘 곳이 많았다.

협동조합과 달리 콘도미니엄은 특정 구매자에게 특히 매력적인 면이 있다. 구매자가 실제로 자신의 아파트를 소유할 수 있고, 공용 공간의 유지 및 관리를 위한 공동 관리비는 별도로 지불하면 된다. 반면, 협동조합의 구매자는 이사회와 정관이 있는 법인의 개인 주주다. 엄밀히 말하면, 입주자는 아파트가 아니라 회사 주식을 소유하는 것이고, 소유권 임대를 통해 아파트를 점유할 권리를 가진다. 콘도미니엄 자체에 모기지가 없기 때문에 구매자에게 중요한 요소인 공동 관리비도 저렴한 편이다.

뉴욕의 유명 협동조합 건물 중 상당수는 융자를 허용하지 않거나 구매자가 매입한 지분의 50퍼센트로 한도를 제한하고 있다. 구매자는 세금 신고서, 은행 명세서, 현금 보유 증명, 고용주로부터 받은 편지 등 상당한 양의 재무 정보를 다년간 제공해야 한다.

협동조합 건물은 법적 요건이나 규제 요건을 공개하지 않고, 모종의 이유로 누구든 배제할 수 있는 까다로운 비공개 클럽처럼 운영된다. 유대인, 흑인, 외국인은 물론 신흥 부자도 환영받지 못하는 경우가 많다. 협동조합 건물의 이사회는 전대, 모기지, 타블로이드의 먹잇감이 된 유명 인사의 입주를 거절하는 등 엄격한 기준으로 악명이 높았고, 조금 나아지긴 했지만 아직도 그렇다. 마돈나Madonna, 머라이어 캐리Mariah Carey, 빌리 조엘Billy Joel, 셰어Cher 같은 슈퍼스타도 뉴욕 협동조합 건물 이사회로부터 입주를 거부당한 것으로 알려져 있다. 외국인도 환영받지 못한다. 2000년대 중반에 억만장자 렌 블라바트닉Len Blavatnik은 미국 시민권자이면서 세계 최고 수준의 부호인데도 927

5번 애비뉴와 산 레모 등 두 곳의 유명 협동조합 건물에서 퇴짜를 맞은 것으로 알려졌다. 결국 그는 5번 애비뉴 834번지에 위치한, 뉴욕 제츠의 구단주 우디 존슨Woody Johnson이 소유한 펜트하우스를 7750만 달러에 매입했다.

이디스 워튼이 뉴욕에 남긴 비공개 시스템 덕분에 협동조합 이사회는 아무리 재정적 능력이 뛰어난 지원자라도 모종의 이유로 거부할 수 있었다. "우리와 같은 부류가 아니다"라는 귓속말 한마디면 충분하다. 누구를 받아들일지 고를 수 있는 협동조합은 억만장자 거리에 몰려든 러시아 신흥 재벌과 아랍 왕자들을 거의 완전히 배제했다.

조합 이사회는 법인이 소유하는 것도 꺼리거나 금지했기 때문에 구매자가 유한책임회사LLC나 신탁을 통해 신원을 보호하는 것도 불가능했다. 외국인 구매자의 입장에서 볼 때, 콘도의 장점은 바로 여기에 있었다. 외국인 구매자는 세금 혜택 외에도 본국 정부의 관심을 끄는 것을 피하려고 법인을 통해 은밀하게 집을 구매하는 경우가 많았다. 콘도는 이론상으로 더 유동적인 자산이기도 했는데, 매각 또한 건물 이사회의 승인을 받을 필요 없이 전적으로 소유주의 재량에 달려 있었기 때문이다.

아리스토텔레스 오나시스와 그의 파트너들은 올림픽 타워를 전 세계인을 대상으로 분양하면, 뉴욕 최고의 부자보다 주머니가 더 큰 구매자를 확보할 수 있다는 사실을 간파하고 있었다. 뉴욕 상류층은 올림픽 타워 같은 빌딩이 번잡한 곳에 있다며 천박하게 여기고 꺼렸지만, 전 세계 제트족*은 이러한 건물에 매력을 느꼈다. 올림픽 타워를 초기에 구매한 사람 중 80퍼센트가 외국인이었고, 그중 4분의 1은 범

---

* jet set. 제트 여객기를 타고 세계를 여행하는 부유한 사람들

죄율 증가로 안전한 곳을 찾던 멕시코나 베네수엘라 출신 부유층이었다.

맨해튼 부동산 개발 산업에 큰 변화가 일어나기 시작한 순간이었다. 뉴욕은 더 국제적이고 세계적인 도시로 변해가고 있었고, 올림픽 타워는 5번 애비뉴와 센트럴파크, 카네기홀의 소란과 혼잡에 가까이 있고 싶어 하는 아랍 왕자와 부유한 외국 고위 인사의 안식처가 되었다. 처음으로 뉴욕의 부동산 시장이 상류층 엘리트가 아닌, 맨해튼에서 고급 주택을 찾는 신 제트족의 입맛에 맞춰진 순간이었다.

건축업자들은 뉴욕 상류층의 관심보다 돈을 가진 사람들의 관심을 끄는 데 주목했다.

• • •

1970년대와 1980년대에는 외국인뿐만 아니라 협동조합 건물 이사회의 엄격한 심사에 지친 부유한 뉴욕 시민도 이런 건물로 모여들었다. 그 건물 중 하나가 바로 렉싱턴과 파크 애비뉴 사이 117 이스트 57번가에 있으며, 기발한 해체주의풍의 상부와 드라마틱한 유리 아트리움 로비를 갖춘 57층짜리 아파트 갤러리아다. 1975년에 첫선을 보인 갤러리아의 건설에는 당대 저명한 억만장자 스튜어트 R. 모트Stewart R. Mott도 일부 자금을 지원했다. 괴짜 자선가인 모트는 제너럴 모터스의 상속인이었다. 그의 아버지 찰스 스튜어트 모트Charles Stewart Mott는 1900년대 초에 회사를 매각하고 이사이자 최대 주주 중 한 명이 됐다. 모트는 가족을 부유하게 만들어 준 회사를 조롱하는 것을 즐기는 듯 보였다. 자칭 비트족*이었던 그는 낡은 폭스바겐을 몰고 다니며 베트남 전쟁에 반대 입장을 표명하지 않는 제너럴 모터스를 공개적으로 비판했다.

모트의 관심사 중 하나는 농사였다. 그는 맨해튼에서 농사를 지었다. 어퍼 이스트사이드의 800 파크 애비뉴 펜트하우스에서 수십 년간 거주하던 모트는 유별난 취미 덕분에 철두철미한 협동조합과 이웃 주민들에 의해 법정에 섰다. 당시 30대 후반이었던 모트는 옥상에서 농장을 가꿨는데, 그곳에는 닭장, 토끼, 퇴비 더미와 뉴질랜드 시금치, 페르시안 라임, 매운 포르투갈 고추 등 다양한 과일과 채소가 있었다. 17가지 품종의 무는 모트의 자랑이자 기쁨이었다. 이웃들은 화분이 지붕에서 떨어져 보행자를 다치게 할 수 있고, 농장을 만들기 위해 옮긴 40톤 이상의 흙과 기계, 목재 무게로 인해 건물에 구조적 손상이 발생할 수 있다고 항의했다.

이웃들이 협동조합을 통해 들고일어서자, 모트는 자신의 생활 방식을 수용할 만한 방대한 펜트하우스를 꿈꿨다. 그는 넓은 집을 찾아 도시를 샅샅이 뒤졌지만, 이미 명성이 자자한 탓에 배타적인 협동조합에서는 환영받지 못했다.

머지않아 해결책이 나타났다. 한 부동산 개발사가 117 이스트 57번가에 짓고 있던 콘도의 대규모 펜트하우스를 선구매하기로 한 것이다. 모트가 계약금을 미리 지급하면, 개발사는 그에게 농작물 재배에 필요한 흙을 지탱할 만큼 튼튼한 꿈의 펜트하우스를 지어주기로 했다. 여러 층에 걸쳐 농장을 위한 1만 제곱피트(약 281평)의 야외 공간을 마련하고, 양쪽에 일광욕기를 설치할 예정이었다. 최상층에는 누운 채로 센트럴파크를 조망할 수 있는 마스터 스위트룸 하나만 지을 작정이었다. 그는 「뉴욕 타임스」와의 인터뷰에서 "도시 한가운데 있

---

* beatnik. 1950년대에 미국에서 현대의 산업 사회를 부정하고 기존의 질서와 도덕을 거부하며 문학의 아카데미즘을 반대한 방랑자적인 문학 예술가 세대를 이른다.

는 시골집이 될 것"이라고 말했다.

그러나 모트의 계획은 건축가 데이비드 케네스 스펙터David Kenneth Specter와 수개월에 걸쳐 상세히 논의했는데도 실현되지 못했다. 개발사는 그 야심 찬 계획을 수용하느라 비용이 치솟는 바람에 2년 만에 아파트 가격이 130만 달러에서 약 350만 달러까지 불어났다고 주장하며, 모트가 비용을 지불하지 않으면 다른 구매자를 찾겠다고 했다. 모트는 「타임스The Times」에 "중동 부호에게 5백만 달러에 팔면 되죠. 그러면 상당한 수익을 올릴 겁니다"라고 말하며 발을 뺐고, 2008년에 사망했다. (현재 모트가 꿈에 그렸던 펜트하우스는 마술사 데이비드 코퍼필드David Copperfield가 소유했다.)

어떤 면에서 모트는 기존의 카스트 제도 밖에서 규칙을 따르지 않는, 새로운 부류의 초부유층 구매자를 대표하는 사람이었다. 그는 뉴욕 고급 부동산 시장의 새로운 시대를 연 선구자였다.

・・・

올림픽 타워의 성공에서 영감을 받아 뉴욕 콘도 타워의 진화를 주도한 사람 중에는 당시 떠오르는 개발업자였던 도널드 트럼프도 있었다.

당시 30대였던 퀸즈 태생 부동산 가문 출신의 트럼프는 트럼프 타워로 인지도를 높이며 전설적인 맨해튼 개발업자 사이에서 입지를 다졌다. 트럼프 타워는 주로 외곽 자치구의 중산층 주택에 집중하던 아버지 프레드 트럼프Fred Trump의 부동산 회사를 떠나 독립한 후 주도한 두 번째 프로젝트였다.

1983년, 56번가와 57번가 사이 5번 애비뉴에 문을 연 트럼프 타워는 복숭아색 대리석과 광택 나는 황동 아트리움, 청동 반사 유리로 된 외관을 갖춘 사치와 과시, 강렬한 낙관주의의 표상이었다. 도어맨은 왕실 호위병이 입는 주홍색 유니폼을 입었고, 황동 화분에는 트럼프를 상징하는 이니셜인 D와 T가 새겨져 있었다. 콘도의 가격은 1백만 달러부터 시작했다.

트럼프 타워는 올림픽 타워와 마찬가지로, 1971년 뉴욕시 도시계획위원회가 5번 애비뉴의 상업 지구로서의 위상을 유지하기 위해 설정한 특별 구역의 산물이었다. 1층에는 쇼핑센터, 중간층에는 사무실, 위층에는 콘도가 배치됐다. 로비 층에는 아스프리 런던, 까르띠에, 해리 윈스턴, 부첼라티 같은 초호화 주얼리 브랜드가 입점했다.

트럼프 타워는 「뉴욕 타임스」의 건축 평론가들로부터 놀랍도록 긍정적인 평가를 받았고, 수많은 구매자가 고가의 유닛*을 빠르게 사들이면서 즉각적인 성공을 거두었는데, 구매자 중에는 외국인뿐만 아니라 자니 카슨Johnny Carson, 스티븐 스필버그, 소피아 로렌Sophia Loren도 있었다.

몇 년 후 트럼프는 자신의 저서 『거래의 기술The Art of the Deal』이 출간되자 로비 층에서 검은 넥타이 파티를 열었고, 여성들을 고용해 손님들에게 트럼프 타워 모형의 거대한 케이크를 나눠주었는데, 『뉴요커New Yorker』 기자 제인 마이어Jane Meyer는 이 광경을 "빨간 폭죽을 흔드는 여성들의 행진"이라고 묘사했다.

트럼프는 책에 이렇게 썼다. "트럼프 타워가 지어지기 전에 비평가들은 회의적이었지만, 대중들은 확실히 좋아했다. 175년 전에 물려받은 돈으로 84번가와 파크 애비뉴에 사는 사람들을 말하는 것이 아니다. 아름다운 아내와 빨간 페라리를 타고 다니는 부유한 이탈리아 사

---

* unit. 한 부동산 내의 독립된 개별 주거 또는 업무 공간

람, 내가 찾던 그런 사람들이 트럼프 타워로 몰려들었다."

1980년대 후반에는 올림픽 타워와 트럼프 타워의 성공에 힘입어 이들을 모방한 고층 콘도 타워가 속속 들어섰다. 어떤 면에서 이 빌딩들은 억만장자 거리에서 선구자 역할을 했다. 57번가와 7번 애비뉴에 모여 있는 이 건물들은, 취향은 물론 도시계획과 건축 분야에서 비슷한 논쟁을 불러일으켰다. '다스 베이더'를 연상시키는 맥클로우의 메트로폴리탄 타워, 다채로운 색의 계단식 벽돌 외관을 자랑하는 세자르 펠리César Pelli의 60층짜리 카네기홀 타워, 헬무트 얀Helmut Jahn이 포스트모던 양식으로 디자인하고 거대한 콘크리트 슬래브와 무어풍의 돔, 각진 테라스를 갖춘 시티스파이어는 외국인 투자 붐 속에서 솟아오른 3개의 타워였다.

맥클로우는 메트로폴리탄 타워로 풍부한 편의시설을 갖춘 럭셔리의 기준을 한 차원 더 높였다. 뉴욕 최초로 운전기사 대기 라운지와 주민들을 위한 케이터링 시설을 갖췄다. 쪽모이 세공 마룻바닥과 목재 패널을 써서 항해 테마로 디자인한 클럽 메트로폴리탄은 아침부터 저녁까지 주 7일 식사와 음료를 제공하는, 전 세계 부자들을 위한 구내식당이었다.

15미터 길이 실내 수영장, 한증막, 사우나, 스쿼시 코트, 입주자들이 좋아하는 와인을 보관할 수 있는 온습도 조절용 와인 저장고도 있었다. 또 다른 혁신은 메트로폴리탄 타워의 마케팅 프로그램이었는데, 여기에는 공사가 끝나기도 전에 외부 조명을 받은 건물 전경과 역동적인 스카이라인을 보여주는 접이식 브로슈어와 10분짜리 홍보 영상이 포함되었다.

맥클로우는 메트로폴리탄 타워의 모델 유닛 4개를 위해 칠레의 유명 건축가 후안 파블로 몰리뉴Juan Pablo Molyneux와 최근 머레이 힐에 위치한 이안 슈레거Ian Schrager의 새로운 모건스 호텔 설계를 감독한 파리지엔 안드레 퓌망Andrée Putman 등 세계적으로 유명한 건축 및 디자인 회사를 섭외했다.

세 타워 간 경쟁은 치열했다. 메트로폴리탄 타워는 그중에서 가장 현대적인 건물이었다. 이후에도 SLCE라는 회사를 통해 파트너와 뉴욕의 유명 개발사 들을 위해 많은 건물을 설계한 슈만, 리히텐슈타인, 클라만 앤드 에프론Schuman, Lichtenstein, Claman & Efron이 설계를 맡았던 메트로폴리탄 타워는 가운데가 전통적인 중형 건물들로 채워진 뾰족하고 어두운 유리 건물이었다.

세 빌딩이 촉발한 건축과 도시계획에 관한 논쟁은 20년 후 억만장자 거리에 초고층 건물들이 등장하면서 벌어지는 더욱 격렬한 논쟁을 예고한 신호탄이었다. 예를 들어, 메트로폴리탄 타워와 카네기홀 타워는 러시안 티 룸*이 있는 적갈색 사암 건물 하나만을 사이에 두고 분리되어 있었다. 두 빌딩을 세운 개발사가 각각 타워를 확장하기 위해 해당 부지를 매입하려 했으나 실패했고, 일부 비평가는 이로 인해 고층과 저층 건물이 뒤섞이면서 위화감이 생겼다고 주장했다. "지금은 끝나버린 부동산 호황이 절정에 달했던 1985년과 1986년에 발표된 세 고층 빌딩의 건설 계획은 부조리의 극치였다. 맨해튼 미드타운에 60~70층짜리 타워를 나란히 세울 수 있다면, 도대체 뉴욕에서 진행되고 있는 도시계획이란 무엇인가? 너무나 다른 두 마천루가 서로를 거부하는 것처럼 보인다면 이 도시의 무슨 질서나 논리가 있단 말인가?" 트럼프 타워를 극찬했던 건축 평론가 폴 골드버거Paul Goldberger가 1990년 「타임스」에 기고한 글이다.

---

* 1927년 뉴욕 맨해튼에 문을 연 유명 레스토랑

・・・

억만장자 거리의 핵심인 파크 애비뉴에서 8번 애비뉴까지 이어지는 57번가의 길이는 1.6킬로미터에 불과하다. 길 한쪽 끝에서 다른 쪽 끝까지 걸어가다 보면 지난 1백 년간 개발과 건축의 진화 흔적을 볼 수 있다. 개발업자들이 1980년대 말과 1990년대 초 57번가에 타워를 지을 때는 물류보다 감정적인 문제, 즉 부유한 뉴요커에게 듣는 조잡하다는 평판을 극복해야 하는 과제를 안고 있었다.

부유한 맨해튼 주민들에게 57번가는 고급품보다 싸구려를 상징하는 곳이었다. 한때 맨해튼에 저택을 짓기 위한 부지로 사용되었던 57번가 주변, 그중에서도 우아한 쇼핑 거리였던 6번 애비뉴에서 브로드웨이에 이르는 구간은 이제 티셔츠와 돼지 등갈비를 파는 싸구려 식당들의 메카로 변모해 있었다. 팬더Fender의 스트라토캐스터 기타 형태로 만든 18미터 바가 있는 하드록 카페의 등장은 57번가의 통속화를 부추긴 촉매제 중 하나였다.

1990년대에는 라스베이거스 같은 시설이 많이 생겨났다. 여기에는 실베스터 스탤론Sylvester Stallone, 브루스 윌리스Bruce Willis, 데미 무어Demi Moore, 아널드 슈워제네거Arnold Schwarzenegger의 후원을 받아 할리우드 소품과 의상이 한가득 진열되어 있었던 플래닛 할리우드, 옛 자동 판매식 식당을 개조한 곳에서 종업원이 슈프림즈the Supremes 멤버처럼 춤을 추고 모타운 앨범 재킷 두 장을 본떠 만든 메뉴를 내놓았던 모타운 카페, 애니매트로닉* 소품, 해골, 특수 효과로 장식한 으스스한 호러 테마의 지킬 앤드 하이드 클럽, 모터사이클 수집품과 마초적

---

* animatronic. 몸체에 기계장치를 넣고 캐릭터 모형을 덧씌운 후 전기·전자의 힘으로 움직이게 하는 특수 효과 기법

인 장식으로 꾸며진 할리 데이비슨 카페 등이 있었다.

'57번가의 테마파크화'가 뉴욕시의 손실이라는 한탄도 있었다. 건축 평론가 허버트 무샴프Herbert Muschamp는 "전형적인 맨해튼 도로였던 이 거리는 뉴욕에서 분리되어 캘리포니아주 애너하임, 플로리다주 올랜도와 통속 연합으로 연결될 위기에 처했다"고 썼다. 다른 사람들은 개의치 않는 듯했다. 1993년 할리 레스토랑이 문을 열었을 때, 청청 패션에 치아 교정기를 한 10대의 이방카 트럼프Ivanka Trump를 비롯한 유명인들이 몰려들었다. 이방카는 아버지와 함께 사진을 찍기 위해 포즈를 취했다. 플레이보이 티셔츠와 선글라스에 가죽 바이커 부츠를 착용한 낸시 시나트라Nancy Sinatra는 호랑이 테마의 오토바이에 올라탔다. 닭 의상을 입은 권투 선수 조 프레이저Joe Frazier는 O. J. 심슨O. J. Simpson, 니콜 브라운 심슨Nicole Brown Simpson과 함께 돌아다녔다.

그러나 이 화려한 쇼는 새천년이 다가오자 막을 내렸다. 화려한 순간도 잠시뿐이었다. 테마 레스토랑의 참신함은 사라지고, 남쪽으로 몇 블록 떨어진 타임스스퀘어가 부활하면서 많은 식당이 문을 닫았다. 모타운 카페는 문을 닫았고, 하드록 카페는 43번가와 브로드웨이에 있는 예전 파라마운트 극장 자리로 이전했다.

57번가에서 죽어간 사업은 테마 레스토랑만이 아니었다. 20세기 초, 브로드웨이와 57번가의 모퉁이는 번창하는 상업 지구의 중심지로 자동차 거리로 알려져 있었다. 한때 고급 자동차 전시장은 57번가 어디에서나 볼 수 있는 시설이었다. 업계 초창기, 세계의 중심가로 여겨졌던 브로드웨이에 화려한 전시장이 있다는 것은 자동차 회사가 건재함을 과시하는 방법이었다. 20세기가 시작되고 첫 10년간 마차는 '말 없는 마차'로 불렸던 자동차로 대체되었다.

세기가 바뀌고 얼마 지나지 않아, 주요 자동차 회사들의 의뢰로 미국 유명 건축가가 설계한 새 건물들이 브로드웨이를 따라 세워졌다. 한 자동차 딜러는 2011년 「타임스」와의 인터뷰에서 이렇게 말했다. "2차 세계 대전 당시 이곳은 자동차, 특히 중고차가 그 어느 곳보다 많이 팔리던 곳이었습니다. 해외로 떠나는 군인들에게 도매상들이 '차를 파실래요?'라고 물었죠."

　2000년대에 들어서면서 자동차 거리는 사라지고 말았다. 높은 임대료와 치솟는 땅값으로 전시장이 밀려났기 때문이다. 많은 자동차 전시장은 저렴한 공간을 찾아 파 웨스트사이드로 자리를 옮겼다. 역사의 파편만이 남았다. 미국의 대표적인 타이어 및 고무 제품 제조 업체인 B. F. 굿리치B. F. Goodrich가 소유했던, 57번가와 브로드웨이 모퉁이에 있는 1780 브로드웨이와 225 웨스트 57번가도 마찬가지다. 두 중층 건물은 한때 자동차 화물용 엘리베이터를 같이 쓰기도 했다. 1780 브로드웨이의 1층에는 타이어 전시장이 있었다.

　뉴욕 콜리세움으로 알려진 센트럴파크 남서쪽 모퉁이의 거대 컨벤션 센터도 마지막을 맞이할 준비를 하고 있었다. 1956년경에 지어진 이 컨벤션 센터는 트라이버러 교량 및 터널 공사Triborough Bridge and Tunnel Authority의 사장이었던 로버트 모제스Robert Moses가 구상하고, 연방 빈민가 철거 기금으로 오래된 극장과 상점을 철거해 마련한 공간에 세운 건물이다. 건축가 레온 레비Leon Levy와 라이어널 레비Lionel Levy가 설계한 이 건물은 국제 꽃 박람회와 뉴욕 국제 오토쇼 등 여러 주요 컨벤션을 한꺼번에 개최할 수 있을 만큼 큰 규모로, 창문이 없는 거대한 전시 건물과 23층짜리 오피스 타워로 구성되어 있었다. 개장 당시에는 지역 경제에 큰 도움이 될 것으로 여겨 로버트 F. 와그너Robert F. Wagner 시장이 "현대의 경이 중 하나"라고 불렀지만, 건축학적 측면에서 걸작은 아니었다. 건축가 프랭크 로이드 라이트Frank Lloyd Wright는 이 건물을 두고 "훌륭한 실용주의적 업적이지만 건축은 별개의 문제이며, 뉴욕에는 어울리지만 다른 지역으로는 확산하지 않기를 바란다"고 했다.

그러나 이 컨벤션 센터도 새천년이 다가오자 낡고 노후화되면서 컨벤션 개최를 중단하게 됐다. 1986년, 맨해튼의 파 웨스트사이드에 제이컵 K. 재비츠 컨벤션 센터가 개장하자 사실상 폐업 상태에 놓이게 됐고, 곧 새로운 평판을 얻게 되었다. 일부 언론 보도에 따르면, 교도소에 수감된 친구와 가족을 면회하기 위해 북부로 가는 버스를 기다리는 여성과 어린이가 센터 근방에서 자주 목격됐다. 노숙자가 야영하기도 했다.

그렇게 웨스트 57번가는 잠깐 머무르는 동네가 되었다. 직장인들은 지하철로 출근하는 길에 이곳을 지나쳤다. 미드웨스트에서 원대한 꿈과 적은 돈을 가지고 뉴욕으로 온 젊은 여성들이 길을 따라 걸으며 미드타운의 싸구려 호텔에 머물렀다. 센트럴파크와 타임스스퀘어 사이를 걸어 다니는 관광객들은 끊임없이 쓰레기를 버렸고, 그 뒤에 오던 가방을 멘 관광객들은 버려진 쓰레기를 밟고 지나갔다.

1980년대에 감정평가사 밀러는 컨벤션 센터 바로 뒤 웨스트 60번가에 있는 건물에 살고 있었다. "도시의 쇠퇴 징후가 뚜렷했습니다. 그 건물을 바라보며, '이렇게 아름다운 도시에서 어떻게 이렇게 낡은 건물이 센트럴파크를 찾는 수많은 사람을 맞이하고 있을까?'라는 생각을 한 기억이 납니다. 그 건물은 어울리지 않는 구석이 있었어요." 밀러가 말했다.

1980년대 중반, 에드 코흐Ed Koch 시장 때 시작된 메트로폴리탄 교통국(트라이버러 교량 및 터널 공사로부터 해당 건물을 인수함)의 콜리세움 매각 노력은 루디 줄리아니Rudy Giuliani 시장의 행정부로 이어졌다. 개발업자들의 계획은 소송과 지역사회의 반대에 부딪혔다. 거래가 성사되었다가 실패로 돌아가는 경우가 수차례 반복됐고, 텅 빈 건물은 쇠퇴로 치닫는 동네의 한가운데 구멍으로 남아 있었다.

• • •

2008년, 해리 맥클로우가 드레이크 호텔 부지에 초고층 빌딩을 세울 자금을 구하고 있을 때, 57번가에는 초호화 상점, 싸구려 기념품 가게, 골동품점, 갤러리, 양장점, 역사적인 아파트가 현대적인 유리 사무실 빌딩과 주거용 빌딩 사이에 혼란스럽게 뒤섞여 있었다.

5번 애비뉴 모퉁이에는 건축 회사 크로스 앤드 크로스Cross & Cross가 설계한 현대 미술 양식의 차분한 건물이 있었다. 그 안에 1940년에 문을 연 주얼리 기업 티파니앤코의 플래그십 스토어가 자리했고, 문 위에는 유명한 티파니 아틀라스 시계가 장식되어 있었다. 반대편 모퉁이에 있는 버그도프 굿맨 백화점 1층에는 그레이스 켈리Grace Kelly, 엘리자베스 테일러Elizabeth Taylor, 에바 페론Eva Peron의 주얼리로 유명한 반클리프 아펠이 자리하고 있었다.

서쪽으로 가다 보면 개발업자 셀던 솔로Sheldon Solow가 지은, 미끄러져 내려가고 싶은 곡선 모양의 외관을 자랑하는 유리 오피스 타워 솔로 빌딩과 정교하게 장식된 천장과 샹들리에, 연철 난간이 설치된 2층 발코니로 뉴욕 문학계에서 유명한 리졸리 서점을 지나게 된다.

그다음에는 1920년대부터 운영된 랜드마크 피아노 쇼룸인 스타인웨이 빌딩이 석회암으로 덮인 고전적인 워런 앤드 웨트모어 건물에 자리하고 있었다. 바닥은 브람스와 바흐 같은 클래식 작곡가의 메달 모양 초상화와 그리스 신화 속 음악 신 아폴로의 머리에 화환을 얹는 뮤즈의 모습을 묘사한 이탈리아계 미국인 조각가 레오 렌텔리Leo Lentelli의 조각으로 장식되어 있었다. 카네기홀의 뒤를 이어 피아노 쇼룸, 음악학교, 음반사 등이 있었던 음악적 전성기를 떠올리게 하는 건물이었다.

7번 애비뉴에 다다르면 러시안 티 룸이 있었다. 이곳은 아르데코 양식의 다실로, 러시아 황실 발레단 단원이었던 러시아인들을 위한 만남의 장소로 문을 열었다.

그다음 등장하는 건물은 랜드마크이자 상징적인 콘서트홀인 카네기홀이다. 링컨 센터가 그 빛을 일부 채 갔지만, 윌리엄 버넷 터실William Burnet Tuthill이 이탈리아 르네상스 건축 양식으로 설계해 적갈색 로마식 벽돌 외관을 갖춘 이 건물은 세계적으로 유명한 콘서트홀 중 하나였다.

반대편 모퉁이에는 철골 구조와 승강기의 발명으로 탄생한 뉴욕 최초의 고층 아파트 중 하나인 오스본이 있었다. 1880년대 중반, 투박한 돌로 지어진 외관을 자랑하는 오스본은 뮤지컬 〈웨스트사이드 스토리West Side Story〉를 작곡한 것으로 알려진 레너드 번스타인Leonard Bernstein이 살았던 곳이기도 하다.

브로드웨이를 향해 서쪽으로 더 가면, 1892년 프랑스 르네상스 양식의 랜드마크 건물인 뉴욕의 미술학교 아트 스튜던츠 리그를 만나게 되는데, 이곳에는 조지아 오키프Georgia O'Keeffe 등 프랑스에서 공부한 저명한 예술가들의 작품이 전시되어 있다. 인디애나 석회암으로 정교하게 조각된 장식이 있는 프랑스 르네상스 리바이벌 스타일의 건물에 유명 가문이 운영하는 미술품 가게인 리 아트 숍도 있는데, 본래는 1800년대 후반 미국 토목학회를 위해 세워진 건물이었다.

요약하자면, 응집력이 거의 없는 거리였다. 그러나 최근 주변 지역에 일어난 몇 가지 변화는 향후 벌어질 일의 전조였다.

콜리세움은 더 이상 존재하지 않았다. 2003년, 관련 회사들이 주도한 약 17억 달러 규모의 280만 제곱피트(약 78,689평)에 달하는 부동산 프로젝트가 그 자리를 대신하면서, 59번가와 센트럴파크 웨스트의 모퉁이를 변화시켰다. 이 프로젝트는 만다린 오리엔탈 호텔, 사무실, 재즈 클럽, 고급 쇼핑몰, 홀푸드 마켓, 토머스 켈러Thomas Keller와 장조지 봉게리히텐Jean-Georges Vongerichten의 레스토랑, 그리고 「뉴욕 타임스」가 웨스트사이드 스카이라인의 느낌표라고 묘사한 228미터의 쌍둥이 타워에 걸쳐 있는 고급 콘도미니엄으로 구성되었다. AOL 타임 워너 센터로 알려진 이 프로젝트는 진행 당시 9.11 테러 직후 쌍둥이 고층 건물에 살려는 사람이 있겠냐는 눈초리도 받았지만, 전 세계 초부유층 콘도 구매자들을 끌어들이는 데 성공했다.

센트럴파크 모퉁이와 트럼프 인터내셔널 호텔 바로 옆에 새로운 석회암 타워인 15 센트럴파크 웨스트도 들어섰다. 뉴욕의 상징적인 부동산 가문의 후손 윌리엄 제켄도르프William Zeckendorf와 아서 제켄도르프Arthur Zeckendorf 형제가 61번가와 센트럴파크 웨스트의 모퉁이에 지은 15 센트럴파크 웨스트는 당시 뉴욕 고급 부동산의 정점으로, 유명인과 금융가 사이에서 전례 없는 가격에 거래되었다. 2008년 경 문을 열었고, 스팅Sting, 알렉스 로드리게스Alex Rodriguez, 골드만삭스Goldman Sachs 최고경영자 로이드 블랭크파인Lloyd Blankfein 등이 거주하면서 세계에서 가장 영향력 있는 거주지 중 하나로 급부상했다. 부동산 가십 사이트 커브드Curbed의 블로거는 이곳을 '석회암 예수'라고 불렀다.

10여 년 후, 부동산 관계자들은 콜리세움 재개발과 15 센트럴파크 웨스트의 등장을 57번가의 지각 변동을 예고한 신호탄으로 꼽았다.

3장
랍비, 보석상, 부동산 개발업자

해리 맥클로우는 검은 옷에 모자를 쓴 남성들이 가득한 혼잡한 방을 지나 포마이카 라미네이트 바닥이 깔려 있고 창문이 없어 희미한 조명만이 비추는 회의실로 들어갔다. 2008년 무렵이었다. 퀸즈버러 다리 인근에 위치한 유대교 초정통파 시설 차바드 하우스의 뒷방에는 긴 수염을 기르고 작은 타원형 안경을 쓴 남자가 한 명 앉아 있었다.

그는 랍비 요시야후 핀토Yoshiyahu Pinto였다. 신비주의 사상인 카발라를 신봉하는 핀토는 실제 나이인 30대보다 훨씬 더 나이 들어 보였다. 모로코 출신 유명 신비주의자 바바 살리Baba Sali의 증손자인 핀토는 르브론 제임스LeBron James부터 앤서니 위너Anthony Weiner 하원의원 등 다양한 인맥을 가진 인물로, 아메리칸 이글의 제이 쇼튼스타인Jay Schottenstein, 재러드 쿠슈너Jared Kushner의 아버지이자 부동산 재벌인 찰스 쿠슈너Charles Kushner 같은 재계 거물을 끌어들이는 아우라를 지니고 있었다. 핀토를 신봉하는 사람 중 일부는 그를 영적 조언자인 동시에 비즈니스 자문으로 생각해 거래를 앞두고 복을 빌어달라거나 조언을 구했고, 심지어 정적을 저주하기 위해 찾아왔다. 사람들은 줄을 서서 핀토의 손에 입을 맞추었고, 측근을 통해 사적인 만남을 요청했다. 이스라엘 전 국방장관은 핀토 덕분에 혼수상태에서 깨어났다고 주장했고, 그의 도움으로 문제가 있는 비즈니스 거래에서 빠져나왔다고 주장하는 이도 있었다.

핀토의 명성은 부를 의미하기도 했다. 핀토가 운영하는 자선 단체인 모스닷 슈바 이스라엘Mosdot Shuva Israel은 햄튼에서 가장 고급스럽고 비싼 지역 중 하나인 릴리 폰드 레인에 있는 저택을 임대해 언론의 주목을 받았다. 「주이시 데일리 포워드The Jewish Daily Forward」는 핀토의 자선 단체가 2008년 8월에 3주간 이 집을 임대하는 데 7만 7천 달러를 지출했다고 보도했다. 이 자선 단체는 호화로운 여행과 값비싼 보석에 많은 돈을 쓰기로 유명했다. 소문에 따르면 항공기 일등석을 이용하고, 아르헨티나 부에노스아이레스의 고급 호텔에서 한 달간 머무는 데 7만 5천 달러를 썼다고 했다.

해리는 유대인이었지만 종교적인 사람이 아니었고, 랍비 핀토의 추종자도 아니었다. 순전히 악화 일로로 치닫는 사업 때문에 차바드 하우스를 찾았다. 몇 주 전 해리는 이스트 57번가 드레이크 호텔 옆에 있는 타운 하우스를 사들이기 위해 '블링*의 대부'라고 불리는 핀토의 신봉자와 거래를 했다. 새로 짓는 타워 1층에 쇼핑몰을 들이는 계획을 실현하기 위한 거래였다. 그런데 그 계획이 벌써 실패로 돌아가는 모양새였다.

핀토의 신봉자는 고객에게 보석상 제이콥으로 알려진 제이콥 아라

* Bling. 화려하게 반짝이는 장신구

보Jacob Arabo(본명 야코프 아라보)였다. 운동선수와 뮤지션에게 다이아몬드가 박힌 보석을 주면서 이름을 알린 아라보와 힙합과의 인연은 브루클린의 전설적인 래퍼 노토리어스 B.I.G.Notorious B.I.G.까지 거슬러 올라간다. 그의 고객 중에는 머라이어 캐리, 마돈나, 제이 지Jay-Z, 션 '디디' 콤스Sean 'Diddy' Combs부터 데이비드 베컴David Beckham, 데릭 지터Derek Jeter, 샤킬 오닐Shaquille O'Neal 같은 운동선수도 있었다. 스리피스 슈트에 칠흑 같은 검은 머리를 뒤로 넘긴 채 마이바흐 메르세데스를 타고 도시를 누비는 우즈베키스탄계 미국인에게 보석상은 잘 어울리는 일이었다. 카니예 웨스트Kanye West는 자신의 곡 〈터치 더 스카이Touch the Sky〉에서 '가불을 받은 지 한 시간 만에 제이콥에게 갔지'라며 랩을 하고, 드레이크Drake는 뮤직비디오 〈시카고 프리스타일Chicago Freestyle〉에서 크루와 함께 제이콥 아라보의 사무실에 있는 시계와 체인을 고른다.

제이콥 아라보는 자동차 허브캡부터 비디오 게임 컨트롤러까지 모든 것을 화려하게 장식했다. 48 이스트 57번가에 있는 제이콥의 타운하우스에는 반짝이는 단색 쇼룸이 있었고, 위층에는 개인 고객을 위한 VIP 스위트룸이 있었다.

맥클로우 부자에게 제이콥 아라보는 쇼핑몰이 들어설 부지에 있는 기이한 사업가와 괴팍하고 자존심 강한 뉴요커 중 한 명에 불과했다. 해리와 빌리는 이들을 하나씩 제거하기로 단단히 결심했다. 부동산 업계에서는 이 과정을 '합병'이라고 한다.

그들은 시장가보다 높은 가격을 제시하고, 호의를 베풀고, 소유주에게 더 좋은 사업장을 찾아주겠다고 약속하고, 이사 비용을 부담하는 등 온갖 방법을 동원했다. 해리는 끈질기게 매달렸다. 한번은 명품 시계 회사인 오데마 피게를 길 건너편으로 옮기기 위해 14개월간의 협상 끝에 2천만 달러에 가까운 돈을 지불했다.

해리는 거래할 때마다 개인 돈을 프로젝트에 쏟아부었지만, 그만큼 투자할 가치가 있다고 판단했다. 2008년까지 맥클로우 부자는 새 타워를 짓는 데 필요한 부지 대부분을 확보했는데, 고인이 된 모로코 국왕으로부터 매입한 건물의 세입자인 제이콥 앤 코 건물과 해러즈 백화점의 사장 모하메드 알 파예드Mohamed Al-Fayed의 남동생 알리 파예드Ali Fayed가 운영하는 영국 맞춤형 의류 회사 턴불 앤 아서가 소유한 타운 하우스는 예외였다. 특히 알 파예드는 맥클로우 부자의 공격에 면역이 된 듯했다. (이후 빌리 맥클로우는 알 파예드에 대해 "돈이 있는 사람을 돈으로 설득하는 것은 정말 어려운 일"이라고 말했다.)

아라보와의 거래는 해리 맥클로우의 속을 끓였다. 몇 주 전, 해리는 아라보의 타운 하우스 VIP 스위트에서 그와 만나 매매 조건을 합의했다. 2004년에 약 1천2백만 달러에 인수한 아라보의 부동산을 해리가 5천만 달러에 매입하기로 했는데, 해리는 아라보에게 다른 구매자가 제시할 가격의 두 배라고 말했다. 두 사람은 종이에 거래 조건을 쓰고 이니셜을 적어 넣었다. 정식 계약서는 곧 작성할 예정이었다.

2주 뒤, 아라보가 약속했던 계약금을 보내지 않자 해리는 전화를 걸었다. 아라보는 가격을 1억 달러로 올리겠다고 했다.

"'제이콥, 어떻게 그럴 수 있습니까? 우린 합의했잖아요'라고 말했죠." 나중에 해리가 한 말이다.

"랍비님께서 제게 1억 달러를 청구하라고 하셨어요." 아라보가 대답했다.

해리는 격분했다. 랍비를 만나서 문제를 바로잡아야 했다. 해리는 재빨리 차바드에서 랍비와 아라보를 만나는 약속을 잡았다.

상황은 해리가 원하는 대로 흘러가지 않았다. 세 사람이 희미한 조명이 켜진 방에 앉자마자 혼란이 찾아왔다. 랍비는 영어를 몰랐고, 해리는 이디시어나 히브리어를 몰랐다. 세 사람이 손을 잡고 둥글게 앉아 있는 동안, 해리는 랍비에게 자신의 주장을 펼쳤고 통역은 객관적인 관찰자라고 할 수 없는 아라보가 수행했다. 5천만 달러를 지불하면 된다는 것이 해리의 결론이었다.

상황은 잘 풀리지 않았다. 랍비 핀토가 의자에서 벌떡 일어나더니 펄쩍펄쩍 뛰며 질책했다. 해리는 그의 말을 알아들을 수 없었지만, 거래가 5천만 달러에 성사되지 않으리라는 사실은 분명했다.

이후 아라보는 마약 조직을 조사하는 수사관에게 허위 진술을 하고 기록을 위조한 혐의로 유죄 판결을 받고 약 2년 가까이 복역했다. 당국은 디트로이트에 근거지를 둔 '블랙 마피아 패밀리'로 알려진 조직을 위해 마약 판매 수익금의 세탁을 공모한 혐의로 아라보를 기소했다. 랍비 핀토는 이후 경찰 고위 관리에게 뇌물을 준 혐의로 유죄 판결을 받고 이스라엘 교도소에서 복역했다.

맥클로우는 타운 하우스를 손에 넣지 못했다.

• • •

2008년 초, 해리 맥클로우는 자신감을 잃고 있었다. 일부 부지를 인수하는 데 지나치게 큰 대가를 치른 탓에 드레이크 프로젝트는 첫 삽을 뜨기도 전에 7천5백만 달러로 불어났다. 해리와 빌리는 자금을 조달해 줄 투자 파트너를 수개월째 찾는 중이었지만, 호텔 인수를 위해 5억 달러가 넘는 돈을 빌려준 도이체방크의 인내심은 바닥을 드러냈다.

그 이유를 알기란 어렵지 않았다. 2008년, 도이체방크는 경기 침체로 혼란에 빠져 있었다. 미국에서 입지를 넓히려는 열망으로 도널드 트럼프, 해리 맥클로우, 이안 브루스 아이크너Ian Bruce Eichner 등 유명 개발업자들에게 자금을 조달하는 틈새시장을 개척했지만, 내리막길을 걷게 되었다. 같은 시기에 자금을 조달해 주었던 아이크너에게서 39억 달러 규모의 라스베이거스 코즈모폴리턴 카지노 리조트의 열쇠를 건네받았으나, 카지노는 이후 채무 불이행 사태에 빠졌다.

재정적 압박을 받은 도이체방크는 드레이크 프로젝트에 대한 해리의 지분을 늘려달라고 요청했다. 이에 해리는 프로젝트에 들어간 대출 1억 5630만 달러를 상환해 자신의 프로젝트 지분을 2억 5천만 달러로 늘렸다. 이제 프로젝트를 추진하고 압류를 피하기 위해서는 새롭게 자본을 투입할 지분 파트너가 절실했다. 하지만 시장이 침체되고 해리의 명성마저 위태로워진 상황에서 파트너를 찾는 일은 불가능에 가까웠다. 거래를 원하는 큰손이 드물게 있었지만, 해리는 그들의 파트너 목록에서 1순위가 아니었다.

역풍 속에서도 해리는 낙관론을 붙잡았다. "당시 지치고 냉소적인 상태였던 뉴욕 투자 커뮤니티는 개발 현장의 잠재력을 알아보지 못했어요."

맥클로우 부자는 파트너를 찾기 위해 명함을 샅샅이 뒤졌다. 그들은 저명한 후원자이자 글렌우드 매니지먼트Glenwood Management의 설립자인 레너드 리트윈Leonard Litwin과 이야기를 나눴는데, 그는 건물에 임대 아파트를 포함시켜 421-A 세금 감면 혜택을 받을 수 있으면 파트너십을 맺을 의사가 있다고 했다. 421-A는 저소득층 주택을 프로젝트에 일부 포함하는 대가로 상당한 세금 감면 혜택을 제공하는 프로그램이었다. 해리는 이 아이디어를 거절했다. "파크 애비뉴와 56번가에 보조금을 받는 주택을 짓는 일은 이단이라고 생각했어요."

맥클로우 부자는 두바이의 에마르 프로퍼티Emaar Properties와 전 뉴욕 주지사 엘리엇 스피처Eliot Spitzer, 카지노 거물인 스티브 윈Steve Wynn과도 대화를 나누며 이 부지에 호텔을 유치하는 방안을 구상했다. 그러나 어떠한 진전도 이루어지지 않았다.

그해 봄, 해리는 매각한 뒤에도 계속 임대했던 제너럴 모터스 빌딩의 21층 사무실에 앉아 오랜 친구 아서 코헨Arthur Cohen과 프로젝트의 미래를 이야기했다. 코헨 역시 아리스토텔레스 오나시스와 함께 올림픽 타워를 개발한 뉴욕의 부동산 개발업자였다. 한때 「뉴욕 타임스」는 맨해튼의 상업용 부동산 거래 일곱 건 중 한 건에 그가 관여한 것으로 추산하기도 했다. 드레이크 프로젝트를 추진하는 데 필요한 거래가 있다면, 코헨이야말로 그 거래를 성사할 방법을 알 만한 사람이었다.

대화의 핵심은 이랬다. 해리는 프로젝트의 전권을 금융업자에게 넘기고 싶지 않았다. 자기 프로젝트이므로 자신이 주도해야 한다고 생각했다. 코헨은 그것이 비현실적이라고 했다. 프로젝트를 시작하는 데 드는 비용과 해리의 최근 재정적 과오를 고려할 때 금융업자라면 프로젝트를 주도하고 싶어 할 것이라고 했다.

코헨은 프로젝트를 위한 자신만의 설계도를 가지고 있었다. 전년도에 그는 전혀 어울리지 않는 파트너 두 명과 팀을 이루어 뉴욕시의 부실 부동산을 매입했다. 한 명은 레이건 전 대통령, 부시 전 대통령과 함께 일했던 공화당의 선거 컨설턴트이자 2016년 러시아의 미국 대선 개입 의혹을 조사하는 과정에서 악명 높은 인물이 된 워싱턴 로비스트 폴 매너포트Paul Manafort였다.

다른 한 명은 1980년대부터 트럼프 대통령의 아버지 프레드 트럼프의 법률고문이었던 브래드 잭슨Brad Zackson이었다. 잭슨은 동생 스티븐, 친구와 함께 나이트클럽 경비원을 총으로 쏘려다 미수에 그친 사건으로 5년을 복역한 뒤, 브루클린과 퀸즈에 있는 프레드 트럼프의 건물 임대를 감독했던 인물이었다. 잭슨은 개발업자로서 이름을 알리기 위해 수년째 나름대로 노력하고 있었다. 오랜 고용주인 트럼프 가문과 마찬가지로 자신을 홍보하는 데 남다른 재능이 있는 사람이었다. 한때 영화 〈풋루즈Footloose〉의 스타였던 로리 싱어Lori Singer와 사귀었으며, 사무실에는 마리오 쿠오모Mario Cuomo, 빌 클린턴Bill Clinton, 피델 카스트로Fidel Castro 등 정치인과 함께 찍은 사진을 전시해 두기도 했다. 당시 주지사였던 마리오 쿠오모를 위해 접시당 1천 달러를 받는 모금 행사를 개최했고, 선거일에는 뉴욕 상공에 '줄리아니+쿠오모: 팀을 깨지 맙시다'라는 현수막을 내건 비행기를 띄우기도 했다. 핀스트라이프 슈트, 세련된 조끼 같은 옷도 거래 해결사답게 차려 입었다. 어느 개발업자는 녹색 벤틀리를 타고 온 잭슨이 스리피스 정장에 사자가 그려진 은색 지팡이를 들고 회의장에 들어왔다고 회상했다. (잭슨은 녹색 벤틀리는 맞지만, 지팡이는 과장한 것이라고 했다.)

이 독특한 삼총사는 코헨, 매너포트, 잭슨의 이니셜을 딴 CMZ 벤처스CMZ Ventures라는 파트너십을 결성했다. 「옵저버Observer」에 의해 "어울리지 않는 거물들"의 "기괴한" 파트너십이라고 불린 CMZ 벤처스는 센트럴파크 사우스에 있는 헬름슬리 파크 레인 호텔과 바하마의 개인 섬 두 곳을 포함한 여러 유명 부동산을 매입하고 재개발하는 방안을 검토했다. 드레이크가 첫 프로젝트가 된다면, 새로운 법인으로서 대담한 한 수가 될 것이고, 해리 맥클로우에게는 기적의 동아줄이 될 터였다. 2008년 7월, 세 사람은 드레이크 호텔 부지를 8억 5천만 달러에 매입하는 의향서에 서명하고 해리 맥클로우와 함께 개발 계획을 세웠다.

자체 자금이 거의 없었지만, 인맥은 넓었다. 그들은 카자흐스탄 투자자와 함께 일하던 호텔 전문가 프랭크 오렌스타인Frank Orenstein을 영입해, 프로젝트를 홍보해 줄 유명 인사를 영입했다. 해당 부지에 로프트 콘셉트 호텔을 짓는 데 관심을 표명했던 카지노 대기업 MGM과 이탈리아 명품 브랜드 불가리와도 이야기를 나눴다. 이들은 해당 부지가 브랜드 호텔과 콘도를 짓기에 완벽한 위치라고 불가리를 설득했다. 상업용 부동산 회사 그럽 앤드 엘리스Grubb & Ellis가 CMZ 벤처스를 위해 실시한 감정평가에 따르면, SLCE 아키텍츠가 불가리 측을 위해 준비한 계획은 5층 규모의 고급 쇼핑몰과 14층 규모의 상업용 오피스 공간, 11층 규모의 초호화 6성급 호텔, 33층 규모의 아파트로 구성된 약 70만 제곱피트(약 19,672평) 크기의 복합 타워였다고 한다. 쇼핑몰에는 테마형 홀로그램 디스플레이와 불가리 브랜드 스파 시설이 들어설 예정이었다.

불가리의 의지에 힘입어 CMZ 벤처스는 또 다른 지분 파트너를 유치할 수 있었다. 프랑스 자산 관리 회사인 이노밸리스Inovalis는 실사를 거쳐 약 8억 5천만 달러를 투자할 의향을 표명하며, 프로젝트 지분 50퍼센트를 인수하겠다고 했다. CMZ 벤처스가 25퍼센트, 오렌스타인의 회사 알라타우Alatau가 나머지 25퍼센트를 가져갈 예정이었다. 해리 맥클로우 역시 지분을 인수하고 프로젝트에 공동 개발자로 참여할 수 있었다.

코헨은 해리에게 거래를 권유했으나 해리는 이를 거부했다. 재정적인 어려움이 있었지만, 해리에게는 아직 중요한 레버리지가 남아 있었다. 부지 확장을 위해 인수했던 인근 건물들이었다. 주요 부지와는 별개로 사들였기에 도이체방크는 이 건물들에 대한 어떠한 권리도 없었다. 이 개별 부지 없이는 누구도 타워를 짓는 데 필요한 여유 공간을 확보할 수 없었고, 결과적으로 57번가에 쇼핑몰을 들일 수 없었다. 이는 모두가 의도적이었을 것으로 추측한, 해리의 빈틈없는 전략이었다. 어느 부동산 중개인이 말했다. "해리에게 우연이란 없습니다."

이노밸리스 측은 해당 부동산이 의향서에는 포함되지 않았지만, 해리 맥클로우가 추가 비용 없이 매각 대상에 포함할 것이라는 말을 잭슨과 코헨으로부터 전해 들었다고 주장했다. 걱정된 이노밸리스 측은 실사 전 보증금을 5백만 달러에서 5십만 달러로 줄이기로 협상했다.

늦여름이 되자 이노밸리스가 실사 기간 연장을 요청했다. 감정가는 이노밸리스가 예상한 것보다 낮게 나왔고, 해리 맥클로우는 인근 건물들을 쉽게 포기하지 않았다. 몇 년 후 보증금 분쟁과 관련한 법정 문서에서 이노밸리스 측 변호사들은 CMZ, 알라타우, 해리 맥클로우가 투자금을 전용하려 했다고 주장했다. "인근 부동산을 확보하는 데 시간이 오래 걸릴수록 이 부동산을 확보하기 위해 엄청난 가격을 요구할 수 있는 해리 맥클로우의 영향력이 커지는 것이 분명해졌습니다."

아니나 다를까, 그해 9월에 이노밸리스는 철수했다. CMZ는 새로운 지분 파트너가 필요했다.

・・・

드레이크 프로젝트에 필요한 자금을 색다른 곳에서 찾으려는 해리 맥클로우의 여정은 상업용 부동산 자금 조달 시장이 어떻게 진화하고 있는지를 반영한 것이었다.

1세기 전만 해도 주요 초고층 빌딩을 위해 자금을 조달하는 일은 쉽지 않았으나, 훨씬 덜 복잡했다. 예를 들어 1920년대 말과 1930년대 초, 초고층 빌딩 붐이 일어날 당시에는 일반적으로 저축은행, 보험회사, 금융회사가 자금 조달의 원천이었다. 가장 많이 쓰였던 방법은 수익률 약 6퍼센트의 채권을 일반인에게 판매하고, 그 금액에 대한 수수료를 건물 개발업자에게 부과하는 것이었다. 더 간단한 방법도 있었다. 1920년대에 월터 크라이슬러Walter Chrysler는 회사 자금을 사용하지 않고 개인 재산으로 크라이슬러 빌딩을 건설했고 건물 관리는 아들들이 맡았다.

그러나 최근 수십 년간 부동산 시장은 호황과 불황을 반복했고, 정부가 금융 위기를 초래했던 과도한 위험을 방지하기 위해 감독을 강화하면서 금융 환경이 완전히 바뀌었고 더욱 복잡해졌다. 2010년 버락 오바마Barack Obama 대통령의 도드-프랭크 금융개혁법과 은행에 일정 수준의 레버리지 비율과 자기자본 비율을 유지할 것을 규제하는 협약인 바젤 III와 같은 규제의 도입으로, 미국 은행은 허리띠를 졸라매고 위험 특성을 줄여야 했다. 그 결과로 담보 인정 비율이 과거보다 훨씬 낮아졌다.

2010년 말, 뉴욕의 주요 빌딩 건설에 투자했던 웰스 파고Wells Fargo, J.P. 모건 체이스J.P. Morgan Chase, 시티Citi 등 전통적인 상업 은행은 부동산 거품이 꺼지면서 입은 타격을 회복하는 중이었다. 금융 위기의 여파가 분명해지자, 은행은 수십억 달러에 달하는 벌금을 물게 되면서 시장에서 방어적인 입장을 견지했다.

그 결과로 기존 은행이 빠져나간 시장에서 규제를 덜 받는 비전통적 대출 기관이 부족한 자금을 메우는, 이른바 그림자 금융 시장이 형성됐다. 여기에는 사모펀드와 헤지펀드부터 국부펀드와 초고액 자산가까지 다양한 참여자가 있었다. 고수익에 굶주려 은행의 엄격한 인수 요건 따위는 가볍게 무시하는 이 새로운 유형의 대주는 부채를 인수하고 압류를 통해 부동산 소유권을 확보하는 '론투오운loan-to-own' 전략을 감행했다. 기존 은행이나 보험회사는 필사적으로 피했던 일이다.

2008년 금융 위기 이후 시행된 규제가 불러온 새로운 현실에서 해리 맥클로우와 같은 개발업자는 금융업자와 대출 기관을 하나로 묶어 대형 은행이 떠난 공백을 메워야만 했다. 뉴욕의 부동산 전문 변호사 조슈아 스타인Joshua Stein과 리처드 프라이스Richard Fries는 2019년 이 주제에 관한 논문에 "대출과 참여자들이 개발사도 모르는 사이에 썰리고, 쪼개지고, 담보로 잡히고, 재담보로 설정되는 복잡한 세상이 될 것이다. 프랑켄슈타인과 같은 자금 조달 계약은 종종 번거롭고 실용적이지 않은 개념과 다양한 당사자 간 다면적인 관계를 통합하게 된다"라고 썼다.

대주들이 미숙했다고 보는 시각도 있다. 감정평가사 조너선 밀러는 "상당수가 부동산에 처음 투자하는 입장이라서 위험을 덜 인식했던 것 같아요"라고 말했다.

・・・

2008년 어느 늦은 여름날, CMZ 벤처스의 Z인 브래드 잭슨은 프랑스 남부 코트다쥐르에 있는 어느 고급 호텔의 회의실에 있었다. 테이블 건너편에는 백발의 우크라이나 억만장자 드미트로 피르타쉬Dmytro Firtash가 앉아 있었다. 피르타쉬는 우크라이나 국영 가스 회사와 크렘린의 지원을 받는 러시아 가스 회사 가즈프롬Gazprom 사이에서 중개인으로 일하며 엄청난 부를 쌓았다. 미국 정부는 피르타쉬가 러시아 범죄 조직과도 연관이 있다고 주장했다. 그는 CMZ 벤처스의 M인 폴 매너포트와도 친분이 있었다. 두 사람은 2000년대 초 빅토르 야누코비치Viktor Yanukovych 우크라이나 대통령에게 자문하면서 만난 것으로 알려졌다. 당시 피르타쉬는 미국 내 부동산 투자에 관심이 있었고, 매너포트는 그의 현지 담당자였다.

잭슨과 매너포트는 이노밸리스와의 거래가 실패로 돌아가자, 피르타쉬가 자금 문제를 해결해 주기를 바라며 그를 만나기 위해 유럽으로 날아갔다. 잭슨은 피르타쉬의 외모 중에서도 입을 보고 놀랐다. 잭슨은 어떻게 이렇게 돈이 많고 세계 최고의 의료 서비스를 받을 수 있는 사람이 치아 상태가 저렇게 안 좋을까 생각했다. "그의 치아는 비뚤어졌고 못생겼어요. 썩은 이가 입 밖으로 튀어나올 것 같았죠."

잭슨은 이 동유럽 석유 재벌이 미국 금융 위기에 대해 농담하는 동안 그의 치아를 무시하려 애썼다. 피르타쉬는 하룻밤 사이에 억만장자들이 백만장자가 되었다며 웃었다. 잭슨은 그의 발언이 다소 무례하다고 생각했다. 어쨌든 그도 백만장자는 아니었으니까.

피르타쉬는 드레이크 부지에 관심을 표명했지만, 잭슨과 매너포트는 확약을 받기를 원했고, 피르타쉬는 기꺼이 확약할 것처럼 보였다. 수백만 달러의 보증금을 약속받은 미국인들은 기분 좋게 회의장을 나섰다.

잭슨은 희소식을 해리 맥클로우에게 이메일로 알렸다. "몬테카를로에서 투자자 미팅을 마치고 돌아왔는데 아주 잘 끝났습니다." 피르타쉬가 프로젝트에 1억 1천2백만 달러의 자본금을 투자하기로 합의했고, 수 주 내로 2천5백만 달러를 송금할 예정이었다.

그러나 거래는 신속하게 이루어지지 않았고, 해리는 시간이 촉박했다. 도이체방크는 노동절이 다가오자, 미지급금 4억 8298만 달러를 상환하지 않은 맥클로우 프로퍼티에 소송을 제기했다. 도이체방크는 수개월 전인 2007년 11월 30일에 대출 만기가 도래했지만, 맥클로우 프로퍼티가 이를 상환하지 않았다고 주장했다.

해리는 분노했다. 변호사는 소송에 대응해 제출한 법정 서류에 해리 맥클로우가 은행의 압류 신청을 개인적으로 받아들였다는 점을 분명히 했다. 해리 맥클로우는 답변서에서 드레이크 프로젝트에 개인 현금 자산을 2억 5천만 달러 이상 투입한 사실을 언급하며, 도이체방크가 부동산 및 대출 시장이 '급락하기 시작한 2007년 중반부터' 현재 압류를 신청 중인 대출을 재융자해 주겠다는 약속을 반복하며 자신을 속여 1억 9천만 달러 이상을 투입하도록 유도했다고 비난했다.

「뉴욕 타임스」가 "실연당한 연인"의 외침이라고 비유한 서류에서, 해리 맥클로우의 변호사는 대출 기관이자 맥클로우가 신뢰하는 재정 고문인 도이체방크가 드레이크 부동산과 관련된 메자닌 대출* 약 1억 5천만 달러를 개인 자산에서 갚도록 유도하고, 프로젝트에 약 4천만 달러의 현금을 추가 투입하게 하기 위해 "절대 지키지 않을 거짓 약속"을 함으로써 "신뢰를 저버렸다"고 주장했다. 그가 상환한 대출 대부분은 도이체방크의 상환청구 불가 융자금non-recourse loan이었다.

변호인단은 은행이 원하는 것을 얻을 때까지 맥클로우를 붙잡아 두고 약속을 이행하지 않았다고 주장했다. 그들은 "사실상 전례가 없는 현재 시장 상황과 단기간 내에 개선될 기미가 보이지 않다는 점을 고려할 때, 도이체방크의 사기로 인한 투자를 포함한 맥클로우의 현금 투자는 거의 확실히 전액 손실이 될 것"이라는 내용의 서류를 법원에 제출했다.

---

* mezzanine loan. 1층과 2층 사이의 공간을 의미하는 이탈리아 건축 용어 메자닌에서 따온 말로, 주식과 채권의 중간 성격을 지닌 '중순위 채권'을 의미한다.

해리 맥클로우는 법정 진술에서 투지를 내비쳤지만, 여름이 끝나갈 무렵 자신이 막다른 골목에 다다랐다는 것을 알았다. 아들 빌리는 회사가 처한 상황에 분노했고, 아내 린다 역시 인내심을 잃고 있었다. 저녁 늦게까지 일하는 날이면 해리의 운전기사가 문을 두드렸다. "'부인께서 이제 집에 오라고 하신다'고 그의 운전기사가 말하곤 했어요." 잭슨은 해리가 회의 도중 '빌리에게 소리를 지르는 바람에' 회의실에 있던 사람들이 깜짝 놀란 적도 있다고 회상했다.

하지만 아무리 아들에게 소리를 질러도 해리가 필요로 하는 자본을 확보할 수는 없었다.

• • •

결국 피르타쉬와의 거래는 실현되지 못했다. 나중에 잭슨은 피르타쉬가 우크라이나의 정치적 격변기에 미국에 돈을 투자하는 것을 들키지 않기를 바랐을 뿐이라고 했다.

그러나 율리아 티모셴코Yulia Tymoshenko 전 우크라이나 총리는 2011년 미국 지방법원에 제기된 민사소송에서, 피르타쉬가 우크라이나 태생 러시아 범죄 조직의 두목으로 FBI 수배자 명단에 오른 세미온 모길레비치Semion Mogilevich와 공모했으며, 피르타쉬와 동료들은 드레이크 같은 실제 부동산 프로젝트에 투자하는 것처럼 가장해 CMZ와 같은 회사와 허위 거래를 통해 미국으로 돈을 송금했다고 주장했다. 티모셴코의 변호사는 피르타쉬가 프로젝트를 이용해 자금을 세탁한 후 거래가 종료되기 전에 자금을 인출하려 했다고 주장했다.

이들은 피르타쉬가 부동산 거래를 통해 합법적인 사업에 투자하는 것 같은 '인상을 주었지만' 실제로는 우크라이나 법원의 관할권에서 벗어나 우크라이나 정부 관료들에게 지불할 뇌물을 숨긴 다음, 그 돈을 우크라이나로 돌려보내 정치적 반대 세력을 탄압하기 위한 자금으로 사용하려 했다고 주장했다. (해당 건은 이후 증거 부족으로 기각되었다.)

이 실패한 거래는 나중에 2016년 러시아의 미국 대선 개입 의혹을 수사한 특별검사 로버트 뮬러Robert Mueller의 조사를 받게 되는데, 이때 뮬러는 폴 매너포트와 피르타쉬를 조사했다.

2008년에는 매너포트의 측근인 릭 게이츠Rick Gates가 작성한 메모로 인해, 매너포트가 2007년 또 다른 러시아 억만장자 사업가인 올레크 데리파스카Oleg Deripaska와 함께 케이맨 제도에 설립한 사모펀드 페리클레스를 통해 드레이크 프로젝트에 대한 자신의 지분을 조달할 계획이었다는 사실이 밝혀졌다. 뮬러 특검팀의 수사 결과로 매너포트와 게이츠는 결국 감옥에서 복역하게 된다.

거래가 결렬된 후 CMZ는 사업을 접었다. 피르타쉬가 사라지자 매너포트도 발을 뺐고, 코헨 역시 계속 간접비를 부담하고 싶지 않았다. 회사의 전화와 인터넷 서비스는 끊겼고, 뉴욕주 노동부는 임금을 제대로 지급하지 않고 산재 보상과 실업수당을 주지 않으려고 직원들을 '독립 계약자'로 분류한 혐의로 CMZ에 대한 수사를 개시했다. 잭슨은 그렇게 다시 잊혔다.

또다시 여름이 오고 가면서 울타리로 둘러싸인 드레이크의 텅 빈 부지에는 잡초가 무성해졌다.

4장

체스 마스터

뉴욕은 오랫동안 마천루의 본고장으로 여겨졌다. 그러나 21세기에 접어들면서 세계 최초의 초고층 빌딩을 세우는 경쟁에서 아시아와 중동에 자리를 내주고 있었다.

논쟁의 여지가 있지만, 뉴욕 최초의 마천루라는 타이틀은 건축가 브래드퍼드 리 길버트Bradford Lee Gilbert가 설계해 1889년에 완공했다가 철거된 로어 맨해튼의 11층짜리 타워 빌딩에 돌아간 것으로 알려져 있다. 현재는 존재하지 않는 이 건물은 현대적 초고층 건물 개념과는 거리가 멀지만, 벽돌 벽이 아니라 철보다 강하고 가벼운 강철 기둥과 보로 내부 프레임을 지지한 뉴욕 최초의 건물이었다고 한다.

20세기 초에 고층 건물을 건축할 수 있는 철골 구조 기술이 빠르게 보급되면서 새로운 고층 빌딩이 속속 들어서기 시작했고, 하늘을 향한 최초의 경쟁이 시작됐다. 신축 건물은 대개 뉴욕의 대형 은행과 기업이 소유했는데, 이들은 건축을 강력한 사회적 화폐로 인식하고, 급성장하는 대도시에서 자신들의 위상을 분명하게 드러내려 했다.

처음으로 트리니티 교회 첨탑 위로 우뚝 솟은 건물은 1890년 출판계 거물인 조지프 퓰리처Joseph Pulitzer가 같은 이름의 신문사 본사로 사용하기 위해 지은 12층짜리 뉴욕 월드 빌딩이었다. 뉴욕의 교인들은 수년간 도덕적 의무를 이유로 예배당보다 높은 건물을 지으려는 자본주의적 충동에 반대했지만, 이를 막지는 못했다. 퓰리처 빌딩이 세워지고 얼마 지나지 않아, 싱어Singer 재봉틀 회사 사장이 계획한 40층짜리 싱어 빌딩이 등장했다.

두 건물은 1909년에 매디슨 스퀘어 파크에 메트로폴리탄 생명보험회사 타워가 완공되면서 위용을 잃었는데, 타워 종과 시계 판 디자인은 이탈리아 베네치아의 산 마르코 종탑에서 영감을 얻은 것이었다. 1913년에 브로드웨이에 울워스 빌딩이 건설되면서 초고층 빌딩 시대가 도래했다.

이 건물 중 일부는 수명이 짧았는데, 기술의 비약적인 발전으로 인해 빠르게 구식이 되어서다. 뉴욕 월드 빌딩은 1955년에 브루클린 대교의 입구를 넓히기 위해 철거되었고, 랜드마크인 울워스 빌딩을 제외한 다른 빌딩은 더 높은 타워로 대체되었다.

1930년대에 엠파이어스테이트빌딩이 등장했을 때만 해도, 맨해튼은 고층 빌딩으로 이루어진 다운타운과 저층 건물로 이루어진 미드타운 등 업무 지구 두 곳으로 나뉘어 있었다. 북미는 뉴욕을 트로피 전시장 삼아 초고층 빌딩 건설 분야에서 세계를 선도했다. 1930년까지 세계 최고층 건물 1백 개 중 99개가 북미에 있었다. 고층 빌딩 건설 붐의 산물인 맨해튼 스카이라인을 전 세계가 부러워했다.

그러나 20세기 마천루로 두드러진 스카이라인의 대명사였던 뉴욕의 속도와 야망은 1세기 후 아시아와 중동에서 일어난 변화를 따라잡지 못했다. 뉴욕은 높은 인건비로 건축 비용이 가장 비싼 도시가 되었고, 토지도 부족해졌다. 엄격한 구역 규정으로 인해 1천 피트(약 305미터) 이상의 타워를 건설하려면 커뮤니티 위원회와 도시계획 담당 공무원과 대립해야 했다. 진입 장벽이 높았던 것이다.

뉴욕 개발사들 역시 메가 타워 건설에 관심이 적었다. 대부분은 막대한 비용을 정당화할 만큼 공간에 대한 수요가 크지 않았다. 반면 아시아와 중동에서는 인구 증가를 수용하고 도시 팽창을 방지하는 등의 실용적인 대안보다는 상징성과 지위 향상이라는 사명으로 초고층 빌딩 건설을 추진했다. '허영의 높이'가 유용성보다 우선시되었다. 심지어 일부 초고층 빌딩은 민간 개발 업체가 아닌 정부에서 비용을 부담하기도 했다.

이는 변화하는 세계 초고층 건물 순위로도 확인할 수 있다. 1998년 시카고의 시어스 타워가 쿠알라룸푸르의 페트로나스 타워에 밀려나기 전까지 세계 최고층 건물이라는 기록은 미국이 보유하고 있었다. 그 후 2004년에 대만의 타이베이 101이 타이틀을 가져갔다가, 2009년에 완공된 두바이의 부르즈 할리파에게 넘겨주었다. 이후 2012년에 완공된 1,356피트(약 413미터)의 프린세스 타워를 비롯한 두바이의 주거용 타워들이 잇따라 타이틀을 거머쥐었다.

왜 두바이냐고? 아랍에미리트의 수도 두바이는 2000년대 초부터 세계적인 금융 중심지로 부상하면서 관광객 유치는 물론 인구 증가와 높아진 위상을 떠받치기 위한 새로운 프로젝트가 늘어났다. 성숙한 서구 시장과 달리 두바이는 건물 높이에 대한 규제가 덜 엄격해서 개발사가 높은 건물을 지을 수 있었다.

세계에서 가장 높은 건물인 부르즈 할리파는 2,717피트(약 828미터)이지만, 대부분은 외관 높이로 건물 중 3분의 1을 사용할 수 없다.

• • •

2009년 초, 개리 바넷은 런던의 고급 호텔 스위트룸 거실에 앉아 새로운 야망의 중심지에서 온 남자를 만나고 있었다.

희끗희끗한 머리카락이 여기저기 튀어나온 50대 중반 바넷의 흐트러진 외모는 뉴욕에서 가장 잘나가는 개발업자가 아니라 대학교수를 연상시켰다. 라이벌 해리 맥클로우가 실크 손수건에 디자이너 로퍼를 신고 맨해튼을 누비는 동안, 바넷은 편안한 검은색 운동화, 헐렁한 슈트, 참신한 넥타이 차림으로 자주 눈에 띄었다. 해리가 크로아티아 해안을 항해하는 동안, 바넷은 하트 모양 침대가 있는 신혼여행용 모텔로 유명한 펜실베이니아 시골의 평범한 휴양지 포코노스에 숨어 지냈다. 아이폰을 편하게 사용하는 해리와 다르게 기계치인 바넷은 구식 플립폰에 집착하고, 직원에게 이메일을 출력하라고 지시하고 '연쇄 살인마의 낙서' 같은 답변을 보내곤 했다. 바넷을 취향 있는 세련된 사람이라고 생각하기는 어려웠다.

바넷과 해리는 서로 다른 부류의 개발업자였지만, 자금 부족이라는 비슷한 문제에 직면해 있었다. 바넷은 아부다비의 정부 투자 펀드인 아바르 인베스트먼트Aabar Investments와 타사밈Tasameem의 최고 경영자인 카뎀 알 쿠바이시Khadem al-Qubaisi를 만나기 위해 런던으로 향했다.

알 쿠바이시는 2년 전 아랍에미리트의 국부펀드인 아부다비 국영석유투자회사IPIC의 전무이사로 임명되었고, 아랍에미리트 부총리이자 왕실 일원인 셰이크 만수르 빈 자이드 알 나하얀Sheikh Mansour bin Zayed al Nahyan의 신뢰하는 측근이자 딜 메이커로 알려진 사람이었다. 왕국의 투자와 알 쿠바이시의 개인 투자, 셰이크 만수르의 투자 간 경계는 때때로 그의 측근에게조차 불분명했다. 타사밈은 언론에 정부

기금으로 소개되었지만, 알 쿠바이시의 개인 투자를 위한 수단이라는 추측도 있었다.

알 쿠바이시는 매끈하게 뒤로 넘긴 검은 머리와 다부진 체격으로 동양 남성과 서양 남성의 특징을 동시에 지닌 인물이었다. 집에서는 에미라티Emirati 전통 의상을 입고 아내와 자녀에게 가정적인 가장인 것으로 알려져 있었다. 해외에서는 프랑스 남부에 있는 별장에서 모델들을 초대해 파티를 열고, 페라리와 부가티를 몰고, 전통 의상을 몸에 꼭 맞는 그래픽 티셔츠로 갈아입는 등 화려한 삶을 살았다.

알 쿠바이시를 필두로 IPIC와 자회사 중 하나인 아바르 인베스트먼트는 막대한 투자를 이어갔다. 그는 2008년 카타르와 함께 바클레이즈Barclays Bank의 구제금융 협상을 도왔고, 독일 고급 자동차 브랜드 메르세데스 벤츠의 모기업인 다임러 벤츠, 영국 억만장자 리처드 브랜슨Richard Branson의 상업 우주선 회사 버진 갤럭틱Virgin Galactic 등 주요 기업의 지분을 사들였다. 이제는 고급 부동산 쪽에도 관심을 보였다.

바넷은 중동 출신 고액 자산가들을 치료하는, 뉴욕에서 만난 한 의사를 통해 아바르의 경영진을 소개받았다. 바넷은 금융 위기 이전에 알 쿠바이시의 전임자 중 한 명과 카네기홀 맞은편 맨해튼 웨스트 57번가에 건설하는 14억 달러의 콘도 프로젝트에 자금을 조달하는 계약을 체결했다. 바넷은 호텔과 콘도가 결합된 305미터가 넘는 90층짜리 타워를 구상했다. 그의 가장 야심 찬 프로젝트였던 이 건물은 동쪽으로 향하는 해리 맥클로우의 건물과 달리 센트럴파크 정중앙을 바라볼 예정이었다.

바넷은 아바르의 새로운 수장인 알 쿠바이시를 찾아갔지만, 문제가 있었다. 현장에 깊은 구멍을 파서 타워의 기초 공사를 했지만, 아바르가 4억 달러를 투자하기로 약속했음에도 건축 자금 지원 대출을 받기에는 자기자본 비율이 충분하지 않았다. 시대가 바뀌었고 은행은 개발업자에게 더 많은 지분을 요구하고 있었다. 바넷의 주머니는 텅 비어 있었고, 주식시장이 요동치고 경제 전망이 불확실한 상황에서 그를 지원해 줄 다른 지분 파트너를 찾기는 어려웠다.

알 쿠바이시가 우려한 대로 프로젝트를 보류할 경우 수년간 채권자들의 견제를 받으면서 값비싼 유지 비용까지 부담해야 할 것이라고 바넷은 생각했다. 지금 프로젝트를 추진하면 시장 흐름이 바뀌었을 때 건물을 가장 먼저 시장에 내놓을 수 있었다. 바넷은 곤란했던 당시의 상황을 이렇게 요약했다. "손에 넣을 수 있다면 1달러라도 더 필요한 상황이었습니다."

바넷은 알 쿠바이시에게 펜트하우스가 1억 달러에 달하는 세계에서 손꼽을 만한 호화로운 건물 중 하나가 될 것이라고 말했지만, 건물을 짓기는 어려운 시기였다. 맨해튼 부동산 가격은 역사상 최고가를 찍다가 2009년에 큰 타격을 입었다. 부동산 가격이 20퍼센트 가까이 폭락했고, 가격 폭락에 불안해진 일부 고급 콘도 구매자는 수십만 달러에 달하는 계약금을 포기하고 계약을 파기했다. 2009년 1분기에 맨해튼의 협동조합 건물과 콘도 판매량은 2008년 1분기 대비 60퍼센트 가까이 급감했다.

미국 경제는 여전히 부진했다. 그해 말까지 실질 국내총생산은 2007년 정점 대비 4.3퍼센트 하락하면서 전후 최대 하락 폭을 기록했고, 2007년 12월에 5퍼센트였던 실업률은 2009년 10월에 10퍼센트까지 치솟았다. 금융 위기의 근원인 서브프라임 모기지 사태를 촉발한 자유분방하던 시절에 비하면 주택을 구입하기가 매우 어려웠다. 주택 담보 대출 위기는 미국 주택 시장 전반에 광범위한 변화를 불러왔고, 모기지 대출 심사 기준도 크게 바꿔놓았다. 은행은 더 많은 계약금을 요구하고, 소득과 자산을 더 엄격히 심사하고, 대출자에게 훨씬 엄격한 기준을 적용했다. 대출 담당자들은 은행이 구매자의 신발 크기만 뺀 모든 것을 보려 한다고 불평했다. 영주권이나 미국 시민권이 없는 외국인 구매자에게는 더 엄격한 기준이 적용됐다.

은행이 바넷의 프로젝트처럼 큰 위험부담이 따르는 프로젝트에 관심을 거의 가지지 않은 건 그리 놀라운 일이 아니었다.

감정평가사 조너선 밀러는 시장이 침체기에 있을 때 프로젝트를 추진하기로 한 바넷의 결정을 두고 이렇게 말했다. "바넷이 원 57이라고 명명한 타워의 건설을 추진한 것은 미국뿐만 아니라 전 세계의 경제 상황에 완전히 귀를 막은 결정이었습니다. 모든 사람이 초토화된 글로벌 경제에 관해 이야기하던 시점이니까요."

그러나 바넷은 이 상황이 자신에게 유리하게 작용할 수 있다고 믿고, 시장을 색다른 시각으로 바라보았다. 바넷은 금융 위기 직전에 수년간 15 센트럴파크 웨스트 인근에 있는 콘도의 성공을 눈여겨보았다. 콘도 가격이 계속 오르자, 그는 자신의 건물 가격도 재고했다. 바넷은 1990년대 후반부터 합병 작업을 추진한 57번가 빌딩에 대해 이렇게 말했다. "'우리 건물은 저 콘도보다 전망이 훨씬 좋다'는 생각이 들었습니다." 이 건물은 나중에 원 57로 알려졌다.

바넷은 새 건물의 구매자가 다른 곳에서 거래 자금을 조달해야 하는 유형의 사람이 아니라 전 세계를 돌면서 자본을 안전하게 보관할 곳을 찾는 신흥 부유층이라고 생각했다. 중국, 러시아, 브라질, 인도 같은 나라에서 매일 새로운 억만장자가 탄생하고 있었다. 이들 중 상당수는 자국 상황이 불안정할 때 안전하게 자본을 보호할 수 있는 장소로 미국을 찾았다. 금융 위기에서 교훈을 얻은 이들은 금융 공학이 들어간 모든 투자를 경계했다. 부동산 거래는 세계 금융 시장 붕괴의 원인이었지만, 유동적인 시장 성과가 변덕스러운 주식이나 채권과 달리 부동산 자체는 여전히 최고의 '실물 자산'이었다.

바넷은 실제 거주 여부와 상관없이, 투자자들이 돈을 보관할 수 있는 세계에서 가장 비싼 안전 금고를 지을 작정이었다. 바넷은 부자들이 자금을 보관하기 위한 가장 완벽한 장소가 뉴욕이라고 믿었다. 억만장자 마이클 블룸버그Michael Bloomberg가 뉴욕의 'CEO 시장'이 되자 글로벌 엘리트들은 뉴욕을 안정의 등대로 여겼다. 블룸버그의 뉴욕은 9.11 테러의 그늘에서 벗어난, 비즈니스에 개방적인 이미지를 투영했다.

바넷 같은 개발업자들에게 가장 중요한 사실은 블룸버그가 도시의 넓은 지역을 재개발할 수 있는 길을 열었다는 점이었다. 브루클린 해안가의 거의 버려지다시피 한 황무지가 고급 주거용 건물과 정돈된 공원으로 재탄생했다. 블룸버그가 재임하는 동안 건물 약 4만 채가 새로 지어졌고, 도시 3분의 1 가까이는 용도 지역이 변경되어 개발이 이루어졌다. 부의 불평등에 반대하는 목소리를 내는 시민들도 있었지만(이는 월스트리트 점령 시위와 다운타운 공원 '점거' 시위로 드러났다), 뉴욕 시장은 억만장자들이 뉴욕에 오는 것을 환영했다. "전 세계의 억만장자가 뉴욕으로 이주할 수 있다면 그것은 신의 선물입니다. 다른 사람들을 돌볼 수 있는 수입이 생기니까요."

그날 알 쿠바이시와 함께 런던의 고급 호텔 스위트룸에 앉아 있던 바넷은 뉴욕 시장과 비슷한 에너지를 발산하고 있었다. 바넷은 사람들이 뉴욕과 미국을 깊이 신뢰하고 있으며, 그곳에 자신의 부를 투자하고 보관할 준비가 되어 있다고 말했다. 모든 것이 자산 가격의 급격한 상승을 보장하고 있었다.

• • •

알 쿠바이시를 설득하는 데는 많은 수고가 필요하지 않았다. 뉴욕에 새로운 마천루를 세우자는 제안이라면, 그는 대찬성이었다. 바넷은 전 세계의 초고액 자산가들에게 이 프로젝트가 매력적이라는 사실을 알고 있었다.

알 쿠바이시는 바넷에게 확신을 줬다. "뉴욕 최고의 부지네요. 당연히 진행할 겁니다."

금고를 채운 바넷은 회의실을 나왔다. 엑스텔Extell은 5천만 달러를 투자하기로 했고, 아바르 인베스트먼트와 타사밈은 투자금을 약 6억 5천만 달러로 늘리기로 했다.

아바르 측은 바넷이 뱅크 오브 아메리카Bank of America와 방코 산탄데르Banco Santander가 주도하는 신디케이트 론* 7억 달러를 받도록 도와주기도 했다. 이는 경기 침체 이후 이루어진 건설 자금 대출 중 가장 큰 규모였다.

「월스트리트 저널」은 알 쿠바이시가 "구매자가 있을 것"이라고 말했다고 보도했다.

• • •

초고층 빌딩을 짓기 위해 자금을 조달하는 일은 때때로 광기에 가까울 정도로 힘든 싸움이다. 하지만 자금 조달보다 어려운 일은 건물을 지을 토지를 합병하는 것이었는데, 해리 맥클로우는 드레이크 호텔을 짓기 위한 부지를 합병하며 이 사실을 어렵게 깨달았다.

토지 합병이 체스 게임이라면, 개리 바넷은 이견의 여지 없이 그랜

---

* 2개 이상의 은행이 차관단을 구성해 같은 조건으로 대규모 중장기 자금을 빌려주는 것

드 마스터*였다.

1955년에 태어난 바넷의 본명은 게르숀 스위아티키로, 맥클로우보다 훨씬 소박한 환경에서 성장했다. 뉴욕 로어 이스트사이드의 폐쇄적인 정통 유대인 거주 지역에서 자란 바넷은 어린 시절 맨해튼 다리 아래 파이크 스트리트의 임대료 상한선이 있는 저층 건물 꼭대기 층에서 형제 아홉 명과 함께 살았다. 이 지역은 독일, 폴란드 등지에서 온 유대인 이민자들의 중심지로, 실내 배관이 부족하고 화재에 취약한 연립주택이 많아 바넷의 집이 이례적인 경우는 아니었다.

폴란드에서 태어난 바넷의 아버지 차임 스위아티키Chaim Swiatycki는 1938년 신학을 공부하기 위해 텔아비브에서 미국으로 이주했다. 그는 1907년 뉴욕에 설립된 메시브타 티페레스 예루살렘Mesivtha Tifereth Jerusalem 예시바**에서 신학을 가르치면서 존경받는 랍비이자 탈무드 학자가 되었다. 이후 차임 스위아티키는 늘어난 가족들을 데리고 도시에서 북쪽으로 약 한 시간 거리에 있는 정통파 유대인 인구가 많은 몬시 지역으로 이사했다.

어린 시절 바넷은 농구 선수가 되기를 꿈꿨다. 키가 작은 백인 소년 치고 농구를 꽤 잘하는 편이었는데 선수가 되지는 못했다. 농구보다 숫자에 더 재능이 있었던 바넷은 퀸스 칼리지에서 수학을 공부했고 헌터 칼리지에서 경제학 석사를 취득했다.

부동산업에 뛰어든 것은 우연이었다. 바넷은 1980년 플로리다에서 휴가를 보내던 중 앤트워프에 본사를 둔 벨기에 다이아몬드 회사 S. 뮬러 앤드 선즈S. Muller & Sons를 설립한 슐림 뮬러Shulim Muller의 딸 에

---

* grand master. 정상급 체스 선수
** yeshiva. 유대교의 전통적 교육기관

블린 뮬러Evelyn Muller와 사랑에 빠지게 되었다. S. 뮬러 앤드 선즈는 다이아몬드 원석의 선별과 거래를 전문으로 하는 회사로, 다이아몬드 채굴 대기업 드비어스De Beers의 '중간 거래상'이었다. 즉 드비어스로부터 원석을 구매할 수 있는 권한을 부여받은 소수의 지정 다이아몬드 커팅 센터로, 드비어스와 원석을 판매하는 브로커, 가공 업체, 도매상을 연결하는 연결고리 역할을 했다. 뮬러는 결혼 후 바넷에게 가족 사업에 합류하라고 권했다. 바넷은 앤트워프에서 10년 넘게 보석 거래를 했다.

이후 뮬러 부부는 수익금 일부를 미국 부동산에 투자하기로 했는데, 전문 지식이 전무한 바넷이 늦은 밤 전화로 캔자스주 위치토와 켄터키주 루이빌에 있는 사무실 부동산들을 매입하곤 했다. 1995년, 바넷과 에블린은 가족의 부동산 사업을 확장하기 위해 미국으로 돌아왔다.

1998년에 에블린이 암으로 사망하자 바넷은 다섯 자녀를 둔 홀아비가 되었다. 바넷은 고인이 된 아내의 가족들과 뉴욕 부동산 프로젝트를 이어가면서 일에 몰두했다. 2001년에는 아얄라 브라운Ayala Braun이라는 여성과 재혼하고 자녀 10명과 퀸즈 리치몬드 힐에 있는 2층 주택에서 함께 살았다.

1998년에 바넷은 다이아몬드 헤리티지 프로퍼티라는 회사 이름을 인텔 매니지먼트 앤드 인베스트먼트 컴퍼니로 변경했다. 그러다가 기술 기업 인텔로부터 소송을 당하자, 회사의 이름을 엑스텔로 바꿨다. 시간이 지나면서 회사는 뉴욕 사업에 더 집중했다. 바넷이 처음 사들인 주요 부동산은 벨노르드로, 어퍼 웨스트사이드에 있는 1백 년 된 우아한 아파트 단지였다. 1909년에 완공되었을 당시 벨노르드는 미국에서 가장 큰 아파트 단지였다. 이전 소유주는 임대료 규제와 안정화를 요구하는 세입자들과 수십 년째 대치 중이었고, 바넷은 아파트를 시장 가격으로 맞추려다가 자신이 흥정했던 것 이상을 얻었다. 뉴욕주 법원이 특정 세금 감면 혜택이 있는 건물의 임대료를 올릴 수 없다는 판결을 내리면서 그는 대출 상환을 연체하게 되었다. 미국에서 인구가 가장 많은 도시에서 사업을 하는 데 따르는 복잡한 문제와 비용을 맛본 것이다. 그런데도 바넷은 궁극적으로 정상에 올랐다. 바넷은 1994년에 단돈 1천5백만 달러로 매입했던 해당 아파트 단지를 2015년에 전 파트너인 지엘 펠드먼Ziel Feldman에게 5억 7천5백만 달러에 매각했다. 1998년에는 타임스스퀘어에 날렵하고 현대적인 타워를 세웠는데, 이는 W 호텔이 됐다.

몇 년 후, 바넷은 렌초 피아노Renzo Piano가 설계한 뉴욕 타임스 타워의 미래 부지를 놓고 부동산 재벌 브루스 래트너Bruce Ratner와 공개적으로 논쟁을 벌여 화제가 됐다. 바넷은 타워 건설을 위해 철거 예정인 11개 건물 중 1개의 작은 주차장을 소유하고 있었는데, 그 부지를 인질로 삼아 다른 소유주들과 힘을 합쳐 직접 개발을 하거나 래트너에게 더 많은 돈을 받아내려 했다. 하지만 이 계획은 실패로 돌아갔고, 정부가 국가 또는 공공의 사용을 위해 개인이 소유한 토지를 매입할 수 있는 권리인 수용권eminent domain을 행사하자 부지를 매각해야만 했다.

2005년에는 홍콩 투자자 컨소시엄이 바넷에게 리버사이드 사우스 77에이커(약 9만 4천 평) 부지를 17억 6천만 달러에 매각하면서 바넷은 더 큰 명성을 얻었다. 그 부지는 이후 대통령이 된 도널드 트럼프가 처음 매수했었고, 여전히 지분 30퍼센트를 소유하고 있었다. 해당 부지 가치가 그보다 훨씬 높다고 믿었던 트럼프는 분노했다. 트럼프는 아시아 투자자들이 이 부지를 최고가 입찰자에게 팔아야 하는 신탁 의무를 위반했으며, 대규모 조세 회피 계획의 일환으로 리베이트를 대가로 바넷의 저가 매수 제안을 받아들였다고 비난하며 연방 지방법원에 소송을 제기했다. 그러나 소송은 항소심에서 기각되었고, 바넷은 부지 일부를 고층 콘도로 개발하는 작업을 추진했다.

원 57을 설립할 무렵, 바넷은 뉴욕 부동산업계의 오랜 거인들에 맞서 싸우기를 두려워하지 않는 야망이 큰 개발업자라는 명성을 얻었다.

• • •

맥클로우와 바넷은 둘 다 뉴욕과 오랜 인연이 있고 이곳에서 직업적 성취를 거뒀지만, 뉴욕 부동산업계 종사자 출신은 아니었다. 뉴욕 기준으로는 둘 다 토박이가 아니다. 뉴욕 부동산업계는 비교적 최근까지도 루딘Rudins, 더스트Dursts, 로즈Roses, 피셔Fisher, 티시먼Tishmans 등 여러 세대에 걸쳐 부동산 개발업을 하며 뉴욕의 발전에 기여한 소수의 강력한 가문이 장악하고 있었다. 건물뿐만 아니라 시민 참여 활동으로도 유명한 가문들이었다. 뉴욕대학교의 루딘 교통정책 관리 센터는 루딘 가문의 이름을 딴 것이고, 브라이언트 공원에 있는 뉴욕 공립 도서관의 웅장한 로즈 중앙 열람실은 로즈 가문의 이름을 따 명명한 것이다. 「뉴욕 타임스」는 이 가문들을 "휴스턴의 석유 재벌, 피츠버그의 철강왕 같은 존재"라고 설명했다. 한 세대가 끝나면 그 역할은 다음 세대로 이어졌다.

2000년대 초반까지도 이 부동산 왕가들이 여전히 맨해튼의 방대한 부동산을 소유하고 있었고 정치적 영향력도 상당했다. 하지만 이들은 막대한 대차대조표와 현금 보유고를 바탕으로 더 수월하게 자금을 조달할 수 있는 SL 그린SL Green, 보르나도 리얼티 트러스트Vornado

Realty Trust 같은 상장 부동산 투자 신탁에 차츰 자리를 내주었다. 이 가문들은 전략을 바꿔 더 많은 부를 얻기보다 기존의 부를 유지하는 데 초점을 집중했다.

그리고 바넷과 맥클로우 같은 새로운 자금이 등장했다.

• • •

개발업자가 보는 뉴욕의 문제는 새로운 건물을 지을 공간이 많지 않다는 점이다.

수요가 가장 많은 맨해튼 지역은 저층 타운 하우스부터 고층 타워까지 크고 작은 건물이 블록마다 꽉 차 있다. 개발되지 않은 땅은 드물고, 그런 땅을 우연히 발견해도 고층 건물을 세우기에는 부지가 너무 좁은 경우가 많다.

맨해튼에서 가장 성공한 개발업자들은 이를 보완하기 위해, 한 블록에 여러 건물을 짓거나 토지를 매입해 하나의 부지로 통합하는 것을 목표로 하는 뛰어난 토지 합병 전문가가 되었다. 맨해튼이 2천5백 제곱피트(약 70평)의 필지로 구성된 모노폴리 보드라고 한다면, 개발업자의 임무는 가치 있는 부지를 모아 합병하고 그 자리에 더 큰 무언가를 짓는 것이다. 모노폴리 게임과 마찬가지로, 한 플레이어가 특정 지역의 모든 공간을 소유해야만 구조물을 지을 수 있다.

뉴욕시 당국은 1916년, 일정 높이 이상의 타워를 지을 때 거리에 햇빛이 들게 하고 그림자가 지는 것을 막는 뉴욕시 최초의 토지 용도 지정법zoning law을 통과시키며 고층 건물의 건설을 규제하기 시작했다. 이후 1961년에 대규모 신축 건물이 거리에 도달하는 빛과 산소를 제한하는 것을 방지하기 위해 규정을 정비하면서 상황이 완전히 바뀌었고, 용적률FAR이라는 새로운 높이 규제가 도입됐다. 이 규정으로 인해 각 부지에는 위치에 따라 개발할 수 있는 최대 바닥 면적이 부여되었다. 무엇을 지을 수 있는지는 간단히 계산할 수 있다. 예를 들어, 1만 제곱피트 부지를 소유한 부동산 소유주에게 용적률 3이 부여된 경우, 이 숫자를 곱하면 최대 건축 가능한 바닥 면적은 3만 제곱피트가 된다.

새로운 규정에 따라, 개발업자는 규제가 엄격한 역사 지구만 제외하고 규정된 규칙을 준수하기만 하면 공공 디자인 검토 절차를 거치지 않아도 원하는 건 무엇이든 지을 수 있게 되었다.

이 규칙에는 개발업자가 자신의 부지에 인접한 부동산 이상을 찾게 하는 또 다른 조항도 있었다. 이 조항에 따라 개발업자들은 이웃 건물 소유주로부터 기존 건물 위의 공간인 뉴욕의 '공중권air rights'을 매입하기도 했다. 토지 용도 지정법에 따라 현 부지에 있는 건물보다 큰 건물을 지을 수 있는 경우, 개발업자는 소유주로부터 필요한 만큼의 공중권을 매입해 프로젝트를 확장할 수 있다. 용적률은 한 번만 사용할 수 있으므로 소유주가 사용하지 않은 권리를 이웃에게 팔고 나면, 자신의 부지에 더 큰 건물을 개발할 권리는 갖지 못하게 된다.

전문가들은 뉴욕의 공중권이 예전에는 표준 상품으로 여겨져 제곱피트당 단일한 가격으로 거래되었다고 말한다. 요즘에는 개발업자의 프로젝트에서 차지하는 중요도에 따라 공중권이나 토지 사용권 가격이 토지 자체보다 높아지기도 한다. 맨해튼에서 가장 성공적인 개발업자들의 눈에 빈 하늘은 아직 아무도 건물을 짓지 않은, 보이지 않는 땅인 셈이다.

토지 합병에는 맨해튼의 복잡한 토지 용도 지정법에 대한 심층적인 이해뿐 아니라 엄청난 인내심과 설득력, 자금이 요구된다. 개발업자는 개별 소유주에게 현실적인 시간 내에 합리적인 가격에 부동산을 매각하라고 설득해야 할뿐더러 합병한 부지를 활용할 수 있는 건물을 구상해야 한다. 바넷은 복잡하기로 유명한 뉴욕시의 토지 용도 지정법을 유리하게 활용하는 방법을 누구보다 잘 알았다.

어떤 면에서 57번가는 개발업자들을 위한 놀이터로 완벽한 곳이었다. 도시에서 가장 높은 용적률을 가지고 있었으나, 이를 활용하는 사람은 거의 없었다. 2000년대까지만 해도 이 지역은 대부분 개발업자에게 팔 수 있는 미사용 용적률이 높은 저층 건물과 랜드마크 건물로 구성되어 있었다. 이러한 저층 건물 중에는 교회나 유대교 회당과 같은 종교 기관이나 비영리 단체들이 수십 년째 소유 중인 건물도 있었다. 재정적인 어려움과 교인 감소에 직면한 일부 기관은 공중권 매각으로 외부 수익을 창출할 기회에 반색했다. 그러나 이러한 단체의 지도부는 부동산과 협상에 능숙하지 못한 경우가 많았다. 다시 말해, 믿기 힘들 정도로 손쉽게 따 먹을 수 있는 열매로 가득했다.

바넷과 같은 유능한 개발업자들은 오랫동안 용적률을 극대화하기 위해 다양한 요령과 전략을 동원했다. 저층은 전망이 나쁘고 가치도 가장 낮기 때문에, 거리에서 멀리 떨어진 좁은 바닥판에 타워를 설치하고 용적률을 활용해 건물 높이를 높이기도 한다. 용적률은 높이가 아닌 바닥 면적으로 측정되기 때문에 층간 거리를 늘리려고 천장을 높여 건물을 더 높게 짓기도 한다. 건물을 높게 짓는 것은 공원의 매력적인 전망을 품은 유닛 수를 최대화해 잠재적 수익을 극대화하기 위함이다. 더 높이 지을수록 토지에서 더 많은 가치를 짜낼 수 있다.

바넷에게 합병은 균형을 잡는 작업이었다. 온갖 수단을 동원해 퍼즐 조각을 전부 모아야 하지만, 프로젝트가 실행 불가할 정도로 재정을 지출해서는 안 된다. 건물이나 공중권의 소유주가 미리 계획을 알게 되면 협상에서 가격을 높게 부를 수 있는 레버리지가 생기므로, 자신이 구매한다는 사실을 숨기기 위해 특수 목적 법인을 통해 구매하기도 했다.

바넷은 판매자가 지나친 요구를 하면 개발업자는 주저하지 말고 포기해야 한다고 했다. 타임스스퀘어에 있는 W 호텔 프로젝트를 추진할 당시 판매자가 꿈쩍도 하지 않자, 그는 기존 계획보다 작은 규모의 호텔을 개발했다. "수많은 사람이 오판합니다. 지나치게 많은 금액을 요구하다가 결국 아무것도 얻지 못하죠. 이미 기초 공사에 들어갔을 때, 판매자가 다시 찾아왔어요. 그래서 '죄송하지만, 너무 늦었습니다'라고 했죠. 공사는 벌써 진행 중이었고 돈은 묶여 있는 상태였거든요."

토지 합병의 경제학은 예측할 수 없고 조각들이 맞아떨어지지 않으면 처벌받을 위험도 있기 때문에, 이러한 투기성 프로젝트는 많은 개발업자가 감당할 수 있는 수준 이상으로 위험해지기도 한다. 프로젝트 성공 여부는 개발업자의 토지 합병 능력과 밀접하게 연관되어 있으므로, 개발 초기의 프로젝트는 주식시장이나 은행 같은 전통적인 대출 기관 입장에서 그다지 매력적이지 않다.

개발업자들은 필요한 핵심 부지를 매입할 때 시장가보다 높은 가격을 지불하는 경우가 많아 시장 변화에 취약하다. 합병에 실패했는데, 시장 흐름까지 바뀌면 이미 사들인 부지에 대해 금전적 이득을 회수하기 어려울 수도 있다.

"심약한 사람은 할 수 없는 일입니다." 바넷이 말했다.

・ ・ ・

1990년대 후반부터 10년이 넘는 기간 동안, 바넷은 원 57이라는 퍼즐을 완성하는 데 필요한 토지와 공중권을 확보하기 위해 수억 달러를 투자했다. 그간 개별 판매자와 벌인 협상은 최소 18건, 본인 또는 계열사가 관여한 거래는 최소 22건이 넘는다.

1998년 3월, 한때 바넷의 파트너였던 지엘 펠드먼이 157 이스트 57번가의 낡은 오피스 빌딩을 소유한 두 노인과 토지 임대차 계약을 체결하면서 이 과정이 처음 시작됐는데, 그 건물에는 음반사와 코미디 기획사 같은 기업이 입주해 있었다. 토지주는 발렌타인스 비어('발렌타인을 마실 때마다 미소가 지어집니다')와 뉴욕 세계 박람회('세계 박람회의 재미 중 하나는 그곳으로 가는 지하철 특별편입니다') 등의 시엠송을 제작한 소규모 음악 레이블 포렐 앤드 토머스Forrell & Thomas였다. 회사는 6번 애비뉴와 7번 애비뉴 사이의 57번가를 가득 채우던 수많은 음악 관련 업체 중 하나로, 그 건물에 사무실을 두고 있었다. 바넷은 펠드먼으로부터 계약을 인수하면서, 이 부지가 언젠가 주거용 건물을 위해 합병될 토지 일부가 되리라고 짐작했다. 그러나 당시에는 합병될 토지 규모가 얼마나 커질지는 상상하지 못했다고 한다.

2001년에는 134년째 영업 중인 뉴욕의 유서 깊은 마지막 우산 가게인 엉클 샘 엄브렐러 앤드 케인즈Uncle Sam Umbrellas and Canes가 있던 161 웨스트 57번가의 작은 건물을 7백만 달러에 매입했다. (사라 델러노 루스벨트Sarah Delano Roosevelt부터 찰리 채플린Charlie Chaplin까지 엘리트 고객층을 끌어들였던 우산 가게다. 손잡이에 시가 라이터가 숨겨져 있는 고급 우산은 물론, 강풍에도 뒤집히지 않고 견딜 수 있게 디자인한 거스트 버스터 같은 저렴한 모델도 판매했다.)

그 후 수년간 바넷은 인근의 주차 시설을 추가로 매입하고, 7번 애비뉴 모퉁이에 있는 1백 년 된 화려한 테라코타 건물 알윈 코트와 1930년대에 지어진 붉은 벽돌 건물 조이스 매너 등 협동조합 건물 주민들에게 공중권을 판매하라고 설득하며 조용히 부지를 확장했다.

조이스 매너 소유주들은 약 5백만 달러에 달하는 권리 보상을 받았다. 145 웨스트 57번가에 위치한 일본 신사 클럽인 니폰 클럽의 소유주도 개발권을 매각하기로 했다.

1990년대 후반부터 2000년대 초반까지 바넷은 자신이 어디로 향하고 있는지, 얼마나 멀리 갈 수 있을지 명확히 알지 못한 채 토지 합병을 이어갔다. 2000년 중반이 되어서야 진행 상황을 점검했다. "처음에는 25만 제곱피트 또는 30만 제곱피트로 끝날 것으로 생각했지만, 계속 진행하다 보니 55만 제곱피트(약 15,457평)가 넘는 용적률을 확보하게 되었습니다. 갑자기 우리가 높은 건물을 지을 수 있다는 사실을 깨달았죠. 아주 높은 건물을요."

그러나 2006년에 바넷은 난관에 봉착했다. 블록의 서쪽과 동쪽에 있는 부동산과 개발권을 천천히 큰 구역 2개로 통합해 왔지만, 이제 하나로 결합할 수 있어야 했다. 그렇게 하면 마침내 트럼프 인터내셔널 호텔 앤드 타워를 제치고 뉴욕에서 가장 높은 주거용 첨탑으로 우뚝 설 수 있는 타워, 전례 없는 센트럴파크 전망을 갖춘 타워를 지을 수 있는 부지를 확보할 수 있었다. 두 부지를 결합할 방법을 찾지 못했다면, 엑스텔은 작은 건물에 만족해야 했을 테고, 바넷의 모든 계획에 대한 보상도 제한적이었다.

그만한 부지를 확보하는 데 중요한 건물은 123 웨스트 57번가에 있는 1백 년이 넘은 복음주의 교회인 갈보리 침례교회였다. 노예제 폐지론자들이 세운 교회로 매주 생방송 되는 라디오 방송인 〈갈보리 아워Calvary Hour〉로 알려져 있었는데, 이 방송은 한때 교회 소유였던 인근 솔즈베리 호텔 객실로 송출되기도 했다. 리처드 닉슨Richard Nixon 대통령과 빌 클린턴 대통령 등 유명 인사들이 이곳을 찾았고, 빌리 그레이엄Billy Graham 목사가 이곳에서 설교하기도 했다. 담임 목사는 텔레비전 진행자 캐시 리 기퍼드Kathy Lee Gifford의 동생인 데이비드 엡스타인David Epstein 목사로 버지니아의 작은 감리교회에서 목회를 시작했다. 바넷은 수년째 교회의 고위 간부들에게 편지를 보내고 전화를 걸었지만, 아무런 응답도 받지 못하고 있었다. 포기하기 일보 직전이었다.

"수년간 말 그대로 아무런 진전이 없어서 골머리를 앓았어요. 계속 가격을 올리다 보니 어느 순간 저쪽에서도 상황 파악이 된 거죠. 좋은 변호사들과 고문을 구해 저를 묶어두는 방법을 알아냈습니다." 바넷이 회상했다.

• • •

브렌트 루이스Brent Lewis는 웨스트 57번가에 있는 교회 본당에 서 있었다. 강렬한 튜더풍 고딕 양식으로 지은 입구 뒤의 성소는 높은 천장, 대형 파이프 오르간, 핏빛의 붉은 카펫, 나무 의자가 줄지어 서 있는 넓은 공간이었다.

2009년 2월 어느 날 저녁, 교회 재정을 맡고 있던 투자은행가 루이스는 수많은 얼굴들을 바라보았다. 그날 교회에는 고령 은퇴자부터 월스트리트 젊은이들, 의자에서 놀던 어린이까지 모든 연령대와 인종을 아우르는 신자 수백 명으로 꽉 차 있었다.

루이스의 임무는 신도들에게 교회 건물 위 미개발 토지인 '공중권'을 매입하고 싶다는 바넷의 제안을 설명하는 것이었다. 그는 복잡한 거래의 메커니즘을 설명하기 위해 파워포인트 프레젠테이션을 준비했다.

루이스의 프레젠테이션에 대한 반응은 엇갈렸다.

일부 회중은 의구심을 품었다. 왜 갈보리 교회가 직접 부동산을 개발하면 안 되는가? 왜 개발업자가 보상을 가져가게 놔둔단 말인가? 공중권을 매각한 돈으로 무엇을 할 수 있을까? 미국 역사상 최악의 불황 속에서 권리를 매각하는 것이 현명한 선택일까? 수십 년째 교회에 다니고 있던 연로한 교인은 중동 파트너를 둔 개발 업체와 거래하는 것을 조심해야 하지 않느냐는 의견을 내놓기도 했다.

루이스는 회중에게 바넷과 거래해야 가장 높은 가치를 인정받을 수 있다고 주장했다. 바넷은 이미 이 블록에서 엄청난 부지를 확보하고 있으므로 제곱피트당 가장 높은 가격에 갈보리 교회의 공중권을 사들일 것이라고 했다. 갈보리 교회의 공중권은 엑스텔에게 가장 높은 가치를 지니며, 엑스텔은 이를 위해 어떤 구매자보다 많은 금액을 지불할 것이라는 말이었다.

토지 합병 과정에서는 매우 늦은 격인 몇 달 후, 마침내 바넷은 핵심 부지를 확보했다. 바넷은 갈보리 교회를 설득해 4만 5천 제곱피트(약 1,265평)의 공중권을 2860만 달러에 매입했다. 피트당 약 913달러로 책정된 갈보리 교회와의 계약은 전체 퍼즐에서 가장 중요하고 가장 비싼 조각이었다. 거래가 성사되면 콘도 개발이 실현되어 천문학적인 가치를 인정받게 될 것이라는 확신에 바넷은 기꺼이 주머니를 털었다. 거래의 일환으로 갈보리 교회 건물을 개보수할 때 엑스텔이 설계와 엔지니어링 서비스를 무료로 제공한다는 조건도 달렸다.

이 거래에서 갈보리 교회의 공중권은 어떤 부지보다도 높게 평가되었다. 바넷이 갈보리 교회의 공중권에 비싼 값을 지불했는데도 원 57 부지의 땅값이 계속 오른 덕분에 2억 달러가 조금 넘는 비교적 저렴한 비용으로 필요한 부지를 전부 확보할 수 있었다. 최종적으로 타워를 짓기 위해 건물 일곱 채를 철거해야 했다.

"개리 바넷은 공포스러운 시장에서 적시에 움직인 적임자였습니다. 땅에서 삽을 떼지 않고 계속 건물을 지었던 유일한 사람이 바로 개리 바넷이었습니다. 서브프라임 모기지 사태와 그것이 부동산 전체, 특히 뉴욕에 미칠 영향이 두려워 모두가 뒤로 물러서 있었죠. 바넷은 배짱이 두둑한 사람이었어요." 고급 부동산 중개인 니키 필드 Nikki Field가 말했다.

5장

캘리포니아 드림

2009년 가을, 상업용 부동산 중개인 우디 헬러Woody Heller는 파크 애비뉴 339번지에 있는 사무실에서 한 통의 전화를 받았다. 해리 맥클로우를 소개해 달라며 아는 변호사가 걸어온 전화였다.

변호사는 로스앤젤레스에 본사를 둔 사모펀드를 대신해 전화를 걸었는데, 이 사모펀드는 해리 맥클로우에게 주거용 임대 건물 세 채를 매입하겠다는 제안을 했지만 며칠째 답을 받지 못하고 있었다. 변호사는 업계에서 잘 알려진 우디 헬러가 해리와 친분이 있으므로 해리의 주의를 끌 수 있다는 것을 알고 있었다.

우디 헬러는 당시 맨해튼에 있는 스터들리라는 중개 회사에서 일하고 있었는데, 해리 맥클로우가 처음 일을 시작했던 회사였다. 헬러는 까다로운 거래를 잘 처리하는 냉철한 딜 메이커로 명성이 자자했다. 당시 쉰 살이었던 우디 헬러는 스탠퍼드대를 졸업한, 날렵한 몸매에 키가 큰 남성으로 험난한 부동산업계에서는 보기 드문 사람이었다. 논리 정연하고 사려 깊은 헬러는 작곡가가 될지 고민하다가 우연히 부동산업계에 뛰어들었고, 크라이슬러 빌딩과 같은 상징적인 부동산 거래로 빠르게 이름을 알렸다.

2009년, 해리 맥클로우가 겪는 재정난은 업계 전반에 널리 알려져 있었다. 우디 헬러는 해리가 매각 제안을 받아들일지도 모른다고 생각했다. 몇 주 전 건물 가치에 관한 의견을 물어보기도 했던 해리였다. 헬러는 사모펀드를 대리하는 변호사와 전화를 끊자마자 해리에게 이메일을 보냈지만, 며칠이 지나도 아무런 답변이 없었다. 해리에게 다른 계획이 있을지도 모른다는 의심이 들기 시작했다. 자금 조달이 절실한 해리 맥클로우가 웨스트 53번가에 있는 고급 임대 건물 리버 타워 등 건물 세 채를 묶어 기업공개를 할 계획이라는 소문이 퍼지고 있었는데, 맥클로우와 같은 작은 규모의 회사로서는 이례적인 조치였다. 헬러는 맥클로우의 재정 상태가 매우 복잡한 상황이고, 어떤 결정을 내리든 수많은 문제가 얽혀 있다는 사실을 잘 알고 있었다.

일주일 후, 도시부동산학회Urban Land Institute가 주최한 콘퍼런스에 참석한 헬러는 샌프란시스코의 거대한 컨벤션 센터 복도 바닥에 휴대폰을 든 채 웅크리고 앉았다. 며칠간 침묵하다가 갑자기 모습을 드러낸 해리는 뉴욕에 아무런 흔적이 없는 베일에 싸인 사모펀드의 정체가 무엇이냐, 거래 제안이 진지한 제안이냐는 등의 질문을 쏟아냈다. 우디 헬러는 해리 맥클로우에게 사모펀드에 대해서는 자신도 아는 것이 거의 없다고 답했지만, 며칠 내로 로스앤젤레스에 가서 대표를 만나보겠다고 제안했다. "내일 가실 수 있나요?" 해리가 물었다.

우디 헬러는 안 된다고 답했다. 그날 밤 뉴욕에서 비행기를 타고 오는 오랜 여자 친구 베스, 그리고 샌프란시스코에 사는 친구와 다음 날 함께 시간을 보내는 일정이 있었다. 러시안 힐에 있는 유명 셰프 게리 댄코Gary Danko의 레스토랑에서 식사하기로 예약이 되어 있었다.

"알겠습니다." 해리는 부드럽게 대답했지만 낙담한 눈치였다.

해리 맥클로우의 목소리를 들은 우디 헬러는 저녁 약속을 미뤄야 한다고 직감했다. 지난 12개월간 실적이 좋지 않았던 데다 임대 건물 매각으로 벌 수 있는 수수료가 컸기 때문이다. 주머니 사정이 빠듯했던 우디 헬러는 다소 극적이지만 일부 유료 채널을 해지해 텔레비전 요금을 줄여볼까 하는 생각까지 하고 있었다. 해리 맥클로우가 내일 로스앤젤레스로 가기를 원한다면 가야 했다.

그때, 해리 맥클로우가 더 혼란스러운 질문을 던졌다. "사모펀드가 드레이크 프로젝트의 파트너가 되는 데 관심이 있을까요?" 해리는 큰 목소리로 물었다. 그의 목소리에는 희망이 담겨 있었다. 해리는 드레이크 호텔 부지를 개발할 파트너가 절실히 필요했다. 파트너가 나타나지 않으면 곧 도이체방크와 부채 일부를 매입한 자산 운용사 아이스타 파이낸셜iStar Financial에 키를 넘겨야 했다.

우디 헬러는 사모펀드 회사인 CIM은 임대료 수입을 안정적으로 얻을 수 있는 안정적인 건물만 매입하는 부동산 투자 신탁이라고 설명했다. "개발에 참여하는 지분 파트너와는 정반대의 프로필을 가진 회사예요. 그런 회사가 그럴 리가 있을까요?"

그래도 헬러는 물어보겠다고 약속했다.

다음 날 우디 헬러는 LA 국제공항에서 윌셔 대로에 위치한 별다른 특징 없는 CIM 사무실로 이동했다. 회의실로 들어가라는 안내를 받았는데, 그곳에는 CIM 설립자 중 한 명인 샤울 쿠바Shaul Kuba가 기다리고 있었다. 우디 헬러는 쿠바를 만난 적이 없었지만, 진지한 태도에 깊은 인상을 받았고 쉽게 친밀감을 쌓을 수 있었다.

CIM은 1994년 이스라엘 낙하산 부대 출신이었던 쿠바와 그의 친구 아비 셰메스Avi Shemesh, 드렉셀 번햄 램버트Drexel Burnham Lambert의 은행가 출신 리처드 레슬러Richard Ressler가 설립한 회사였는데, 억만장자 정크본드* 왕 마이클 밀컨Michael Milken의 불법 거래 때문에 파산한 것으로 유명하다. 레슬러는 매우 부유하고 두터운 인맥을 보유하고 있었다. 그의 형 토니는 금융업계에서 영향력 있는 딜 메이커로 급부상한 사모펀드 회사 아폴로 글로벌 매니지먼트Apollo Global Management를 설립한 사람이었고, 여동생 데브라는 아폴로의 공동 설립자인 레온 블랙Leon Black과 결혼했다. 리처드 레슬러는 브룩 인터내셔널Brooke International의 주주이기도 했는데, 브룩 인터내셔널은 러시아에서 담배를 제조해 판매했고, 모스크바에 대규모 오피스 단지를 건설하는 등 부동산에서도 두각을 나타냈다.

쿠바와 셰메스는 텔아비브 외곽의 작은 마을에서 함께 자란 사이였고, 이스라엘 방위군에서 낙하산병으로 3년간 함께 복무하면서 둘의 유대감은 더욱 깊어졌다. 제대 후 미국으로 건너온 두 사람은 조경 회사를 비롯한 여러 사업체를 설립했다. 그 고객 중 하나가 레슬러였다.

쿠바와 셰메스는 조경 사업에서 번 돈을 웨스트 할리우드의 상업용 부동산에 투자하고 있었다. 깊은 인상을 받은 레슬러는 두 사람에게 함께 사업을 해보자고 제안했다. 세 사람은 산타모니카에서 시작해 할리우드에 이르기까지 로스앤젤레스의 부동산을 사들였고, 아카데미 시상식이 열렸던 코닥 극장을 비롯한 여러 건물을 매입했다. 그들은 부실하거나 저평가된 부동산을 노렸고, 거액을 기부하며 영향력 있는 정치인들의 환심을 샀다.

시간이 지나면서 CIM은 시와 주의 연금과 기금을 비롯한 기관 투자자들의 총애를 받았다. 2011년 말에는 미국 최대 공적 연금 기금인

* junk bond. 수익률이 아주 높지만 위험률도 큰 채권

캘리포니아 공무원 연금CalPERS의 17억 달러 투자를 포함해 약 109억 달러를 운용하게 되었다.

그 이유는 어렵지 않게 알 수 있었다. 「월스트리트 저널」 보도에 따르면, 2006년부터 2011년까지 캘리포니아 공무원 연금이 지켜보던 다른 고위험 고수익 펀드들은 연간 20퍼센트의 수익률 하락을 기록했지만, CIM은 연간 7.4퍼센트의 수익률을 거뒀다. 일부 경쟁사와 달리 CIM은 2006년부터 2008년까지 과열되는 시장을 지켜보며 투자를 보류하고 자금을 충분히 보유하다가 이후 경기 침체의 전리품을 누렸다.

명성에 흠이 없는 것은 아니었다. 2009년, 「로스앤젤레스 타임스 Los Angeles Times」는 CIM이 캘리포니아 공무원 연금과 교직원 연금 CalSTRS으로부터 투자를 확보하는 대가로 전 로스앤젤레스 부시장 알프레드 비야로보스Alfred J. R. Villalobos에게 약 1천6백만 달러의 수수료를 지급했다고 보도했다. CIM은 위법 행위를 한 적이 없었고, 캘리포니아 공무원 연금으로부터 투자를 받기 전부터 비야로보스와 노선을 달리하고 있었지만, 이 보도로 달갑지 않은 주목을 받아야 했다.

그러나 CIM은 이에 굴하지 않고 뉴욕시라는 새로운 목표를 마음에 품었다. 10년 넘게 뉴욕에 투자하는 것을 검토해 왔고, 이제 본격적으로 뉴욕에 진출할 계획이었다. CIM의 야망에 깊은 인상을 받은 우디 헬러는 쿠바에게 이틀 후 비행기를 타고 가서 해리 맥클로우와 그의 아들을 만나보라고 조언했다. 헬러는 거래가 속히 이루어져야 함을 직감했다. 빨리 일을 추진하고 싶었던 쿠바는 조언을 흔쾌히 받아들였다.

회의가 끝나자, 헬러가 물었다. "말도 안 되는 질문인 거 아는데, 해리에게 꼭 물어보겠다고 약속해서요. 해리 맥클로우의 개발 프로젝트에 파트너로 참여할 의향이 있으십니까?"

놀랍게도 쿠바는 해리의 아이디어를 그 자리에서 바로 거절하지 않았다. 드레이크 프로젝트처럼 위험한 투자에 집중하는 '기회 자금'을 운용하는 자금 풀도 있다고 쿠바가 답했다. 뉴욕에 가면 논의해 볼 수 있었다.

・・・

해리 맥클로우나 개리 바넷 같은 개발업자가 모든 기술을 동원해 잠재력 있는 부지를 찾아낸다고 해도 토지 합병은 시작에 불과하다. 최고의 부지에 거대한 건물을 짓겠다는 꿈은 종종 비용 조달이라는 악몽으로 이어진다. 장차 억만장자 거리로 알려지는 구역에 전례 없는 규모의 건물을 세우는 일은 세계 최대 투자은행, 사모펀드, 헤지펀드부터 국부펀드, 초고액 자산가, 해외 재벌 등 검증되지 않은 자금 출처에 이르기까지 다양한 대출 기관으로부터 수년간 자금 조달을 받아야 가능한 일이었다.

초고층 빌딩을 세우는 프로젝트의 기본 재무 구조를 '자본 스택capital stack'이라고 한다. 자본 스택에는 건설에 사용된 모든 부채와 지분이 포함되며, 돈을 받을 당사자들과 돈을 받을 순서, 각 당사자가 얼마나 많은 위험을 감수할지를 결정한다. 또 지분 보유자가 명시된 의무를 이행하지 않을 경우에 어느 당사자가 언제, 어떻게 압류할 수 있는지도 결정한다.

스택은 돈을 넣을 때마다 층이 쌓이는 여러 층의 케이크에 비유되는데, 층마다 고유한 권리와 의무가 있다. 일반적으로 스택의 맨 아래 위치한 자본에 대한 보상이 가장 먼저 지급되고, 가장 위험한 맨 위에 위치한 자본에 대한 보상이 맨 마지막에 지급된다.

스택은 한 층씩 쌓인다. 개발업자나 '스폰서'가 부지를 확보하고 나면, 일반적으로 한 명 이상의 파트너와 팀을 구성해 건설 융자를 받을 수 있을 만큼 충분한 지분을 모으는 것을 목표로 움직인다. CIM이나 카뎀 알 쿠바이시와 같은 인물이 바로 여기에 해당한다.

스폰서나 투자자가 투입하는 자금, 즉 가장 윗부분에 해당하는 지분을 일반적으로 '보통주common equity'라고 한다. 이는 개발업자의 '투자 지분'이다. 보통주는 자본 스택의 모든 층 중 위험도가 가장 높지만, 프로젝트가 성공할 때 받는 보상도 가장 크다. 개발업자는 자본을 가장 먼저 투입하지만, 일반적으로 건물의 유닛이 대부분 판매될 때까지 큰 수익을 올리지 못한다. 대개 마지막 남은 15퍼센트의 유닛이 건물 전체의 수익성을 결정한다. 초기부터 개별 아파트를 지나치게 할인된 가격에 판매하면 수익이 창출되는 지점에 도달하기도 전에 프로젝트의 수익이 사라질 가능성이 있다.

대형 은행과 여러 은행으로 구성된 컨소시엄인 건설 대출 기관이 제공하는 자금은 일반적으로 자본 스택의 맨 아래에 있어 가장 먼저 상환해야 하는 자금이다. 이러한 대출은 주택 담보 대출과 마찬가지로 이자를 부과하며, 부동산을 담보로 하므로 은행들은 자산에 대해 우선권을 갖는다. 스폰서의 채무 불이행 시 은행은 프로젝트를 압류하고 매각하여 자금을 회수할 수 있다. 대출자의 위험 프로필과 프로젝트의 레버리지 정도에 따라 이러한 '선순위 대출'의 이자율은 2퍼센트에서 약 10퍼센트까지 다양하다.

자금이 부족하거나 건설 중에 예산이 초과하는 경우, '메자닌 파이낸싱mezzanine financing'과 '우선주preferred equity' 같은 유형의 파이낸싱이 사용될 수도 있다. 메자닌 대출 기관은 부채와 자기자본 사이에 있는 자본 스택의 구멍을 메우기 위해 투입된다. 선순위 대출자보다 후

순위이지만, 연 10~15퍼센트 범위의 높은 이자율을 부과한다. 메자닌 대출은 모기지와 달리 부동산을 담보로 하는 것이 아니라 프로젝트에 대한 스폰서의 지분을 담보로 한다.

스폰서가 더 많은 지분을 모집해 구멍을 메울 수도 있다. 우선주 투자자는 일반적으로 프로젝트의 후반부에 참여하기 때문에 개발업자나 다른 투자자보다 먼저 자금을 회수할 수 있는 위치에 있다. 이런 우선주 투자자가 프로젝트의 경영권을 협상해 경영 결정에 대한 통제권을 가져가는 경우도 있다.

여러 층으로 된 케이크는 자금 조달 구조를 개념화하는 가장 쉬운 비유이지만, 지나치게 단순화한 측면도 있다. 가장 복잡한 프로젝트는 워터폴waterfall이라고 불리는 복잡한 공식을 통해 보상을 여러 '층'에 나눠서 지급하는데, 이는 어떤 상황에서 누가 무엇을 받을지 결정하는 복잡한 공식이다. 이 구조는 사모펀드와 구조화 금융 거래에서 비롯된 것으로, 엄청난 위험을 수반하는 복잡한 대규모 프로젝트를 수행하는 부동산 개발 업체에서 점점 많이 사용되고 있다. 이러한 프로젝트가 대규모 사업으로 커지면서 문제가 발생할 때 누가 얼마를 지불하고, 누가 얼마를 받는지에 관한 분쟁도 커지고 있다.

프로젝트에서 개발업자나 일반 파트너라고 불리는 '스폰서'는 모든 단계에서 자금 조달을 위해 프레젠테이션을 하는 사람이다. 스폰서는 전체 과정을 감독하는 대가로 파트너십에서 지급하는 개발 수수료를, 자체 건설부가 있으면 건설 수수료를 받는 등 다양한 보상을 받지만, 가장 큰 보상은 자신의 지분 투자에 대한 잠재적 수익과 업계에서 '프로모트promote'로 알려진 스폰서의 몫, 즉 유닛의 최종 판매 수익에서 나온다. 프로젝트와 관련된 부채가 상환되고 나서 지분 보유자에게 배분되는 수익이다.

프로모트는 스폰서가 프로젝트에서 큰 이익을 얻을 수 있는 복권 같은 기회다. 유닛이 높은 가격에 빠르게 매진되면 수수료만으로 투자한 금액의 배에 달하는 수익을 올릴 수 있다. 프로젝트가 실패로 돌아가면 스폰서는 초기 투자금과 평판을 잃을 위험이 있지만, 이때 더 위험한 것은 주로 투자자와 대출 기관의 자본이다.

수수료만으로도 많은 개발업자가 프로젝트를 진행할 충분한 인센티브를 얻는다. 복권으로 돈을 벌면 그건 보너스다. 한 개발업자는 이렇게 말했다. "지분으로 돈을 벌지 못한다면 짜증은 나겠지만, 결손금은 이월해서 다음번 프로젝트에서 수익이 날 때 공제받으면 됩니다. 손실로 수익을 창출할 방법은 항상 있어요."

브로커인 마이어스 머멜은 타워 하나를 세우는 여정에서 개발업자들이 하는 역할이 "존 글렌John Glenn*보다는 바넘 앤드 베일리Barnum & Bailey**와 더 비슷하다"고 말한다. "그들은 모두 프렌드십 7호에 탑승한 것처럼 보이고 싶어 합니다. 지구로 돌아갈 수 있을지도 확신할 수 없는 위험한 모험이죠. 사실상 쇼를 하는 것과 비슷합니다."

• • •

캘리포니아에 다녀온 후 몇 주간 헬러는 자신의 커리어에서 가장 바쁜 시기를 보냈다. 쿠바와 CIM의 파트너들은 약속대로 곧바로 뉴욕으로 날아가 맥클로우 부자를 만났다. 이틀간 회의하고 문제의 임대 건물을 둘러본 후 쿠바는 로스앤젤레스로 돌아갔다. 맥클로우 부자는 드레이크 프로젝트에 관한 계획을 설명했고, 쿠바는 깊은 인상

---

* 미국인 최초로 우주 궤도 비행에 성공한 우주 비행사
** 미국의 전통 서커스단

을 받았다. 양측 모두 거래를 성사하고 싶어 했고 끊임없이 협상을 벌였다.

갑작스럽게 커리어에 있어 결정적인 거래에 뛰어든 헬러와 그가 속한 스터들리 팀은 며칠 동안 밤늦게까지 일하면서 각 건물의 재무 정보를 수집했다. 헬러와 맥클로우 부자는 도이체방크에서 프로젝트의 부채 일부를 매입한 부동산 투자 신탁사 아이스타와 최고 경영자인 제이 슈가맨Jay Sugarman과 대출금 매각을 놓고 수시로 연락을 주고받았다. 슈가맨은 거래를 성사할 시간을 더 주기로 합의했다. 그는 길고 지저분한 압류를 피하고자 부채를 대폭 할인된 가격으로 CIM에 매각하거나, 아니면 대폭 할인된 가격으로 상환을 받을 의향이 있었다. 협상이 계속되는 동안 리처드 레슬러는 뉴욕으로 날아가 맥클로우 부자를 만났다.

CIM의 대표들에게 맥클로우와의 파트너십은 상당한 위험을 수반하는 일이었다. 그들은 두터운 인맥을 가지고 있었지만, 그 인맥으로도 실제 타워를 짓기 위한 건설 자금 대출을 확보하는 데 어려움이 있을 수 있었다. 글로벌 금융 위기가 시작되면서 자금 조달 여력이 완전히 고갈되었고, 뉴욕시에서 가장 높은 주거용 빌딩을 짓는 투기성 프로젝트에 대출을 해주는 곳은 없었다. "모든 자금을 스스로 마련할 준비가 되어 있어야 했습니다. 믿을 수 없을 정도로 대담한 결정이었습니다." 헬러가 말했다.

프로젝트에 대한 통제권을 최대한 유지하려고 했던 맥클로우 부자의 문제도 있었다. 극소수의 제한된 파트너와 혼자 일하는 데 익숙했던 해리 맥클로우는 타워에 대한 특별한 비전을 가지고 있었고 타협하지 않으려는 성향이 강했다. 아버지와 아들 사이도 문제였다. 해리는 맹목적인 낙관주의 렌즈를 통해 거래를 바라보지만, 빌리는 좀 더 신중하고 실용적이었다. 헬러는 두 사람에 관해 이렇게 말했다. "해리가 이 일에 적합한 사람인지에 관한 문제가 아니었습니다. 문제는 어떻게 파트너들과 함께 일하는 데 익숙하지 않은 해리의 파트너가 되냐는 것이었죠."

이번에도 브라운스톤 건물들이 논쟁 대상이 되었다. CIM은 토지 합병이 완료될 때까지 거래를 추진하지 않으려 했다. "그들은 뉴욕의 개발과 토지 합병이 진행되는 속도에 익숙하지 않았습니다. '지금 당장 모든 것이 준비되지 않으면 거래는 없다'고 했죠. 모든 것을 깔끔하게 포장해 빨간 리본을 달아 내놓기를 원했습니다." 나중에 빌리 맥클로우가 말했다.

CIM의 조바심이 커지자, 맥클로우 부자는 해러즈 백화점 가문의 후손 알리 파예드Ali Fayed가 소유한 의류 회사 턴불 앤 아서의 타운하우스를 확보하기 위해 치열하게 협상했고, 결국 프로젝트에 방해가 되는 해당 건물을 매각하는 대신, 드레이크 부지 가장자리에 맥클로우가 이미 매입한 새 건물을 제공하는 건물 교환 계약을 체결했다. 제이콥 앤 코와 턴불 앤 아서 매장은 각각 새 타워의 동쪽 가장자리에 자리 잡게 될 것이었다. 백화점 체인 노드스트롬이 원하는 전체 건물을 확보하지 못하면 노드스트롬과의 거래는 결렬되겠지만, 프로젝트를 계속 진행할 수 있었다.

맥클로우 부자가 이미 확보한 브라운스톤 건물들은 핵심 대출 담보의 일부가 아니었기 때문에 대주들은 이 건물들에 대한 권리를 주장할 수 없었고, CIM은 계획을 실행하기 위해 이 건물들이 필요했다. 결국 이 건물들은 맥클로우가 거래를 유지하는 데 필요한 레버리지를 제공한 구원의 손길이 되었다. 프로젝트에 대한 맥클로우의 지분은 전액 소멸하지만, 개발자 수수료와 프로젝트 최종 수익의 일정 비율로 '희망 증서'라고도 불리는, 최대 5퍼센트 달하는 금액은 남게 되었다.

상당한 절충안이 필요했지만, 한 해가 저물어 갈 무렵 해리 맥클로우는 거의 불가능에 가까운 시장 상황에도 계약을 성사하는 듯했다.

• • •

거래는 크리스마스를 며칠 앞두고 성사될 예정이었기 때문에 헬러는 더 기다릴 수 없었다. 헬러와 베스는 그 주를 애스펀에서 아이들과 함께 스키를 타며 축하하는 분위기로 보낼 계획이었다. 헬러는 그 전에 플로리다에서 열리는 결혼식에 참석할 예정이었고, 결혼식에 참석한 부동산 관계자에게 들킬까 봐 주말 내내 호텔 방에서 맥클로우와 CIM의 전화를 받으며 시간을 보냈다. 그동안 참여했던 거래 대부분과 달리 이번에는 상대측에 브로커가 없었다. 사실 헬러가 정확히 누구를 대리하고 있는지, 거래가 성사되면 누가 그에게 수표를 끊어줄지도 명확하지 않았다. 이 거래는 혼자서 진행한 협상이었다.

호텔 객실에서 휴대폰 신호가 불규칙했고 객실 유선전화는 전화 회의 기능이 없었기 때문에 헬러는 자신의 방에 전화기를 추가로 설치해 달라고 요청했다. 전화기 2대는 방의 양쪽 끝에 설치되어 전화기 선이 그의 귀에 닿을 정도만 간신히 늘어져 있었다. 그는 볼륨을 높여 양쪽이 서로의 말을 들을 수 있도록 했다. 헬러는 목이 뻐근한 상태로 주말을 보냈다.

월요일 아침 뉴욕에 도착하자마자 헬러는 애스펀으로 가는 환승 비행기를 탈 생각으로 뉴욕행 비행기에 탑승하면서 마지막으로 CIM 대표들에게 전화를 걸었다. CIM은 준비됐는가? 확인했다. 해리도 준비됐는가? 확인했다. 그는 안도의 한숨을 내쉬었다.

그런데 JFK 공항에 도착했을 때 문제가 생겼다. "당신이 여기 있으면 좋을 것 같아요." 맥클로우가 말했다. 몇 달 전 황급히 헬러를 로스앤젤레스로 달려가게 만들었을 때 썼던, 상처받은 어조였다.

헬러는 베스와 아이들에게 다시 한번 사과한 후, 스키 장비로 가득한 여행 가방을 들고 맨해튼으로 달려가 협상이 결렬되는 것을 막기로 결심했다. 그는 남은 한 주 동안 제너럴 모터스 빌딩에 있는 맥클로우의 사무실에서 양측의 의견을 일치시키려고 노력했다. 우디 헬러와 맥클로우 부자는 매일 저녁 늦게까지 일했다. 그러고 나서도 해리 맥클로우는 서류가 가득 담긴 커다란 캔버스 비치백을 들고 사무실을 나서곤 했다. 가방에는 대부분의 사람이 처리하는 데 일주일쯤 걸리는 것보다 많은 양의 자료가 들어 있었다. 직원들은 해리가 이토록 스트레스를 받은 모습을 본 적이 없다고 했다. 크리스마스 주간이 되자 우디 헬러는 거래가 제자리를 찾았다고 믿었다.

하지만 맥클로우 부자와 헬러가 계약을 추진하자는 CIM의 전화가 걸려 오기를 기대했던 날 밤, 쿠바가 나쁜 소식을 전했다. 쿠바는 계약을 추진할 수 없다고 했다. (헬러는 쿠바가 어떤 이유를 댔는지 정확히 기억나지는 않지만, 만족스럽지 않은 해명이었다고 회상했다.) "셋이 방에 앉아 있는데 평생의 꿈이 좌절됐다는 소식을 들은 해리의 눈에서 무척 불쾌한 기색이 비쳤습니다. 극도로 흥분한 모습이었죠. 해리가 그렇게 화를 내는 모습은 처음 봤습니다." 헬러가 말했다. 셋은 자정 무렵 짐을 싸서 사무실을 나왔다. 추운 밤길을 나서는 동안 아무도 말하지 않았다.

이후 해리는 거래가 무산된 이유를 아들 빌리의 탓으로 돌렸다. 해리는 빌리가 지나치게 비타협적이라고 했다. "저는 빌리에게 협상을 맡겼습니다. 빌리는 감각이 전혀 없었고 단호히 밀어붙이기만 했습니다. 아주 막무가내였죠. 당황스러웠어요."

빌리에게 CIM과의 협상은 아버지와 일할 때의 역효과가 드러난 최근 사건일 뿐이었다. 빌리가 계약 조항을 꼼꼼히 살펴보고 있으면, 해리가 서명을 해버리고는 했다. 빌리는 특정 상황에서 CIM이 맥클로우를 프로젝트에서 완전히 배제한다는 조항에 반대했을 때 아버지가 몰래 계약을 밀어붙였다고 말했다. "아버지는 많은 보호 장치를 포기했어요. 문서를 읽지도 않았죠. 그래서 계속 곤경에 빠졌던 겁니다."

개인적인 희생을 감수하며 밤늦게까지 일했던 헬러는 계약을 포기할 수 없었다. 그날 밤 집에 돌아온 헬러는 쿠바에게 다시 전화를 걸어 CIM이 빠지려는 진짜 이유를 알고 싶다고 했다. 맥클로우 부자가 없는 자리에서 헬러는 그 이유를 알아낼 수 있었다. 쿠바는 CIM이 맥클로우 부자와의 파트너십이 성공할 수 있을지 확신이 없다고 했다. 아직 기회의 문이 열려 있음을 감지한 헬러는 재빨리 딜 메이커 모드로 전환했다. 헬러는 파트너십이 성공할 것이라고 CIM을 설득하며, CIM과 맥클로우 부자가 함께할 수 있는 조건을 찾아내겠다고 약속했다.

며칠 후 새해 전야에 협상이 다시 시작되었다. CIM은 대폭 할인된 이자율을 적용했지만 맥클로우의 채권자들에게 돈을 갚기로 합의했다. 결국 CIM은 채권단으로부터 브래드 잭슨이 포함된 CMZ 벤처스가 지불할 계획이었던 금액의 절반도 안 되는 약 3억 5백만 달러에 부동산을 인수하고 3천만 달러를 추가로 투자했다. 거래 조건의 하나로 CIM과 맥클로우는 프로젝트 개발 업체를 선택할 수 있는 옵션을 CIM에게 부여하기로 합의했고, CIM은 여러 후보를 인터뷰한 끝에 계속 맥클로우사와 프로젝트를 진행하기로 했다.

이 거래로 맥클로우의 프로젝트 지분은 완전히 사라졌고, 타워 개발에서 그의 역할도 줄어들었다. 맥클로우에게는 여전히 최종 수익에서 가져갈 수 있는 몫인 '희망 증서'가 있었고, 432 파크를 대표하는 얼굴이었지만, 모든 것에 대한 최종 결정권은 CIM이 갖게 되었다. (맥클로우는 이 프로젝트에서 그의 지분이 얼마나 되느냐고 묻는 기자들에게 충분하다고 대답했지만, 구체적인 것은 언급하기를 거부했다.)

드레이크 프로젝트는 CIM가 뉴욕 시장에 진출하면서 추진한 주요 거래 중 처음이었다. 그해 말, CIM은 경기 침체로 매출이 부진했던 46층짜리 콘도 호텔 트럼프 소호의 부채를 할인된 가격에 매입한 뒤, 트럼프의 사위인 재러드 쿠슈너와 협력해 소호의 한 건물을 약 5천만 달러에 매입했다. 아르데코 양식의 크레디트 스위스 미국 본사와 유명 레스토랑 일레븐 매디슨이 있는 11 매디슨 애비뉴도 포트폴리오에 추가했다.

한편 해리와 함께 CIM과 협상을 진행한 빌리는 인내심의 한계를 느꼈다. 빌리는 맥클로우 프로퍼티를 떠나 자신의 회사 윌리엄 맥클로우 컴퍼니를 설립할 계획이었다. "할 만큼 했습니다." 빌리가 말했다.

빌리는 정확히 무엇이 잘못되었는지 설명해 달라는 질문에, 해리는 자신을 옹호한 적이 없다고 대답했다. 빌리는 다른 부동산 왕국의 자녀들이 아버지의 멘토링을 받지만, 자신의 아버지는 '나르시시스트'라고 했다. "아버지는 아들이 부동산 왕국의 길을 이어간다는 생각 때문에 아들이 있다는 사실을 좋아했습니다. 다만 저를 좋아하지는 않았던 겁니다. 아버지는 항상 저와 경쟁하려 했고, 모종의 이유로 저를 위협적인 존재로 여겼습니다." 한편 드레이크 프로젝트를 추진하기 위한 계약이 성사되고 수표(결국 CIM에서 보내왔다)를 받은 헬러는 들뜬 마음으로 베스에게 줄 선물을 사러 보석 가게로 향했다.

• • •

마침내 CIM이 프로젝트의 주도권을 잡으면서 기반이 더욱 탄탄해졌지만, 타워 건설과 기타 비용을 조달할 은행을 찾는 문제가 남아 있었다. CIM은 프로젝트의 레버리지를 낮추고 투자 가치를 끌어올리는 일련의 거래를 성사하며 다시 한번 마법 같은 손길을 발휘했다.

위험을 줄이기 위해 시티 그룹의 프라이빗 뱅크와 전 세계 투자자들을 대상으로 투자 프레젠테이션을 하는 국제 로드쇼를 열어 프로젝트 지분 일부를 매각해 4억 달러 이상을 조달했다. 다시 말해 CIM은 자신들이 지불한 것보다 훨씬 높은 가격에 일부 투자를 다른 투자자에게 위임해 건설 자금을 조달하려 한 것이다. 자금 조달 계약이 체결되었다는 사실만으로도 다른 투자자들에게 이 프로젝트의 매력은 더욱 커졌다.

시티 그룹의 프라이빗 뱅크는 중국인들을 비롯한 전 세계 억만장자 중 3분의 1을 고객으로 두고 있었다. 이들은 투자자의 자금을 모아 주목할 만한 프로젝트의 지분을 확보하는, 이른바 '클럽 딜'을 통해 고액 자산가 고객이 맞춤형 사모펀드 및 부동산 포트폴리오를 구축할 수 있도록 지원했다. 2012년 6월, 시티 그룹은 3주 만에 손익분기점에서 최소 25만 달러나 제곱피트당 약 2천 달러를 투자할 수 있는 고객들로부터 4억 달러 전액을 조달하는 데 성공했는데, 이는 건물 분양가보다 훨씬 낮은 금액이었다. CIM은 크라우드 펀딩의 정교한 버전이라고 할 수 있는 이 거래를 통해 일부 지분을 처분해 위험을 효과적으로 제한하고, 하룻밤 사이에 자체 지분 가치를 두 배로 늘렸다. 자체 초기 투자금과 시티 그룹의 자금으로 CIM은 맥클로우 타워 건설에 필요한 자금의 3분의 2에 가까운 금액을 확보한 상황이었다. 이제 나머지 자금을 조달하려면 건설 대출 기관이 필요했다.

• • •

금융 위기 이후 감독과 유동성 요건이 강화되어 은행 같은 전통적인 금융 기관에서 나머지 비용을 조달하기는 어려웠다. 대형 은행에게는 위험성이 너무 커 보이는 대출이었기 때문이다. 대형 은행들은 이러한 프로젝트에 자금을 조달하기로 하는 경우, 다른 대출 기관들과 신디케이트 론이나 파트너십을 출범해 참여했다.

CIM은 자금 확보를 위한 대안을 찾았고, 헤지펀드와 사모펀드 회사들이 그 공백을 메웠다.

결국 CIM은 런던의 헤지펀드 매니저인 크리스토퍼 혼Christopher Hohn이 설립한 어린이 투자 펀드라는 매우 특이한 파트너를 찾아냈다. 영국 서리주 애들스톤에서 자메이카인 자동차 정비공의 아들로 태어난 크리스토퍼 혼은 하버드 비즈니스 스쿨 출신으로, 유명 CEO들을 축출하는 무자비한 행동주의 투자자로 명성이 높았다. (「월스트리트 저널」은 혼이 연하장에서 2006년을 "게르만 CEO들을 전복시킨 흥미진진했던 한 해"로 묘사했다고 보도했다. 축출된 CEO 중 하나였던 전 도이체 뵈르제Deutsche Börse 그룹 사장 베르너 사이페르트Werner Seifert는 자신의 축출 과정에 혼이 한 역할에 격분하며 『메뚜기의 침공The Invasion of Locusts』이라는 책에 그 이야기를 썼다).

혼은 2004년에 자신의 회사를 설립했고, 아내인 제이미 쿠퍼혼Jamie Cooper-Hohn은 남편 회사에서 받은 기부를 비롯한 40억 달러의 기부금으로 자선 단체인 어린이 투자 펀드 재단Children's Investment Fund Foundation을 설립했다. 남편은 돈을 버는 데 집중하고 아내는 기부하는 데 집중했다.

어린이 투자 펀드는 프로젝트 파이낸싱이라는 게임판에 갑작스럽게 등장해 뱅크 오브 아메리카나 J.P. 모건 체이스 같은 업계 강자들이 남긴 공백을 메우는 듯했다. 신디케이트를 형성하지 않고도 신속하게 거액의 수표를 발행해 주지만, 은행 컨소시엄의 관료주의에 직면할 필요 없이 단일 대주와 거래한다는 점을 내세워 기존 은행보다 약간 더 높은 이자율을 부과했다.

재단은 아일랜드 자회사인 탈로스 캐피털Talos Capital을 통해 CIM에 4억 달러를 빌려주기로 합의했다.

・・・

자금이 확보되자 해리 맥클로우의 타워가 뉴욕 스카이라인에 곧 등장할 것만 같았다. 해리는 약 12억 달러의 비용으로 약 1,400피트(약 427미터)의 얇은 타워를 세우는 것을 꿈꿔왔다. 그의 비전이 실현된다면 맨해튼 스카이라인은 극적으로 바뀌고, 432 파크로 알려지게 되는 뉴욕 역사상 가장 높은 주거용 건물이 성공적으로 건설될 예정이었다.

하지만 새로운 문제가 있었다. 맥클로우와 그의 새로운 파트너들은 불리한 상황에 처해 있었다.

그들이 2012년 뉴욕시 건축부에 타워 계획서를 제출할 무렵, 몇 블록 건너편에서는 벌써 개리 바넷의 인부들이 24시간 원 57의 상부 구조물을 짓는 작업을 하고 있었다. 원 57은 억만장자 구매자들을 놓고 432 파크와 직접 경쟁하게 된다. 시장이 침체기에서 벗어나기 시작할 때 가장 먼저 공개될 건물은 432 파크가 아니라 원 57이었다.

6장
잭팟을 터뜨리다

개리 바넷은 미래를 내다볼 수 있고, 그 미래에는 부동산 골드러시도 있다.

이 메시지는 바넷이 당시 시장 상황에 굴하지 않고 회의에 들어갈 때마다 반복해서 설파한 것이다. 바넷은 물살을 거슬러 헤엄치며, 경기가 여전히 부진하지만 자신이 구상한 원 57의 아파트 94채를 구매하는 사람은 있을 것이라고 회의론자들을 설득했다.

사우디 파트너의 도움으로 자금을 마련한 바넷은 10억 달러에 달하는 대출을 받기 위해 협상을 벌이며 타워의 계획과 설계를 앞당기려 분주히 움직였다. 2009년 말, 바넷이 디자이너, 설비 제조 업체 등 초고가 공급 업체에 걸었던 전화는 업체 입장에서는 수개월 만에 받은 의뢰였다. 오너 셰프인 장조르주 봉게리히텐Jean-Georges Vongerichten과 랩 음악계의 거물 데이먼 대시Damon Dash 같은 유명 인사들의 인테리어를 디자인한 토마스 율한센Thomas Juul-Hansen은 바넷의 계획을 듣고 귀를 의심했다. 시장이 완전히 침체된 상황인데, 이 정신 나간 남자는 뉴욕 역사상 가장 호화로운 건물을 짓고 싶어 했다. "사람들이 창문 난간에 서서 어느 차로 뛰어내릴지 고민하던 때였어요." 율한센이 바넷의 전화를 받았을 때, 뉴욕 분위기를 묘사하며 한 말이다.

바넷의 계획이 성공한다면, 센트럴파크 전경을 한눈에 내려다볼 수 있는 연필 모양 초고층 타워 원 57은 뉴욕의 새로운 초고층 빌딩 시대를 여는 첫 번째 건물로서, 헬리콥터를 타고 도시 위를 날아다니는 기분을 선사할 터였다. 바넷은 맥클로우를 2년 가까이 앞질렀고, 2010년 여름에 원 57의 상부 구조물이 땅 위로 솟아오르기 시작했다. 센트럴파크 전망을 감상할 수 있는 20미터 수영장, 도서관, 극장, 체육관 등 편의시설과 더불어, 저층에 위치한 파크 하얏트 호텔의 서비스가 입주자에게 제공될 예정이었다. 호텔 관리팀에 전화해 룸서비스나 스파 서비스를 요청할 수도 있었다.

바넷의 자신만만한 수사와 원대한 비전에도 엑스텔 역시 금융 위기라는 여파를 피하지 못했다. 경기 침체가 극심했던 시기, 엑스텔은 직원의 약 10퍼센트를 감원할 수밖에 없었다. 남은 직원들은 전보다 더 열심히 일했다. 밤늦게까지 원 57의 기획을 검토하며 고군분투하던 어느 날, 엑스텔의 디자인 책임자 로이 킴Roy Kim이 바넷을 찾아왔다.

"미친 짓인 것 같아요." 로이 킴이 말했다.

바넷이 로이 킴의 눈을 응시하며 대답했다. "자네 눈에는 내가 바보나 천재, 둘 중 하나로 보이겠지."

1,004피트(약 306미터) 높이의 원 57은 명품 기업 루이뷔통모에헤네시LVMH의 뉴욕 본사를 설계한 것으로 알려진 프리츠커상 수상 프랑스 건축가 크리스티앙 드 포르잠파르크가 설계할 예정이었다. 오스트리아 상징주의 화가 구스타프 클림트Gustav Klimt의 작품과 폭포에

서 영감을 받은 원 57의 파사드는 다양한 색조를 띤 파란색 유리 패널 수천 개로 구성해 거리를 향해 흐르는 리본처럼 보이도록 디자인했다. 입구를 둘러싼 곡선형 돌출부는 움직이는 물을 보는 듯한 착각을 불러일으킨다.

디자인 책임자인 로이 킴은 뉴욕 구매자와 해외 구매자 모두에게 어필할 수 있는 원 57을 만들어야 했다. 다시 말해, 절제된 우아함과 부의 과시에 흥분하는 해외 구매자들을 위한 화려함 사이에서 균형을 찾아야 했다. 밖으로 나오지 않고 지갑에만 있는 돈은 별 가치가 없다고 생각하는 구매자도 있다는 사실을 로이 킴은 알아차렸다.

다이아몬드 무역의 베테랑이었던 바넷은 화려함에 대해 잘 알고 있었다. 상사의 요청으로 수 개월간 중국, 이탈리아, 한국, 터키 등 전 세계를 돌아다니며 원 57에 필요한 자재를 조달한 로이 킴은 공급 업체 사이에서 까다로운 고객 중 한 명으로 빠르게 명성을 쌓았다. 중국의 한 석재 채석장에 간 로이 킴은 파크 하얏트 타워 로비에 사용할 오닉스 대리석에 결함이 있을지도 모른다는 생각에 사로잡혀 대리석을 창고 바닥에 놓고 하나씩 검사할 수 있게 해달라고 요청했다. 채석장 주인은 그보다 까다로운 회사는 기술 대기업 애플Apple밖에 없다고 했다.

세계에서 가장 비싼 채석장에서 대리석을 공급받았다. 토스카나 최북단에서 채석되는 흰색 또는 청회색의 카라라 대리석은 판테온과 같은 고대 로마의 랜드마크는 물론 미켈란젤로Michelangelo의 〈다비드〉 같은 세계적으로 유명한 조각품을 만드는 데 사용되었다. 로이 킴은 다이아몬드로 훈련된 바넷의 눈을 사로잡을 만큼 완벽한 무늬를 가진 대리석을 구입했다. 그런 다음 대리석 조각을 미국으로 들여와 욕조로 조각했다. 13만 달러짜리 대리석 조각 하나로 욕조 2개를 만들 수 있었다.

율한센은 마감재, 디자인, 레이아웃 패키지에 대한 다양한 인테리어 옵션을 준비해, 결정은 자기가 하고 싶으나 처음부터 모든 걸 직접 하고 싶지는 않은 구매자에게 완벽한 선택지를 제공했다. 구매자는 바닥재로 결이 곧은 화이트 오크나 프렌치 헤링본 패턴의 색조가 풍부한 로즈우드 중 하나를 선택할 수 있다. 주방은 수작업으로 칠한 흰색 수납장이나 줄무늬 마카사르 흑단에 래커로 마감한 주방을 고를 수 있다. 아파트 가격은 약 6백만 달러에서 시작했고 복층 펜트하우스는 약 1억 달러까지 올라갔다.

바넷은 런던의 개발업자 캔디 형제Candy brothers로부터 영감을 얻었는데, 캔디 형제는 세계에서 가장 부유한 구매자들을 끌어들이는 데 성공해서 당시 세계 최고가 아파트였던 나이츠브리지 콘도 프로젝트 원 하이드 파크를 성공적으로 완공했다. 금융 위기 이전인 2007년에 시작된 이 프로젝트는 경기 침체에도 굴하지 않고 2010년에 거의 매진되었다.

로이 킴은 친구와 함께 카타르 총리이자 외교부 장관인 하마드 빈 자심 빈 자베르 알사니Hamad bin Jassim bin Jaber al-Thani가 일부 자금을 지원한 이 빌딩을 살펴보려 구매자로 위장하고 런던으로 날아갔다. 그곳에서 그들은 러시아 부호와 보안에 민감한 중동 구매자의 마음을 사로잡기 위해 재난 대피실, 방탄유리, 영국 특수부대에서 훈련을 받은 경비원 등 철저한 보안과 고급 디자인의 조화를 발견했다. 지하 주차장의 공간은 37만 5천 파운드짜리 마이바흐가 들어갈 수 있을 정도로 넉넉했다.

어떤 면에서 런던은 뉴욕에서 벌어질 일을 보여주는 도시였다. 1980년대 후반 소련이 붕괴하고 외국인 투자자들은 영국으로 몰려들었고, 러시아인들은 런던의 화려함과 고급 사립학교, 유리한 세법에 매료되었다. 그 후에는 중국 투자자들이 런던 시장에 몰려들기 시작했고, 2000년대 후반에 영국 파운드화 가치가 하락하면서 런던이 품은 매력이 더욱 커졌다.

엄청난 자본이 런던으로 유입되었다. 「가디언The Guardian」은 2010년에서 2011년 사이에 2백만 파운드 이상에 팔린 런던 중심부의 주요 부동산 중 약 53퍼센트가 외국 구매자에게 돌아갔다고 보도했다. 대부분 거주가 아닌 투자 목적으로 이루어진 구매였다. 원 하이드 파크는 이러한 시장 동향에 맞춰 지어진 건물이었다. 영국의 어느 은행가는 『베니티 페어Vanity Fair』와의 인터뷰에서 이렇게 말했다. "이 프로젝트는 이 시대의 상징이자, 일반 런던 시민과 새로운 외국인 지배층 사이 단절을 상징합니다. '화성인이 착륙했다'는 느낌이 들 정도죠. 그들은 누구이고, 어디에서 왔고, 무엇을 하고 있을까요?"

물론 뉴욕도 나름대로 외국인 투자를 유치하고 있었지만, 캔디 형제가 런던에서 경험하는 것과는 전혀 달랐다. 바넷은 이를 바꾸려 했다.

• • •

고층 타워는 타워가 완공되기 훨씬 전인 수년 전부터 분양하는데, 2011년 말에 바넷이 원 57의 분양을 준비할 무렵, '석회암 예수'라고 불렸던 인근 15 센트럴파크 웨스트의 거래가 체결되었다. 시장 판도가 완전히 바뀌었고 그의 예측에도 신빙성이 더해졌다. 바넷은 지형이 자신에게 유리하게 바뀌고 있음을 느낄 수 있었다.

그해 가을, 우랄칼리Uralkali라는 칼륨 비료 생산 회사가 민영화되면서 수십억 달러의 부를 쌓은 러시아인 드미트리 리볼로블레프Dmitry

Rybolovlev가 금융 위기 직전인 2008년에 완공된 제켄도르프 빌딩의 펜트하우스를 8천8백만 달러에 매입했다. 이 거래는 뉴욕시 최고 주택 가격을 경신했다.

드미트리 리볼로블레프는 바넷이 원 57을 통해 손에 넣으려는 규모의 돈을 가진 사람이었다. 제임스 본드 영화에서나 나올 법한 러시아 사람인 리볼로블레프는 소수의 경호원과 함께 전용기를 타고 전 세계를 여행했고, 모나코 축구 클럽인 AS 모나코의 구단주였다. 한때 법의 심판을 받았던 의심스러운 과거도 있었다. 1996년, 그는 사업 파트너의 암살을 지시한 혐의로 러시아 감옥에서 11개월을 복역했지만 무죄 판결을 받았다.

개인 갤러리에 레오나르도 다빈치Leonardo da Vinci, 마크 로스코Mark Rothko, 파블로 피카소Pablo Picasso의 작품을 소장한 미술 애호가이기도 한 리볼로블레프는 전 세계 최고급 주택을 수집해 뉴욕 부동산 중개업자 사이에서 꿈의 고객으로 여겨졌다. 레바논계 브라질 은행가 에드먼드 사프라Edmond Safra가 살해된 장소로도 유명한 모나코의 펜트하우스 저택 라 벨 에포크는 3억 달러 이상이었고, 파리, 두바이, 제네바, 스위스 그슈타트에도 주택을 소유하고 있었다. 2008년에는 도널드 트럼프로부터 '메종 드 라미티에' 또는 '우정의 집'으로 알려진 거대한 팜비치 부동산을 9천5백만 달러에 매입했다. (몇 년 후, 이 거래는 트럼프 대통령과 러시아의 관계에 대한 수사가 진행되면서 조사 대상이 됐다.)

15 센트럴파크 웨스트의 펜트하우스 매입은 리볼로블레프의 딸 예카테리나Ekaterina와 관계있는 신탁을 통해 이루어졌다. 예카테리나는 하버드대학교 야간대학 및 대학원에서 학위를 마치는 동안, 이 아파트를 사실상 고급 기숙사로 사용할 계획이었던 것으로 알려졌다.

이 펜트하우스의 판매자는 전 시티 그룹 창업주인 금융가 샌포드 웨일Sanford I. Weill과 그의 아내 조안Joan이었다. 20년 동안 월스트리트 제국을 건설하고 약 5년 전에 시티 그룹에서 물러난 웨일은 캘리포니아 소노마 와인 산지에 있는 1만 2천 제곱피트(약 337평)의 저택에서 많은 시간을 보낼 계획이었다. 그해 11월 웨일 부부가 부동산을 8천8백만 달러에 시장에 내놓자 부동산업계는 코웃음을 쳤다. 부부는 2007년에 그 절반도 안 되는 4370만 달러에 해당 펜트하우스를 구입했고, 당시 시장은 겨우 회복될 기미를 보였기 때문이다. 하지만 11월 22일, 펜트하우스는 시장에 나온 지 며칠 만에 희망 가격에 팔렸다. (웨일은 매각 수익금을 자선 단체에 기부할 계획이라고 밝혔지만, 정확히 어떤 자선 단체에 혜택이 돌아갔는지 공개하지 않았다.)

방 10개가 있는 이 펜트하우스는 약 6천7백 제곱피트(약 188평) 크기로 3.8미터 천장과 몰딩 조각, 벽난로, 공원이 보이는 테라스로 이어지는 19개의 유리 바닥을 갖추고 있었다. 침실은 독특한 타원형이었는데, 아내와 함께 센트럴파크 위로 떠오르는 아침의 태양을 막힘없이 볼 수 있게 해달라는 웨일의 요청에 따라 원래는 직사각형이었던 구조를 건축가 로버트 A. M. 스턴이 재설계한 것이었다. 카네기홀의 이사회 의장을 역임한 웨일은 폭이 10미터에 달하는 거실에서 파티를 자주 열었다. 피아니스트 랑랑Lang Lang도 이곳에서 손님들을 위해 공연했었다.

웨일은 이 펜트하우스의 마케팅을 위해 중개 회사 브라운 해리스 스티븐스Brown Harris Stevens의 떠오르는 젊은 인재인 카일 블래크먼Kyle Blackmon을 영입했다. 블래크먼의 어머니 샌드라 피건 스턴Sandra Feagan Stern이 시티 그룹 프라이빗 뱅크의 주택 자문 및 콘시어지 서비스의 창립자 겸 전무이사로 웨일 밑에서 일하며 은행의 최고 엘리트 고객들에게 자문을 제공했지만, 블래크먼은 이러한 관계는 아무런 영향이 없었다고 나중에 밝혔다. 오히려 앨빈 에일리 아메리칸 댄스 시어터의 축하 행사에서 웨일의 딸 제시카 비블리오비치Jessica Bibliowicz와 남편 나탄 비블리오비치Natan Bibliowicz를 만났는데, 제시카가 자신을 웨일에게 소개해 줬다고 했다.

버지니아주 샬러츠빌 출신인 블래크먼은 15 센트럴파크 웨스트에서 아파트를 판매하며 틈새시장을 개척하고 있었다. 이 건물이 인기를 끌 것을 직감한 블래크먼은 가족을 설득해 4십만 달러를 빌려 가장 작은 유닛의 보증금으로 내고 자신이 들어가 살았다. "세계적인 빌딩에 입주할 수 있는 특권이 있다면 그 빌딩 고객인 초고액 자산가들에게 자문을 제공할 확률도 높아질 것이라는 생각이 들었습니다." 블래크먼이 말했다.

블래크먼은 매입 후 건물에 있는 모든 집의 평면도와 가격, 와인 저장고와 직원 스위트룸 수를 외우기 시작했다. 그리고 전화를 걸었다. "헤지펀드에 전화하고 사모펀드에도 전화했습니다. 제 말을 들어주는 사람이면 누구에게든 15 센트럴파크 웨스트에 대해 이야기했어요." 블래크먼은 이렇게 회상했다.

어떤 면에서 리볼로블레프와의 거래는 협상 기술의 마스터 클래스였다. 블래크먼과 브라운 해리스 스티븐스의 사장 홀 윌키Hall Willkie는 잠재적 구매자들이 군침을 흘리게 할 전략을 고안했다. 그들은 금요일 자 「월스트리트 저널」에 분양 모집 공고를 낸 후 일주일간 아파트를 보고 싶다는 사람들의 요청을 거절했다. 구매자들을 기다리게 만든 다음, 하루에 여러 구매자가 아파트를 보도록 했다. 한 고객이 아파트를 보려고 도착하면 그다음 약속이 잡혀 있는 고객은 로비에서 기다리게 만들어 해당 아파트에 대한 수요가 많다는 인상을 줬다.

아파트가 최초로 공개되는 날, 첫 번째 고객으로 9시에 약속을 잡은 리볼로블레프는 완전히 속아 넘어갔다. 그는 블래크먼과 윌키에게 한 주 동안 잡힌 약속을 전부 취소해 달라고 요청하며, 아파트를 사고 싶으며 요구하는 가격은 얼마든지 지불하겠다고 했다.

중개인들은 그날 남아 있던 약속을 취소하지는 않았지만(다른 고객들이 벌써 오는 중이었다), 영업일 기준 5일 이내에 정가로 계약을 체결하면 더 높은 가격의 제안도 받아들이지 않겠다고 약속했다.

이후 리볼로블레프의 최고 참모들은 블래크먼과 윌키에게 엄청난 가격에 대해 해명을 내놓으라고 요청했다. 이에 그들은 웨일이 지불한 가격과 추후 들어가는 막대한 보수 비용을 지적했다. 나머지는 그날 오후 로비에 있던 다른 고객들의 존재로 정당화했다.

리볼로블레프의 매입은 부동산업계에 큰 충격을 주었다. 러시아인들은 이미 수년 전부터 뉴욕 부동산을 매입하고 있었지만, 이 거래는 새로운 유형의 해외 구매자들이 더 큰 주머니를 차고 있다는 신호였다. 『포브스Forbes』에 따르면 2009년과 2012년 사이에 러시아 억만장자 수는 세 배 이상 증가한 104명으로 집계되었다. 15년 전 러시아의 석유, 가스, 광산업이 민영화되었을 때 하룻밤 사이에 부자가 된 사람들도 있었다. 우크라이나 출신의 맨해튼 변호사로 외국 구매자와의 거래를 전문으로 하는 에드워드 머멜스타인Edward Mermelstein은 "1990년대 중반부터 구소련에서 벌어들인 돈이 등장하기 시작했습니다. 너무 많은 돈이 빠르게 움직이다 보니 많은 사람은 무슨 일이 벌어지고 있는지도 이해하지 못했습니다. 어느 날 눈을 떠보니 억만장자가 되어 있었던 거죠."

이후 이들 중 일부는 올리가르히에 대한 통제력을 강화하던 블라디미르 푸틴Vladimir Putin 대통령의 눈 밖에 나게 됐다. 많은 이들이 푸틴의 손이 닿지 않는 곳에 현금을 은닉하는 방법을 선택했다. 그중 일부는 미국 정부가 승인한 투자를 영주권과 교환할 수 있는 EB-5 비자 프로그램을 통해 미국으로 이주하려 했다.

이러한 상황에서 초부유층 러시아인들의 거래는 바넷과 같은 뉴욕 개발업자들의 기대감을 더욱 키웠다. 리볼로블레프 거래는 가장 최근에 이루어진 러시아 구매자와의 거래였는데, 부동산 중개 업체들은 러시아 구매자들이 값비싼 다운타운 로프트 아파트나 업타운 협동조합 주택보다는 5번 애비뉴나 센트럴파크의 화려한 인테리어를 갖춘 고급 아파트를 더 좋아한다고 했다. 그들은 공원 남쪽 끝에 밀집한 센트럴파크 웨스트, 타임 워너 센터, 플라자를 특히 좋아했다. 러시아 전 재무부 차관이자 러시아 에너지 회사 가즈프롬 이사인 안드레이 바빌로프Andrei Vavilov는 타임 워너 센터의 아파트를 3천7백만 달러에 구입하기 전에 몇 블록 떨어진 곳에서 5350만 달러에 구입한 플라자 콘도의 펜트하우스가 부실하게 개조됐다며 2008년 개발업자에게 소송을 제기했다. 러시아의 저명한 작곡가이자 미디어 거물인 이고르 크루토이Igor Krutoy는 타임 워너 센터와 15 센트럴파크 웨스트의 아파트를 구입하려다 실패한 후 플라자의 아파트를 4천만 달러에 구입했다. 15 센트럴파크 웨스트 아파트는 나중에 리볼로블레프에게 돌아갔다.

새롭게 등장한 러시아 구매자를 상대하는 일은 기존의 고객을 다루는 것과는 거리가 멀었다. 한 중개인은 고객 중 가족의 안전을 유난히 걱정했던 러시아 올리가르히가 권총을 배에 차고 손가락을 방아쇠에 낀 경호원 두 명과 함께 부동산을 보러 왔었다고 말했다. 그는 고층 빌딩의 높은 층에서도 헬리콥터 공격을 받을까 두렵다며 창문을 방탄유리로 개조해 달라고 요청했다.

"그들은 모두 자국 정부를 두려워합니다. 그게 정말 중요한 문제죠." 우크라이나 출신 변호사 에드워드 머멜스타인이 말했다.

개발업자들이 리볼로블레프와의 거래에 환호하는 동안, 부동산업계에서는 리볼로블레프와의 거래가 눈에 보이는 것과 다르다는 추측이 만연했다. 일각에서는 수십억 달러 규모의 이혼 소송 중인 리볼로블레프가 아내인 엘레나Elena로부터 재산을 숨기려다가 매입 가격이 적정 수준 이상으로 부풀려진 게 아니냐는 의구심을 내비치기도 했다. 블랙먼이 언론에 이 거래에 대해 언급하는 것을 꺼리자 의구심은 더욱 커졌다. 「뉴욕 옵저버The New York Observer」의 한 칼럼니스트는 이렇게 썼다. '리볼로블레프가 제네바에서 지루한 이혼 전쟁을 벌이고 있는 와중에 아파트를 매입한 것이 의심스럽다. 딸 명의로 아파트를 구입하면 아내가 소송에서 요구하고 있는 6십억 달러라는 재정적 압박을 덜 수 있을까?'

하지만 정정당당한 거래이든 아니든, 리볼로블레프가 체결한 거래의 영향은 즉각적으로 나타났다. 계약이 성사되기도 전에 부동산 중개업자들 사이에 소문이 돌았다. 바넷은 콘도미니엄 판매를 규제하는 뉴욕 법무장관실에 원 57의 가격을 올리기 위한 계획을 신속하게 제출했다. 유리 벽으로 둘러싸인 이 건물의 펜트하우스 가격은 1억 1천만 달러로 조정되었는데, 이는 당초보다 12퍼센트 높은 가격이면서 맨해튼 콘도미니엄으로는 사상 최고가였다. 15.5미터의 유리로 둘러싸인 2층짜리 '겨울 정원'이 있는 75층과 76층의 가격은 1억 5백만 달러로 재조정됐다. "건물 하나가 시장을 좌우한다고 생각하지는 않지만, 헤드라인을 장식하기에는 아주 좋은 숫자입니다. 시장에 심리적으로 긍정적인 영향을 미치죠. 마음에 듭니다." 「월스트리트 저널」과의 인터뷰에서 바넷이 말했다.

∴

    2011년 12월, 조용히 원 57을 분양하기 시작했을 때, 바넷이 시장 타이밍을 정확히 맞췄다는 점이 분명해졌다.

    신규 프로젝트를 기획하고 자금을 조달하기에는 크게 위축되어 있던 시장이 예상치 못할 정도로 활기를 띠기 시작한 상황에서 그의 타워는 유일한 매물이나 다름없었다. 맥클로우가 432 파크 애비뉴에서 착공을 준비하고 있을 때, 전 세계는 원 57에 관해 이야기하고 있었다.

    2012년 2월에 열린 분양 개시 파티는 초대장을 양도할 수 없고 손님도 받지 않는 공식 행사로 진행되었다. 건축가 크리스티앙 드 포르잠파르크, 뉴욕에서 가장 영향력 있는 중개인 등 초대된 사람들은 입구에서 초대장을 제시해야 했다. 안으로 들어서면 검은색 상자 입구에 마련된 공간에서 샴페인을 마시며 코셔 초밥을 먹은 후에 건물 모형이 있는 흰색의 밝은 분양 갤러리로 안내되었다. "마법 같은 부동산의 밤이었습니다. 경기는 침체기를 벗어나고 있었고 업계는 매우 흥분한 상태였고 실제로 크고 혁신적인 일이 벌어지고 있었습니다." 원 57의 분양을 맡았던 콜코란 선샤인Corcoran Sunshine의 켈리 케네디 맥Kelly Kennedy Mack이 말했다.

    건물 공사를 이미 시작했으나 완공하려면 아직 멀었으므로, 원 57 영업 사무소이자 오프닝 파티 장소로는 인근에 있는 아르데코 양식의 역사적인 타워이자 랜드마크인 풀러 빌딩이 선택되었다. 부동산 업계 역사상 가장 호화로웠던 사무실은 짓는 데 약 2백만 달러가 소요됐다. 고객들은 이곳에서 아이맥스 같은 대형 스크린에 투사된 평면도와 드론으로 촬영한 모든 층의 전망을 볼 수 있고, 약 7.3미터 길이의 수족관이 설치된 빌딩 내 도서관 모형을 둘러볼 수 있었다. 3분분량의 동영상에서 드 포르잠파르크는 구름에서 영감을 받아 폭포를 연상시키는 푸른빛을 띤 파사드를 디자인했다고 설명했다. 고객들은 주방과 욕실 견본을 둘러보며 마감재를 살펴볼 수 있었다. 타워 꼭대기에 설치될 20톤짜리 '유리창 세척계의 롤스로이스'에 관해서도 소개했는데, 이는 360도 회전하는 텔레스코픽 크레인으로 수천 피트 높이의 유리 벽 아래로 바구니를 내려 각 창문을 세척해 선명한 전망을 보장하는 시스템이었다.

미국 주요 신문사의 부동산 담당 기자와 부동산 블로거가 분양 사무실을 보기 위해 몰려들었고, 2십만 달러짜리 건물 내 보관함이나 54제곱피트(약 16평) 크기의 지하 창고 같은 상세한 정보가 담긴 원 57에서의 생활을 다룬 감각적인 기사가 쏟아졌다.

구매자 역시 폭발적으로 증가했다. 분양이 개시된 첫해인 2012년에 총 50건의 계약이 체결되어 10억 달러가 넘는 등 전례 없는 기록이 세워졌다. 세계 곳곳에서 돈이 쏟아져 들어왔고, 새로 온 구매자는 직전 구매자보다 훨씬 부유해 보였다.

구매자 중에는 중국 대기업 하이항HNA 그룹의 임원들도 있었는데, 이들은 아파트 네 채를 4개의 서로 다른 유한 책임 회사를 통해 총 1억 5천4백만 달러에 구입했다. 이 아파트들은 하이난 항공의 설립자인 첸궈칭Chen Guoqing과 그의 동생 첸펑Chen Feng이 소유하고 있다.

다음 구매자는 타미 힐피거Tommy Hilfige와 마이클 코어스Michael Kors 같은 브랜드의 부상을 이끈 것으로 유명한 패션 기업가 듀오인 캐나다 투자자 로렌스 스트롤Lawrence Stroll과 홍콩의 거물 실라스 추Silas Chou였다. 당시 마이클 코어스가 막 상장하면서 2003년 8천5백만 달러에 매입한 두 사람의 회사 지분은 약 18억 6천만 달러로 뛴 상태였다. 페라리와 맥라렌을 수집하는 레이싱 애호가였던 로렌스 스트롤은 원 57 매매로 처음 억만장자가 되었다. (실라스 추는 전부터 억만장자 대열에 있었다. 그의 아버지 차오 쾅 피우Chao Kuang Piu는 홍콩의 섬유 재벌이자 이후 캐세이퍼시픽에 인수된 항공사 드래곤에어의 공동 창립자다.) 로렌스 스트롤은 85층 유닛을 5555만 9천 달러에 매입했다.

두 달 후, 추는 이보다 3층 아래의 유닛을 5607만 9천 달러에 매입했는데, 이는 원 57의 가격이 빠르게 상승하고 있다는 신호였다. 실라스 추는 대리인을 보내 건물을 둘러보게 한 뒤 개인 제트기를 타고 하루 만에 뉴욕으로 날아와 건물 프레젠테이션을 참관했다.

어느 중국인 구매자는 중개인에게 컬럼비아대학교, 뉴욕대학교, 하버드대학교 중 한 곳에 진학할 딸을 위해 6백 5십만 달러 아파트를 구입한다고 말해 화제를 모았다. 딸의 나이가 어떻게 되냐는 질문에 그는 두 살이라고 대답했다.

제트족에게 돈은 장애물이 아니었다. "뉴욕의 올드 머니가 아닌 뉴 머니가 브랜드로서의 건물이라는 아이디어에 투자한 것은 처음이었습니다. 그들은 전 세계 어디에서든 '나는 뉴욕에 살아요. 원 57에 삽니다'라고 말하고 싶어 하죠. 주소를 말할 필요도 없어요." 원 57의 여러 유닛을 판매한 부동산 중개인 라이언 서핸트Ryan Serhant가 말했다.

· · ·

수백만 달러의 수수료를 벌어들일 수 있는 골드러시 같은 기회였기 때문에 영업 팀에서 일하고 싶어 하는 사람도 많았다.

바넷은 영업을 담당할 중개인으로 뮤지컬 경력이 있는 텍사스 출신의 댄 터브Dan Tubb(한때 스티븐 슈워츠Stephen Schwartz의 뮤지컬 〈가스펠Godspell〉에서 모든 남자 배역의 대역을 맡았다)와 타임 워너 센터 및 트럼프 인터내셔널 호텔 앤 타워에서 영업을 총괄했던 업계 베테랑 지니 우드브리Jeannie Woodbrey를 시작으로 콜코란 선샤인에서 가장 뛰어난 중개인 3명을 발탁했다. 댄 터브와 지니 우드브리는 사전 판매 단계에서 평면도와 마감재에 대해 조언하며 바넷을 도왔다. 2011년 후반에는 키가 큰 우아한 캐나다인 에밀리 서틱Emily Sertic이 합류했는데, 그녀는 15 센트럴파크 웨스트와 어퍼 이스트사이드의 고급 콘도미니엄 원 비컨 코트에서 개인 고객을 대상으로 고가의 유닛을 재판매해 큰 성공을 거둔 중개인이었다. 미스 틴 캐나다 출신으로 부동산 중개업에 뛰어들기 전 밀라노와 파리에서 모델 활동을 한 경력이 있었다.

터브와 우드브리, 서틱은 창문용 통풍구가 설치된 2백만 달러짜리 사무실 뒤편에 있는 큰 옷장만 한 방에서 나란히 어깨를 맞대고 앉아 고객과 중개인에게 걸려 오는 전화를 받았다. 바넷은 매일 영업 회의에서 컴퓨터처럼 숫자를 내뱉으며 팀원들이 자신처럼 열정적으로 대응해 주기를 기대했다.

비좁은 사무실 안에서는 비즈니스의 본질인 치열함이 증폭되었다. 서틱은 중개인 간에 구매 가능성이 높아 보이는 고객과 약속을 잡기 위한 '직접적인 경쟁'이 벌어졌다고 말했다. 섬세하고 부드러운 말투를 쓰는 서틱은 우드브리의 난폭한 성격에 불만을 터뜨렸다. 서틱이 엑스텔 직원인 건축가와 사귀기 시작하면서 두 사람 사이의 긴장은 더욱 심해졌다. "그 정도 수준이 되면 우리 안에 있는 야수의 본성인 극심한 경쟁심이 드러납니다. 모두가 잘하고 싶고, 잘 팔고 싶고, 개발업자에게 잘 보이고 싶어 하니까요." 서틱이 말했다.

서틱은 치과 수술을 받고 마취가 덜 풀린 상태로 혀짧은소리를 내며 사무실로 돌아왔는데, 사전에 말했는데도 바넷과 다른 지분 파트너와 함께 투어를 주도해야 했던 적도 있다고 했다. 상사에게 깊은 인상을 남기기는커녕 일부 내용은 제대로 발음하지도 못했다. "그것은 고의적인 방해 행위나 마찬가지였어요."

일반적인 상황이라면 프로젝트를 떠났겠지만, 원 57가 약속하는 것을 포기하기에는 너무 아까웠다.

• • •

분양 중에 잘못될 만한 일은 없을 것만 같았다. 서틱은 사무실에서 홍보 동영상을 본 구매자들이 눈에 띄게 감정이 격해지는 눈치였다고 말했다. 그들이 '머니 샷'이라고 불렀던, 한눈에 들어오는 센트럴 파크 전경은 진정한 셀링 포인트였다.

유명 인사가 저마다 고유한 요구 사항을 가지고 매일 사무실을 방문했다. 영업 팀은 희귀한 눈 질환을 앓고 있는 카지노 거물 스티브 윈을 위해 사무실의 어두운 조명을 재조정했다. 유엔의 한 고위 관리는 건설 현장 엘리베이터를 타고 반쯤 올라갔다가 고소공포증으로 심하게 떠는 바람에 다시 지상으로 내려와야 했다.

백오피스에서는 외국 중에서도 특히 중동과 중국의 문화적 규범을 신속하게 구글링해 어떻게 대응해야 할지 결정했다. 각하라고 불러야 하는지 전하라고 불러야 하는지 예하라고 불러야 하는지, 악수를 청하는 게 좋을지 허리 숙여 인사하는 게 좋을지, 돈 이야기를 대놓고 해도 되는지, 아니면 종이에 액수를 적어서 구매자에게 건네는 식으로 해야 하는지를 고민했다. 가파른 학습 곡선이었다.

어느 사우디 왕족이 투어를 왔을 때는 한 왕실 측근이 맨다리가 보이면 불쾌감을 줄 수 있다는 이유로 짧은 치마를 입은 사원에게 다과를 내오는 일을 삼가달라고 요청했다. 그날 터브가 투어를 진행하는 동안 바지 정장을 입고 있던 서틱이 직원 대신 다과를 내갔다.

수요가 많아 약속이 연달아 잡혔기 때문에 고객끼리 서로 마주치지 않도록 하는 것도 어려운 과제였다. 중개인이 억만장자 고객과 함께 늦게 나타나면, 다른 억만장자 고객과 마주쳐 사생활이 침해될 위험이 있었다. 우드브리나 터브가 방에서 초고액 자산가 고객에게 프레젠테이션하는 동안 서틱은 다른 방에서 비교적 덜 부유한 고객을 기다리게 했다. 이 가격대의 고객에게는 영업 팀이 전폭적인 관심을 기울이고 있다고 느끼게 해야 했다.

사무실 방문자 중 상당수는 이름을 들어본 적도 없는 사람이었지만, 그들은 제조업처럼 평범한 가업으로 막대한 부를 쌓았거나 농업이나 안과 등 다양한 산업에서 널리 사용되는 새로운 공정이나 도구를 발명하고 특허를 획득한 사람들이었다. 특히 더 까다로운 사람도 있었다.

한 구매자는 소음에 민감하다며 구매를 고려 중인 아파트에서 거리의 소음이나 이웃의 소리가 얼마나 들리는지 알고 싶다고 했다. 그는 영업 팀을 설득해 미완성된 아파트에 스피커와 데시벨 측정기가 달린 기계를 설치한 다음, 위와 아래에서 음악을 틀고 발을 구르는 소리의 수준을 측정하는 등 정교한 사운드 테스트를 했다. 건물에 아직 유리가 전부 설치되어 있지는 않은 상태라 복잡했다. 이 구매자는 1년 중 가장 추운 날 건설 현장에서 즉석 투어를 요청해 바람이 불고 얼음이 어는 날씨에 중개인과 터브를 끌고 305미터 높이의 엘리베이터를 타고 올라가기도 했다. 그가 눈여겨보던 고층은 아직 창문이 없어 비바람에 완전히 노출된 상태였다. "남자는 천천히 바닥판을 밟고 돌아다녔습니다. 중개인과 저는 구석에 서 있었는데, 얼어 죽겠다는 생각이 들었죠." 터브가 회상했다.

뉴욕에 있는 모든 사람이 건물을 보고 싶어 안달이 난 듯했다. 결국 영업 팀은 어떤 상황에서도 분양 갤러리에 입장시켜서는 안 되는 불청객 목록을 만들었다. 가짜 중동 공주부터 전과자, 반복해서 전화를 해대는 사람들을 전부 탈락시켰다. 수 주간 정중하게 전화를 받던 영업 팀은 결국 모든 고객에게 금융 정보를 요청해야 하는 상황에 이르렀는데, 결국 금융 정보를 제공하지 못한 사람들도 있었다.

사실 원 57의 인기가 치솟자, 바넷은 일부 구매자를 돌려보내도 괜찮다고 생각했다. 원 하이드 파크의 개발업자인 닉 캔디Nick Candy는 원 57의 아파트 한 채를 매입하기 위해 협상을 벌였지만, 바넷이 완공 전에 재판매할 권리를 거부하면서 무산되었다. 캔디는 상승세를 타고 있는 시장에 편승하고 싶어 했지만, 바넷은 재판매되는 자신의 건물을 두고 경쟁하게 되는 상황이 벌어지는 위험을 감수하고 싶지 않았다.

통신업계 거물인 마이클 히르텐슈타인Michael Hirtenstein이 인부에게 돈을 주고 구매를 고려하던 건물 47층에서 보이는 전망을 동영상으로 촬영하게 시킨 뒤, 근처 에식스 하우스 호텔 간판 때문에 전망이 일부 가려진다고 불평하자 바넷은 그를 돌려보냈다. 「뉴욕 타임스」와의 인터뷰에서 바넷은 이렇게 말했다. "판매에 어려움을 겪고 있다면 그렇게 원칙적으로 대응하지는 않았겠죠. 우리는 어떤 대가를 치르더라도 팔아야 할 만큼 절박하지 않습니다."

분양이 시작되고 8개월 만에 건물에서 가장 비싼 아파트 두 채가 팔렸다. 그중 하나는 헤지펀드의 억만장자 빌 애크먼에게 돌아갔는데, 그의 전속 인테리어 디자이너였던 앤서니 잉그라오Anthony Ingrao가 분양 사무소에 들러 건물 견본을 보라고 권유했다고 한다. 퍼싱 스퀘어 캐피털 매니지먼트Pershing Square Capital Management의 백발 사장인 애크먼은 뉴욕의 아파트를 추가로 구매할 계획이 없었지만, 부동산에 호기심이 많아 기꺼이 응했다.

애크먼은 프레젠테이션에 깊은 인상을 받았지만, 유독 한 아파트에 집착했다. 원 57에서 겨울 정원이라고 불리는 아파트였다. 건물에서 두 번째로 비싼 아파트였지만, 애크먼은 자칭 평면도 마니아답게 이 아파트가 최고라고 믿었다.

2개 층에 걸쳐 1만 4천 제곱피트(약 393평)에 달하는 이 아파트에서는 140피트(약 43미터) 넘게 펼쳐진 센트럴파크 정중앙의 전망이 보였고 정원이나 수영장이 들어갈 만한 크기의 곡선형 유리 아트리움이 있었다.

규모가 있는 세대였지만, 그렇다고 터무니없이 크지는 않았다. 30층 높이였지만, 그렇다고 흐린 날 구름에 가려 보이지 않을 정도로 높지도 않았다. L 자형 건물 꼭대기에 있어 바닥판이 건물 코어*에 상대적으로 방해받지 않았기 때문에 사용할 수 있는 면적도 넓었다.

영업 팀에 따르면 한 가지 문제가 있었는데, 해당 아파트가 이미 판매되었다는 점이었다.

애크먼은 안 된다는 말을 듣는 데 익숙하지 않은 사람이었다. 그는 곧바로 오랫동안 알고 지내던 바넷에게 전화를 걸었다. 1990년대에 애크먼은 타임스스퀘어의 W 호텔 개발 투자를 고려한 적이 있었고, 둘은 우호적인 관계를 유지하고 있었다. 바넷은 오랜 친구인 애크먼에게 해당 아파트의 거래가 무산되면 바로 전화를 주겠다고 약속했다. 그리고 한 달 후에 이 약속을 지켰다.

이제 애크먼에게 남은 장애물은 하나였다. 그는 당시 아내였던 캐런 허스코비츠Karen Herskovitz와 어퍼 웨스트사이드의 유서 깊은 협동

* core. 선물의 중심 기능 공간을 수용하는 공간

조합 주택 베레스포드에 살고 있었는데, 아내는 그 아파트를 놔두고 세련된 현대식 고층 빌딩으로 떠날 생각이 없었다. 결국 애크먼은 투자 목적으로 사는 것이지 그곳에서 거주할 필요는 없다고 아내를 설득했다. 애크먼의 계획은 간단했다. 그 아파트에 자신이 사는 것이 아니라 부유한 외국인들을 위한 안식처로 만든 뒤 5억 달러에 되파는 것이었다.

애크먼은 자신의 인테리어 디자이너인 잉그라오에게 금속, 콘크리트, 석재를 사용해 아파트를 최대한 화려하고 남성적인 분위기로 바꿔 달라고 했다. 바닥으로 물이 떨어지는 18미터 길이의 인피니티 풀과 온수 욕조 파티를 열 수 있는 온수 시설도 설치했다. 유리와 돌로 만든 수영장은 세계에서 가장 높은 곳에 있는 개인 수영장이었다. 바넷을 설득해 아트리움에 있는 8미터 높이 유리 벽을, 버튼을 누르면 열 수 있도록 개조하기도 했다.

애크먼과 몇몇 투자자 친구들은 2012년 6월에 9150만 달러를 지불하는 계약을 체결했다. 당시 이 금액은 뉴욕시 아파트 중 역대 최고가인 것처럼 보였지만, 나중에 위층의 아파트들은 더 높은 가격에 판매됐다.

2012년 초, 바넷은 사무실 문을 잠그고 직원 대부분을 몇 시간 동안 집으로 돌려보냈다. 중요한 고객이 펜트하우스를 방문하기 위해 도착했는데, 그의 프라이버시가 가장 중요했다. 관계자 인원을 최소화해야 했다. 바넷과 구매자, 그의 아내와 부동산 중개인 레이턴 캔들러Leighton Candler, 콜코란의 최고 경영자 팸 리브먼Pam Liebman만 동행했다. 건물에 상근하는 직원조차 내부에 들어오는 것이 허용되지 않았다.

구매자는 개인용 컴퓨터 판매로 부를 축적한 텍사스의 기술 거물 마이클 델로 밝혀졌다. 그는 곧바로 10,923제곱피트(약 307평)의 침실 6개짜리 복층 아파트를 1억 47만 달러에 매입하는 계약을 체결했다. 뉴욕 역사상 처음으로 수천억 달러를 넘긴 거래였다. 애크먼의 거래가 아니라 델의 거래가 뉴욕시 최고가 기록을 세운 것이다.

・・・

곧 시장은 새로운 정점에 도달했고 모두가 이 시장에 참여하고 싶어 했다. 감정평가사 조너선 밀러가 '동경하는 가격 책정'이라고 표현한 트렌드의 시작이었다. 수년간 인근 신축 타워의 높은 가격을 본 57번가 구시가지의 주민들은 품질이나 위치와는 상관없이 자신의 오래된 주택도 비슷한 가격에 팔기 위해 부동산 중개업자와 접촉했다.

2012년 7월, 롱아일랜드의 부동산 개발업자인 스티븐 클라Steven Klar는 웨스트 56번가에 위치한 맨해튼 집인 시티스파이어 타워의 팔각형 펜트하우스를 1억 달러에 내놓았는데, 이는 당시 뉴욕시에서 가장 비싼 가격이었다. 이 소식은 전 세계 헤드라인을 장식했고, 부동산 중개업계에서는 해당 부동산 가격이 지나치게 높게 책정되었으며 시장에 비현실적인 기대치를 설정할 것이라는 비판을 불러일으켰다.

클라는 침실 6개가 있는 펜트하우스를 값비싼 그림이나 조각품에 비유하며 가격을 정당화했다. "이 집은 예술 작품과도 같습니다. 유일무이하고 특별하죠."

이는 높은 가격 책정이 불러일으키는 충격을 흡수하기 위해 고안한 흔한 변명의 시작이었다. 판매자와 중개인들은 구매자에게 비슷비슷한 판매 전략, 수요와 공급에 따라 내재적 가치를 부여하는 가격 패러다임에서 벗어나 미술 시장을 특징짓는 상상적 가치라는 어두운 세계로 발을 들여놓으라고 장려했다. 부동산을 레오나르도 다빈치나 아메데오 모딜리아니Amedeo Modigliani의 작품처럼 생각한다면 그 가치가 얼마라고 말할 수 있는 사람이 어디 있겠는가?

• • •

원 57이 판매를 거듭하는 와중에 유난히 눈에 띄는 잠재 고객이 있었다. 바로 중국이었다.

중국의 급속한 경제 성장으로 초고액 순자산 투자자층에 진입하는 중국인 수가 급증했고, 뉴욕 전역의 중개인들은 고급 주거용 부동산과 상업용 부동산에 중국 자본이 몰려들고 있다고 보고했다.

중국의 부동산 거품을 꺼뜨리기 위해 중국 정부가 시행한 규제로 중국 내 부동산 가격이 폭락하자, 중국 자산가들은 해외에서 자본을 안전하게 보호할 수 있는 곳을 찾았는데, 위안화가 달러 대비 강세를 보이면서 미국이 완벽한 표적이 되었다.

일부 중개업자는 2012년 시장이 회복세를 보이자 중국 투자자들이 고급 부동산 매출의 3분의 1을 차지했고, 중국인의 맨해튼 투자가 3년 만에 두 배 이상 증가한 것으로 추정된다고 했다.

부동산 중개 업체와 개발사는 중국인 감성에 호소할 수 있는 건물을 설계하고, 대표를 아시아로 파견하고, 중국인 구매자를 교육하는 세미나를 마련하고, 중국어가 가능한 직원을 고용하는 등 새로운 영역을 개척하려고 분주히 움직였다. 뉴욕의 한 신축 타워에서 열린 파티에서 개발업자들은 말차 마시멜로와 바삭한 닭 껍질 등 아시아에서 영감을 받은 전채 요리를 제공하고 풍수 전문가를 초빙해 프레젠테이션을 진행했다. 엑스텔 마케팅 담당자는 8을 행운의 숫자로 믿는 중국인을 위해 원 57의 80층부터 88층에 가장 높은 가격을 책정했다.

부동산 중개인 니키 필드는 초기에 중국인 구매자를 상대로 가장 비싼 거래를 성사했다. 필드는 번잡한 57번가가 어퍼 이스트사이드의 고객들에게는 매력적이지 않다는 사실을 알고 있었지만, 러시아인과 마찬가지로 돈벌이의 중심에 서고 싶어 하는 중국인에게는 인기가 있을 것으로 생각했다. "개리는 자신의 고객이 미국인이거나 뉴욕에서 2천 마일 내에 사는 사람이 아니라는 사실을 잘 알고 있었어요. 그래서 저는 바로 해외 고객을 상대했습니다." 니키 필드가 말했다.

원 57의 위치가 아닌 잠재력에 매료된 필드는 외국 고객에게 이를 보여주기 위한 전략을 세웠다. 외국인 구매자가 어느 방향에서 오든지 지저분한 57번가를 지나지 않고 센트럴파크의 그림 같은 길을 지나올 수 있도록 우회해 달라고 운전기사에게 요청했다.

외국인 구매자에 대한 베팅은 큰 성과를 거뒀다. 러시아에서 자산 자문가의 전화가 걸려 오면, 며칠 뒤 그녀는 '트랙터만 한 손'을 가진 러시아 남자들과 뉴욕을 돌아다니며 이스트 60번가의 클래식한 이탈리안 레스토랑 일 물리노에서 식사하고 검은색 캐러밴에 올라타 센트럴파크를 가로질러 원 57로 향했다. "저는 정말 생산적이었어요. 제가 아주 잘하는 일이니까요. 자신감이 넘쳤죠." 필드가 웃으며 말했다.

작은 몸집에 금발 머리를 단정하게 묶은 필드는 은퇴 연령에 접어들었지만, 에너지는 뜨거운 시장의 파도를 타는 스무 살 서퍼 같았다. 전에는 전업주부였고 그전까지 팬암 항공 승무원으로 일했던 필드는 자녀가 다녔던 어퍼 이스트사이드 사립학교에서 부유한 엄마들과 어울리며 10년 넘게 인맥을 쌓았다. 아시아에서 엄청난 기회를 감지한 필드는 중국 관습을 익히고, 뉴욕주립대학교 공자학원*에서 제공하

---

* Confucius Institutes. 중국어와 중국 문화를 전파하기 위해 중국 교육부가 자금을 대고 세계 대학들에 설립한 비영리 교육기관

는 중국어 수업을 들었다. (수업은 험난했다. 수개월 동안 중국어 수업을 들었지만, 기본적인 구문밖에 말하지 못했다. 결국 수강을 포기하고 중국어 강사를 팀의 통역사로 고용하기로 결정했다.) 필드는 자산 관리자들을 만나기 위해 매년 여러 차례 중국을 방문하기 시작했다.

필드는 중국의 '가식적인 국영 텔레비전 채널'에 출연해 뉴욕 부동산에 관해 이야기하고 나서 캘리포니아 스탠퍼드대학교에 다니는 19세 중국인 학생에게 전화를 받았다. 학생은 어머니가 텔레비전에서 필드를 봤다며 자신이 졸업하고 거주할 뉴욕 아파트 매물을 보여달라고 요청했다. 처음에 학생이 초부유층 사회의 '입문용 아파트'를 구하고 있다고 생각한 필드는 봄방학 동안 약 2백만 달러짜리 매물을 보여줬다. 하지만 학생의 어머니는 만족하지 못했다. 결국 어머니는 아들에게 타임 워너 센터의 2천1백만 달러짜리 아파트를 사줬다. 필드는 온 가족이 방문할 때 그 집을 사용할 것으로 생각했지만, 그들은 그런 의도로 구입한 게 아니었다.

"계약이 마무리되자 신이 난 가족들이 미국에 와서 투어를 했습니다. 어머니가 저를 보더니 '아주 마음에 듭니다. 아들을 도와주셔서 감사해요. 이제 저와 남편을 위한 아파트를 찾아주실 수 있나요?'라고 물었죠."

중국인의 비즈니스를 익히는 것은 도전적이었다. 중국인의 협상 방식은 필드가 함께 일했던 미국 구매자와는 전혀 달랐고(중국인은 항상 마지막 순간까지 흥정했다), 그 어떤 미국 억만장자보다 사생활 보호를 중시했다. "돈은 이미 해외에 있고, 대부분 홍콩과 런던에서 나오는데도 가족, 친구, 동료, 중국 정부에 자신이 하는 일이 알려지는 걸 원하지 않았죠."

반면 중국에서 온 구매자 중 상당수는 미국의 생활 방식에 적응하고 싶어 했다. 원 57을 구매한 어느 중국인 가족은 아들이 미국에서 대학에 다닐 예정이었는데, 부동산 시장이 침체된 코네티컷주 그리니치 인근에 별장으로 쓸 만한 주택을 보여달라고 요청해서 희망 가격인 2천6백만 달러보다 낮은 1천5백만 달러짜리 시골집을 소개해주었다. 이 가족은 계약하고 나서 판매자가 가구를 무료로 제공할 수 있는지 문의했다. 비정상적인 요청이었지만, 수년간 팔리지 않았던 집을 처분하고 싶었던 판매자는 흔쾌히 동의했다. 그들은 장식용 베개와 액자부터 바의 크리스털 디캔터와 그 안에 담긴 술까지 모든 것을 원했다.

계약을 마무리하는 자리에서 이 가족은 또 거래를 시도했다. 잠깐 나가서 이야기하고 싶다고 조용히 말하더니 집주인에게서 받을 가구 목록을 작성하려고 둘러보던 중에 딸이 집주인 고양이와 사랑에 빠졌다고 말했다.

필드는 몸서리를 쳤다. 거래는 끝났다고 말했다. 필드는 계약을 마친 뒤 가족들을 반려동물 분양소나 보호소에 데려다줄 테니 딸이 원하는 고양이를 얼마든지 고르면 된다고 했다. 중개인으로서 그들에게 주는 마지막 선물이었다.

"됐습니다. 딸아이가 좋아하는 건 '그' 고양이예요."

필드는 집주인에게 나쁜 소식을 전하기 위해 회의실로 돌아갔다.

"정말 죄송합니다. 기분 나쁘게 받아들이지 않으셨으면 좋겠는데, 여기 따님이 선생님의 고양이와 사랑에 빠졌다고 하네요."

집주인은 포기한 듯했다. "아이고, 고마워라. 전 고양이를 좋아하지 않아요. 데려가셔도 됩니다."

필드는 이 협상으로 두 가지 교훈을 얻었다. 첫째, 중국인이 수 세기 동안 쌓아온 정교하고 치밀한 협상 기술을 존중하게 되었는데, 이는 미국인을 크게 앞지른다고 생각했다. 미국인은 세 번 정도 인내하며 협상에 임하지만, 중국인은 매번 더 오래, 더 강하게 협상을 진행했다. 필드는 고객이 미국 문화에 적응하기를 갈망한다는 사실도 알게 되었다. "저는 곧 고객이 구입하는 게 단순히 집이 아니라 집주인의 삶이라는 사실을 깨달았습니다. 그들에게 미국의 집을 산다는 건 완전한 미국인이 될 기회였죠."

7장

건축의 아이콘을 창조하다

2011년 여름이었다. 개리 바넷이 원 57의 분양 개시를 준비하고 있는 동안, 해리 맥클로우가 옛 드레이크 호텔 부지에 계획한 타워의 재정적 구세주이자 CIM의 공동 창립자인 억만장자 리처드 레슬러는 스타 건축가 라파엘 비뇰리를 만나기 위해 플라자 호텔에 있는 해리 맥클로우의 미니멀한 아파트로 향하고 있었다.

리처드 레슬러는 432 파크 애비뉴라고 부를 건물의 설계를 비뇰리에게 맡기겠다고 이미 해리 맥클로우에게 말해둔 상태였지만, 맥클로우는 CIM의 대표들이 높은 평가를 받는 이 우루과이 건축가의 타워 콘셉트에 충분히 공감하는지 확인하고 싶었다.

맥클로우와 비뇰리는 엄청난 매력을 발산하는 쇼맨이라는 점에서 같은 부류의 사람이었다. 2023년에 사망한 비뇰리는 당시 런던에서 상업용 빌딩을 설계하고 있었는데, 이 빌딩은 꼭대기 부분의 무거운 모양 때문에 워키토키라는 별명을 얻었다. 또 일본 시민을 위한 복합 시설인 도쿄 국제 포럼을 설계하기도 했다. 친구 사이로 발전한 맥클로우와 비뇰리는 가끔 만나 저녁 식사를 하며 건축, 예술, 디자인에 관한 아이디어를 교환하곤 했다. (맥클로우의 오랜 친구로 요트를 함께 타는 사이였던 프리츠커상 수상자 렌초 피아노도 이 프로젝트의 파트너로 고려되었다. 파트너십은 성사되지 않았지만, 그는 그라파 한 병이 담긴 상자에 건물의 대략적인 디자인을 스케치하여 맥클로우에게 보냈다.)

검은색 옷을 입고 디자이너 돋보기안경을 낀 비뇰리는 센트럴파크가 보이는 플라자 아파트 창가에 서서 덥수룩한 흰머리 위로 도시의 스카이라인을 가리키며 이를 영구적으로 변화시킬 얇은 기하학적 타워에 대한 비전을 강한 악센트가 실린 영어로 설명했다. 현재 공사가 한창인 바넷의 원 57보다 훨씬 높게 지어질 이 마천루는 조지 워싱턴 다리, 롱아일랜드 고속도로, 심지어 시티 필드만큼 멀리 떨어진 곳에서도 보일 것이라고 했다.

클래식 피아노 교육을 받기도 한 비뇰리는 자신의 야망에 대해 열변을 토하다가 갑자기 맥클로우의 거실에 있는 그랜드피아노 앞에 앉아 연주를 시작하며 프레젠테이션에 자신만의 음악적 배경을 제공했다. 캘리포니아 부호인 레슬러에게 그것은 지나치게 연극적이었고, 간결한 것을 좋아하는 성격과 완전히 상반된 것이었다. 불필요한 연출이었다. 어차피 비뇰리에게 맡길 일이었다.

그러나 방 안의 크리에이터는 비뇰리뿐만이 아니었다. 시간이 지나면서 해리 맥클로우 역시 비뇰리만큼이나 자신을 432 파크의 건축가로 여긴다는 것이 분명해졌다. 자신의 디자인 감각을 확신한 맥클로우는 비뇰리에게 두 사람이 영화 제작자처럼 협업해야 한다고 말했다.

432 파크에 대한 맥클로우의 비전은 건축의 드라마틱함에 미술과 디자인 세계를 결합하는 것이었다. 기하학적으로 디자인한 노출 콘

크리트의 격자형 패턴은 정밀하고, 타워 각 측면에 뚫린 6개의 균일한 창은 대칭을 이루어 와플을 연상시켰다. 오스트리아 건축가 요제프 호프만Josef Hoffmann이 디자인한 철망 모양의 우아한 금속 쓰레기통에서 부분적으로 영감을 받은 디자인이라고 한다. 맥클로우와 비뇰리는 같은 원리에 기반한 콘크리트 디자인을 적용하면 유리 커튼 타워의 탁 트인 전망을 제공하는 동시에 상업용 오피스 빌딩이 지닌 차가운 느낌이 없어질 것이라는 데 동의했다. 비뇰리는 이 정도 높이에 사는 사람들에게는 투명한 유리보다 강한 무언가에 의해 보호받고 둘러싸여 있다는 느낌을 줄 필요가 있다고 생각했고, 규모를 고려할 때 강력한 구조적 지지가 필요하다는 것도 알고 있었다. 격자형 콘크리트는 두 가지 목적을 모두 충족시킬 수 있었다.

다른 영감의 원천들은 쓰레기통보다 거창했다. 10×10피트의 오목한 전망창은 로마 판테온의 돔에 있는 유명 금고를 연상시켰고, 건물 외관의 격자형 디자인은 로마 신전의 콘크리트 돔에 새겨진 28개의 격자무늬 판을 연상시켰다. 건물 전체가 뉴욕이라는 주인공을 위한 액자형 무대였다.

순수성을 강조하는 디자인은 432 파크의 내부에도 적용됐다. 건물의 노출된 구조 프레임을 폭이 좁은 콘크리트 코어에 연결하면 내부 기둥이 필요하지 않아 구조적 단절이 없는 아파트를 만들 수 있었다. 창문에는 주민이 기대어 경치를 감상할 수 있는 긴 의자를 설치하기로 했다. 해리 맥클로우는 낸터킷 같은 19세기 뉴잉글랜드 해안 도시에 지어진 주택 지붕에서 흔히 보이는 '과부의 산책widow's walk'이라는 망대에서 영감을 받았다고 했다. 아내가 울타리가 낮은 망대에 올라가 바다에 고래잡이배를 타고 나간 남편을 하염없이 기다렸다는 이야기가 전해진다.

맥클로우는 창문으로의 접근성을 확보하는 데 집착했다. 그는 로사리오 칸델라Rosario Candela 같은 고전적인 파크 애비뉴 건축가에게 레이아웃에 대한 영감을 얻었지만, 전형적인 파크 애비뉴 아파트에 있는 경계에 붙어 있는 가구를 싫어했다. "누가 안락의자 너머에 있는 경치를 감상하고 싶어 하겠습니까? 저는 벽에 붙어 있는 소파를 혐오합니다." 맥클로우는 창가에 의자를 설치하면 아파트 거주자의 동선을 유도할 수 있다고 생각했다. 창가에 앉는 자리가 있으면, 칵테일파티에 온 손님들이 중앙에 앉는 공간에 갇히지 않고 주변을 돌아다닐 수 있었다.

맥클로우와 비뇰리는 많은 부분에 의견을 같이했지만, 둘 다 자존심이 강해 갈등을 빚기도 했다. 비뇰리는 창가에 의자를 배치하면 디자인의 단순함을 해친다며 반대했다. 하지만 맥클로우가 고집을 부렸다.

둘은 타워 꼭대기를 놓고도 논쟁을 벌였다. 맥클로우는 꼭대기에 첨탑이나 조명처럼 건축적 요소나 디자인적 요소가 있어야 한다고 생각했다. 비뇰리는 이번에도 단순함을 강조했다. 그는 건물에 '모자'를 씌우는 아이디어는 참을 수 없다며 조금이라도 장치 같은 것이 있으면 안 된다고 믿었다. 여기서 승리한 사람은 비뇰리였다.

감정이 격해질 때도 있었다. 두 사람 사이에 평화를 유지하고 의견이 불일치할 때 투표하는 것은 레슬러와 CIM 파트너의 몫이었다. 한 관계자는 이 역학 관계를 이렇게 설명했다. "어떤 프리마돈나도 혼자서 노래할 수는 없습니다. 하지만 빌딩의 소유주는 CIM이었지 해리가 아니었어요."

이후 2016년 중개 회사 더글러스 엘리먼Douglas Elliman이 432 파크에서 주최한 행사에서 지나치게 자유로운 발언을 한 비뇰리는 맥클로우와 CIM에게 공개 사과를 해야만 했다. 건물 마케팅을 위한 토론에서 비뇰리는 디자인에 몇 가지 '실수'와 '뜯어고쳐야 하는' 인테리어적 요소가 있다고 했다. 맥클로우는 분노했고, 비뇰리는 '절친한 친구'에게 '무례한' 발언을 한 것에 대해 어색한 공개 사과를 해야만 했다.

건물은 미적인 측면뿐 아니라 공학적 측면에서도 상당한 문제가 있었다. 432 파크는 1,396피트(약 426미터)로 1,004피트(약 306미터)인 원 57보다도 훨씬 높은 서반구 최고층 주거용 건물이었기 때문에 완공되면 현대 공학의 위업이 될 건물이었다. 맥클로우와 비뇰리는 비교적 작은 부지에 세워질 얇은 타워가 바람에 흔들리지 않을 방법을 고심하며 전 세계 유수의 엔지니어와 기술 컨설턴트로 구성된 팀과 머리를 맞댔다. 타워가 얇은 것은 독점성을 의미했다. 기껏해야 1층에 한 채나 두 채가 있었다. 바람이 부는 날에 불안감을 느낀 억만장자들이 수표책을 치워버리는 것은 맥클로우가 가장 피하고 싶은 상황이었다.

개발업자에게 극도로 얇은 타워의 건설은 일반적인 타워의 건설보다 훨씬 더 큰 비용이 드는 일이다. 건물은 뾰족할수록 자연재해에 취약하다. 건물이 바람에 지나치게 흔들리면 이음새가 부러지거나 누수가 발생하고 창문이 깨지는 등의 손상이 발생할 수 있다. 엘리베이터가 멈추는 일도 생길 수 있다.

엔지니어들은 높이와 너비의 종횡비가 5대 1을 넘는 건물이 바람의 영향에 특히 민감하다는 사실을 발견했다. 맥클로우의 건물은 좁은 부지에 위치한 높은 건물로 종횡비가 15대 1에 달했다. 세계 고층 타워의 부지는 이보다 훨씬 넓었다. 세계 무역 센터는 높지만 얇지는 않다. 거대한 바닥판 덕분에 바닥과 높이의 비율은 7대 1에 불과했다.

맥클로우가 좁은 땅에 고층 건물을 지을 수 있었던 건 최근 고층 빌딩을 짓는 기술이 발전한 덕분이었다. 우선 2008년 뉴욕시 건축법의 개정으로 마이크로실리카와 플라이 애시를 사용해 강력한 강철과 초강력 콘크리트를 사용할 수 있는 길이 열렸다. 개발업자들은 승객 교통량을 파악하는 알고리즘으로 더욱 빨라진 엘리베이터와 기상 조건, 건물의 작동 방식을 시뮬레이션하는 새로운 컴퓨터 시스템의 혜택도 누렸다.

바람으로 인한 건물의 움직임은 대부분 감지하기 힘든 정도였지만, 허리케인급 강풍이 불 때는 좌우로 1피트(약 30센티미터) 이상 흔들릴 수 있었고, 민감한 사람은 구토할 수도 있다고 엔지니어들이 예상했다. 안전상에 위험이 될 만한 흔들림은 아니었지만, 고객에게는 계약을 파기할 만한 요소가 될 수 있었고, 개발업자에게는 잠재적인 책임의 원인이 될 수 있었다.

맥클로우와 비뇰리의 아이디어는 흔들림을 완전히 방지하는 것이 아니라(그것은 불가능했다) 완화하는 것이었다. 두 사람은 이를 염두에 두고 루마니아 억양이 짙은 수석 구조 엔지니어 실비안 마커스Silvian Marcus와 함께 캐나다 서부 온타리오 지역으로 향했다. 바람이 건물에 미치는 영향을 시뮬레이션하는 2개의 최첨단 풍동 터널을 갖춘 경계층 풍동 연구소Boundary Layer Wind Tunnel Laboratory를 방문하기 위함이었다. 이 터널에서 그들은 바람에 의한 구조적 하중, 클래딩 압력, 일반적인 수준의 바람, 환기 요구 사항, 비와 눈의 영향 등을 시험했다. 부르즈 할리파도 이곳에서 시험을 거쳤다고 한다.

테스트 결과 432 파크에 바람이 미치는 영향을 완화하기 위해서는 더 많은 노력이 필요했다. 세 사람은 해결책을 위해 브레인스토밍을 했다. 구조 엔지니어인 마커스는 타워 모서리를 둥글게 만들면 풍압과 건물에 가해지는 항력을 줄일 수 있다고 제안했지만, 비뇰리는 그 아이디어가 디자인을 완전히 망가트릴 수 있다며 반대했다.

그들은 좀 더 특이한 해결책을 찾았다. 건물의 일부 층을 완전히 개방해 바람이 통과할 수 있게 하는 것이었다. 총 5개 층에 걸쳐 있는 일련의 틈새는 바람을 효과적으로 통과시켜 건물을 흔들리게 하는 횡풍의 힘을 줄여줬다. 마커스는 이 전략을 배에 달린 돛에 구멍을 뚫는 것에 비유했다. 돛은 보통 배의 움직임을 용이하게 하지만, 구멍을 뚫고 들어오는 바람은 배를 움직이지 못하게 한다. 영리한 해결책이었다.

또 다른 주요 투자는 건물 상단에 들어가는 6백 톤이 넘는 거대한 평형추 동조 질량 감쇠기 한 쌍이었다. 케이블과 유압 실린더로 지지되는 이 거대한 콘크리트 추는 건물 움직임을 제어해 건물이 허용 가능한 한도 내에서 흔들리도록 설계되어 있다. 바람이 많이 부는 날에는 금속 구조물이 바람의 힘에 맞서 천천히 앞뒤로 삐걱거리면서 날카로운 소리를 냈다.

유리잔에서 약간의 샴페인이 튈 수는 있지만, 유리잔 자체는 결코 넘어질 리 없었다.

• • •

맥클로우는 타워 인테리어에 대한 비전을 세우는 데도 까다로웠다.

432 파크는 럭셔리한 디자인 외에도 0.001퍼센트를 위한 다양한 편의시설을 갖추고 있었다. 맥클로우는 부유한 구매자에게 432 파크가 거주 공간을 넘어 여흥을 즐기고, 비즈니스를 수행하고, 자신을 가꿀 수 있는 곳이 되어야 한다고 생각했다. 이를 위해 맥클로우는 사우나, 한증막, 마사지실, 23미터 실내 수영장을 갖춘 432 클럽이라는 정교한 스파 온천 피트니스 및 웰니스 센터를 구상했다.

56번가가 내려다보이는 야외 정원 테라스가 있는 프라이빗한 고급 레스토랑도 있었다. 수십 년 동안 프라이빗 다이닝 룸은 뉴욕에서 가장 멋진 건물 중에서도 전쟁 전에 지어진 협동조합 건물에서 특히 인기가 많은 편의시설이었다. 고객층이 제한되어 있어 수익성은 떨어졌지만, 구매자들의 마음을 사로잡는 공간이었다. 『포춘Fortune』이 선정한 4백대 기업 CEO들이 자주 찾는 곳으로 유명하며, 독보적인 고급스러움을 자랑하는 15 센트럴파크 웨스트에 위치한 레스토랑은 2003년에 처음 문을 열었을 때 치장 벽토 베네치아노로 된 벽과 유기농 메뉴로 큰 인기를 끌었다. 이제 맥클로우는 그 자리를 넘보고 있었다. 그는 소호에서 미슐랭 스타 레스토랑 베스트리를 이끄는 호주 출신 숀 허갓Shaun Hergatt을 셰프로 고용했다. 공간은 개방형으로 설계해 주민들이 음식을 준비하는 사람들을 직접 볼 수 있도록 했다.

타워의 저층에는 개인 회의실도 마련할 예정이었다. 뉴욕에서 사업을 하는 사업가들에게는 사적인 회의를 위한 조용한 장소이고, 딜 메이커에게는 사람들의 눈을 피할 수 있는 안식처였다.

입주자 도서관은 아이 웨이웨이Ai Wei Wei와 마티스Matisse 같은 예술가와 발렌티노Valentino, 마놀로 블라닉Manolo Blahnik 같은 디자이너, 리처드 마이어Richard Meier, 크리스티앙 리에거Christian Liaigre, 라파엘 비뇰리 같은 건축가의 작품에 관한 엄선된 책으로 구성되었다. 도서 선정은 파리에서 설립되어 예술계와 고급 패션 업계의 대변자로 알려지게 된 아름다운 커피 테이블 북을 제작하는 프랑스 아트북 출판사 애술린Assouline이 도왔다.

영화 상영실도 있고, 온도 조절이 가능한 와인 저장고와 도우미와 비서를 위한 직원 아파트를 구매하는 옵션도 있었다. 각 주택에는 전용 엘리베이터가 설치되었고, 배달부나 가정부가 조용히 드나들 수 있도록 별도의 출입구도 마련되었다. 엘리베이터 내부는 에르메스의 황갈색 가죽으로 마감할 예정이었다. 보트 타기를 좋아했던 맥클로우는 크로아티아에서 친구의 멋진 모터보트를 타던 중 이 아이디어를 떠올렸다. 거실 공간은 12.5피트(약 3.8미터)의 천장, 단단한 참나무 바닥, 흰색 대리석 주방으로 꾸미고, 욕실에는 이탈리아 스타투아리오 대리석 판을 북매치* 하고 달걀 모양 욕조를 들여놓았다. 맨해튼 스카이라인이 보이는 10피트(약 3미터) 정사각형 창문 옆에 설치된 욕조는 432 파크의 특징이 되었다. 중개인들은 인스타그램 계정에 올릴 사진을 찍기 위해 욕조에서 포즈를 취하기도 했다.

2011년 여름, 432 파크 프로젝트의 마케팅을 맡아달라는 요청을 받은 매슈 배니스터Matthew Bannister와 비즈니스 파트너 키스 브롬리Keith Bromley는 아침 일찍 맥클로우의 사무실에 도착해 자신들의 회사인 DBOX가 다른 프로젝트를 위해 제작한 브로슈어를 맥클로우가 살펴볼 수 있게 회의실 전체에 비치했다. 가장 비싸고 고급스러운 건물에 관한 브로슈어는 맥클로우가 앉을 것으로 예상했던 테이블의 앞쪽에 놓고, 덜 인상적인 브로슈어는 눈에 띄지 않는 테이블 반대편에 놓았다.

회의실에 들어온 맥클로우는 테이블에 기대어 앉더니 곧바로 가장 형편없는 브로슈어를 집어 들었다. 몇 년 전, 코리아타운의 한 임대건물 개발업자를 위해 저예산으로 허술하게 만든 브로슈어였다. 배니스터는 애초에 그 브로슈어를 회의실에 가지고 온 자기 자신을 저주했다.

브로슈어를 살펴본 맥클로우는 별다른 감흥이 없었다.

---

* 대리석 모서리와 패턴을 일치시켜 일관되게 디자인하는 배치 기술

"본인이 이 프로젝트의 마케팅을 할 수 있다고 생각하는 이유가 뭐죠?" 맥클로우가 두 사람에게 던질 질문은 이 일을 할 수 없다는 의미가 담겨 있었다.

이미 프로젝트에서 배제됐다고 확신한 배니스터는 자신과 브롬리가 맥클로우와 같은 부류임을 설득할 방법을 궁리했다. 오랫동안 미술과 건축을 공부한 배니스터는 직감적으로 오스트리아 모더니스트 요제프 호프만의 휴지통과 건물을 비교하는 모험을 했다. 그는 맥클로우에게 건물 디자인이 호프만과 미국의 개념 미술가 솔 르윗Sol LeWitt의 세계와 닮았다고 말했다.

배니스터가 실제로 건물 디자인에 영향을 미친 호프만의 휴지통을 정확하게 짚어내자 맥클로우의 눈빛이 섬뜩할 정도로 빛났고, 표정도 한층 부드러워졌다.

배니스터는 안도했다. "아름다운 디자인이지만, 쓰레기통은 쓰레기통이죠. 제 감이 틀렸다면 큰 사고를 친 거였어요."

배니스터와 브롬리가 마케팅을 맡게 되었다.

맥클로우는 가장 까다롭고 빈틈없는 고객 중 한 명이었다. 맥클로우는 처음부터 그 어떤 부동산 개발 업체보다 훨씬 극단적인 마케팅 캠페인을 원했다. 모든 것이 독창적이어야 했다. 두 사람은 말을 늘어놓는 것을 싫어하는 맥클로우 앞에서 아이디어를 떠드는 것이 부질없는 일임을 일찍이 깨달았다. 스토리보드에 시각적으로 표현한 아이디어를 보여주고 맥클로우가 상상력을 마음껏 발휘할 수 있도록 침묵을 지키는 것이 그의 흥미를 불러일으키는 방법이었다.

업무는 까다로웠다. 마케팅을 통해 건물 디자인의 출처와 영감을 명확히 전달해야 했다. 키가 크고 날씬하며, 반복적이고 미니멀한 콘크리트 외관을 가지고 있는 건물이었지만, 맥클로우는 건물 전체가 부분의 합보다 훨씬 많은 것을 담았다고 했다. 미술과 모더니즘의 세계에서 힌트를 얻은 건물이었다. 어떤 면에서는 시장조사를 하는 것이 별 소용이 없었는데, 이는 안목 있고 예술과 문화에 대한 이해도가 높고 부유한 맥클로우 자신이 건물의 구매자층을 가장 잘 대변했기 때문이었다.

대리석 욕조, 반짝이는 수영장, 정장 차림을 한 도어맨 등 건물의 고급스러운 마감재와 편의시설을 자랑하는 전형적인 마케팅 영상은 충분치 않았다. 맥클로우는 에미상 수상 경력이 있는 영화 제작진을 고용해 스토리보드의 요소를 통합하고, 건물을 추상적인 시각으로 보여주는 4분짜리 예술 영화를 제작했다. 제작 비용은 1백만 달러가 넘었다.

10×10피트 크기 창문 이미지가 작업의 초점이었다. 그들은 정사각형과 원 안에 사람이 있는 그림으로 유명한 레오나르도 다빈치의 〈비트루비안 맨Vitruvian Man〉을 연상시키는 창틀 안에 있는 무용수를 상상했다. 천장에 뚫린 구멍 사이로 하늘이 보이는 〈스카이 스페이스skyspaces〉 시리즈로 유명한 미국 예술가 제임스 터렐James Turrell의 작품도 참고했다. 각 이미지는 맥클로우의 회의실 테이블 위에 펼쳐져 있었고, 세 사람은 이미지의 순서를 어떻게 정할지 논의했다.

맥클로우는 DBOX에게 영상이 초현실적이어야 하고 비사실적 요소를 포함하는 것도 고려해야 한다고 했다. 그들은 1971년 영화 〈윌리 웡카와 초콜릿 공장Willy Wonka and the Chocolate Factory〉에서 진 와일더Gene Wilder의 윌리 웡카가 부른 노래인 〈퓨어 이미지네이션Pure Imagination〉을 배경음악으로 사용하는 것도 고려했다.

결국 영상의 배경음악은 마마 캐스Mama Cass의 노래 〈드림 어 리틀 드림 오브 미Dream a Little Dream of Me〉로 정해졌고, 영상은 1974년 세계

무역 센터 쌍둥이 빌딩 사이를 줄타기한 것으로 잘 알려진 프랑스의 곡예사 필리프 프티Philippe Petit가 엠파이어스테이트빌딩에서 432 파크까지의 맨해튼 미드타운 상공을 외줄타기하는 장면으로 시작된다.

432 파크의 마케팅 자료는 슈퍼볼 광고에 버금가는 규모로 제작되었다. 촬영은 실버컵 스튜디오에서 수일에 걸쳐 진행되었고, 70명이 넘는 스태프가 참여했다. 거대한 녹색 스크린 앞에서 프티가 줄타기를 했다. 영화 〈쥬라기 공원Jurassic Park〉 촬영에 사용된 것과 동일한 오토매트론 촬영 장비가 사용됐다.

아름다운 갈색 머리의 여인이 몽환적인 장면에 등장해 영국 남부의 넓은 시골 저택에서 뉴욕의 펜트하우스까지 롤스로이스, 리어젯, 헬리콥터를 타고 이동하며 시청자를 안내한다. 영상 곳곳에 고급스러운 샹들리에, 크리스털 디캔터, 그랜드피아노 같은 이미지가 등장한다. 카메라가 다이아몬드로 가득 찬 욕조에 앉아 있는 여성을 비춘다. 거대한 그래픽 이미지로 제작한 킹콩이 독특하게 생긴 타워의 창문을 들여다본다.

432 파크의 디자인이 어디에서 영감을 받은 것인지도 나온다. 수영장에 영감을 준 미스 반 데어 로에Mies van der Rohe의 바르셀로나 파빌리온과 기하학적 모양의 창틀에 영감을 준 판테온의 천장이 등장한다. 영상은 432 파크 내부의 칵테일파티에서 스파이더맨과 알 카포네를 비롯한 게스트들이 칵테일을 마시며 프티와 대화를 나누는 장면에서 절정에 이른다. 마지막 장면에서는 킹콩 의상을 입은 해리 맥클로우가 가면을 벗고 자신의 정체를 밝힌다.

2013년에 모델 겸 댄서를 구한다는 크레이그리스트 광고를 보고 찾아왔던 빅토리아 호프스테터Viktoria Hofstaedter는 겨우 스물한 살이었다. 생각지도 못했던 이 일로 그녀는 브루클린의 한 영화 스튜디오에서 432 파크 애비뉴를 대표하는 이미지가 될 사진 촬영을 준비하며 하나의 거대한 마케팅 기계가 됐다.

제작진은 리본이 달린 검은색 새틴 드레스부터 얇은 레이스 레오타드에 이르는 드라마틱한 의상들을 호프스테터에게 입혔고, 그녀는 프레임 안에서 까치발을 들고 서서 발레리나처럼 포즈를 취하고 최대한 오래 버텼다. 드레스 끝에 끈을 달아 공중으로 들어 올려지나 마리오네트처럼 보이기도 했다. 바람을 일으키는 기계와 조명 장비, 안에서 포즈를 취할 수 있는 10×10피트짜리 창틀도 설치되어 있었다. 여러 팀의 안내와 가운, 물을 제공받으면서 호프스테터는 유명인이 된 것 같은 기분을 느꼈다. 그녀는 이런 대우에 익숙하지 않았다.

한 드라마틱한 이미지에서 호프스테터는 하늘하늘한 분홍색 연기를 배경으로 발끝으로 서서 160센티미터의 작은 몸을 앞으로 내밀고 새가 날아오르듯 두 팔을 공중으로 뻗는 자세를 취했다. 이 이미지는 432 파크를 소개하는 책자 표지에 사용되었다.

맥클로우는 「뉴욕 타임스」의 레스토랑 비평가였던 루스 라이클 Ruth Reichl의 뉴욕 주방에 관한 글과 『뉴욕 New York』 매거진의 디자인 에디터 웬디 굿맨 Wendy Goodman이 쓴 「화려한 욕실에 대한 개요」 등 뉴욕시와 디자인에 관한 에세이를 담은 1인치 두께의 아트북을 편집하고, 발렌시아가, 구찌, 조르지오 아르마니 의상을 입고 건물 아파트에서 포즈를 취한 모델의 사진을 의뢰하기도 했다. 아트북 표지에는 밤에 도시가 내려다보이는 창가에서 발끝으로 서 있는 호프스테터의 모습이 담겼다.

아트북 서문에서 432 파크는 새로운 건축의 아이콘으로 소개되었다. "지금까지 뉴욕 스카이라인을 지배해 온 유명 타워들은 432 파크 애비뉴에서 새로운 친구이자 라이벌을 만나게 될 것이다."

호프스테터는 자기 모습이 담긴 이미지가 전 세계의 화려한 신문과 잡지 광고에 실리고 건물 분양이 시작되고 나서야 자신이 뉴욕의 스카이라인에 큰 영향을 미칠 프로젝트에 참여했다는 사실을 알게 되었다. 그녀는 그 이미지를 근거로 많은 사람이 미국에서 일하기 위해 취득하려 하는 영주권을 손에 넣었다.

몇 년 후, 타워가 완공되고 나서 호프스테터는 맨해튼의 도시 풍경을 바라보면서 자신도 모르게 자기 얼굴이 된 건물에 대한 소유욕이 꿈틀대는 것을 느꼈다. 그러나 그녀는 건물 내부로 들어갈 수 있는 초대를 받지 못했다.

・・・

2013년 봄, 원 57의 영업 이사였던 댄 터브는 동네 식당에 샌드위치를 사러 나갔다가 번잡한 매디슨 애비뉴 길모퉁이에서 경쟁자를 만났다. 평소처럼 완벽하게 맞는 정장에 르코르뷔지에풍의 둥근 안경을 쓴 432 파크 애비뉴의 영업 이사 리처드 월그렌Richard Wallgren이었다. 두 사람은 서로를 응시했다.

월그렌은 거절당할 것을 알면서도 위험을 무릅쓰고 터브에게 말을 건넸다. "원 57 사무실에 들어가서 한번 살펴볼 수 있으면 정말 좋겠네요." 월그렌은 터브와 그의 팀이 일하고 있는 아래쪽 풀러 빌딩을 향해 손짓했다.

"그러게요. 저도 그쪽 사무실을 보고 싶네요." 터브가 태연한 표정으로 대꾸했다.

두 사람 모두 그런 일은 절대 벌어질 수 없다는 걸 알고 있었다.

2013년 초, 원 57과 432 파크의 경쟁은 점점 뜨거워지고 있었다. 432 파크는 아직 공식적으로 분양을 개시하지 않았지만, 계약이 체결되고 있다는 소문이 돌고 있었다. 바넷은 맥클로우가 주시하고 있음을 느꼈다. 터브와 원 57의 영업 팀은 432 파크의 마감재, 평면도, 임장 경험에 관한 정보를 샅샅이 뒤지며 경쟁사의 프레젠테이션을 약화할 방법을 궁리했다.

마침내 재판매 중개인 친구를 통해 432번지의 평면도 이미지를 입수해 바넷에게 보여줄 수 있게 된 터브는 당시 "007이 된 기분"이었다고 말했다. "정보를 얻으려는 노력, 남들보다 앞서 있는지 확인하려는 노력은 정말이지 군비 경쟁 같았습니다."

맥클로우는 다른 타워를 구경하는 데 관심이 전혀 없었고, 원 57이든 다른 타워든 자세히 살펴본 적도 없다고 말했다. 몇 년 후, 원 57의 한 개인 아파트에서 열린 파티에 참석한 자리에서 맥클로우는 다른 타워에 별다른 감흥이 없었다고 했다.

"저는 비판하는 것을 좋아하지 않아서 다른 사람의 건물에 가는 것도 좋아하지 않습니다. 제 디자인과 신념에 확신이 있기 때문에 타인의 것과 비교하고 싶지 않습니다. 그리고 저는 제 디자인과 타워가 옳다는 것을 알고 있습니다."

432 파크의 분양 사무실은 센트럴파크의 남동쪽 모퉁이와 플라자호텔이 내려다보이는 제너럴 모터스 빌딩 내 맥클로우 사무실에 자리 잡고 있었다. 고객들은 밝은 흰색과 회색의 대리석으로 된 로비를 지나 맥클로우의 이전 프로젝트 렌더링*으로 가득한 아트 갤러리 같은 쇼룸으로 안내되었다.

맥클로우가 스스로를 예술가로 여겼다면, 이 쇼룸은 그의 회고전

---

* rendering. 아직 제품화되지 않고 계획 단계에 있는 공업 제품을, 누구나 그 외관을 이해할 수 있도록 실물 그대로 그린 완성 예상도

과도 같았다. "미술관에 가서 회고전을 볼 때, 당신은 단순히 작가의 작품이 발전한 과정만 보는 것이 아닙니다. 작가의 아이디어와 생각이 발전한 과정을 보면서 그림과 그림이 대화하는 것을 보는 것이죠. 제가 2016년에 설계한 건물은 1961년에 설계한 건물보다 깊은 지식과 이해를 바탕으로 설계했으니 훨씬 좋은 건물이죠."

주방과 욕실 모형은 물론 완공된 432 파크의 모형과 미드타운의 모형도 전시되어 있어 구매자들은 432 파크가 이웃 건물보다 얼마나 높은지 볼 수 있었다. 쇼룸에는 임스Eames 스타일의 의자가 놓인 깔끔한 흰색 공간과 홍보 영상과 평면도를 볼 수 있는 대형 상영 시설도 마련되어 있었다.

CIM은 더글러스 엘리먼이나 콜코란 같은 중개 업체를 고용해 판매할 것을 제안했지만, 맥클로우는 자신이 구매자 경험을 통제할 수 있도록 판매도 사내에서 담당하기를 원했다.

분양은 당시 뉴욕 역사상 가장 성공적인 콘도미니엄 프로젝트로 알려져 있던 15 센트럴파크 웨스트의 분양을 맡아 이름을 알린 개발업계의 유명 인사 리처드 월그렌이 주도했다. 전직 투자은행가였던 월그렌은 빵빵한 인맥을 보유한 것으로 유명했다. 살로몬 브라더스 Salomon Brothers와 스위스 유니온 은행 Union Bank of Switzerland에서 상업용 모기지를 전문으로 취급했던 그가 지금은 맥클로우 프로퍼티 직원으로 일하고 있었다.

월그렌의 지휘 아래 맥클로우는 자신이 필요하다고 생각할 때마다 영업에 자유롭게 개입할 수 있었다. 구매자를 데려오는 외부 중개업자들은 맥클로우가 영업에 개입하는 데 불만을 토로하기도 했다. 맥클로우는 때때로 고객에게 직접 연기를 선보였다. 직접 쓴 시를 즉흥적으로 낭송하거나 야한 농담을 하기도 했는데, 랍비, 섹스, 아내에 대해 불만 같은 내용이 많았고 그것이 항상 고액 자산가들에게 잘 먹히는 것은 아니었다. 어느 중개인은 맥클로우가 설명하는 동안 자신에게 조용히 다가온 고객이 "이곳에서 나갑시다, 이 사람은 미쳤어요"라고 말했다고 했다.

그럼에도 구매자들이 몰려들면서 건물 콘셉트의 가치는 빠르게 입증되었다. CIM 경영진은 자체 인맥을 활용해 친구와 가족을 대거 끌어들여 초반 물량을 저렴한 가격에 판매했는데, 그 덕분에 개발업자들은 분양 계획이 효과적이라고 신속히 선언할 수 있었다.

초기 구매자 중에는 사우디아라비아의 억만장자 부동산 거물이자 중동 지역의 쇼핑몰 여럿을 소유하고 있으며, 자라, 바나나 리퍼블릭, 나인 웨스트, 탑샵 브랜드에 대한 사우디아라비아 현지 프랜차이즈 권리를 소유한 파와츠 알호카이르Fawaz Al-Hokair도 있었다. 알호카이르는 건물에서 가장 비싼 아파트인 96층에 있는 약 233평의 침실 6개짜리 펜트하우스를 8766만 달러에 구입했다. 대리인은 그의 아파트를 주황색으로 칠하고 벤틀리, 펜디, 루이뷔통, 에르메스 등 명품 가구로 채웠다.

로스앤젤레스 헤지펀드 캐니언 캐피털 어드바이저스Canyon Capital Advisors의 공동 창립 파트너인 미치 줄리스Mitch Julis는 79층의 전 층 아파트를 약 6천만 달러에 구입했다. 아시아 미술품 수집가인 그와 아내 졸린Joleen은 일본 건축가 히로시 스기모토Hiroshi Sugimoto를 고용하고 일본 장인 팀을 불러 삼나무 셔터, 60년 된 분재, 무릎을 꿇고 앉을 수 있는 다다미가 깔린 일본 전통 다실을 설치해 아파트를 선불교 사원으로 탈바꿈시켰다. 이 과정은 여러 차례의 아시아 여행과 오래된 교토 전차 역에서 인양한 석재 등 일본에서 희귀한 자재를 운송하는 과정 등을 포함해 4년이 걸린 것으로 알려졌다. 브루클린 식물원의 분재 컬렉션 큐레이터였던 줄리언 벨라스코Julian Velasco는 스기모토가 디자인한 실내 정원에 심기 위해 플로리다에서 자란 아주 오래된 무화과나무 두 그루를 들여왔다.

레슬러와 연계된 드렉셀 번햄 램버트에서 일했던 사모펀드 임원 조너선 소코로프Jonathan Sokoloff, 5번 애비뉴 가게 대부분을 소유한 뉴욕 부동산 재벌 조 시트Joe Sitt, 전 LA 다저스 구단주 프랭크 맥코트 Frank McCourt의 전처 제이미 맥코트Jamie McCourt도 초기 구매자들이었다. 마젠타 캐피털 서비스Magenta Capital Services를 통해 걸프 지역과 브루나이, 말레이시아에 150억 달러 이상의 자본을 조달하는 것에 대해 CIM과 기타 사모펀드 및 부동산 회사들의 독점 자문 역할을 수행했던 영국계 이란 미술품 수집가 모하메드 아프카미Mohammed Afkhami도 있었다.

놀랍게도 보석상 제이콥 아라보 역시 2016년 아내 안젤라Angela와 함께 아파트 한 채를 약 2천4백만 달러에 구입했다.

불법 스포츠 도박 사업을 운영한 혐의로 2013년 체포되어 복역한 억만장자 미술품 수집가의 아들인 힐랄 '헬리' 나흐마드Hillel 'Helly' Nahmad도 6천만 달러에 아파트를 구입했다.

유명인 부부인 제니퍼 로페즈Jennifer Lopez와 양키스의 강타자 알렉스 로드리게스도 입주했다. 이 위대한 야구 선수는 변기에 앉아 휴대폰을 들여다보는 사진이 이웃 건물의 구경꾼에 의해 찍혀 언론에 유출되면서 얼굴을 붉혔다. 그는 〈굿데이 뉴욕Good Day New York〉과의 인터뷰에서 볼일을 볼 때 '머리가 가장 잘 굴러간다'며, '좋은 블라인드'에 투자하겠다고 유머러스하게 대응했다.

얼마 지나지 않아 뉴욕의 고급 중개인 사이에서 파크 애비뉴 타워가 원 57에 대한 관심을 빼앗았다는 인식이 뚜렷해졌다. 맥클로우가 계획한 대로였다. 이제 지구상의 모든 억만장자가 이 빌딩을 보고 싶어 하는 듯했다. 소식통에 따르면 아마존 창립자 제프 베이조스Jeff Bezos도 432 파크 구입을 진지하게 고려했고, 결국은 매디슨 스퀘어 파크 근처의 다운타운에 살기로 결정했지만 그 전에 여러 번 사무실을 방문했었다고 한다.

하워드 M. 로버Howard M. Lorber도 초기 구매자 중 한 명이었다. 뉴욕 시 부동산 중개 회사 더글러스 엘리먼의 회장이자 CIM의 리처드 레슬러의 친구였던 그는 프로젝트 건설 초기에 친구의 제안을 받아들였다. 당시 로버는 인근 5번 애비뉴에 있는 1927년에 지어진 호화로운 호텔 겸 콘도였던 셰리 네덜란드에 살고 있었지만, 조금 더 넓은 집을 원했다. 그는 고소공포증이 있었지만 망설이지 않고 67층을 구입했다. 로버는 제곱피트당 약 4천 달러를 지불했는데, 이는 그가 예상했던 432 파크의 가치보다 훨씬 낮은 가격이었다.

사실 맥클로우는 432 파크 애비뉴가 제곱피트당 2천5백 달러에서 3천5백 달러의 가격에 매진되리라 예상했었다. 거래 가격이 벌써 예상 가격을 뛰어넘은 것이었다. 맥클로우는 저렴한 가격에 자신의 아파트를 구입하는 것을 염두에 두었다. 2013년 1월, 맥클로우는 아무 것도 모르는 아내 린다에게 432 파크 애비뉴에 있는 큰 아파트는 자신의 이름으로, 작은 아파트는 아내 명의로 구입하는 계약을 체결했다고 말했다. 그는 내부자 가격에 구입할 수 있으므로 이것이 좋은 투자라고 생각했다. 맥클로우는 그 집들을 팔아 수익을 올릴 수 있다고 믿었다. 자기 인생의 역작이라고 생각하는 건물 일부를 소유할 기회이기도 했다.

432 파크에서 보이는 맑은 하늘과 함께 모든 것이 화창해 보였지만, 언제까지나 그런 날씨가 계속된 것은 아니었다.

8장

억만장자들을 위한 양보

조엘 다이아몬드Joel Diamond는 세계를 무대로 승승장구하고 있었다. 이 젊은 음반 프로듀서는 1970년대에 영국 팝스타 잉글버트 험퍼딩크Engelbert Humperdinck와 함께 연달아 히트곡을 냈다. 험퍼딩크가 차트에서 급상승하기 시작하자 다이아몬드는 1번 애비뉴의 시끄러운 지하 스튜디오를 떠나기로 결심했고, 공원 남단에 위치한 임대료 통제를 적용받는 흰색 벽돌 건물인 220 센트럴파크 사우스의 펜트하우스에 눈독을 들였다.

다이아몬드는 한 달에 1천2백 달러인 집세를 겨우 감당하는 수준이었지만, 여전히 독보적이었다. 물결치는 어깨 길이 금발에 꽉 끼는 청바지를 입은 20대 청년은 잘나가는 방송사 임원보다 높은 곳에 살면서 레지스 필빈Regis Philbin, 살바도르 달리Salvador Dalí, 앤디 워홀Andy Warhol, 새미 데이비스 주니어Sammy Davis, Jr., 조 페시Joe Pesci 같은 유명 인사들을 초대해 파티를 벌였다. 다이아몬드의 새해 전야 파티는 유명했는데, 자정이 되면 친구들을 모아 불꽃놀이를 보러 센트럴파크에 가곤 했다. 술을 마시고 나면 남쪽으로 몇 블록 떨어진 스튜디오 54까지 걸어가기도 했다.

점점 더 성공하면서 글로리아 게이너Gloria Gaynor 같은 아티스트, 클라이브 데이비스Clive Davis 같은 경영진과 함께 일하게 된 다이아몬드는 5십만 달러가 넘는 돈을 투자해 침실에 거울 천장을 설치하는 등 임대 아파트를 세련된 숙소로 개조했다. 그는 부끄러워하지 않았다. 배우 캔디스 버겐Candice Bergen이 240 센트럴파크 사우스에 있는 옆집 펜트하우스로 이사를 오자 그녀를 보기 위해 안간힘을 썼다. 유난히 용기가 솟구치던 어느 날, 다이아몬드는 데이트를 신청하는 편지와 꽃을 그녀가 살던 건물의 프런트 데스크에 두고 나왔다. (답장은 받지 못했다.)

다이아몬드의 운은 친구이자 『코스모폴리탄Cosmopolitan』 수석 편집자였던 바바라 크레아투로Barbara Creaturo가 설득해 이달의 싱글남으로 잡지에 소개되면서 더 좋아졌는데, 기사에는 집 주소까지 실렸다. 잡지에 실린 사진에서 다이아몬드는 셔츠 단추를 배꼽까지 풀어 헤친 상태로 사무실에 기대어 앉아 있다. (1980년대 『코스모폴리탄』 지면에 실리는, 영예인지 모를 영예를 안은 또 다른 인물은 제프리 엡스타인Jeffrey Epstein이었다.)

"5천 통이 넘는 편지를 받았어요. 정신병원, 감옥 등 온갖 곳에서 소녀들이 보낸 편지를 받았죠." 다이아몬드가 회상했다.

"당신은 정말 맛있어 보여. 긴장을 풀고, 문을 닫아. 커튼을 치고, 스카치를 따르고, 불을 꺼!" 이런 내용의 편지를 보낸 사람도 있었다.

다이아몬드처럼 집세가 규제된 아파트에 사는 세입자에게 콜럼버스 서클 근처에 위치하고 넓은 테라스와 센트럴파크의 탁 트인 전망을 자랑하는 약 120세대 규모의 빌딩은 꿈이 실현된 곳이었다. 센트럴파크 사우스에 산다는 것은 눈이 튀어나올 정도로 비싼 집세를 내지 않아도 뉴욕시에서 가장 멋진 풍경을 맨 앞줄에서 볼 수 있다는 의미였다. 연예인부터 광고 회사 임원, 변호사, 출판업자에 이르기까지 다양한 뉴요커가 모여들었다.

"그런 아파트에는 들어가면 이사를 하지 못하게 돼요. 만나는 사람에게 센트럴파크 사우스에 산다고 하면 당연히 제가 부자일 거라고 생각했어요. 임대료 규제를 받는 아파트인 줄은 전혀 모르더군요." 오랫동안 이곳에 거주한 교사이자 미혼모인 캐시 마셜Cathy Marshall이 말했다.

당시 뉴욕의 임대료 안정화 법은 1974년 이전에 지어진 일부 건물에 적용되었다. 6세대 이상인 건물이어야 했다. 개발업자들은 세금이 면제되는 대가로 이 프로그램에 참여했는데, 1990년대와 2000년대 뉴욕의 매력과 인구가 폭발적으로 증가하면서 이후 수십 년간 많은 집주인이 이 결정을 후회했다. 뉴욕시의 임대료 가이드라인 위원회가 1~2년 임대의 연간 최대 임대료 인상률을 정했기 때문에 집세는 적정 수준으로 유지되었고, 한 번에 일정 퍼센트 이상 인상되는 일은 거의 없었다. 퇴거에 대한 보호 장치도 제공했다. 임대료 안정화 프로그램은 임대료를 일정 가격에서 완전히 동결하는 엄격한 임대료 통제 프로그램과는 달랐다. 예를 들어 1940년대에 이탈리아에서 맨해튼으로 이주한 토머스 롬바르디Thomas Lombardi 같은 뉴욕 시민들은 이 프로그램에 따라 2012년에도 소호에 있는 아파트에 살면서 한 달에 겨우 55달러 정도의 임대료를 내고 있었다.

임대료가 통제되거나 안정화되면 집주인은 특정 조건에만 집세를 시장 가격에 내놓을 수 있었다. 아파트가 비워지거나 건물이 철거 대상이 된 경우도 이러한 조건에 해당했다.

다이아몬드의 집주인은 뉴욕에서 가장 영향력 있는 여성 부동산 경영자 중 한 명인 사라 코레인Sarah Korein이었다. 부동산업계에서 보기 드문 여성이었던 코린은 본명이 사라 라비노위츠였고, 1920년대에 헝가리 출신 엔지니어인 남편 이시도르 코레인Isidor Korein과 함께 팔레스타인에서 뉴욕으로 이주했다. 초기에는 지역 보육원에서 히브리어 교사로 일했지만, 1930년대 브루클린 플랫부시에 엘리베이터가 없는 아파트 건물을 구입하면서 부동산 투자에 눈뜨게 되었다.

「뉴욕 타임스」는 부고 기사에 코레인을 이렇게 묘사했다. "마키아벨리 같은 협상가라기보다는 드레스덴 인형에 가까웠지만, 달콤하고 가벼운 테이블에 앉아 있다고 생각한 구매자나 판매자는 닥쳐올 위험을 각오해야 했다."

코레인은 1998년 93세의 나이로 세상을 떠났고, 2000년대 중반이 되자 전리품 중 하나였던 220 센트럴파크 사우스는 황폐하게 변해버렸다. 음반 프로듀서였던 다이아몬드는 1990년대 초에 이사했다. 바퀴벌레를 잡기 위해 접착제 덫을 설치한 뒤 일주일간 여행을 갔다 돌아와 보니 덫마다 쥐가 꽥꽥거리고 있었다. 알고 보니 라디에이터 안에서 쥐가 번식하고 있었다. 그는 이것을 음악 비즈니스의 중심지인 로스앤젤레스로 이사할 때가 되었음을 알리는 신호라고 여겼다.

다른 주민들도 불만을 토로했다. 2004년 봄 새벽 2시경 세입자 도널드 글래스걸Donald Glasgall은 시끄러운 소리에 잠에서 깼다. 눈을 뜬 그는 방으로 뜨거운 물이 쏟아져 내리고 있다는 사실을 알아차렸다. 천장의 수도관이 터진 것이었다. 병든 75세 노인은 침대에서 벌떡 일어나 황급히 부엌에 있던 용기를 들고 떨어지는 물을 담으려 했다. 그러나 이미 늦은 뒤였다. 침실은 이미 물에 잠겼고, 책장은 물에 젖은

책들의 무게로 무너졌다.

글래스걸은 건물 로비에 있던 야간 경비원에게 전화를 걸었다.

"저희도 알고 있습니다." 도어맨은 글래스걸에게 이웃의 일부 세대에도 침수가 발생했다고 침울한 목소리로 알려주었다.

철거할 때가 된 것이었다. 코레인 가족은 2005년에 이 건물을 약 1억 3천2백만 달러에 매각했는데, 어떤 기준으로 보나 몹시 높은 금액이지만, 흰 벽돌 건물 자체가 아니라 토지 가치와 공원 인근이라는 위치 덕분이었다. 새로운 소유주는 뉴욕의 유일한 여성 개발업자인 베로니카 해킷Veronica Hackett이 이끄는 클라렛 그룹Clarett Group과 뉴욕의 부동산 재벌 스티븐 로스가 이끄는 대형 부동산 회사 보르나도 리얼티 트러스트가 체결한 파트너십이었다.

이듬해 봄, 220 센트럴파크 사우스 주민들은 문 밑으로 들어온 편지를 보고, 건물에 새 주인이 생겼고 곧 퇴거 절차가 시작된다는 사실을 알게 되었다. 새 주인은 건물을 허물고 번쩍이는 주거용 고층 건물을 세울 계획이었다.

새로운 소유주는 큰 사냥감을 노리는 거물이었지만, 한 가지 문제가 있었다. 개발 부지를 확보하기 위한 토지 합병도 큰 장애물이었지만, 뉴욕시의 복잡 미묘한 임대료 안정화 시스템은 또 다른 문제였다.

이사를 원하지 않는 세입자 대부분은 쉽게 내쫓을 수 없었다. 수십 년째 이 건물에 살고 있는 은퇴 연령이 지난 사람들이었다. 이들에게 이사는 삶의 틀이 깨지는 것을 의미했다. 전에 거주했던 어떤 사람들은 이들을 마치 오래된 나무와 같았다고 묘사했다. 뿌리가 너무 깊어서 파내면 고사할 것만 같았다.

입주자 중에는 코네티컷주 그리니치에 있는 메르세데스 벤츠의 최고운영책임자COO이자 고령의 소수 주주인 로널드 페쿠니스Ronald

Pecunies 같은 인물도 있었는데, 그는 매력적인 내연녀 에멜 딜레크Emel Dilek와 이따금 그곳을 이용했다. 페쿠니스는 2004년 모국인 독일에서 열린 자선 행사에서 딜레크를 처음 만났다. 몇 달간 구애한 끝에 그는 딜레크를 미국으로 데려와 일자리를 구해주고, 센트럴파크가 보이는 곳에 있는 자신의 아파트에 살게 했다. 페쿠니스가 쉰 살 가까이 연상이었지만, 딜레크는 그것이 사랑이라고 주장했다. 딜레크는 나중에 고급스러운 피에르 호텔에서 차를 마시며 「뉴욕 포스트New York Post」와 한 인터뷰에서 이렇게 말했다. "사람들은 하고 싶은 말을 할 수 있죠. 제게는 로미오와 줄리엣 같은 것이 있었어요. 어떤 사람들은 평생 그런 것을 찾지 못하죠."

세입자 중에는 법조계와 부동산업계에서 경력을 쌓은 이들도 있었다. 당시 뉴욕에서 가장 비싼 거래 중 하나였던 778 파크 애비뉴에 위치한 브룩 애스터Brooke Astor의 4천6백만 달러짜리 복층 아파트 매각을 담당했던 유명 로펌 화이트 앤 케이스White & Case의 파트너 진 E. 시모타케Jean E. Shimotake와 이후 원 57에서 마이클 델을 대리한 고급 부동산 중개인 레이턴 캔들러Leighton Candler도 이곳의 세입자였다.

220 센트럴파크 사우스의 노련한 뉴요커들은 임대료 규제가 적용되는 곳에 살면 집주인을 상대로 상당한 영향력을 행사할 수 있고, 퇴거에 따른 전월세 보상금을 받을 수 있다는 사실을 알고 있었다. 이들은 재빨리 세입자 협회를 결성하여 다음 단계로 나아갈 전략을 세웠다. 건물에 오랫동안 거주한 코니 콜린스Connie Collins는 통보를 받고 나서 이렇게 말했다. "뉴욕의 부동산을 잘 모르는 바보는 없습니다. 임대료 규제를 받는 아파트에 살고 있는데 '지금 당장 나가세요'라고 할 수는 없죠. 그런 식으로 할 수 있는 게 아니니까요."

· · ·

스티븐 로스와 베로니카 해킷에게 220 센트럴파크 사우스의 괴짜 주민들은 강력한 적이었다.

전투적인 협상 스타일로 유명한 로스는 할리우드 영화에 나오는 여느 뉴욕의 부동산 거물처럼 몸에 꼭 맞는 정장에 흰머리가 듬성듬성 난 모습이었다. 그와 함께 링에 오른다면 살아서 나오지 못할 확률이 매우 높았다.

브루클린 출신인 로스는 아동용 드레스를 만드는 소규모 의류 제조 업체의 사장 프레드 로스Fred Roth의 아들로 태어나 다트머스대학교를 졸업한 뒤 뉴저지 메도우랜드에서 산업 시설을 건설하는 일을 시작했다. 1964년에는 스트립 몰을 매입, 개조, 임대하는 회사인 인터스테이트 프로퍼티Interstate Properties를 설립했다.

로스는 곧 소매 브랜드에서 더 큰 가치는 브랜드 운영이 아니라 부동산에서 나온다고 믿게 되었다. 1979년, 로스는 백화점 사업을 청산하고 보유하고 있던 부동산을 수익화하기 위해 뉴저지의 할인 백화점 체인인 투 가이즈Two Guys를 운영하는 회사 지분을 인수하면서 보르나도라는 이름을 사용했다. 그는 자신의 계획에 반대하고 체인을 살리려고 했던 이사회 구성원과 전쟁을 벌였다. 결국 승리는 로스에게 돌아갔고 체인의 매장은 전부 폐쇄되었다. 그것은 대학살이었지만, 회사에는 재정적 홈런이나 마찬가지였다.

로스는 1980년대에 렉싱턴 애비뉴와 59번가에 플래그십 스토어를 둔 뉴욕의 상장 백화점 체인 알렉산더스Alexander's에도 동일한 전략을 사용했다. 이번에는 체인의 가족 소유주들에게 부동산의 가치가 매장의 수익 창출 잠재력을 훨씬 능가한다고 설득하기 위해 수년간 노력했다. 로스는 이후 6년간 이어진 회사의 경영권 다툼에서 도널드 트럼프와 맞붙게 된다.

이번에도 로스는 뉴욕 매장 11개를 폐쇄하고 약 5천 명의 직원을 해고하는 등 파산 위기에 몰린 알렉산더스 체인을 성공적으로 구해내며 승자로 떠올랐다. 일부 내부자는 어려움을 겪고 있던 소매 체인을 살리면서 직원도 유지할 수 있었을 것이라고 믿었기 때문에 그의 조치가 무자비하다고 생각했다. 그러나 이는 스티븐 로스가 내린 특단의 조치인 동시에 거래에서 단 한 방울의 피까지 전부 뽑아내겠다는 그의 결연한 의지를 보여주는 조치였다. 『보스턴 Boston』의 한 기자는 로스의 비즈니스 모델을 "연약한 동물을 총으로 쏴 죽인 다음, 그 모피를 동물이 살아 있을 때의 가치보다 더 비싼 값에 파는 것"이라고 설명했다.

로스는 2000년대에 맨해튼 오피스 타워를 사들이고 곧이어 로어 맨해튼의 110층짜리 트윈 타워와 같은 부지를 입찰하는 등 맨해튼에서 가장 치열한 경쟁이 벌어지는 상업용 부동산에 뛰어들어 거래를 이어갔다. 그는 결국 9.11 테러가 발생하기 몇 달 전에 해당 부지를 낙찰받은 래리 실버스타인Larry Silverstein에게 밀리게 됐다. 2007년, 로스는 골드만삭스가 입주해 있던 샌프란시스코 캘리포니아 스트리트 555번지 뱅크 오브 아메리카 빌딩과 뉴욕 아메리카 애비뉴 1290번지 악사 파이낸셜 센터 등 대형 오피스 빌딩 2개의 지분을 친구인 도널드 트럼프가 이끄는 파트너십으로부터 매입했다. 이 건물에 30퍼센트의 지분을 보유하고 있었던 트럼프는 의도치 않게 로스의 파트너가 되었다.

로스는 맥클로우와도 인연이 있었다. 2008년 맥클로우가 위기에 처했을 때 에쿼티 오피스Equity Office의 포트폴리오상 후순위 채권 보유자였던 보르나도 리얼티 트러스트는 맥클로우에게 일부 부동산에 대한 부채를 상환할 시간을 더 주는 워크아웃 계획에 반대했다.

보르나도가 수백억 달러에 달하는 포트폴리오를 모으는 동안, 로스는 친구이자 라이벌이었던 샘 젤Sam Zell을 '대머리 겁쟁이'라고 지칭하는 등 오만한 명성에 걸맞은 행보를 이어갔다. 상장 기업의 수장으로서 그는 맥클로우나 바넷 같은 경쟁자보다 투자자의 기대에 부응하는 건전한 방식으로 사업을 운영했을지 모르지만, 종종 상장 기업 CEO에 대한 기대를 무시하고 2012년까지 분기별 실적 발표에서 애널리스트와 소통하는 것을 거부해 회사의 신비스러운 이미지를 강화하기도 했다. 보르나도 규모 정도 되는 회사가 이러한 프로토콜을 지키지 않는 것은 매우 이례적인 일이었다.

로스는 사무실 및 소매업 개발 분야에서 성공을 거뒀지만, 콘도에는 거의 손을 대지 않았다. 그는 자산을 장기적으로 보유하는 것을 좋아했다. 다른 사람들이 손쉽게 이익을 얻을 수 있는 건물을 짓는 것을 좋아하지 않았다. 한번은 알렉산더스의 플래그십 스토어 건물을 블룸버그 L.P.Bloomberg L.P.의 글로벌 본사로 쓸 주상복합 오피스 및 주거 단지로 바꿀 때, 최상층에 원 비컨 코트라는 콘도 부분을 포함시켰다. 개별 아파트 구매자 중 한 명이었던 헤지펀드 매니저 스티브 코헨Steve Cohen이 아파트를 8천5백만 달러(2천4백만 달러에 매입)에 내놓자, 로스는 잠재적 수익을 놓친 것을 아쉬워했다.

로스는 언론도 싫어했다. 가족의 사생활을 비공개로 유지하려 노력했고 인터뷰도 허락하지 않았지만, 아내인 대릴 로스Daryl Roth가 하는 일을 고려하면 완전히 숨어 지내는 것은 거의 불가능에 가까웠다. 뉴저지 출신 자동차 딜러의 딸인 대릴은 2000년대 들어 퓰리처상과 토니상을 받은 연극과 뮤지컬 〈킹키 부츠Kinky Boots〉, 〈워 호스War Horse〉, 〈어거스트-가족의 초상August: Osage County〉 등에 자금을 지원하며 브로드웨이에서 존경받는 프로듀서 중 한 명으로 성장하고 있었다. 그녀는 유니온 스퀘어 저축은행이 있던 건물을 매입하여 대릴 로스 극장으로 개조했다. 자칭 '패션 애호가'이자 '연극광'인 부부의 아들 조던Jordan은 브로드웨이 극장을 인수했다. 그는 스팽글, 프릴, 망토, 리본이 달린 드라마틱한 의상을 입고 레드카펫에 등장해 아버지의 무심한 이미지와 대조를 이뤘다.

베로니카 해킷 역시 대단한 능력을 갖춘 사람이었다. 플로리다주 비로비치 출신으로 일곱 남매 중 장녀인 해킷이 대학 졸업 후 처음 한 일은 베트남 전쟁 중 CIA를 위해 병력 이동과 쌀 수송을 추적하는 일이었다. 야심 차고 허튼짓을 하지 않는 성격에 짧은 검은 머리를 지닌 해킷은 뉴욕에서 소규모 투자은행의 재무 부서장의 보조로 일하면서 동시에 뉴욕대학교에서 재무학 석사 과정을 이수했다. 1970년대에는 시티 은행 부동산 부서의 첫 여성 대출 담당자로 임명되었고, 이후 케미컬 은행에서 글로벌 기업 부동산 부서를 이끌었다.

2000년에 이르러서는 전 동료였던 닐 클라펠드Neil Klarfeld와 함께 클라렛 그룹을 창업하며 홀로서기에 나섰다. 이들은 금융 대기업인 푸르덴셜Prudential과 파트너십을 맺은 뒤 우량 부지를 발굴해 개발 자금을 지원할 금융 파트너를 찾는 전략을 세웠다. 자신들이 약간의 지분을 투자하고 나머지는 금융 파트너가 부담하는 방식이었다. 해킷은 220 센트럴파크 사우스 부지의 멋진 전망을 갖춘 오래된 건물에서 가능성을 보았다. 부지를 확보한 후, 그녀는 오랜 친구이자 당시 스티븐 로스의 제자이면서 후계자라는 소문이 돌던 마이크 파시텔리Mike Fascitelli에게 나머지를 투자해 달라고 요청했다.

해킷은 보르나도의 주머니가 두둑하다는 사실을 알고 있었다.

･･･

엄밀히 말하면, 건물의 새 소유주에게는 임대 계약이 만료된 세입자를 퇴거시킬 권리가 있었다. 주법에 따라 새 건물에 자금을 조달하고 건축할 계획이 있다는 것을 입증하기만 하면 그렇게 할 수 있었다. 2008년에 주정부는 세입자들의 항의를 무릅쓰고 개발 업체가 퇴거를 진행할 수 있다는 판결을 내린 바 있었다.

하지만 보르나도와 클라렛을 상대하는 세입자들에게는 비밀 병기가 있었다. 그들은 그를 '창꼬치'*라고 불렀다.

판결에 항소하기 위해 협회가 고용한 변호사 데이비드 로젠홀크David Rozenholc는 임대인과 임차인 소송 분야에서 전설적인 인물이었다. 짧은 흰 수염을 기른 건장한 체격의 로젠홀크는 시베리아의 강제 수용소에서 석방된 폴란드인 아버지가 1945년에 키르기스스탄에서 낳은 아들이었다. 그는 어린 시절 대부분을 이스라엘에서 보냈고, 10대 때 브롱크스로 이주했다. 1970년대부터 로젠홀크는 사우스 브롱크스 법률 서비스 소송 담당자로서 집주인이 저소득층 세입자를 착취하는 빈곤과 도시 쇠퇴의 도화선이 된 지역의 세입자를 대변했다.

로젠홀크는 거친 싸움이나 협박 전술에 익숙한 사람이었다. 한번은 그가 법정에서 건물 상태 때문에 임대료 파업을 벌이던 사우스 브롱크스 세입자들을 대변하고 있는데, 오른편에서 손에 총알을 쥐고 세는 건물주의 모습이 보였다.

로젠홀크가 개발업자 사이에서 공공의 적 1호라는 명성을 얻은 것은 센트럴파크 웨스트의 메이플라워 호텔에서 30년간 거주한 70대 은둔자 허브 수케닉Herb Sukenik을 위한 합의를 이끌어서다. 이 호텔은

* 날카로운 이빨을 가진 공격적인 꼬치고깃과의 물고기

15 센트럴파크 웨스트를 건설하기 위해 철거될 예정이었고, 개발자인 아서와 윌리엄 제켄도르프는 건물 위층에 살고 있던 임대료 규제 적용을 받는 세입자들을 매수하거나 이주시키고 있었다. 센트럴파크가 내려다보이는 작은 주방을 갖춘 약 9.8평의 방에서 혼자 살던 물리학자 수케닉은 마지막 남은 세입자였다.

로젠홀크를 소개받았을 때 수케닉은 이미 개발 업체와 자신의 아파트를 포기하기로 잠정 합의한 상태였다. 개발업자는 수케닉에게 센트럴파크 남쪽에 있는 또 다른 고급 타워인 에식스 하우스 콘도미니엄에 공원이 보이는 침실 2개짜리 아파트를 평생 월세 1달러만 내고 살 수 있게 해주기로 했었다. 로젠홀크는 수케닉에게 재협상을 시도해 보라고 권유했다. "저는 그에게 '아파트뿐만 아니라 많은 돈까지 안겨줄 수 있다'고 했습니다. 그런데 그는 돈은 상관없다고 말했어요." 로젠홀크가 회상했다.

하지만 로젠홀크는 집요하게 권유다. 그는 수케닉에게 이렇게 물었다. "당신은 과학자인데 왜 집주인에게 돈을 주려고 하나요? 재단 같은 걸 만드는 게 어때요?"

제켄도르프 형제와의 협상은 수개월간 계속되었지만, 로젠홀크와 그의 의뢰인은 팽팽한 긴장감이 감돌아도 굳건히 버텼다. 한편, 수케닉이 강경한 태도를 보이자, 개발업자는 인근 건물들을 철거하기 시작했다. 로비의 절반이 시끄러운 공사 현장으로 변했다. 그래도 수케닉은 버텼다.

마침내 제켄도르프 형제를 한계점까지 몰아붙인 로젠홀크는 1천7백만 달러라는 기록적인 합의금을 받아냈다. 이에 더해 수케닉은 센트럴파크가 내려다보이는 인근 아파트도 받았는데, 전에는 꿈도 꾸지 못했던 금액이었다. 로젠홀크에 따르면 두 달 전, 다른 변호사의 말을 들은 세입자는 1백만 달러도 안 되는 금액에 집을 팔았다고 한다. 이 합의는 「뉴욕 포스트」 1면을 장식했다.

로젠홀크의 이름이 나오자 집주인들은 몸서리쳤다. 로젠홀크의 비결은 바로 레버리지에 대한 이해였다. 로젠홀크는 세입자에게 개발업자처럼 생각하고 계산하라고 조언했다. 그는 토지 용도, 개발사가 부지에 지불한 금액, 새 건물의 건설 비용, 새 아파트 분양으로 합리적으로 기대할 수 있는 수익 등을 고려했다. 이러한 분석을 바탕으로 개발사가 임대료를 지불하고도 프로젝트를 가치 있게 만들기에 충분한 금액이 남는지 추산할 수 있었다.

로젠홀크는 상황에 따라 사건을 질질 끄는 것으로 유명했다. (이 책이 출간된 시점에도 1984년에 맡은 소송을 여전히 진행하고 있었다.) 그는 어느 기자에게 말했다. "내 의뢰인에게 더 좋은 조건이 아니면 합의하지 않습니다. 만약 당신이 나를 방해한다면, 나도 당신을 방해할 겁니다."

로젠홀크는 220 센트럴파크 사우스의 세입자들을 위해 이전 변호사를 대신해 주정부의 퇴거 허용 결정에 대한 항소를 제기했다. 항소가 성공할 가능성은 제한적이었고 로젠홀크의 영향력은 미미했지만, 개발사의 프로젝트가 지연될 때마다 고객이 더 많은 보상을 받을 가능성이 커진다는 사실을 그는 알고 있었다. 보르나도와 클라렛은 이미 일부 세입자에게 35만 달러를 제안한 상태였지만, 로젠홀크는 더 많은 돈을 받아낼 수 있다고 확신했다.

로젠홀크가 한 조언은 간단했다. 건물이 유지되는 한 보르나도와 클라렛은 부동산 세금과 기타 비용으로 돈을 날릴 것이기 때문에 협상에 점점 더 절박해질 것이므로, 가능한 한 오랜 시간을 끌어야 한다는 것이었다. "우리는 개발사의 가장 큰 골칫거리가 되려고 했습니다.

상대방이 제안을 내놓을 때마다 로젠홀크가 잘못된 점을 찾아내곤 했죠." 캐시 마셜이 말했다.

클라렛 그룹에서 로스의 파트너인 베로니카 해킷이 입주자 협회에서 만나자는 요청을 하자, 로젠홀크는 주민들에게 건물 공용 공간에서 열리는 회의에 참석하되 무표정을 유지하라고 했다. 미소를 지으면 안 되고, 특히 웃는 것은 절대 안 된다고 했다.

마셜은 기억에 남는 만남이었다고 했다. "그들은 '당신들은 힘없는 사람들이고, 우리는 큰 기업이다. 우리는 이길 거다'라고 했죠. 저희는 겁이 났어요."

마셜에게 베로니카 해킷은 세입자가 처한 상황에 전혀 공감하지 못하는 차갑고 냉담한 사람으로 보였다. "그녀에게는 우리가 오랫동안 살아온 집을 망가뜨린다는 인식이 전혀 없었습니다. 이것은 순전히 금전적인 거래였어요. 순전히 돈 문제였습니다. 그녀는 우리를 협박하려 들었지요." 주민들의 반응은 회의적이었다.

프로젝트가 지연된 건 주민 탓만이 아니었다. 글로벌 금융 위기로 인해 일시적으로 중단되기도 했다. 그럼에도 일부 주민들은 계속해서 자신들의 입장을 고수하며 단체로 협상을 진행했고, 세입자와 집주인 간의 싸움은 5년 가까이 계속되었다.

그러나 2010년 말, 바넷과 맥클로우가 계획을 추진하는 모습을 본 로스와 해킷은 마침내 세입자 한 명당 약 156만 달러를 보상하겠다는 새로운 제안을 들고 로젠홀크를 찾아왔다. 세입자가 25명 정도였던 점을 감안하면 보르나도와 클라렛에서 약 4천만 달러를 지불하는 셈이었다.

로젠홀크는 주민들을 캐시 마셜의 아파트로 불러서 개발사의 제안을 설명했다. 로젠홀크는 주민들에게 더 이상 올릴 수 없는 가격이라고 말했다.

아직 협상의 여지가 더 있다고 생각하는 세입자도 있었지만, 결정은 투표에 부쳤다. 결국 개발사 제안을 수락하자는 결정이 내려졌다.

"저는 5년 동안 그곳에 머물며 싸웠어요. 그동안에 죽은 사람도 있었고, 암에 걸린 사람도 있었죠. 그러다가 로젠홀크가 '지금입니다'라고 말하는 시점에 이르렀습니다. 그래서 우리는 그를 믿고 제안을 수락했어요." 마셜이 말했다.

조엘 다이아몬드가 유명 인사들과 파티를 벌이고 침대에서 거울 천장을 올려다보던 하얀 벽돌 건물은 마침내 무너져 내렸다. 하지만 로스와 해킷에게는 장애물이 하나 더 있었다.

• • •

2012년까지 보르나도와 클라렛은 220 센트럴파크 사우스의 철거를 대부분 완료했지만, 건물 지하 주차장은 예외로 남아 있었다. 이 주차장은 새 타워를 건설하기 위해 남은 유일한 장애물이었고, 곧 로스의 발목을 잡는 가시가 됐다.

로스가 220 센트럴파크 사우스에서 세입자들과 협상을 마무리할 때도, 주차장 운영자들은 주차장을 매입하겠다는 보르나도의 제안을 2018년까지 거절했다. 이해되지 않는 일이었다. 이유를 알기 전까지는 말이다.

로스는 곧 보르나도와 클라렛이 2005년 건물을 매입하기 불과 몇 달 전에 억만장자 거리에서 최대 라이벌이 된 개리 바넷이 주차장 운영자에게 임대 권한의 지분을 매입하겠다는 제안을 했다는 사실을 알게 되었다.

초창기였지만 바넷은 원 57의 성공을 만끽하며 217 웨스트 57번가의 두 번째 타워를 지을 부지를 확보하기 위해 조용히 마무리 작업을 하고 있었다. 57번가와 브로드웨이 모퉁이 근처인 220 센트럴파크 사우스에, 로스의 타워가 들어설 곳의 바로 뒤에는 한때 뉴욕 자동차 거리의 중심이었던 1780 브로드웨이와 225 웨스트 57번가에 있는 B. F. 굿리치의 건물 두 채도 있었다. 두 건물 중 57번가에 있던 작은 건물에는 스토다드 데이톤Stoddard-Dayton이 운영하는 자동차 쇼룸이 있었다. 로스가 그 부지에 무엇을 세우냐에 따라 엑스텔이 지을 두 번째 타워의 센트럴파크 전망이 가려질 수도 있었다. 바넷은 대담하게 뉴욕 전역의 주차장에 대한 지분을 보유한 3대 가족 기업 챔피언 파킹 Champion Parking을 운영하는 케네스 로젠블랫Kenneth Rosenblatt과 게리 로젠블랫Gary Rosenblatt 형제로부터 회사 지분의 49퍼센트를 인수했다. 바넷은 회사 소유주로서 이전을 거부하고 로스의 계획을 지연시킬 수 있었다.

두 사람이 벌이는 경쟁은 수개월째 지속되고 있었다. 그해 로스는 주주들에게 보낸 연례 서한에서 보르나도가 바넷을 주시하고 있으며 원 57에서 진행하는 거래를 지켜보고 있음을 분명히 했다. "57번가에 건설 중인 305미터 높이의 타워 가격이 제곱피트당 6천5백 달러라고 들었습니다. 바로 한 블록 아래에 있는 220 센트럴파크 사우스 부지가 더 좋습니다."

로스는 바넷의 책략을 눈치채고 분노했다. 그해 7월, 그는 챔피언 파킹을 통해 바넷을 겨냥했다. 보르나도와 클라렛은 주차장 점유 확인서에 기재된 조건을 위반했다는 이유로 챔피언 파킹 측에 임대차 계약 불이행 통지서를 보내 퇴거를 예고했다. 위반 사항은 아주 사소한 문제였다. 점유 확인서에 따르면 총 44대의 차량이 들어가는 주차 공간은 반드시 그러한 것은 아니지만, 주로 건물 거주자 전용으로 지정된다고 쓰여 있었다. 보르나도 측은 해당 건물을 철거해 건물이 더 이상 존재하지 않으므로 서비스를 제공할 주민도 없다고 주장했다. 그 결과 뉴욕시 건축부로부터 위반 통지를 받았다고 했다.

챔피언 파킹 측은 임대 계약 불이행이라는 주장은 엉터리라고 주장하며 맞소송으로 대응했다. 바넷이 고용한 법정 대리인은 익숙한 얼굴이었다. 이제 로스의 숙적이 되어버린 로젠홀크였다. "그가 제 협상력을 높여줄 수 있을 거라고 생각했죠." 나중에 바넷은 웃으며 설명했다.

바넷은 로젠홀크를 통해 위반 통지는 새 타워를 건설하는 데 필요한 부지를 정리하려는 개발사의 구실이며, 실제로 건축부에 위반 딱지를 발급해 달라고 요청한 사람은 상대측 변호사 중 한 명이라고 주장했다. 그 후 9개월이 넘도록 건축부에서 위반 처분을 내리지 않자, 상대측이 어떤 처벌을 받아야 하는지 직접 문의했다는 것이다.

가을이 되자 220 센트럴파크 사우스의 개발 업체는 챔피언 파킹 측에 두 번째 채무 불이행 통지를 발부하면서 이전과는 다른 전략을 썼다. 이번에는 챔피언 파킹 측이 2005년에 회사 지분의 49퍼센트를 바넷에게 매각함으로써 건물주의 사전 서면 동의 없이 임차권을 재양도할 수 없도록 한 임대 조건을 위반했다고 주장했다. 그들은 또한 로젠블랫 형제가 바넷에게 매입과 관련된 임대차 협상에 대한 통제권을 부여했다고 주장했다. 이에 대해 바넷은 인근 프로젝트의 주민들에게 주차장을 제공하기 위해 지분을 매입한 것이며, 임대 계약 위반 사항이 발견되면 거래를 취소하겠다고 말했다. 바넷은 자신이 보르나도가 타워를 확장하는 데 사용할 수 있었던 건물 인근의 공중권을 여러 개 사들였기 때문에 보르나도가 자신에게 '적대감'을 갖고 있다고 비판했다. 선서 진술서에서 바넷은 일부 공중권을 사겠다는 보르나도의 제안을 자신이 거절했다고 주장했다. "임대 계약을 해지하려는 피고의 시도는 적어도 부분적으로는 이러한 재산상의 이익에 대해 저로부터 더 유리한 거래를 이끌어 내려는 욕구에 의한 동기에서 비롯된 것입니다."

법률 용어의 형태로 모욕적인 언사가 오갔다. 로젠홀크는 상대측이 '부정한 손'을 가지고 있으며, 경쟁 관계인 개리 바넷을 상대로 '형편없는 주장을 만들어 냈다'고 비난하며 이렇게 썼다. "그들은 바넷을 사악한 인물로 만들려고 애썼다. 그들은 사실관계를 토대로 바넷이 57번가와 58번가 사이의 프로젝트와 관련해 보르나도를 상대로 유리한 고지를 점하려고 주차장에 관여했을 뿐이라고 주장한다. 하지만 바넷은 그들이 건물을 인수하기도 전에 해당 주차장에 대한 지분과 인근 부동산을 인수했다."

게다가 로젠블랫 형제가 51퍼센트의 지분을 유지하고 주차장을 계속 관리했기 때문에 주차장 사업의 지분 49퍼센트를 매각한 것은 임대의 양도에 해당하지 않는다고 주장했다. 외부에 양도한 것이 아니라 사내 이전이라는 것이다.

2013년, 판사는 로스가 임대 계약을 해지할 수 없도록 금지 명령을 내렸다. 당시 맨해튼주 대법원 소속 판사 돈나 밀스Donna Mills는 이 사건에 대한 판결에서 "맨해튼의 고급 부동산 개발과 관련된 음모가 만연하다"고 말했다.

법원에 제출한 서류에서 풍기는 분위기와는 다르게 바넷은 두 회사가 협력하면 더 나은 결과를 얻을 수 있다며 막후에서 로스를 설득하고 있었다. 그는 엑스텔의 부지에는 오피스 빌딩을, 보르나도의 부지에는 주거용 타워를 짓자고 제안하면서 두 건물이 뉴욕시 최고의 오피스 빌딩과 최고의 주거용 빌딩으로 각자의 부문에서 최고가 될 것이라고 주장했다. 로스는 이 아이디어를 받아들이는 것처럼 보였지만, 두 사람은 부지를 분할하는 방법이나 거래 조건에 합의하지 못했다. 시간이 지날수록 로스는 점점 좌절감을 느꼈다. "로스가 제게 정말로 짜증을 낸 적이 몇 번 있었습니다." 나중에 바넷은 특유의 절제된 말투로 이렇게 말했는데, 구체적으로는 설명하지 않았다.

바넷은 원칙적으로 합의에 반대하지는 않았지만, 협상에서 강경한 태도를 취하며 돈은 엑스텔보다 보르나도에게 훨씬 덜 중요한 문제라고 로스에게 말했다. "센트럴파크 타워는 내게 사업입니다. 3백억 달러짜리 사무실 회사가 있는 당신에게는 별 차이 없겠지만, 저는 청구서를 지불해야 해요."

한편, 로스의 분노는 실적 발표에서도 표출되었다. 그는 2013년 2월 애널리스트들과의 통화에서 "다 알고 계시겠지만, 그 낡은 임대 아파트의 주차장에 골칫거리가 남아 있어 주차장까지는 매입하지는 못했습니다. 우리에게는 그가 골칫거리지만, 그에게는 우리가 골칫거리입니다. 우리가 그 앞을 막고 있으니까요. 이 상황의 역학 관계를 모두 알고 계시리라 생각합니다."

"협상이 어떤 식으로 흘러갔을지 상상할 수 있을 겁니다. 욕설도 오갔겠죠." 보르나도 애널리스트 알렉스 골드파브Alex Goldfarb가 말했다.

분쟁은 그해 연말이 가까워질 때까지 해결되지 않았고, 로스의 보르나도는 1억 9천4백만 달러라는 기액을 지불하고 바넷의 엑스텔로부터 해당 블록에 있는 별도의 작은 구획과 공중권을 매입하기로 했고, 바넷은 주차장에 대한 권리를 포기하기로 합의했다. 두 개발업자는 각자가 계획했던 타워의 위치를 서로 반대 방향으로 약간씩 이동시켜 일부 조망이 부분적으로 가려지더라도 두 타워 모두 더 나은 전망을 확보하는 데 동의했다. 실제로 두 타워의 건설사였던 렌드리스Lendlease는 실제로 두 건물 사이의 거리가 너무 가까워 타워크레인이 부딪치지 않도록 특별한 전자 통신 시스템을 고안해야 했다.

바넷은 강경한 수단을 썼지만, 로스를 적으로 만들 의도는 없었다. 바넷은 오랫동안 보르나도의 수장인 로스의 거래 능력을 존경해 왔다. 결국 이것은 사업일 뿐이었고, 바넷은 일이 좋지 않게 끝나는 것을 원하지 않았다. 그래서 바넷은 자신과 로스가 둘만 저녁 식사를 하는 조건으로 합의했다.

연말이 다가오자 두 사람은 노출 벽돌과 흰색 식탁보가 인상적이고 로마네스크 양식의 벽화가 있는 어퍼 이스트사이드의 코셔 이탈리안 레스토랑 테베레에서 식사를 했다. 로스는 곧 그날의 구호를 바넷에게 전했다. "내 돈을 잘 관리하세요, 개리." 합의와는 거리가 먼 대화를 해도 로스는 이 말을 주문처럼 여러 번 반복했다. "내 돈을 잘 관리하세요, 개리." 그는 거래에 대한 집착을 내려놓지 못한 듯했다.

저녁 식사를 마친 후 바넷은 식당 옆에서 세워둔 자신의 차로 향하는 로스의 모습을 지켜보았다. 차에 타기 전 로스는 마지막으로 한 번 더 뒤를 돌아보았다.

"'당신' 돈을 잘 관리하세요, 개리."

바넷에게는 업계에서 까다롭기로 소문난 딜 메이커가 은혜를 베푸는 순간처럼 보였다.

9장

그림자를 드리우다

 2012년 10월 29일 오후, 개리 바넷은 가족과 함께 퀸스에 있는 자신의 소박한 집에 숨어 있다가 어쩔 줄 몰라 하는 엑스텔 임원 한 명의 전화를 받았다. 바넷은 허리케인 샌디에 대비하던 북동부 전역의 5천만 명이 넘는 사람 중 한 명이었다. 거대한 폭풍이 상륙 예상 진로인 뉴욕시를 향해 북쪽으로 돌진하고 있었다. 당국은 시 전역의 지하철과 철도 서비스를 중단할 계획을 발표했고, 마이클 블룸버그 시장은 뉴욕 주민에게 물품을 비축하고 집에 머물라고 지시했다.
 경고를 들은 바넷은 도시 전역의 현장에서 진행 중이던 공사를 중단하고 퀸스에 있는 집으로 돌아가 폭풍을 지나가기를 기다렸다. 그런데 수화기 너머의 임원이 지금 그에게 텔레비전을 켜날라고 간정하고 있었다.
 텔레비전을 본 바넷은 간담이 서늘해졌다.
 거의 모든 뉴스 채널이 원 57 이미지를 송출하고 있었다. 뉴스 캐스터가 숨 가쁘게 위태로운 상황을 전했다. 건설 현장의 크레인 붐*이

도로 위 1천 피트(약 305미터) 상공에 꺾인 채로 위태롭게 매달려 있었다. 구겨지고 휘어진 크레인은 바람에 뒤틀리며 금방이라도 부러져 땅으로 떨어질 것만 같았다.

바넷은 머릿속이 복잡해졌다. 거대한 크레인이 쓰러지면 어떤 것을 쓰러뜨릴까? 거리에 잔해가 쏟아져 내리면 대규모 인명 피해가 발생할 수도 있었다. 게다가 57번가 아래에는 천연가스 본관이 묻혀 있었다. 크레인이 주 배관 위로 떨어지면 배관이 폭발할까?

갑자기 바넷의 휴대전화가 다시 울렸다. 마이클 블룸버그 시장이었다.

"개리, 어떻게 된 일입니까?" 시장이 물었다.

바넷은 답하지 못했다. 그는 시장에게 폭풍이 오기 전에 원 57 건설을 담당하는 렌드리스의 고위층과 이야기를 나눴고, 모든 장비가 안전하다는 보장을 받았다고 말했다. 폭풍으로 인해 큰 사고가 발생할 수도 있음을 알았던 작업자들은 크레인이 바람에 저항하는 게 아니라 바람과 함께 움직이도록 약 60도 정도의 안전한 각도로 크레인을 조정했다. 더 낮은 각도로 조정해야 했던 걸까?

바넷은 지금은 억측할 때가 아니라는 것을 알아차렸다. 그는 시장에게 도로를 폐쇄하고 주변 건물에 있는 사람들을 대피시키고 전기, 가스 등을 차단해야 한다고 말했다. 그러나 시장은 이미 조처하고 있으니, 그건 신경 쓸 문제가 아니라고 했다. 인근 아파트 주민들은 단 몇 분 만에 소지품을 최대한 챙겨 대피했지만, 폭풍우 속에서 갈 곳이 마땅치 않은 사람들이 많았다. 도로는 폐쇄되고 지하철은 운행이 중단된 상황에서 주민들은 친구나 가족의 집이나 지역 호텔로 데려다

---

* boom. 화물을 들어 올리는 크레인의 팔 부분

줄 택시를 찾기 위해 걸어서 이동해야 했다.

인근 협동조합 건물인 알윈 코트에 거주하는 작가 마이클 그로스 Michael Gross는 「뉴욕 타임스」에 이 사태에 대해 이렇게 썼다. "그날 저녁, 20분이 주어졌다는 안내를 받은 아내와 나는 급하게 챙긴 여행 가방과 젖은 반려견을 데리고 센트럴파크 남쪽으로 내려가 우리에게 도움을 주기로 한 친구의 집을 향해 걸어갔다. 임대료 규제가 적용되는 아파트에 사는 우리 이웃 중에는 유명인부터 침대에 누워 지내는 95세 노인에 이르기까지 운이 좋지 않은 사람도 있었다. 적어도 한 명은 대피소에 머물러야 했다."

허리케인이 휘몰아치자, 렌드리스와 시 관계자들이 시속 90마일(약 145킬로미터)로 부는 강풍과 쏟아지는 비를 맞으며 계단을 통해 건물 위층으로 올라가 상황을 파악했다. 소방관들은 이미 위층에서 흔들리는 붐을 살펴보고 있었다. 곧바로 차를 몰고 시내로 들어간 바넷은 통제선 가장자리에 서서 피해가 심각해 보이는 건물을 살폈다. 크레인이 휘청거리면서 건물의 유리 커튼월 여기저기가 부서졌고 그 파편이 바닥에 떨어져 있었다.

결국 허리케인 샌디는 뉴욕 시민 40여 명의 목숨을 앗아갔고, 주택 수천 채를 파괴했으며, 수백만 명은 정전 상태로 생활해야 했다. 원57 건설을 위한 크레인의 붐이 건물 측면에 완전히 고정되고, 인근 도로가 다시 개통되기까지는 거의 일주일이 걸렸다. 붐을 내리기 위해 도르래에서 작동하는 일종의 고층 선물용 엘리베이터인 타워 리프트에서 붐을 여러 조각으로 나누어야 했다.

이후 바넷은 보험사가 보상을 거부한 탓에 이 사고로 엑스텔이 '수백만 달러'의 손해를 입었다고 했다. 취리히 보험 그룹Zurich Insurance Group의 보험약관에는 프로젝트의 영구적인 일부가 되지 않는 '계약자의 도구, 기계, 플랜트 및 장비'와 관련된 모든 손실에 대한 보상을 제외하는 제외 조항이 포함되어 있었다. 다시 말해, 크레인이 문제였다는 것이다. 설상가상으로 엑스텔은 이후 수개월 동안 도로 폐쇄로 인한 일시적 이전과 관련된 손실을 이유로 인근 건물의 주민과 회사로부터 소송을 당하게 되었다.

바넷은 크레인 사고를 판매가 감소하기 시작한 순간, 즉 원 57의 운명이 뒤바뀐 전환점으로 봤다. "우리는 빛을 잃었습니다. 사람들은 '아, 저게 크레인 건물이구나'라고 말했죠. 전혀 좋은 마케팅이 아니었죠. 시장에 다시 진출했을 때는 회복하기가 더 어려웠습니다."

・・・

1년이 넘는 기간 동안 원 57은 이 동네의 유일한 사냥감이었다. 2013년이 되자 432 파크 애비뉴의 분양이 임박했다는 이야기가 나오면서 또 다른 사냥감의 등장이 분명해졌다.

그해 봄, 엑스텔은 원 57의 70퍼센트가 분양되었다고 발표했다. 겉으로 보기에 이 발표는 엑스텔의 승리처럼 보였을지 모르지만, 사실상 경영진은 새로운 현실에 직면하고 있었다. 분양률이 점점 저조해졌다.

크레인 사고는 문제의 일부분에 불과했다. 중개인들에 따르면, 남아 있는 매물이 건물에서 가장 팔기 어려운 아파트였다고 한다. 초기 구매자 중 상당수가 센트럴파크의 탁 트인 전망을 감상할 수 있는 건물 상부의 전 층 아파트를 선호했다. 남은 매물은 센트럴파크 남쪽에 있는 에식스 하우스 호텔 타워에 의해 전망이 가려지는 저층과 중간층이었다. 원 57이 센트럴파크 '위로' 우뚝 솟아 있긴 하지만, 공원과 맞닿아 있는 건물은 아니었기 때문이다. 이런 가격대의 아파트에서 다른 건물의 뒷면을 보고 싶어 하는 구매자는 없었다.

영업 팀은 시장이 처음에 생각했던 것만큼 끝없이 크지 않을 수 있다는 사실을 금방 깨달았다. 과연 이 가격의 아파트를 구매할 수 있는 억만장자가 얼마나 있을까? 안타깝게도 바넷은 현실을 제대로 파악하지 못한 듯했다. 그는 남은 아파트의 가격을 더 올리려고 했다.

원 57의 영업 담당자였던 에밀리 서틱은 전망이 좋지 않은 아파트의 가격을 올리면 판매에 지장이 있을 거라고 바넷에게 말했다.

바넷은 상관없다고 했다. 구매자가 와서 협상하면 된다고 했다. "저는 '개리, 고객들은 가격이 너무 높다고 생각할 테니 우리가 먼저 고객들을 문 앞까지 끌어들이지 못하면 협상도 제안을 없을 거예요'라고 했죠. 아주 솔직하게 한 말이었고, 제 생각은 맞았습니다." 서틱이 회상했다.

몇 달이 지나자 집을 보러오겠다는 약속이 줄어들었다. 사무소의 전화기가 드문드문 울렸고, 아파트를 보러 오는 사람들 사이에 공백도 길어졌다.

숫자에 능통했던 바넷은 매일 전화로 영업하기를 고집했는데, 영업 활동이 감소하는 상황에서 영업 사원에게는 고통스러운 일이었다. 바넷은 팀원들이 맡은 건을 교차로 검토하고, 그때그때 즉석에서 수치의 근거를 분석하고, 비슷한 매출을 인용하거나, 제곱피트당 가격을 계산해 달라고 요청하기도 했다. 그는 핵심적이고 중요한 정보를 간결하게 설명해 주기를 원했고, 상황한 설명이나 불필요한 이야기를 하는 건 좋아하지 않았다.

2013년에 경쟁자가 등장하면서 엑스텔 영업 팀은 새로운 타워와 비교해 자사 건물의 강점과 단점을 평가하고 판매를 개선할 방법을 찾아야 했다. "432 파크는 매우 강력한 경쟁 상대였어요. 많은 경우 우리 아니면 저쪽이었죠."

432 파크가 위치한 호화로운 파크 애비뉴에 비해 57번가는 저급한 느낌이 들었기 때문에 원 57의 영업 팀은 이 지역의 높은 가격대를 형성하는 데 기여한 15 센트럴파크 웨스트와 타임 워너 센터가 원 57에서 더 가깝다는 점을 강조했다. 또 432 파크에는 호텔 시설이 없는 반면, 원 57 입주자들은 파크 하얏트 호텔의 편의시설을 이용할 수 있다는 점도 강조했다. 이 점이 특히 뉴욕을 방문했을 때 상시적인 도움을 받을 수 없는 소규모 아파트 소유주에게 어필할 수 있다고 생각했다.

그런데 다른 문제가 또 있었다. 원 57의 완공이 가까워지자 더 이상 평면도나 렌더링, 상상력을 바탕으로 한 환상을 팔 수 없게 된 것이다. 건물은 실재하는 현실이었다. 구매자가 입주할 준비가 된 매물을 보여주는 것은 도움이 되었지만, 공사 장비로 전망이 일부 가려진 미완성된 매물을 보여주는 것은 이상적이지 않았다.

완공에 가까워지자, 디자인 팀 역시 더 이상 디자인과 관련된 비판을 무시할 수 없었다. 영국식 오크 패널과 플루트 기둥, 하늘로 이어진 듯한 타원형 천장 등 콘도미니엄이라기보다는 성당 내 성소처럼 보이는 15 센트럴파크 웨스트의 호화로운 로비에 비해 어두운 래커로 마감한 원 57의 로비는 차갑고 어두워 작아 보인다고 걱정했다. 서틱은 이 로비를 피해 가려고 고객을 데리고 호텔 로비로 들어간 다음 뒤편에 있는 복도를 통해 건물 안으로 들어가기도 했다.

렌더링이 처음 공개되었을 때부터 의견이 분분했던 파사드 역시 건물 완공이 임박한 시점이 되자 더욱 문제시되었다. 드 포르잠파르크의 독특한 파란색 폭포 디자인이 모든 사람에게 매력적으로 느껴지는 게 아니라는 점도 분명해졌다.

2014년, 부동산 블로그인 커브드는 원 57을 '올해 최악의 건물'

로 꼽았다. 블로그는 『뉴욕』 매거진의 저스틴 데이비슨Justin Davidson이 "어설프게 화려하다"고 평가한 것을 비롯해 여러 곳의 건축 리뷰를 인용했다. 「뉴욕 타임스」 평론가 마이클 키멜먼Michael Kimmelman은 "검버섯처럼 색이 칠해진 판유리가 파란색 아이섀도우 같은 유리를 덮은 촌스러운 건물"이라고 묘사했다.

그는 "개리 바넷 씨, 크고 못생긴 파란색 타워를 만드느라 수고하셨습니다"라는 말로 글을 마무리했다.

바넷의 가장 악명 높은 비평가 중 한 명도 이에 동의하는 듯했다. 도널드 트럼프는 자신의 트위터에 "원 57은 내가 본 건물 중 가장 못생긴 건물로 꼽을 만하며, 특히 그 외피는 정말 못생겼다"고 비판했다.

원 57을 비판한 사람 중 가장 눈에 띄는 사람은 바로 원 57의 건축가였다. 당시 상황을 잘 아는 사람들에 따르면 드 포르잠파르크는 완성된 건물의 모습에 불만을 품고, 바넷과 엑스텔이 건물의 '폭포수' 외관에 자신이 추천한 것보다 저렴한 유리를 사용해 질을 포기하고 비용을 절감했다고 비난했다고 한다. 분양을 개시한 직후, 그는 건물에 대한 언론의 취재 요청을 대부분 거절하고 인터뷰 요청도 거부한 채 이례적으로 조용히 지냈다.

드 포르잠파르크는 공개적으로 자신의 실망감을 드러내지 않았지만, 바넷은 건축가가 건물과 거리를 두는 데 불쾌감을 느낀 것이 분명했다.

"저는 '「뉴욕 타임스」 건축 평론가에게 나쁜 평을 받아서 도망치는 것이 아니냐, 평론가는 언제나 의도를 품고 있는 사람이다'라고 말했죠. 드 포르잠파르크는 부를 자랑하는 건물을 싫어했어요. 그런데 '아뇨, 그건 아닙니다'라고 하더군요." 나중에 바넷이 회상했다.

건축 평론가만 이 건물에 관심을 보인 것은 아니었다. 원 57의 완공이 가까워지자 뉴요커는 이 거대한 새 타워를 주목하기 시작했고, '억만장자 빌딩'이라는 별칭으로 부르기도 했다. 택시 기사와 미드타운의 직장인은 아파트 가격에 대해 떠들어댔고, 이야기는 그 자체로 생명력을 얻었다. '러시아 사람들 돈이야.' '구매자가 전부 중국인이래.' '거기에는 아무도 살지 않는대.' '사우디 왕자가 펜트하우스를 샀어.' '아냐, 카타르 왕족이 산 거야.' 아무도 사실과 허구를 구분하지 못하는 듯했다.

바넷은 건물을 둘러싼 소문을 듣고 당황했다. 외국인 부자들이 어둡고 텅 빈 아파트에 현금을 숨겨둔다는 소문이 돌자, 사실관계를 바로잡고 싶었다. 어쨌든 건물에서 가장 비싼 아파트의 구매자인 마이클 델은 미국인이었다. "우리는 이 사실을 몹시 알리고 싶었습니다." 나중에 바넷이 한 말이다. 하지만 구매자와 거래에 관한 기밀을 유지하기로 한 약속을 지키기 위해 입을 다물었다.

빈부 격차가 심한 도시에서 억만장자들을 위한 고급 관람석은 동경의 대상인 동시에 혐오의 대상이었다. 어떤 사람들에게는 당국에서 시공을 막아야 했던 눈엣가시였다. 주택 부족과 노숙자 위기가 계속되고 있는 상황에서 많은 뉴욕 시민에게 이 빌딩에 쏟아지는 부의 규모는 터무니없어 보였다. 뉴욕의 보호소들은 2013년 말 사상 최대 숫자인 5만 2천 명을 수용하면서 한계점에 도달했는데, 그중 2만 2천 명이 어린이였다.

• • •

그림자 문제도 있었다.

2013년 10월, 저널리스트 워런 세인트 존Warren St. John은 「뉴욕 타임스」에 75층짜리 원 57이 센트럴파크에 드리운 그림자를 비난하는 사설을 기고하면서, 공원 남쪽 끝의 놀이터 방문객들이 한낮의 햇빛을 차단당하고 있다고 지적했다. 센트럴파크 남동쪽 모퉁이 근처에 432 파크가 세워지자, 공원에서 볼 수 있는 햇빛과 푸른 하늘이 줄어들고 있었다. 세인트 존은 해당 거리에 더 많은 신축 건물이 들어서기로 예정되어 있지만, 이렇게 변하고 있는 미드타운 스카이라인에 대해 알고 있는 뉴요커는 거의 없다고 경고했다. "반대는커녕 공개적인 토론조차 없는 상황이다."

대중이 당시 벌어지고 있던 일에 무지했던 이유는 지을 수 있는 건물에 대한 통제권이 당국에 거의 없다는 사실과 관련이 있었다. 세인트 존은 개발업자가 필요한 부지와 공중권과 개발권을 확보하기만 하면 해당 지역의 토지 용도 지정법에서 허용하는 높이만큼 건물을 지을 수 있다는 '정당한' 건물 관련 규정을 악용하고 있다고 주장했다. 이론적으로 57번가의 모든 건물은 건축에 적용되는 조닝* 규정이 공개 토론의 대상이었기 때문에 대중의 의견을 수렴해야 했다. 그러나 대중에게는 건물이 실제로 어떤 모습으로 지어질지에 대해 의견을 제시할 기회가 전혀 없었다.

환경 평가나 공공 협의도 요구되지 않았고, 뉴욕시가 건물 설계에 개입할 수 있는 권한도 없었다. 또 대부분의 신축 건물이 초고층 건물의 건축을 허용하는 특별 용도 제한 규정이 적용되는 미드타운 특별 지구에 위치했다.

세인트 존과 같은 비평가들이 공개적으로 비판하는 목소리를 높이

---

* zoning. 도시 계획이나 건축 설계에서 공간을 사용 용도와 법적 규제에 따라 기능별로 나누어 배치하는 일

자 억만장자 거리가 널리 알려지면서 갑자기 열띤 공개 토론의 주제가 되었다. 그리고 원 57을 세우고 곧 두 번째 타워를 세우려 했던 바넷은 좋든 나쁘든 이러한 현상을 대표하는 얼굴이 되었다.

바넷이 탐욕스러운 개발업자로 낙인찍힌 것은 이번이 처음이 아니었다. 전년도에 그는 리버사이드 대로에서 개발 중이던 건물에 저렴한 아파트의 임대 세입자와 고급 콘도 구매자들이 드나드는 출입구를 별도로 설치한 뒤 부정적인 헤드라인을 연달아 장식한 바 있었다. 언론은 바넷이 세입자를 위해 설치한 출입구를 '가난한 문'이라고 불렀다.

바넷은 본질적으로 평범한 재정적 결정을 언론이 과장한 것일 뿐이라고 말하며 자신의 결정을 정당화했다.

"그 저렴한 아파트에 사는 주민 수천 명에게 물어보세요. 그들은 전혀 신경 쓰지 않아요." 바넷은 뉴욕 공영 라디오 방송 WNYC와의 인터뷰에서 이렇게 말했다.

• • •

그림자를 드리우는 문제에서 원 57이라는 건물 하나가 미치는 영향은 그다지 크지 않았을지 모른다. 하지만 비평가들은 원 57이 선례를 만들어 향후 센트럴파크 여기저기에 생길 마천루가 하늘을 가리고 회전목마, 야구장, 센트럴파크 동물원과 같은 랜드마크에 온종일 그림자를 드리우는 미래를 불러올 수 있다고 우려했다.

2013년 지역미술협회Municipal Arts Society, MAS가 발표한 보고서에 따르면, 바넷이 억만장자 거리에 두 번째로 건설할 예정인 타워(주차장 논란을 겪었던 타워)의 경우 특정 조건이 만들어지면 4천 피트, 즉 1.2킬로미터까지 그림자를 드리울 수 있는 것으로 나타났다. MAS로 알려진 강력한 로비 단체인 지역미술협회는 라디오 시티 뮤직홀이나 그랜드 센트럴 터미널과 같은 뉴욕시의 랜드마크가 철거되는 것을 막는 데 기여한 단체였다.

지난 수십 년간 센트럴파크를 그림자로부터 지켜낸 경험도 있었다. 1987년, 콜리세움을 철거하고 58층과 68층 높이의 타워 한 쌍을 세우는 계획이 제출되었을 때, MAS는 뉴욕시에 소송을 제기했다. 이 계획이 지역사회에 미치는 영향은 고려하지 않고, 일반적으로 허용되는 기준보다 더 큰 건축물을 지을 수 있도록 혜택을 주었다는 것이 MAS의 주장이었다. MAS는 개발 이후에 그늘이 드리워지게 될 구역에 대한 관심을 촉구하기 위해 약 1천 명의 시위대가 검은 우산을 들고 공원으로 흩어지는 '그림자에 맞서다Stand Against the Shadow'라는 행사를 주최하기도 했다. 시위대는 콜럼버스 서클 입구에서 공원 69번가와 5번 애비뉴까지 인간 사슬을 만들고 우산을 하나씩 들어 올리는 극적인 장면을 연출했다.

MAS 이사 중 한 명이었던 전 영부인 재클린 케네디 오나시스Jacqueline Kennedy Onassis는 "사람들은 도시가 태양과 빛, 깨끗한 공기와 공간, 공원을 보호하는 역할을 하기를 바랍니다. 이는 도시 생활의 스트레스를 이기는 데 필수적인 요소입니다"라고 말했다.

그림자를 둘러싼 오랜 논쟁에서 제기된 이슈는 흥미로운 질문을 남겼다. 초고층 타워로 인해 뉴욕의 스카이라인이 돌이킬 수 없을 정도로 바뀌게 된다면, 뉴욕 시민도 건설되는 건물에 대해 어느 정도 발언할 수 있어야 하지 않은가? 이 건물들의 가시성을 고려하면, 어느 정도는 모든 뉴요커의 재산이 아닌가? 건물 디자인 역시 모든 뉴요커의 문제가 아닌가?

일반인은 억만장자 거리에 새롭게 건설된 메가타워에 접근할 수 없었다. 전망대나 고층에 위치한 윈도스 온 더 월드*와 같이 대중에게 공개된 공간은 개발 계획에도 반영되지 않았다. 일반 뉴요커들이 지나칠 수 없는 눈에 띄는 건물이 될 예정이었지만, 금지된 구역이 될 터였다.

억만장자 거리에 들어설 타워 중 극소수만이 시로부터 추가적인 설계 심사를 받았다. 그중 하나는 건축가 장 누벨Jean Nouvel과 부동산 개발 업체 하인즈Hines가 뉴욕 현대 미술관과 인접한 53 웨스트 53번가에 건설을 계획한 타워로, 개발 업체가 해당 구역의 토지 용도 지정법 변경을 요청했기 때문에 도시계획위원회에 심사를 받아야만 했다. 당시 마이클 블룸버그 시장의 오랜 측근이자 계획위원회 위원장인 어맨다 버든Amanda Burden은 금발에 단발머리를 한 우아하고 마른 체형의 여성으로, 개발 업체가 제출한 타워의 높이를 기각했다. 이는 안테나를 뺀 엠파이어스테이트빌딩과 같은 약 1,250피트(약 381미터)였다. 그녀는 철제가 거미줄처럼 건물을 감싸는 디자인을 마음에 들어 하지 않았다. 버든은 개발 팀이 엠파이어스테이트빌딩만큼, 혹은 그보다 더 위대한 건축물을 설계하는 데 실패했기 때문에 이 프로젝트는 승인할 가치가 없다고 말했다. 그 결과로 건물 상단부 2백 피트(약 61미터)가 잘려 나갔는데, 사실상 억만장자 거리에서 하늘을 향해 펼쳐지던 경주에서 실격 처리된 셈이었다.

도시계획위원회의 판결은 필연적으로 반발을 불러일으켰고, 이는 「뉴욕 타임스」에서도 재현되었다. 「뉴욕 타임스」의 건축 평론가 니콜라이 오로소프Nicolai Ouroussoff는 어맨다 버든이 "미드타운의 스카이라인을 박물관의 유물로 취급하는 충격적인 행위"를 했다고 비난했다.

* 세계무역센터 고층에 소재했던 레스토랑

"대공황기에 지어진 엠파이어스테이트빌딩과 크라이슬러 빌딩은 모두 당시 뉴욕의 강인함을 상징하는 건물로 명성이 높았다. 그런데 오늘날 현시대의 어떤 것도 과거에 필적할 수 없다고 생각하는 일부 사람 때문에 최근에 본 마천루 중 가장 매혹적인 디자인을 지닌 마천루, 두 빌딩을 대체할 수 있는 대안이 사라질지도 모르는 지경이 됐다. 이러한 사고방식이 자리 잡으면, 살아 있는 도시가 무덤으로 바뀌어 버릴 위험이 있다."

어떤 결과가 나오든 누군가는 불만을 가질 것 같았다. 이후 출간한 보고서에서 MAS는 대중이 방심한 사이 억만장자 거리에 초고층 빌딩이 너무 빠른 속도로 개발되고 있다고 경고하며, 개발의 영향을 더 깊이 고려할 수 있도록 센트럴파크와 같은 주요 공개 공지 주변의 구역을 재평가하라고 촉구했다. 또한 개발업자들이 인근 부동산의 공중권을 사들여 토지 용도 지정법을 창의적으로 회피함으로써 작은 부지에 크고 좁은 건물을 짓는 일이 가능하기도 전에 작성된 반세기 전의 법을 악용하고 있다고 주장했다.

보고서를 쓴 저자는 개발업자들이 용적률에 포함되지 않는 빈 층을 지음으로써 건물 높이를 제한하도록 설계된 규제를 우회해 건물을 더 높게 건축하고 공원 전망을 극대화했다고 주장했다. 예를 들어, 432 파크 애비뉴는 총 19층 높이에 해당하는 기계를 위한 공간과 구조상의 공간이 존재하며, 이 중 10개 층은 와류 배출이나 공기역학적 목적으로 설계되었나. 이로 인해 타워의 높이가 313피트(약 95미터)가 더 높아졌고, 이 높이는 용도 지역 면적 계산에서 제외되었다고 보고서는 밝혔다.

도시계획위원회 협회장인 엘리자베스 골드스타인Elizabeth Goldstein은 보고서에 이렇게 썼다.

"이러한 개발이 야기하는 문제들을 해결하지 못한다면, 우리의 도시는 주민이 마땅히 누려야 할 것보다 더 어둡고, 음산하고, 궁핍한 도시, 평범한 뉴욕 시민은 살 수 있는 아파트가 없고 얼굴 없는 기업들이 텅 빈 투자용 부동산을 비축하는 도시가 될 것이다."
이 논쟁은 단순히 그림자에 관한 것이 아니었다.

• • •

바넷은 억만장자 거리를 개척한 사람으로서 금전적인 이득을 얻었지만, 당국을 포함한 많은 뉴욕 시민이 스카이라인을 바꿔버린 자신에게 적대감을 느낀다는 것을 의식하고 있었다.

개발 업체와 시 당국 간의 미묘한 관계를 잘 아는 바넷은 좋은 관계를 유지하고자 2014년 2월 초고층 빌딩을 둘러싼 문제를 논의하는 토론에 참여하기로 동의했다. 바넷은 저널리스트 세인트 존, 랜드마크 컨서번시Landmarks Conservancy의 회장 페그 브린Peg Breen, MAS의 전무이사인 마거릿 뉴먼Margaret Newman 등 자신을 비방하는 사람들 앞에서 초고층 건물에 대한 의견을 발표할 예정이었다. 오랫동안 기억에 남을 만한 보존론자 대 개발업자의 대결이었다.

관심은 뜨거웠고 4백여 명의 인파가 몰려들면서 결국 토론 장소는 143석 규모의 뉴욕 아트 디자인 박물관 극장에서 30피트(약 9미터) 높이의 웅장한 타원형 유리 돔과 드라마틱한 왕관 모양 아치로 장식된 뉴욕 공공 도서관의 셀레스트 바르토스 포럼으로 옮겨졌다. 마침내 대중이 초고층 빌딩들이 도시의 전망을 영영 바꿔버릴 것이라는 사실에 눈을 뜨기 시작한 듯했다.

홍보 팀은 토론에 참여하지 말라고 조언했지만, 늘 이성적인 주장을 믿어온 사람으로서 비우호적인 청중 앞에 앉게 되더라도 토론에 참여하기로 결정했노라고 바넷은 말했다. 이후에 그는 이렇게 말했다. "반대 의견을 가진 사람들에게 이성적으로 말하지 않으면 상황을 바꿀 수 없습니다. 사람들은 무지합니다. 햇빛이 차단되고 부자들이 세상을 지배할 것이라는 구호만 듣고 그것이 옳다고 생각하죠. 사실을 바로잡아 주는 사람이 없으면 이해하지 못합니다."

토론에서 세인트 존과 다른 활동가들은 바넷의 건물에 대한 소송 내용을 깔끔하게 정리했다. 세인트 존은 열변을 토하며, 65번가 근처 센트럴파크에 있는 헥셔 놀이터에 딸을 데리고 갔는데 날씨가 갑자기 쌀쌀해졌다고 「뉴욕 타임스」 기고문에 쓴 비판을 제기했다. 그는 원 57이 놀이터 위로 그림자를 드리우자 모두가 자리를 떴다고 했다.

자신의 차례를 기다리던 바넷은 자신의 트레이드마크인 검은색 터틀넥에 무테안경을 쓰고 연단에 올라 관중을 향해 변호를 펼쳤다.

"저는 고생을 사서 하는 개리 바넷입니다." 그가 말하자 관중들이 던지는 야유 속에서 낄낄거리는 소리도 약간 들렸다.

바넷은 반론을 제기했다. 그는 고층 빌딩들이 일자리를 창출하고, 크고 날씬한 빌딩이 작고 두툼한 빌딩보다 낫다고 했다. "작고 미세한 그림자가 생길 가능성이 뉴욕 시민들에게 더 나은 삶을 살 수 있는 기회를 줄 가능성보다 중요합니까?" 바넷이 물었다.

"높고 얇은 건물이 드리우는 그림자, 즉 건물 대부분이 드리우는 그림자는 매우 짧습니다. 10분 정도면 사라지는 그런 그림자는 공원의 동식물에 부정적인 영향을 미치지 않습니다. 공간과 시간의 관점에서 볼 때, 그림자가 공원에 미치는 실질적인 영향은 기껏해야 1~2퍼센트에 불과합니다."

그러나 주로 보존론자, 정치인, 도시계획 전문가, 지역 커뮤니티 위원회 위원으로 구성된 군중은 바넷이 하는 말을 믿지 않는 듯했다. 어퍼 웨스트사이드를 대표하는 린다 B. 로즌솔Linda B. Rosenthal 하원의원이 말했다. "이 건물들은 개발업자들에게 많은 돈을 벌어다 줄 것입니다. 그리고 그것은 그들의 권리입니다. 하지만 우리도 무언가를 받아야죠."

• • •

바넷의 명성이 뉴욕 타블로이드의 진흙탕 속으로 곤두박질치는 와중에 그림자 논쟁은 그에 대한 대중들의 인식을 더욱 악화시켰다. 이모든 것은 지난봄, 「뉴욕 데일리 뉴스」에 그의 이름이 실리면서 시작된 것이었다.

'우뚝 솟은 모욕.' 2013년 6월, 뉴욕에서 '고향의 신문'으로 불리는 「뉴욕 데일리 뉴스」에 반짝이는 원 57의 사진과 함께 실린 헤드라인이었다.

편집 팀이 작성한 기사는 엑스텔이 뉴욕시 421-A 세금 감면 프로그램(뉴욕시 개발업자에게 저렴한 주택 건설 자금을 지원하는 대가로 프로젝트에 대한 세금 감면을 허용하는 주 프로그램)을 이용한 것을 문제 삼았다. "엑스텔 개발은 13억 달러를 들여 6번 애비뉴와 7번 애비뉴 사이에 「뉴욕 타임스」가 '글로벌 억만장자들의 클럽'이라고 부르는 1,004피트(약 306미터) 높이의 첨탑을 세우고 있다. 납세자인 당신이 프로젝트에 수천만 달러의 보조금을 지원하고 있다." 기사는 엑스텔이 세금 감면 프로그램에 포함된 것이 올버니*에서 이루어진 미스터리한 뒷거래 덕분이라고 주장했다. "원 57은 공공 자금이 남용되는 전형적인 사례다."

---

* Albany. 뉴욕시 주도

한 달도 채 지나지 않아 「뉴욕 데일리 뉴스」에 두 번째 사설이 실렸다. 개발업자들 사이에서 인기가 많은 인물인 앤드루 쿠오모Andrew Cuomo 주지사가 421-A 프로그램을 허용하는 법안에 서명하기 며칠 전에 바넷의 엑스텔이 주지사에게 기부한 사실과 관련해 새롭게 구성된 주 부패방지위원회인 모어랜드 위원회에 조사를 요청하는 내용이었다. 「뉴욕 데일리 뉴스」는 2013년 1월 말 올버니에서 세금 감면 혜택이 포함된 주택 법안이 통과된 바로 그날, 엑스텔과 관련된 기업들이 주지사 선거 운동에 5만 달러를 기부한 사실과 법안이 통과된 지 3주도 되지 않아 앤드루 쿠오모가 의제를 홍보하는 광고 자금으로 사용한 민주당 계좌에 1십만 달러를 입금한 사실을 지적했다.

"원 57에게 주어진 이 선물은 쿠오모의 모어랜드 법 위원회가 조사해야 할 모든 것을 갖춘 완벽한 사건이다. 대규모 선거 후원금, 은밀하게 활동하는 의원들, 부당한 혜택을 받는 특수 이익 단체, 속고 있는 납세자들"이라고 기사는 전했다.

위원회에서도 사설을 주목한 듯했다.

그해 여름, 뉴욕주 의원들이 잇따라 체포되는 가운데 공공 부패를 조사하기 위해 쿠오모가 직접 설립한 위원회로부터 엑스텔도 소환장을 받았다. 위원회는 세금 감면과 관련된 이메일, 엑스텔 경영진과 로비스트, 선출직 공무원이 주고받은 메시지 등 광범위한 자료를 요청했다.

논란이 된 421-A 세금 감면 프로그램은 새로 개발되는 토지에 대한 세금을 대폭 감면하여 활용도가 낮거나 사용하지 않는 토지의 개발을 장려하기 위해 제정되어 1971년부터 시행되었다. 당시 뉴욕시 당국은 뉴욕 주민들의 교외 이주와 씨름하면서 인플레이션과 임대료 안정화 법의 시행으로 인해 신규 주택 건설이 침체될 것을 우려했다.

이 프로그램은 저렴한 주택을 보급하기 위해 수십 년간 여러 차례 개정 및 재정비된 바 있었다. 한때 개발업자들은 두 가지 방법으로 감면 혜택을 받을 수 있었다. 저렴한 주택을 짓는 개발업자로부터 인증서를 구매한 뒤 그 인증서를 다른 프로젝트의 건설 비용을 줄이는 데 사용하는 것, 다른 하나는 자신이 짓는 건물에 저렴한 주택을 포함하는 것이었다. 후자는 80/20 프로그램으로 알려지게 되었는데, 개발업자가 저소득층에 건물의 20퍼센트를 할당해야 해서다. '가난한 문'을 등장하게 만든 바로 그 프로그램이었다. 인증서 제도는 2008년에 중단되었다.

421-A를 비판하는 사람들에게 원 57은 프로그램이 지닌 문제점을 물리적으로 드러낸 사례였다. 원 57이 세금 혜택을 받은 프로젝트를 대표하는 사례는 아니었지만, 엄청난 가격 탓에 큰 관심을 끌었다. 비평가들은 1억 달러의 아파트가 거래되는 억만장자 거리에 있는 건물에 어째서 10년간 6560만 달러의 보조금을 줄 필요가 있었는지 물었다. 또 그보다 효율적으로 저렴한 주택을 보급하는 방법이 많다고 주장했다.

2015년 뉴욕시 독립예산국Independent Budget Office, IBO이 원 57의 421-A 거래를 검토한 결과, 이 프로젝트가 받은 감면 혜택이면 브롱크스에 아파트당 9십만 5천 달러의 비용으로 66세대의 저렴한 주택을 지을 수 있는 것으로 나타났다. IBO의 추산에 따르면, 이는 나쁜 거래였다. IBO는 뉴욕시가 저렴한 주택을 짓는 개발사에 원 57에 지출된 보조금과 동일한 금액의 현금 보조금을 지급했다면, 가구당 17만 9천 달러의 비용으로 약 370개의 저렴한 주택을 지을 수 있었을 것이라고 주장했다.

그러나 구체적으로 살펴보면, 원 57을 둘러싼 논란의 핵심은 「뉴욕 데일리 뉴스」 사설이 기술한 것처럼 2013년 주 의원들이 2008년 이전 규정에 따라 (원 57을 포함한) 5개의 특정 프로젝트가 세금 감면 프로그램의 혜택을 받도록 허용한 것이었다. 이는 개발사가 자사 건물에 저렴한 주택을 포함하는 대신 저렴한 주택을 짓는 개발사의 인증서를 구매할 수 있다는 것을 의미한다. 당시 이 5개 프로젝트는 고밀도 지역에 위치했기 때문에 2008년 이전 규정을 적용받을 자격을 갖추지 못했었다.

421-A 세금 감면 프로그램의 혜택을 받은 결과, 원 57은 2014년과 2015년 구매자들에게 재산세를 95퍼센트 감면해 줄 수 있었다. 10년에 걸쳐 약 56.5퍼센트를 절감할 수 있었는데, 어떤 구매자에게는 수십만 달러에 달하는 금액이었다.

바넷은 공개적으로 모어랜드 위원회의 조사를 대수롭지 않게 취급했다. 주 공무원에게 기부하는 행위는 뉴욕에서 사업을 하는 사람이라면 누구에게나 지극히 합법적이고 당연한 일이며, 자신과 엑스텔이 법의 테두리를 벗어난 행위를 한 적이 없다고 주장했다. 프로그램을 승인해 준 것은 뉴욕시와 주정부라고 말이다.

"한밤중에 은밀히 이루어진 거래 따위는 없었습니다."

당시 주지사 대변인이었던 멜리사 데로사Melissa DeRosa는 「타임스 유니온Times Union」과의 인터뷰에서 1월 28일까지 수표가 들어온 기록은 없고, 실제로 기부금은 그달 초에 삭감되었으며, 주지사는 엑스텔에 혜택을 주는 조항이 있든 없든 해당 법안을 지지했을 것이라고 말했다.

소환장이 발부된 주에 바넷의 대변인은 「월스트리트 저널」에 회사가 "정부를 개선하려는 모든 기관에 전적으로 협조할 것"이라는 성명을 발표했다. 한편 바넷은 421-A와 관련된 서사를 밀어붙이고 있는 사람이 「뉴욕 데일리 뉴스」의 발행인이자 부동산 거물인 모트 주커만이라고 주장하며 동료 앞에서 분노했다. 나중에 바넷은 주커만이 자신에게 앙심을 품고 있었다며 "그것은 모트 주커만의 보복이었다"고 말했다.

금융 위기 이전에 주커만이 이끄는 보스턴 프로퍼티와 릴레이티드 컴퍼니Related Companies는 뉴욕 45번가와 46번가 사이 8번 애비뉴에 있는 극장 지구Theater District의 부지를 저렴한 가격에 매입해 오피스 타워를 건설할 계획이었으나 금융 위기가 발생하면서 관련 계약이 무산되고 말았다. 엑스텔은 보스턴 프로퍼티와 릴레이티드 컴퍼니가 프로젝트를 재개하기 전에 조용히 해당 부지에 대한 지분을 매입했다. 바넷에 따르면, 여전히 프로젝트를 추진하고 싶었던 주커만은 해당 프로젝트를 위한 공중권을 자신에게 판매했던 바넷이 그 공중권을 빼돌린 사실을 알게 된 후에 분노했다고 한다.

하지만 바넷에게 그것은 단지 사업일 뿐이었다. "뉴욕 부동산에 예약 스티커를 붙일 수는 없습니다. 부동산업계는 그런 식으로는 돌아가지 않으니까요. 당신이 자리를 비우면 다른 누군가가 그 자리를 차지하는 겁니다."

한동안 바넷은 주차장 사태 이후 로스와 함께 부지를 개발하려 시도한 것처럼 주커만과도 협력을 이야기했지만, 두 사람은 끝내 조건에 합의하지 못했다. 바넷은 주커만이 무시당했다는 느낌을 극복하지 못했다고 했다. 결국 2013년 새로운 421-A 법안에 따라 5개 프로젝트가 승인받았지만, 「뉴욕 데일리 뉴스」는 원 57에만 혈안이 되어 있었다. 아파트 가격에 쏠린 관심 때문이었을 수도 있지만, 바넷은 증거는 없으나 뉴스 발행인인 주커만이 기사를 밀어붙이고 있다고 생각할 수밖에 없었다.

"그는 원한을 품고 있었습니다. 제게 복수를 하고 있었던 겁니다."

바넷은 주커만에게 전화를 걸어 사설에 대해 정면으로 맞설지 생각했지만, 그보다 더 좋은 생각이 떠올랐다. "누군가가 저에게 '잉크*를 배럴 단위로 사는 사람과는 말다툼하지 말라'고 하더군요."

바넷은 걱정할 필요가 없었다. 모어랜드 위원회는 생긴 지 1년도 채 되지 않아 쿠오모 주지사가 활동에 개입했다는 의혹이 수차례 제기되면서 영구적으로 해산되었다. 해산 전인 2013년 12월에 발표된 예비 보고서에서 조사관들은 어떠한 추가 조사도 없이 421-A 프로그램의 연장에 부적절한 조치가 있었는지에 대한 결론을 내기에는 "아직 이르다"고 보고했다.

그러나 "기부자가 선거 캠페인에 매우 큰 금액의 후원금을 기부했고, 동일한 기부자가 혜택을 받은 정황은 부적절해 보이며, 선출된 대표자에 대한 대중의 신뢰를 약화시키는 것은 분명하다"라고도 기술했다.

◦ ◦ ◦

바넷은 이 모든 어려움에도 굴하지 않고 억만장자 거리에 전력을 다할 준비가 되어 있었다. 2012년 말, 그는 시장과 대중에게 역풍을 맞고 있는데도 억만장자 거리에 두 번째 타워를 지을 준비를 끝냈다.

그해 겨울, 엑스텔이 리버사이드 파크에 지을 두 번째 빌딩의 착공에 관해 이야기를 나누던 중, 콜코란 선샤인 사장 켈리 맥이 바넷에게 그 이유를 물었다. "개리, 당신은 방금 말 그대로 뉴욕에서 가장 성공적인 프로젝트를 완공했잖아요. 당신은 상황을 완전히 바꾸어 놓았

---

* 여기서 잉크는 언론을 가리킨다.

고 반대한 사람들이 틀렸다는 것을 증명했죠." 맥이 원 57의 성공을 언급하며 말했다. "그 부지를 다른 사람에게 팔면 어때요? 엄청난 돈을 벌고 끝낼 수 있을 텐데요."

바넷은 미소를 지으며 답했다. "좋은 생각인 것 같네요."

하지만 맥은 바넷이 절대 그렇게 하지 않으리라는 걸 알고 있었다.

몇 주 후 바넷은 백화점 체인 노드스트롬 백화점과 계약을 체결하고, 217 웨스트 57번가에 있는 자신의 새 건물에 4십만 제곱피트(약 11,241평), 7개 층 규모의 노드스트롬 백화점 뉴욕시 매장을 열게 된다. 해리 맥클로우가 원했던 거래였다. 노드스트롬이 건물 일부를 3억 달러가 넘는 금액에 매입하기로 합의하면서, 바넷은 새로 짓는 건물을 위한 자금의 토대를 마련할 수 있었다.

센트럴파크 타워로 알려진 이 건물은 세계에서 가장 높은 주거용 건물이 될 예정이었다. 바넷이 지은 원 57보다 높고, 해리 맥클로우의 432 파크보다도 높다. 스티븐 로스의 220 센트럴파크 사우스보다는 훨씬 높다.

억만장자 거리에서 그들은 이제 본격적으로 하늘을 향한 경주를 펼치고 있었다. 맥클로우는 타워의 남근적 성격을 인정하면서, 어느 정도 '남근 선망'에 의해 주도된 측면이 있는 경쟁이라고 말하기도 했다.

2부
난기류

10장

넘치는 돈

데이비드 주라시치David Juracich는 자신이 '넘치는 돈'을 가지고 있다는 사실을 알고 있었다. 그는 돈이 너무 많아서 어떻게 써야 좋을지 몰랐다.

멜버른 출신인 그는 금융업계에서 20년 가까이 이자율 스와프 거래 중개인으로 일하며 큰돈을 벌었다. 이자율 스와프는 주요 기업들이 미래의 금리 변동으로부터 이익을 보호하거나 얻을 수 있도록 설계된 금융 상품이다. 금융업계에서 가장 수익성이 높으면서 논란도 많은 분야 중 하나였다.

키가 크고 상냥하며 모래색 곱슬머리인 소년 같은 외모를 지닌 주라시치는 호주 조정 국가대표 선수 출신이었다. 그는 1990년대 대부분을 도쿄의 거래소에서 일본 트레이더들과 외국 시장을 잇는 전달자 역할을 하며 보냈다. 그는 이 시기를 상하이의 활기찬 1920년대와 비교하며 "엄청난 돈과 성장, 부유함이 넘치는 광란의 시기"로 묘사했다.

당시 주라시치는 도쿄 클럽의 단골손님이었고, 동료 트레이더들은 수년 동안 그의 익살스러운 행동에 대해 이야기를 나누었는데, 그 이야기는 각자가 더 기발한 이야기를 덧붙이면서 현실과 동떨어진 전설이 되었다. 일본에 온 첫날, 주라시치의 헤어스타일을 본 영국인 브로커가 '웨이비 데이브(곱슬머리 데이브)'라는 별명을 붙여주었고, 계속 그렇게 불리게 됐다. (일본 트레이더들은 그를 웨이비상さん이라고 불렀다.) 먼 거리를 이동해야 하는 주라시치의 업무 특성과 국제적인 자금 시장의 역동성 덕분에 주라시치가 어디를 가든 사람들은 그를 쉽게 기억했다. 스톡홀름에서 길을 걷고 있는데, 갑자기 누군가 "웨이비!"라고 외치고는 뒤셀도르프나 싱가포르의 바 또는 나이트클럽에서 만난 적이 있다는 사실을 상기시켜 주는 식이었다. 정작 주라시치는 잘 기억하지 못했다.

2003년에 중개 회사 트래디션Tradition에서 뉴욕으로 발령을 받았을 때, 주라시치는 도쿄에서 겪었던 시끌벅적한 경험과는 비교가 되지 않을 것이라 예상했지만, 직접 경험하자 놀라움을 금치 못했다. 그는 2000년에서 2009년 무렵까지 미국이 "스테로이드에 취한 것 같았다"고 말했다.

주라시치는 열심히 일하고 또 열심히 놀았지만, 뉴욕에서 파티를 즐기는 비용은 말도 안 되게 비쌌다. 그는 자선 무도회에서 수천 달러의 테이블 비용을 지불했고, 최고급 클럽에서 테이블 서비스를 받기 위해 엄청난 접대 비용을 써야 했다. "세계 어느 클럽이든 60~80달러 정도만 내면 입장할 수 있고 음료도 살 수 있어요. 그런데 여기서는 4천 달러짜리 테이블 서비스를 예약하지 않으면 아무 데도 들어갈 수 없습니다. 도저히 이해할 수가 없었어요. 돈이 넘쳐났던 거죠."

주라시치는 1990년대 중반에 놀리타(작은 이탈리아의 북쪽이라는 뜻)

로 이름이 바뀐 맨해튼의 트렌디한 스프링과 라파예트 애비뉴 모퉁이에 살았고, 매일 그곳에서 다운타운의 금융 지구에 있는 사무실까지 걸어서 갈 수 있었다. 그는 열심히 놀았지만 일 또한 열심히 했다. 매일 아침 4시 30분경에 출근해 저녁 6시 30분경에 퇴근했다. 부시 행정부와 오바마 행정부를 거치면서 부채 시장이 폭발적으로 성장했고, 수익성은 높지만 바쁘고 지치는 시기였다.

뉴욕을 돌아다니며 와인을 마시고, 식사하고, 파티를 즐기던 주라시치는 다음 커리어를 고민했다. 그는 마흔 살이 다 되어갔고, 정착할 생각을 하고 있었다. 2007년 당시 뉴욕 부동산 시장은 그 어느 때보다 뜨거웠고, 월스트리트의 보너스가 하늘 높은 줄 모르고 치솟으면서 아는 사람 전부가 아파트 투자나 부동산 거래로 돈을 버는 것처럼 보였다. 지난 분기 실적이 곧 자신을 나타내는, 월스트리트의 쳇바퀴 도는 햄스터 같은 삶보다는 훨씬 수월해 보였다. "트라이베카에 있는 창고형 아파트를 1백 4십만 달러에 사서 5십만 달러를 투자하고 8개월 후에 5백 5십만 달러에 팔았다는 그런 이야기들이 계속 들리니, '도대체 무슨 일이 벌어지고 있는 거지? 나도 내 몫을 챙기고 싶은데'라는 생각이 들었죠."

주라시치는 부동산을 조사하기 시작했다. 직장에서 장시간 근무를 하고 나면 온라인으로 부동산을 알아보고 중개업자나 개발업자들을 만났다. 2007년, 그는 한 중개인으로부터 마이클 스턴이라는 야심 찬 부동산 개발업자를 소개받았다.

스턴은 당시 뉴욕 개발업자 사이에서는 잘 알려지지 않은 인물이었다. 아직 20대에 불과했던 스턴은 맨해튼의 유명 건설업자보다 훨씬 젊었고(예를 들면 해리 맥클로우 나이의 절반도 안 되는 나이였다), 그가 운영하는 JDS 개발 그룹JDS Development Group은 실적이 거의 전무했다.

하지만 누가 봐도 전문가라고 생각할 만큼 자신감 넘치는 모습이었다.

주라시치는 만날 때마다 바뀌는 스턴의 고급 자동차를 보며 이미 어느 정도 성공한 사람이라고 생각했다. 키가 작고 건장한 체격에 조용조용히 말하는 스턴은 호주 사람인 주라시치의 눈에는 허풍 없는 성실한 사람으로 보였다. 스턴은 플로리다에 1백만 제곱피트(약 28,103평) 규모의 저층 및 중층 주거 단지를 만드는 프로젝트를 완료했고, 외곽 자치구인 로커웨이, 플랫부시, 포레스트힐스 등의 지역에 1천여 세대 주택을 건설했으며, 더 큰일을 할 준비가 되어 있다고 말했다.

스턴이 말한 '더 큰일'이란 브루클린의 떠오르는 고와누스 지역에 있는 고급 임대 건물로, 재개발의 길을 열어준 용도 지역 변경rezoning을 활용하겠다는 의미였다. 스턴은 자본을 찾고 있었고, 주라시치는 이 프로젝트와 향후 프로젝트를 위한 초기 자금 조달에 도움을 줄 수 있는 은행 인맥을 가지고 있었다. 높은 주거비로 맨해튼에서 밀려난 젊은 전문가들이 강 건너 브루클린으로 몰려들고 있었기 때문에, 주라시치가 볼 때 프로젝트의 전략과 논리는 합리적이었다. 그는 자신의 직감을 믿고 2백 7십만 달러라는 적지 않은 개인 자금을 투자했다. 주라시치는 현금을 내놓고 '자신감과 확신'에 찬 스턴이 '배를 조종'하는 파트너십이 제대로 작동할지 시험해 볼 기회였다.

・・・

이듬해 리먼 브라더스Lehman Brothers의 붕괴로 금융 시장이 곤두박질치기 시작했을 때, 주라시치는 하늘이 무너지는 줄 알았다. "매일 밤 퇴근길에 거리를 걷거나 식당에서 식사하는 사람들을 보면 악수를 청하고 세상의 종말이 다가오고 있다고 소리치고 싶었죠." 그는 부동산업계에서 서브프라임 모기지라는 형태로 시작된 경제 대학살로 인해 자신의 부동산 투자도 곧 끝날 것이라고 생각했다. 그러나 스턴의 생각은 달랐다. 그해 말, 스턴은 고와누스 프로젝트가 이미 중단되었는데도 주라시치를 설득해 두 번째 거래를 성사시키려고 했다. 스턴은 부동산 가치가 하락하는 지금이 바로 뛰어들 때이며, 나중에 보상을 받을 것이라고 말했다.

스턴은 이제 더 높은 곳, 리먼 브라더스 파산 당일에 둘러보았던 맨해튼 첼시 지역에 있는 옛 뉴욕 전화기 회사New York Telephone Company 건물을 바라보고 있었다. 이 건물은 건축가 랄프 워커Ralph Walker가 설계한 1920년대 벽돌 아르데코 양식의 고층 건물로 당시에는 통신 대기업 버라이즌Verizon이 소유했다. 버라이즌은 유선 전화용 구리선을 보관하는 데 사용하던 일부 모놀리식 사무실을 매각하고 건물을 철거하려 하고 있었다. 부동산 시장이 바닥으로 곤두박질치면서 구매하려는 사람이 거의 없었던 덕분에 스턴은 이 건물을 실제 가치보다 훨씬 낮은 2525만 달러라는 믿을 수 없는 가격에 매수했다. 그는 이 건물을 콘도미니엄으로 바꾸고 싶었다.

주라시치가 거래를 망설이고 있을 때 확신을 준 건 스테이크였다.

그해 겨울 추웠던 어느 화요일 저녁에 스턴이 한 제안에 대해 고민하던 주라시치는 록펠러센터 근처의 고급 스테이크 하우스인 델 프리스코에서 고객과 저녁 식사를 할 예정이었다. 그런데 식당에 들어갈 수가 없었다. "세상이 무너지고 있는데, 스테이크 하나에 3백 달러, 와인 한 병에 1천 달러를 쓰겠다는데도 테이블을 잡으려면 한 시간 반을 기다려야 한다더군요." 그는 놀라움을 감출 수 없었다.

물론 경제가 침체되어 있었지만, 주라시치는 그 어느 때보다 더 많은 돈을 벌고 있었다. 월스트리트, 더 나아가 금융 브로커들은 기록적인 수익을 올리고 있었다. 그는 그 자리에서 결심했다. "우리 회사도 돈을 벌고 있고, 은행들도 모두 엄청난 돈을 벌고 있어. 우리는 괜찮을 거고, 맨해튼도 안전할 거야. 그러니 나는 이 건물을 살 거야."

그 후 몇 달 동안 두 사람은 첼시에 있는 빌딩을 완공하는 데 필요한 자금을 모으기 위해 나섰고, 주라시치는 첼시에 소유한 임대 아파트를 담보로 대출을 받아 보탰다. 그는 초기 자본금을 마련하기 위해 은행 담당자에게 한 번에 25만 달러 또는 5십만 달러를 요청했다. 그는 자신의 명성에 걸맞게 가볍게 접근했다. "꺼지라고 말씀하셔도 됩니다"라거나 "그냥 말씀드리는 겁니다"라고 말하곤 했다.

이듬해 스턴과 주라시치는 첼시 빌딩을 인수하기 며칠 전까지만 해도 헤지펀드가 막판에 거래를 철회하는 바람에 필요한 자금을 충분히 확보하지 못했다. 이미 버라이즌으로부터 여러 차례 상환 연장을 받은 상황이었지만 여전히 3백만 달러가 부족했고, 10퍼센트의 보증금(약 2백 5십만 달러)은 돌려받지 못할 수도 있었다.

그들은 버라이즌에 상환일을 60일만 연장해 달라고 요청했지만 거절당했다. 알고 보니 버라이즌은 사무실 공간을 내주는 것과 관련한 노조 계약을 맺고 있었기 때문에 거래를 마무리해야만 하는 처지였다.

마감 기한을 며칠 앞두고 스턴과 주라시치는 보증금을 포기해야 할지도 모른다는 두려움에 떨었다. 그러던 중 빠르게 구멍을 메워줄 만한 자본을 보유한 구원자를 소개받게 되었다. 부동산 개발 회사인 프로퍼티 마켓 그룹Property Markets Group, PMG의 설립자 케빈 멀로니 Kevin Maloney였다.

멀로니가 브로커로부터 거래를 제안받았을 때 사업 파트너인 엘리엇 조셉Elliott Joseph을 포함한 모든 사람이 이미 버라이즌 건물을 본 상태였다. 조셉은 채광과 통풍이 잘되고 천장이 높아 뼈대가 좋은 건물이지만, 판매 가능한 공간이 8만 8천 제곱피트(약 2,473평)에 불과해 수익을 내기에는 너무 작다고 생각했다. 그런데 스턴이 다시 검토해 달라고 요청하고 있었다. 그는 8만 8천 제곱피트보다 훨씬 더 크게 만들 수 있으며, 엘리베이터와 계단까지 포함하면 판매 가능한 공간을 12만 제곱피트(약 3,372평) 이상으로 확보할 수 있다고 말했다. 상당한 수익이 될 잠재력이 있었다.

멀로니는 흥미를 느꼈다. 공간을 재구성할 수 있다면 생각했던 것보다 훨씬 더 큰 잠재력을 가진 거래가 될 수 있었다. 그는 중개인에게 스턴이 공간을 어떻게 재구성할 계획인지 PMG에게 보여줄 수 있어야 한다고 말했다.

"중개인이 '거래를 하려면 3일 안에 마무리해야 합니다. 거래가 연장된 게 이번이 세 번째인가 여섯 번째라서 판매자가 화가 난 상태거든요'라고 말해서 '그가 말한 대로 12만 제곱피트라면 수표를 쓰고 거래를 하겠다'고 말했죠." 멀로니가 회상했다.

그렇게 계약은 성사되었다. 실사할 시간도, 서류 작업을 할 시간도 없었기 때문에 정식 계약서를 작성하고 서명하기도 전에 멀로니는 3백만 달러에 가까운 돈을 송금했다. 비교적 적은 금액이었지만, 스턴의 예상이 들어맞는다면 엄청난 수익을 올릴 수 있는 거래에서 지분 50퍼센트를 확보할 수 있는 금액이었다.

스턴과 멀로니는 단 두어 번 만났을 뿐이었는데, 멀로니는 당시 자신이 검증되지 않은 파트너에게 돈을 걸고 있다는 사실을 알고 있었다고 한다. "제 생각에 당시 스턴은 차 안에서 일했던 것 같아요." 이후 멀로니가 말했다. (스턴은 이를 부인했다.)

이는 부동산업계의 샷건 웨딩*이었지만, 잠재적 보상이 워낙 좋다 보니 멀로니는 일단 뛰어든 다음 질문은 나중에 할 의향이 있었다.

· · ·

급락한 부동산 시장 덕분에 새 파트너십은 승승장구했다. JDS와 PMG가 해당 건물을 인수한 지 1년 만에 W 호텔의 설립자 배리 스턴리히트Barry Sternlicht가 이끄는 부동산 사모펀드 회사 스타우드 캐피털 그룹Starwood Capital Group이 약 30퍼센트의 지분을 4천2백만 달러에 매입했다. 스턴리히트의 직원은 버라이즌 건물 옥상에 올라가 15분 동안 주변을 산책하며 경치를 감상한 후 "성사시켜"라고 말한 것으로 알려졌다.

스타우드와의 거래는 스턴이 2년 전 약 2천5백만 달러에 건물을 인수한 이후 시장이 이미 반등하고 있다는 증거였다. 또 활발한 거래가 어떻게 갑자기 이전에 존재하지 않았던 부동산에 대한 매력을 느끼게 할 수 있는지를 보여주었다. 금융가들은 종종 투자 기회를 놓치는 두려움, 포모FOMO를 경험했다.

주라시치는 스타우드와 같은 막강한 자금력을 가진 회사가 개발 사업 경험이 거의 없는 사람들에게 투자할 줄은 상상조차 하지 못했다. 하지만 스타우드의 장부에는 일할 수 있는 돈이 있었고, 그 돈을 묻어놓을 만한 프로젝트는 거의 없었다.

실적이 거의 전무한 수준이지만, 스턴은 역사적인 뉴욕시 건물을 세심하게 복원하는 것으로 유명한 건축 회사 세트라 러디Cetra Ruddy를 프로젝트에 합류시키는 데 성공했다. 일반적인 시장 상황에서는

* shotgun wedding. 속도위반 결혼

세트라 러디 같은 회사를 고용하는 비용을 감당할 수 없지만, 당시는 건축가에게도 비수기였다. "보통 퀸스 뒷골목의 형편없는 아파트를 짓다가 이렇게 좋은 아파트를 짓게 되는 경우는 드물죠. 우리는 모든 과정을 뛰어넘었습니다. 그 모든 게 금융 위기 때문이었죠." 주라시치가 말했다.

뉴욕 최고의 주택 중개업자들 사이에서 이 건물은 뉴욕에서 가장 세련된 리포지셔닝repositioning 사례 중 하나로 평가받았다. 2012년 봄에 워커 타워로 데뷔한 이 건물은 상업적으로나 비평적으로 큰 성공을 거두었다. 파트너 중 현장에서 가장 많은 시간을 보낸 스턴의 주도하에 개발업자들은 건물의 단점을 재정비하여 새 창문을 뚫고, 북쪽과 남쪽 외관의 벽돌을 유행을 타지 않는 트렌디한 스테인리스 청동으로 교체했다. 워커 타워가 분양될 무렵 시장에는 매물이 없어 아우성이었고, 워커 타워는 지역에서 가장 매력적인 프로젝트 중 하나가 되었다. 개발업자들은 당초 예상했던 1천8백 달러의 두 배 이상인 제곱피트당 4천 달러에 아파트를 분양했고, 배우 카메론 디아즈Cameron Diaz와 화장품 업계의 거장 로라 메르시에Laura Mercier 같은 유명 구매자가 몰려들었다. 이 프로젝트는 스턴의 명성을 드높였고, 그는 부동산업계에서 대담한 유명 인사의 반열에 올랐다.

스턴, 주라시치, 조셉, 멀로니에게 프로젝트는 횡재였고, 네 사람은 총 4억 달러가 넘는 수익금 중 일부를 워커 타워의 넓은 아파트를 소유하는 형태로 받았다. 주라시치는 엠파이어스테이트빌딩이 보이는 넓은 테라스가 있는 아파트를 받았고, 매력적인 금발의 부동산 중개인인 캐서린Catherine을 아내로 맞아 그곳에서 가정을 꾸렸다. 스턴은 수입 중 일부로 1960년대 머슬카, 빈티지 독일 자동차, 아우디 R8 스파이더와 메르세데스 AMG GT S 같은 현대 스포츠카 등을 구입해 고급 자동차 컬렉션을 추가했다.

파트너십은 매우 성공적이었고 주라시치와 스턴, PMG는 스타우드와 함께 첼시의 하이 라인 공원 근처에 있는 아르데코풍 콘도 스텔라 타워, 유엔 근처에 있는 이스트사이드의 초호화 임대 빌딩 등 여러 프로젝트를 협력하기로 합의했다. 파트너인 스턴의 거래 성사 능력을 본 주라시치는 세부적인 부분에서는 손을 떼고 스턴에게 운전대를 맡겼다. 스턴의 야망은 더욱 커지고 있었다.

2013년, 두 사람은 멀로니 그리고 PMG와 함께 웨스트 57번가에 있는 유서 깊은 스타인웨이 앤드 선스 콘서트홀과 피아노 쇼룸 옆에 초고층 건물을 짓는 야심 찬 프로젝트를 시작했다. 5년도 채 되지 않아 주라시치는 부동산 초보에서 뉴욕시의 스카이라인을 바꿀 수도 있는 사업을 좌우하는 투자자로 거듭났다.

그러나 이것은 나중에 깊이 후회하게 될 결정이었다.

11장

뉴키즈 온 더 블록

뉴욕 부동산업계에서 마이클 스턴은 난데없이 나타난 인물이었다. 몇 년 전까지만 해도 아무도 모르던 청년이 어떻게 갑자기 세계 최고의 마천루 중 하나를 건설할 수 있었을까? 사실 파트너를 포함한 누구도 그에 대해 잘 알지 못했다.

마이클 제브 스턴Michael Zev Stern은 뉴욕 퀸스 자치구에 있는 로커웨이의 동쪽 지역 파 로커웨이의 정통 유대교 가정에서 자랐다. 아버지는 자동차 정비소를 운영했고, 어머니는 간호사였다. 부모님은 스턴이 10대였을 때 이혼했고, 이는 정통 유대교 사회에서는 부끄러운 일이었다.

스턴은 간신히 고등학교를 졸업했지만, 대학 학위는 없었다. 나중에 그는 부동산 전문지 『리얼 딜』과의 인터뷰에서 이렇게 말했다. "저는 골칫덩어리였습니다. 어머니는 제가 매장 진열대를 넘어뜨리고 할머니들의 정강이를 걷어차곤 했다더군요." 10대 시절 그는 가죽 재킷을 입고 오토바이 타는 것을 좋아한다는 이유로 최소 네 군데의 학교에서 퇴학당했다고 했다. "학교는 그런 걸 별로 좋아하지 않았어요. 소위 '나쁜 영향'을 미친다는 이유로 저를 쫓아냈죠."

• • •

스턴은 뉴욕에서 회사를 설립하기 전인 20대 초반에 마이애미에서 다가구 건물의 건설 관리자로 경험을 쌓았다고 한다. 흑인 여성을 대상으로 한 인모 가발과 머리카락 관리 제품을 판매하는 온라인 사업을 매각한 수입으로 프로젝트를 위한 종잣돈을 마련했다고 주장했지만, 수년간 인터뷰를 하며 회사나 매각에 대해 자세히 언급한 적은 없다. 과거 이야기가 나오기만 하면, 깊이 들어가지 않고 대충 얼버무리는 식이었다.

워커 타워를 매입할 당시 서른 살에 불과했던 스턴은 이혼 소송 중이었다. 상대는 스무 살 무렵에 결혼한 열여덟 살 연상의 정통파 유대인 야엘 허쉬Yael Hirsh로, 이혼 경험이 있는 여성이었고 종교적 신념 때문에 머리카락을 감춰야 하는 유대인 여성들에게 두건을 판매하는 일을 했다.

2009년 허쉬는 복잡한 이혼 과정을 거치면서 신체 안전을 여러 차례 위협받았다고 법정에서 증언했고 결국 스턴을 대상으로 보호 명령을 신청했지만, 그는 이를 부인했다. 이혼 소송으로 법원에 제출한 신청서에서 스턴은 허쉬와 자신은 애초에 결혼할 의도가 전혀 없었고 단지 비혼 관계를 인정하지 않는 공동체 구성원들을 속이기 위해 종교의식을 했을 뿐이라며 결혼 무효를 주장했다.

허쉬는 이후 스턴 부부와 스턴의 어머니 사이에 벌어진 소송에서 첫 번째 결혼으로 얻은 뉴욕 로렌스 집의 공동 소유자를 스턴이 자신의 형으로 위조했다고 주장했는데, 당시 그녀는 그 집을 압류당한 상태였다.

"마이클 스턴은 미스터리에 둘러싸인 인물이었습니다. 상속받은 계급에 속한 사람이 아니었죠. 혈통 있는 집안이나 아이비리그 출신도 아니고, 사모펀드에서 경력을 쌓은 사람도 아니었습니다. 건장한 체격을 지닌 젊은 남성이라는 점도 불리한 조건이었어요." 부동산 전문지 『리얼 딜』의 발행인 아미르 코랑기Amir Korangy가 말했다.

스타인웨이 프로젝트가 시작될 무렵, 스턴에게는 이미 적이 있었다.

"2021년 3월 어느 화요일, 업무를 마무리하고 있는데, 낯선 발신자로부터 이메일 한 통이 왔습니다. '책을 쓰신다고 들었습니다…'라는 제목으로 온 이메일이었죠. 제목은 평범했지만, 이메일 주소(michaelzsterncriminal@gmail.com, 범죄자 마이클 제브 스턴)는 제 관심을 끌기 충분했습니다. 며칠 후, 선동적인 이메일을 보냈던 정체불명의 발신자가 첨부파일을 전달하거나 다운로드할 수 없는 비밀 모드로 엄청난 양의 서류를 보내왔습니다. 여기에는 스턴을 상대로 제기된 소송 서류의 사본, 스턴이 받은 개인 대출 관련 서류, 심지어 범죄 혐의가 포함되어 있는 스턴에 대한 사설 탐정의 보고서라고 하는 문서도 있었습니다. 아무도 이 보고서를 의뢰한 사실을 인정하지 않았고 사설 탐정 업체도 답변이 없었죠. 스턴은 범죄 행위에 대한 의혹을 전부 부인했습니다."

발신자가 누구든 스턴에게 엄청난 불만을 품고 있던 것만은 분명했다. 그런데 스턴에게 불만을 품은 사람은 그 발신자만이 아니었다.

• • •

　PMG의 설립자 케빈 멀로니는 스턴에게는 없는 다년간의 경험을 갖춘 경력자였다. 플로리다에서 많은 시간을 보내긴 했지만, 케미컬 은행에서 재무 업무로 경력을 시작해 현재는 없어진 2십억 달러 규모의 연방 은행 엔사인Ensign에서 부동산을 관리하는 등 수십 년째 뉴욕 부동산업계에 몸담고 있었다. 1990년대 초에 독립한 멀로니는 개리 바넷과 수차례 거래했고, 뉴욕의 또 다른 거물인 지엘 펠드먼과 협력하기도 했다. 그는 초창기에 난방도 안 되는 작은 사무실에서 홈디포에서 구입한 카드 테이블을 책상으로 쓰며 규모가 작은 거래들을 성사시켰던 일화를 들려주었다.
　큰 키에 갸름한 얼굴을 가진 백발의 멀로니는 이야기를 풀어내는 재주가 있었고 풍족한 삶을 누렸다. 부자인 그는 피스톤 프로펠러 비행기와 플로리다주 골든 비치의 주택, 런던의 아파트, 아스펜 근처의 목장을 소유하고 있었다. 괴짜 억만장자인 스튜어트 모트와 마찬가지로 웨스트엔드 애비뉴에 있는 거대한 고급 펜트하우스의 테라스에서 닭을 키웠다. 타니아Tania라는 이름을 가진 조각상처럼 아름다운 갈색 머리의 젊은 영국인 아내가 있었는데, 마이애미의 길가에서 만났다고 한다. 그녀는 음주 운전을 의심한 경찰관 두 명에게 은색 포르쉐 옆에서 몸수색을 받고 있었다. 경찰 한 명과 아는 사이였던 멀로니가 차를 세웠다. 알고 보니 그녀의 형편없는 운전 실력 때문에 발생한 오해였다.
　스턴과 마찬가지로 멀로니 역시 반항아였다. 해병대 소속 변호사의 아들이었던 멀로니는 열네 살 때 친구들과 함께 미등록 농장 트럭에 맥주와 산탄총을 싣고 우편함을 쏘러 나갔다. 그는 곧 경찰에게 제지당했다.

스턴과 PMG의 파트너십은 천생연분과는 거리가 멀었다. 워커 타워의 성공이 헤드라인을 장식하자 멀로니는 투자 커뮤니티와 부동산 언론이 스턴에게 쏟는 관심과 찬사에 분개했는데, 언론은 스턴을 급속히 성장하고 있는 젊은 신예로 묘사하며 그에게 많은 지면을 할애한 반면 PMG는 끝에 짧게만 언급했다. 프로젝트에 투입된 건설 노동자들이 착용한 안전모에는 JDS 개발이라고만 적혀 있을 뿐 PMG는 어디에도 보이지 않았다.

스턴이 워커 타워의 아파트 중 최악이라고 생각했던 아파트를 자신에게 배당하자 멀로니는 분통을 터뜨렸다. 스턴과 주라시치, 자신의 파트너였던 엘리엇 조셉까지 그보다 좋은 아파트를 받았다. 실제로 배당받은 아파트에 거주할 계획은 없었지만, 그런 취급을 받는 건 참을 수 없었다.

"똑똑한 사람들이라 일찍부터 아파트를 골라놓은 겁니다. 결국 저는 두 채를 얻긴 했지만, 정말 별로인 아파트였습니다."

스턴이 지출을 투명하게 공개하지 않는 데 불만이 쌓인 멀로니는 조셉에게 재정을 면밀히 파악해 달라고 요청했다. "당신이 내 파트너인데, 우리 회계 담당자에게 월별 예산이나 비용, 계약서를 주지 않으면 파헤치기 시작하는 거죠. 그게 인간의 본성입니다. 정보를 완전히 공개해 주길 바라죠. 당신이 내 파트너라면 프로젝트와 자기 자신, 그리고 저를 보호하는 것이 당신의 임무입니다. 함께 세상에 맞서는 거죠. 아닌가요?" 멀로니가 물었다.

당시 상황을 잘 아는 사람들에 따르면, PMG 팀과 스턴이 충돌할 때마다 사무실 내에 스턴을 조롱하는 밈meme이 돌았다고 한다.

스턴이 콘퍼런스에서 연설하는 모습이 담긴 밈도 그중 하나다. 스턴의 머리 위에 있는 말풍선에는 이렇게 적혀 있었다. "오늘 와주셔서 감사합니다. 의혹을 없애기 위해 말씀드리면, 제가 워커 타워를 구상하고, 설계하고, 건설한 것은 분명한 사실입니다. 포스트잇을 발명하고 페니실린을 발견한 것도 저입니다." 다른 사람의 공을 가로챈 스턴을 겨냥한 말이었다.

또 다른 말풍선에서는 PMG 파트너들이 진실을 왜곡하는 스턴을 조롱하는 내용이 있었다. "신사 숙녀 여러분, 처음 선보이는 마술은 진실 말하기입니다!"

함께 일했던 시절에 대한 멀로니와 스턴의 기억은 별개의 찬송가처럼 들렸다. 두 사람이 같은 사건에 대해 상반된 이야기를 내놓았기 때문에 사실과 허구를 구분하기가 어려웠다. 멀로니는 스턴이 사실을 과장했다고 비난했고, 스턴은 멀로니가 자신에게 유리한 이야기를 꾸며냈다고 비난했다. 두 사람의 전 파트너 중 한 명은 코맥 매카시 Cormac McCarthy의 『핏빛 자오선 Blood Meridian』을 인용하며 핵심을 짚었다. "인간의 기억은 불확실하다. 있었던 과거와 그렇지 않은 과거는 크게 다르지 않다."

이후 멀로니는 스턴과의 초기 관계를 신혼부부에 비유하기도 했다.

『리얼 딜』과의 인터뷰에서 그는 이렇게 말했다. "데이트와 비슷합니다. 초반에는 모든 것이 좋아 보이지만, 어느 순간 균열이 생기기 시작하죠."

• • •

억만장자 거리로 진출할 때 시작은 미약했다. 워커 타워의 주요 투자자인 스타우드는 57번가에 센트럴파크가 내려다보이는 작은 부지를 소유하고 있었는데, CEO인 배리 스턴리히트는 이 부지를 어떻게 활용할지 고민하고 있었다. 그는 스턴에게 부지를 살펴봐 달라고 부탁했다.

스타우드는 공중권을 보유하고 있었지만, 랜드마크인 스타인웨이 빌딩 옆의 부지가 너무 좁아 432 파크 높이의 절반 정도인 7백 피트(약 213미터)의 타워를 지탱할 수 있을지도 의문이었다. 제아무리 억만장자 거리라고 해도 협소한 면적이었다. 그럼에도 스턴과 멀로니는 도전해 보기로 했다.

둘은 2012년에 지인을 통해 105 웨스트 57번가에 위치한 해당 부지의 최대 지분을 4천만 달러에 사들였고, 나중에는 전체 지분을 매입했다.

주라시치는 스턴과 맺은 이면 계약으로 프로젝트에 대한 지분을 확보했지만 직접적으로 지분을 보유하지는 않았다.

그들은 이번에도 세트라 러디 건축 회사에 해당 부지에 세울 타워를 설계해 달라고 요청했다.

스턴은 만족할 수 없었다. 부지가 협소해 건물 폭은 43피트(약 13미터)에 불과했고, 날카로운 경사면이라는 장애물도 있었다. 꼭대기에는 30~40피트(약 9~12미터)짜리 상자 하나가 겨우 들어갈 정도의 공간이 남았는데, 이마저도 엘리베이터와 기계 설비를 제외할 경우였다. 비좁은 평면도에 원 57이나 432 파크에 비견할 만한 가격을 매길 수도 없었다.

건물을 세울 수는 있지만, 스턴이 꿈꾸던 대형 프로젝트는 아니었다. 뉴욕 스카이라인에 별다른 영향을 미치지 못할 건물이었다.

가능성이 희박했지만 스턴은 마지막까지 바로 옆 스타인웨이 건물이나 반대편 버킹엄 호텔 부지를 매입해 부지를 확장할 수 있으리라는 생각을 버리지 않았다. 전자는 특히 복잡했다. 세계적인 피아노 회사의 기함旗艦이었던 신고전주의 양식의 스타인웨이 건물은 뉴욕시의 랜드마크 보존 위원회Landmarks Preservation Commission의 보호를 받고 있어서 철거나 변경이 불가능했다.

• • •

유서 깊은 가족 기업인 스타인웨이 앤드 선스는 1853년 독일의 캐비닛 제작자이자 피아노 제작자인 하인리히 엥겔하르트 스타인웨그 Heinrich Engelhard Steinweg가 미국으로 이민하기 3년 전에 독일의 정치적 혼란 속에서 설립한 회사였다. 워털루 전투의 참전 용사이자 목공 전문가였던 스타인웨그는 1825년 재혼한 아내를 위해 부엌에서 처음으로 피아노를 만들었고, 이후 미국에서 빠르게 사업을 확장해 트라이베카 워커 스트리트에 스타인웨이 공장을 설립했다. 스타인웨그(이 무렵에 그는 이름을 영어식으로 개명했다)와 그의 아들들이 운영하는 스타인웨이 앤드 선스는 끊임없이 악기 설계와 제작을 실험하는 것으로 유명했고, 기술 특허를 1백 개 이상 보유하고 있었다. 스타인웨이 앤드 선스의 피아노는 부유한 사람들의 집에서 흔히 볼 수 있었다.

1871년 스타인웨이가 사망하자 아들들이 회사를 물려받았다. 이들이 수십 년간 운영했던 유니온 스퀘어 근처의 유명 콘서트홀이자 쇼룸인 스타인웨이 홀은 뉴욕 필하모닉의 연주회장으로 이용됐다.

그런데 사업가 앤드루 카네기가 1891년 57번가에 카네기홀을 짓자 필하모닉은 카네기홀로 자리를 옮겼고, 뉴욕 클래식 콘서트의 중심도 업타운으로 이동했다. 악기 제조 업체들도 57번가에 화려한 쇼룸을 열기 시작했다. 스타인웨이 앤드 선스도 금방 대세를 따를 계획을 세웠다.

1924년경 스타인웨이는 웨스트 57번가에 지을 스타인웨이 홀의 설계를 랜드마크인 그랜드 센트럴 터미널을 설계한 건축사 워런 앤드 웨트모어에게 맡겼다. 워런 앤드 웨트모어의 설립자 중 한 명인 휘트니 워런Whitney Warren은 뉴욕 중앙 철도 이사회의 의장인 윌리엄 밴더빌트William K. Vanderbilt의 사촌이었는데, 두 사람은 뉴욕 전역에 두터운 사교계 명사 인맥을 보유하고 있었다.

건물의 지하층은 예술가들이 콘서트용 그랜드피아노를 테스트하는 공간이었고, 1층과 2층에는 리셉션 홀과 판매 공간이, 4층과 5층에는 음악 스튜디오가 있었다. 나머지 12층은 컬럼비아 아티스트 매니지먼트Columbia Artists Management와 루이 H. 샬리프 노먼 무용 학교Louis H. Chalif Norman School of Dancing 등 예술과 관련된 단체에 임대했다.

인테리어도 인상적이었다.

스타인웨이 직원이 매장으로 이동하기 전 고객을 맞이하는 1층 리셉션 공간에는 18세기 스타일의 우화가 벽화로 장식된 35피트(약 11미터)의 팔각형 돔형 로툰다*와 크리스털 샹들리에가 극적인 입구를 연출했다. 로툰다 둘레에 있는 아치 4개는 이탈리아 북부에서 채석한 흰색 대리석으로 조각되었고, 기둥은 그리스 키클라데스 제도의 티노스에서 가져왔다. 바닥은 미국산 석회암인 노란색 카소타와 알프스산맥에서 채석한 작은 직사각형의 녹색 대리석으로 장식했다. 빈 공간에는 대영 박물관의 작품을 본뜬 윙 체어**와 책상 등 고급 가구가 놓여 있었다. 벽에는 금박 액자에 담긴 멘델스존Mendelssohn과 슈베르트Schubert의 초상화가 걸려 있고, 바닥에는 팔각형 모양 체코슬로바키아 카펫이 깔려 있었다. 1925년 『아키텍처럴 레코드Architectural Re-

---

* rotunda. 타원이나 원형의 홀
** wing chair. 등받이 양쪽에 기대는 부분이 있는 안락의자

cord』의 한 필자는 이렇게 말했다. "건축가들은 가능한 최고급 자재만을 사용하라는 지시를 받았다. 따라서 스타인웨이 홀은 소유주의 전통에 걸맞은 품위와 차별성을 지니고 있다."

스타인웨이 홀은 여러 세대에 걸친 피아니스트들이 연습과 공연을 하는 마법 같은 장소가 되었다. 라흐마니노프Rachmaninoff와 엠마누엘 액스Emanuel Ax 같은 전설적인 피아니스트뿐만 아니라 초보자를 위한 리사이틀도 열렸다. 다시 말해, 스타인웨이 홀은 상징적인 공간이었다. 그러나 스턴이 스타인웨이 홀에 대한 생각을 떨쳐버릴 수 없었던 이유는 그 때문이 아니었다.

착공을 60일 앞둔 시점이었지만, 스턴과 멀로니는 여전히 스타인웨이 홀에 대한 꿈을 접지 못하고 있었다. 더 이상 지체할 수 없는 순간이 다가오고 있을 때, 드디어 상업용 부동산 중개인 다시 스테이콤이 스타인웨이 앤드 선스가 건물 매각에 관심을 보였다는 소식을 전해왔다. 그들의 귀에 그 소식은 음악처럼 들려왔다. 랜드마크 건물 유지비가 연간 약 5백만 달러에 달하는 손실을 발생시키며 회사에 재정적 부담을 지우고 있었다.

스타인웨이 빌딩을 손에 넣은 스턴과 멀로니는 두 부지를 합쳐 훨씬 높은 타워를 짓는 건축 허가 신청서를 제출할 수 있게 됐다. 시장은 무르익은 분위기였다. 바넷이 전례 없는 수준의 거래량을 기록하며 이를 증명하는 듯했다. 432 파크의 매출도 빠르게 증가했다. 정말 놀라운 수치였다고 멀로니는 말했다. "개리는 진정한 선구자였습니다. 우리도 그 뒤를 따랐고요. 우리는 경주에서 2~3위 정도 됐죠."

하지만 그들은 아직 배팅 기회가 몇 차례 더 남아 있다는 사실에 모험을 시도하고 있었다.

• • •

스턴이 랜드마크 보존 위원회의 법률고문이었던 변호사 발레리 캠벨Valerie Campbell에게 설계도를 보여주자, 캠벨이 웃음을 터뜨렸다.

랜드마크인 스타인웨이 홀의 부지에 타워를 세우겠다고 건축 허가 신청서를 제출하는 일은 전례가 없었다. 뉴욕시 랜드마크 보존 위원회는 기존 랜드마크를 훼손할 수 있는 신청서를 거의 자동으로 기각하는 것으로 알려져 있었다. 스타인웨이 건물 외관은 오래전부터 보호 대상 랜드마크로 지정되어 있었다. 기존 랜드마크의 일부를 철거하고 그 자리에 새 타워를 짓겠다는 계획이 승인될 거라는 생각은 그 자체로 터무니없어 보였다.

그러나 스턴과 건축가들은 맥락에 맞는 세심한 개발을 원하는 위원회의 열망에 호소하면 된다고 생각했다. 그들은 위원회의 승인 없이 인접 공터에 합법적으로 타워를 세울 수도 있지만, 그러면 타워가 도로변의 면적을 훨씬 많이 차지하면서 바로 옆 스타인웨이 홀도 시각적으로 더 큰 영향을 받을 것이라고 주장했다. 위원회에서 스타인웨이 홀 일부를 관통하는 건축을 승인하면 타워 대부분을 도로에서 멀리 배치해 그 영향을 완화할 수 있었다. 그렇게 하면 거리를 지나는 행인에게는 타워 앞에 있는 낮은 유리 아트리움만 보이게 된다.

2013년 10월에 열린 청문회에서 숍 아키텍츠의 그레그 파스콰렐리 Gregg Pasquarelli가 이끄는 건축 팀은 1,428피트(약 435미터)의 타워에 대한 비전을 위원회에 제시했다. 그들은 뉴욕의 위대한 랜드마크에서 영감을 받아 스타인웨이 홀에 사용된 것과 같은 청동, 유리, 테라코타 등의 재료를 사용할 것이라고 했다. 타워 꼭대기에는 깃털 같은 일련의 작은 셋백*을 설치하고, 뒤틀린 형태의 테라코타 기둥 26개와 황동을 섞은 파사드를 만들 예정이었다.

스턴이 다소 낡은 스타인웨이 홀의 내부를 "세심하게 리노베이션 하겠다"고 약속했기 때문에 위원회의 눈에도 긍정적인 면이 있는 제안이었다. 그는 스타인웨이 홀 내부 전체를 랜드마크로 지정해 향후 모든 변경 사항을 위원회의 승인을 받도록 하자는 아이디어도 적극 지지했다.

환경보호론자들과 지역 단체들은 스턴의 계획에 엇갈린 반응을 보였다. 비평가 중에는 도시 건축 협회Society for the Architecture of the City의 크리스타벨 고프Christabel Gough도 있었는데, 그는 계획이 부적절하다고 비난하며 제안된 타워를 "피아노 쇼룸 위의 우주 바늘space needle"이라고 묘사했다. 그러나 청문회에 참석한 위원 대다수의 마음이 승인 쪽으로 기울어지는 듯 보였다.

스턴과 멀로니는 눈에 띄는 적과 마주했다. 마저리 펄머터Margery Perlmutter 위원장이었다. 빈틈없는 변호사이자 건축가이기도 했던 곱슬머리의 펄머터는 이견을 내놓는 것을 두려워하지 않는 사람이었다. 전년도에 위원회가 이스트 빌리지의 주택을 보존하기 위해 역사 지구로 지정하려 할 때 그는 건물 대부분이 보존 가치가 없다며 혼자서 반대표를 던졌다.

청문회 초반부터 프로젝트가 폭넓은 지지를 받자 펄머터는 당혹스러운 표정을 지었다고 한다. 펄머터는 이 제안이 위원회의 일반적인 운영 방식에 부합하지 않으며, 이 정도 규모의 타워를 지을 만한 부지는 다른 곳에도 낳다고 단언했다. 개발업자들은 펄머터의 말을 들은 위원들이 생각을 바꿀까 걱정했다.

---

* Setback. 도로나 대지의 경계선에서 일정 거리가 떨어진 구역의 안쪽으로 건축 행위를 규제하는 경계선. 건축 후퇴선이라고도 한다.

하지만 멀로니는 펄머터와의 대결에서 그녀를 완전히 배제할 수 있는 비장의 카드를 가지고 있었다. 수년 전 펄머터가 변호사 자격으로 멀로니와 다른 파트너 한 명과 설리번 스트리트의 어느 프로젝트에 컨설턴트로 참여한 적이 있었다. 프로젝트는 종료되었지만, 한때 고객과 변호사였던 관계를 잠재적인 이해 충돌로 지적할 수 있었다. 멀로니는 자신의 회사와 관련된 문제에서 펄머터가 스스로 물러나기를 바랐다. 그의 예상대로 변호사가 펄머터에게 슬며시 이해 충돌을 지적하자 그녀는 이를 인정하고 투표에서 기권했다.

투표를 진행하면서 한 위원은 부지가 작아 타워의 바닥 면적도 협소할 텐데 실제로 그곳에 살 만한 여유가 있는 사람들이 살고 싶어 할지 모르겠다고 말했다. 하지만 그것은 위원회가 걱정할 문제가 아니었다. 프로젝트는 만장일치로 승인되었다.

2013년 말이 되자 급격히 성장하는 억만장자 거리에서 원 57, 432 파크, 220 센트럴파크 사우스의 빛을 가리고 새로운 타워를 짓겠다는 계획을 지닌 경쟁 업체가 새롭게 등장해 이목을 끈 것이다.

이후 111 웨스트 57번가로 알려지게 되는 이 타워의 높이는 1,428 피트로 432 파크보다 31피트(약 9미터) 더 높았다. 이 타워는 세계에서 가장 얇은 마천루였고, 잠시 세계에서 가장 높은 주거용 건물의 자리를 차지하기도 했다.

・・・

건축 승인을 받은 스턴과 멀로니는 타워 건설에 필요한 자금을 마련하는 다음 과제로 넘어갔다. 그 프로젝트는 뉴욕의 대형 콘도 프로젝트였던 워커 타워를 작은 감자처럼 보이게 했다. 건축 비용이 수백만 달러가 아니라 수십억 달러에 이를 수도 있었다. 타워 건축에 필요한 대출을 확보하기 위해 두 사람은 두 회사가 제공할 수 있는 것보다 많은 자본이 필요했다. 그들은 현금을 투입하기 위해 다양한 인물을 모집했다.

프로젝트 초기 단계에서 이렇게 다양한 인물들을 참여시킨 것은 이후 복잡한 문제를 야기했고, 프로젝트가 좌초한 원인이 되었다.

• • •

멀로니는 친구이자 금융 위기가 발생하기 전 리먼 브라더스 부동산 사업부 고위 임원이었던 마수드 바티Masood Bhatti로부터 부동산에 투자하고 싶어 하는 코네티컷의 투자자를 소개받았다.

잘 알려지지 않은 그 투자자는 전직 은행원 출신인 리처드 비앙코Richard Bianco로 부유한 그리니치 지역에서 암베이스 코퍼레이션Am-Base Corporation이라는 투자 회사를 운영하고 있었다. 부동산 관련 경험은 거의 없었지만, 수십 년간 금융계 주변부에서 활동한 사람이었다. 작지만 건장한 체격에 올리브색 피부와 백발을 가진 이 이탈리아계 미국인은 1990년대에 다니던 회사의 자회사였던 뉴저지의 카터렛 저축은행Carteret Savings Bank의 폐쇄를 놓고 연방 정부를 상대로 승리를 거뒀다.

항소에 항소를 거듭하며 비앙코를 능숙한 소송 전문가로 만든 20여 년간의 법적 분쟁은 기록에 남을 만한 소송이었다. 이 복잡한 소송은 1980년대 발생한 저축대부조합 위기 당시 재정 기반이 튼튼한 은행이 취약한 은행을 흡수하도록 장려하기 위해 규제 당국이 시행한 '감독 영업권supervisory goodwill'이라는 정책에서 비롯되었다. 정부는 이 정책의 일환으로 건전한 은행이 인수한 감독 영업권을 규제 자본regulatory capital에 포함하는 것을 허용했다. 비앙코는 1980년대 카터렛 저축은행이 이 정책에 따라 문제가 된 은행을 인수했는데, 1989년 의회가 갑자기 영업권 조항을 없애는 바람에 빈사 상태에 빠졌다고 주장했다. 카터렛 저축은행은 서둘러 부실 지점을 정리하고 부실 대출에 대비해 지급준비금을 늘렸다. 1991년에 이르자 수익성은 회복됐지만, 자본이 부족한 상태가 이어지다가 결국 1992년에 파산했다.

비앙코는 이 조항을 삭제한 조치가 은행을 무너뜨린 원인이라며 계약 위반 혐의로 규제 당국을 비판했다. 그는 20년 동안 약 1천만 달러를 지출하며 연방 정부와 법정 다툼을 벌였다.

당시 암베이스의 유일한 자산은 정부를 상대로 제기한 손해 배상 청구권뿐이었지만, 비앙코는 주주들을 위해 계속 싸우기로 결심했다. 그는 정부가 계약을 위반해 법이 자신에게 유리한 상황이라고 생각했다. 비앙코와 가까운 한 지인은 이렇게 말했다. "다른 사람들이 두 손 두 발 다 들 때조차 비앙코는 끈질기게 버텼죠."

2012년, 결국 판사는 암베이스의 손을 들어주었고, 연방예금보험공사FDIC에 배상금 2억 5백만 달러를 지급하라는 판결을 내렸다. 항소에 직면한 암베이스는 정부와 1억 8065만 달러에 합의했다. 이 중 약 8750만 달러는 비앙코와 그의 가족을 포함한 암베이스 주주에게 배당금 형태로 지급되었다. 비앙코는 합의에 대한 공로로 보너스 1360만 달러를 받았다. 암베이스는 나머지 자금을 스타인웨이에 투자하는 데 사용할 수 있었고, 2013년 6월에 스타인웨이 지분 59퍼센트를 5천6백만 달러에 매입했다. 뉴욕에 보유한 부동산 자산이 거의 없었던 암베이스로서는 단일 프로젝트에 거액을 베팅한 것이다. 비앙코가 20년의 싸움 끝에 받은 현금, 회사의 전 재산을 이제 그는 말 한 마리에 걸고 있었다.

멀로니는 친구인 아서 베커Arthur Becker에게도 돈을 빌렸다. 베어 스턴스Bear Stearns 은행 직원이었던 베커는 당시에는 부동산 자문업을 했는데, 패션 디자이너 베라 왕Vera Wang의 전남편이며 예술가이기도 했다. 두 사람은 20년 넘게 결혼 생활을 했지만, 2012년에 이혼했고 입양한 딸 둘이 있었다. 베커는 트로피 남편*이 아니었다. 그는 2011년에 파트너들과 설립한 호스팅 및 클라우드 서비스를 제공하는 데이터 센터 회사 네비사이트Navisite를 타임워너 케이블Time Warner Cable에 2억 3천만 달러에 매각해 큰돈을 벌었다. 베커는 돈에 매료되어 있었다. 그는 주로 벽에 설치하는 조각 작품을 만들었는데, 자신의 작품을 종종 현금으로 제작했다. 세계 각지의 화폐로 나비와 장미, 작은 부처, 인간의 두개골을 만들었다. 집 안 벽난로 위에는 대형으로 인쇄한 화폐와 지폐를 묶는 밴드로 제작한 거대한 콜라주가 걸려 있었다.

베커는 스타인웨이 프로젝트에 관심이 있었고 한 해외 투자자와 아는 사이였는데, 그 투자자는 네비사이트를 함께 설립했던 파트너이기도 했고 스타인웨이 프로젝트에 투자할 수도 있었다.

그 투자자는 런던 외곽 버킹엄셔에 거주하는 영국 출신 사업가 앤디 루한Andy Ruhan으로 멜로니보다 더 화려한 사람이었다. 그는 챔피언 레이싱 드라이버 출신으로 로터스 F1 팀의 지분과 호화로운 슈퍼요트 한 쌍을 소유하고 있었다.

2002년 죽음의 문턱까지 다녀온 적이 있는 루한은 위험에 익숙했다. 개인 헬기를 타고 슈롭서에서 부동산을 둘러보다가 헬기가 동력을 잃는 바람에 수백 피트 상공에서 추락했다. 1백 군데가 넘는 곳에 골절상을 입은 채 잔해에서 나온 그는 손과 무릎으로 축구장 2개만 한 들판을 기어서 오토바이 운전자에게 도움을 요청했고, 그 운전자

---

* trophy husband. 사회적으로 성공한 바쁜 아내를 위해 가사와 육아를 책임지는 남편

가 구급차를 불렀다. 루한은 이 사고로 유명해졌고 눈과 광대뼈, 턱뼈에 철심을 박은 것으로 알려졌다.

그러나 헬기 추락 사고도 루한을 오래 잡아 두지는 못했다. 빠르게 회복한 그는 다시 레이싱 장비를 차고 포르쉐에 올라 희끗한 금발을 날리며 2011년 영국 브랜즈 해치 서킷에서 열린 GT 컵 챔피언십 모터스포츠 대회에 참가했다. 경주 중 통제 불능 상태에 빠지기도 했으나 결국 우승을 차지했다. "그는 그런 부류의 사람이에요. 아시죠? 대형 요트를 소유하고, 스페인 휴양지 마르베야에 가는, 텔레비전 쇼 〈유명하고 부유한 사람들의 삶〉에 나오는 그런 사람이요." 멀로니가 말했다.

루한의 재산 출처는 매우 다양했다. 영국 「더 타임스」는 루한을 "당신이 모르는 성공한 부동산 재벌"로 묘사하며, 그가 데이터 센터와 호텔을 사들였다가 팔아 큰돈을 벌었고 남아프리카의 자연 보호 구역과 해저에 케이블을 설치하고 유지 보수하는 회사의 지분을 보유하고 있다고 전했다. 그는 두바이 펄로 알려진 아랍에미리트의 주거용 마천루를 지을 때도 자금 조달에 관여한 것으로 알려졌다.

2014년 마침내 베커는 델라웨어에 등록된 법인 아틀랜틱 57 유한책임회사를 통해 스타인웨이 프로젝트에 2천만 달러가 넘는 돈을 투자했고, 그 대가로 타워의 지분 26.3퍼센트를 받았다. 그런 다음 베커는 수익 대부분을 루한이 관리하는 법인에 넘겼다.

사실 베커와 루한은 프로젝트의 지분을 장기 보유할 의사가 없었다. 조사를 통해 일련의 대출 계약과 약속 어음을 찾은 『리얼 딜』은 루한이 결국 타워에 투자하고 싶어 했던 러시아 투자자 세르게이 아도니예프Serguei Adoniev와 앨버트 아브돌리얀Albert Avdolyan이 소유한 회사에 수익의 49.9퍼센트를 넘기기로 약속했었다고 밝혔다. 베커와 루한은 합법적으로 러시아 투자자들을 참여시켰지만(본질적으로 은행의 신디케이트 론과 다를 게 없다), 초반에 111 웨스트 57번가의 수많은 투자자는 그들의 참여에 대해 알지 못했다. 업계 관계자들은 아도니예프의 불미스러운 전력이 잠재적 대주들에게 위험 신호로 보였을 것이라고 했다. 나중에 스턴은 이렇게 해명했다. "저희는 이 사실이 언론에 보도되기 전까지 몰랐고, 그들이 어떤 구조로 거래했는지 아직도 정확히 알지 못합니다."

러시아 최고 부자 중 한 명이면서 블라디미르 푸틴 러시아 대통령과도 가까운 관계인 것으로 알려진 아도니예프는 불투명한 거래 전력이 있었다. 「로스앤젤레스 타임스」에 따르면, 어깨까지 오는 검은 머리로 강렬한 인상을 남기는 아도니예프는 바나나 수입업자였는데, 1993년 러시아와 핀란드의 국경에서 압수된 1.1톤의 코카인에 연루되었다는 의혹을 받아 FBI의 조사를 받았다고 한다.

1996년 연방 대배심은 쿠바산 설탕 2만 5천 톤을 구소련 공화국에 공급하는 계약을 체결하기 위해 카자흐스탄 고위 관리에게 뇌물을 제공한 혐의로, 아도니예프과 그의 파트너들을 기소하기로 결정했다. 그들은 계약금 6백 7십만 달러 대부분을 받고도 설탕을 보내지 않았다. 대신 가로챈 돈은 고급 자동차를 구입하는 데 사용했다. 형량 협상에 따라 러시아로 추방된 아도니예프는 2007년경 러시아 모바일 브로드밴드의 초기 투자자로 다시 등장해 아브돌리얀과 함께 스타트업 요타Yota를 공동 설립했다. 2012년에는 러시아 최대 이동전화 사업자 중 하나인 메가폰Megafon에 회사를 매각했고, 이후에도 그가 보유한 재산은 늘어나기만 했다.

아브돌리얀은 러시아 재계에서 인맥이 두터운 인물로, 러시아 화학 대기업 우솔리에킴프롬Usoliekhimprom과 에너지 대기업 가즈프롬의 보조금을 받는 건설 장비 회사 지콤플렉트서비스Gzkomplektservice의 주요 주주다. 2009년에는 베벌리힐스에 1천3백만 달러 주택을 구입해 유리, 도자기, 금으로 된 높은 벽을 시공하고 바, 마사지실, 동굴 같은 홈시어터 등을 설치한 것으로 알려졌다. 요타는 루한의 로터스 F1 레이싱 팀의 스폰서가 되었고, 그의 자동차 날개에는 요타 폰Yota Phone 엠블럼이 새겨졌다.

약속 어음으로 대출을 구조화하면 아도니예프와 아브돌리얀은 소유주로 등재되지 않고도 스타인웨이 프로젝트의 지분 투자자로서 모든 혜택을 받을 수 있었다.

이 거래에 관심을 보인 해외 투자자는 아도니예프와 아브돌리얀뿐이 아니었다. 곧 두 사람보다 미심쩍은 자본가 한 명이 멀로니에게 접근해 왔다.

12장

왕자

그해 말, 웨스트 17번가의 사무실에 앉아 있던 케빈 멀로니는 어느 브로커로부터 전화 한 통을 받았다. 브로커는 멀로니와 마이클 스턴이 스타인웨이 부지에 짓고 있는 (현재 공식 명칭은 111 웨스트 57번가) 마천루의 지분을 사고 싶다는 강력한 고객, '거대 산유국의 왕자'와 함께 있다고 했다. 그는 왕자가 대화를 나누러 갈 것이라고 선언했다.

뉴욕은 오래전부터 외국 지도자나 왕족이 세컨드 하우스나 투자용 부동산을 구입하려고 현금을 쏟아붓는 곳이다. 사우디아라비아 왕실의 일원인 나와프 빈 술탄 빈 압둘아지즈 알 사우드Nawaf bin Sultan bin Abdulaziz al-Saud 왕자는 어퍼 웨스트사이드에 있는 헤리티지 앳 트럼프 플레이스에 방탄 대피소 세 곳, 바닷물을 채워 넣은 수족관, 6인용 자쿠지를 갖춘 집을 소유한 것으로 유명하다. 또 다른 사우디 왕자 모하메드 빈 파흐드Mohammad bin Fahd는 루이 14세 양식에서 영감을 받은 조안 리버스Joan Rivers의 호화로운 맨해튼 콘도를 2천8백만 달러에 구매했다. 엘리자베스 2세 여왕과 관련된 단체도 이스트사이드의 유엔 사무소 근처에 위치한 아파트 2십여 채를 매입하는 데 관여했다.

그래도 멀로니는 회의적이었다. 수년간 가짜 콘도 구매자, 시간을 허비하게 하는 사람들을 상대하면서 무언가를 쉽게 믿지 못하는 사람이 됐다. 자신을 왕자 또는 억만장자라고 주장하는 사람들을 수십 명 정도 만나봤지만, 대개는 '사기꾼'으로 판명되었다.

"그런 사람들은 오자마자 자기 이야기를 들려줍니다. 그러면 며칠간 대접을 하죠. 그런데 수표를 써야 할 때가 되면 사라져 버려요. 대단한 사람인 척 돌아다니지만, 실제로는 다른 사람들을 계약에 끌어들이거나 물건을 사게 하려고 하는 사람들이 세상에 있습니다. 사실은 저녁을 사 먹을 돈조차 없는 사람들이죠."

그러나 이 '왕자'라는 사람은 외교관용 번호판을 달린 반짝이는 검은색 캐딜락 에스컬레이드 3대와 함께 멀로니의 사무실 앞에 도착했다. 옆에는 '목까지 문신을 하고 허리춤에 무기를 찬 전직 군인 두 명'과 변호사가 동행하고 있었다. 멀로니의 사무실에 들어선 그 방문자는 중동식 이름을 대며 자기를 소개했지만, 당시 멀로니는 별다른 의미를 두지 않았다.

'정말 쇼를 잘하는 양반이구먼.' 멀로니는 속으로 생각했다.

이 '왕자'라는 사람은 다른 사우디 왕족과는 전혀 달랐다. 흰 가운이나 머리 장식도 없었고, 평상복 차림으로 멀로니의 책상 맞은편에 앉았다. 흘러내리는 검은 머리카락과 근육질 몸매를 보니 손에 수십억 달러가 있는 사람보다는 동네 헬스장 트레이너 같았다. 문 앞에 서 있는 무장한 경호원들이 그가 중요한 인물이라는 사실을 암시했다. 그는 시간을 낭비하지 않고 단도직입적으로 거래를 제안했는데, 멀로니가 보기에는 말도 안 되는 제안이었다. 그는 스타인웨이 프로젝트의 지분 50퍼센트를 2억 5천만 달러에 매입하겠다고 했다. 멀로니에게는 지나치게 좋은 조건이라 믿기 힘든 제안이었다. 그때까지 파트너들이 투자한 금액은 1억 5천만 달러에 불과했는데, 이 제안을 받아들이면 하룻밤 사이에 투자금을 모두 회수하고도 1억 달러의 이익이 남았고 프로젝트의 지분 50퍼센트도 유지할 수 있었다. 그 제안이 더 황당했던 이유는 당시 프로젝트가 아직 착공조차 하지 않았고 건축 자금 대출도 받지 못한 상황이었기 때문이다.

멀로니는 그가 사기극을 펼치고 있다는 확신이 들었지만, 고개를 끄덕였다. 왕자의 말이 사실일 일말의 가능성을 위해 멀로니는 파트너들에게 그 제안을 전달하기로 했다. 왕자는 자리에서 일어나면서 마지막으로 한 가지 질문을 던졌다. 뉴욕에 오면 머물 곳을 찾고 있는데 괜찮은 아파트가 있냐는 것이었다. 당시 아르데코 양식의 옛 뉴욕 전화 회사 건물인 워커 타워에 남은 아파트는 단 두 채뿐이었다. 이 건물이 성공적으로 콘도로 개조되면서 멀로니와 스턴, 주라시치의 파트너십은 더욱 강화되었다. 멀로니는 그에게 아파트 가격이 매우 높다고 경고했지만, 몇 블록만 걸어가면 되니 함께 가서 살펴볼 수 있게 해주겠다고 했다. 총 여섯 명으로 구성된 일행은 총을 든 남성들을 선두로 건물까지 걸어갔다.

프라이빗한 남향 테라스와 크라이슬러 빌딩, 자유의 여신상, 엠파이어스테이트빌딩이 보이는 전망을 자랑하는 워커 타워 꼭대기 층의 침실 5개짜리 펜트하우스에 들어선 왕자는 부엌만 대충 훑어보고 침실은 살펴보지도 않았다.

"얼마죠?" 거실 한가운데 선 그가 물었다.

"5천5백만 달러입니다." 멀로니가 대답했다.

"5천1백만 달러는 어떻습니까?"

멀로니가 그 제안을 받아들이며 두 사람이 그 자리에서 악수를 나넜지만, 멀로니는 그 돈은 실현되지 않을 것이라고 확신했다.

왕자를 차까지 배웅하는 길에 멀로니는 에스컬레이드 중 1대에 붙어 있는 주차 위반 딱지를 발견했다. 멀로니는 방문객을 바라보고 미소를 지었다. '좋은 징조가 아니군. 속임수가 드러났네.'

트렁크를 본 왕자는 번호판을 차에서 떼어내라고 경호원에게 손짓했다. 멀로니가 깜짝 놀라 넋을 놓고 있는 사이 왕자와 수행원들은 다른 에스컬레이드 2대를 타고 세 번째 차는 그대로 남겨둔 채 떠났다.

사무실로 돌아와 '왕자'를 구글링한 멀로니는 자신의 추측이 틀렸음을 알고 충격에 휩싸였다. 그는 개리 바넷의 원 57에 자금 조달을 주도했던 아부다비 왕실의 최고 보좌관 카뎀 알 쿠바이시였다. 아부다비 국영석유투자회사의 대표인 그는 2008년 바클레이즈 은행의 구제금융 협상에 참여했고, 아랍에미리트 부총리이자 왕실의 일원인 셰이크 만수르 빈 자이드 알 나하얀을 위해 메르세데스 벤츠의 소유주인 다임러 AG와 수십억 달러 규모의 투자를 협상했다.

알 쿠바이시는 나이트클럽도 경영했다. 댄스 플로어 위에 매달려 있는 UFO 스타일의 샹들리에로 유명한 시저스 팰리스 호텔의 옴니아 나이트클럽과 라스베이거스의 클럽들을 운영하는 하카산Hakkasan이라는 회사의 회장이기도 했다. 하카산은 캘빈 해리스Calvin Harris, 티에스토Tiësto 같은 유명 DJ와 독점 공연 계약을 체결한 것으로 유명했다.

그제야 멀로니는 이 사람이 진짜일지도 모른다는 생각이 들었다.

알 쿠바이시는 펜트하우스를 다녀간 직후 계약금 1천5백만 달러를 송금했다. 이 충동적인 거래는 당시 34번가 남쪽의 콘도 최고가를 경신했다. 이 이야기는 워커 타워의 파트너 사이에서 전설이 되었는데, 스턴의 기억은 멀로니의 기억과는 크게 달랐다.

멀로니에 따르면 버려진 에스컬레이드는 몇 주간 사무실 인근 길거리에 주차 위반 딱지에 뒤덮인 채 방치되었고 어느 순간 차의 거울이 사라졌다고 한다.

・・・

거래를 성사하는 일은 멀로니가 생각했던 것보다 훨씬 더 어려웠다.

멀로니는 알 쿠바이시의 2억 5천만 달러 제안을 스턴과 다른 파트너들에게 전달했고, 유리한 조건을 확인한 파트너들은 당연히 그와 거래하기를 원했다고 한다. 멀로니는 프로젝트에 자금을 지원한 코네티컷의 투자자 비앙코를 찾아갔다. "제가 '비앙코, 세기의 거래를 성사했어요. 들으면 놀라실 겁니다'라고 했는데, '알겠는데, 저는 안 하겠습니다'라고 대답하더라고요."

멀로니는 비앙코가 왜 거래를 승인하지 않는지 이해할 수 없었다. 그는 비앙코가 트집을 잡으려 한다고 생각했다. 이후 멀로니는 당시 비앙코가 기회를 포착하고 상황을 이용해 더 큰 파이를 차지하려 했다고 추측했다.

스턴과 프로젝트에 투자한 베라 왕의 전남편 베커와 전 챔피언 레이싱 드라이버 루한도 런던에서 직접 날아와 제안을 받아들이자고 비앙코를 설득했다. 그들은 왜 그가 제안을 거부하는지 이해할 수 없었다. 상황은 비앙고 대 나머지 구도로 정체 상태에 빠졌다. 양측 모두 물러서지 않았다.

"비앙코의 심중을 알 수가 없었어요. 초고층 빌딩과 자신이 연관되어 있다는 어떤 자만심 때문에 스스로가 성공했다고 느낀 건지 모르겠습니다. 경제적 이유가 있을 거라고는 생각하지 못했습니다." 베커가 말했다.

끝없이 밀고 당기는 협상에 지친 '왕자'는 결국 흥미를 잃었다. 현실이라기에는 지나치게 좋아 보였던 조건의 거래는 무산되고 말았다. 하지만 위원회의 승인이 나온 데다 초기 자본금도 준비된 상태였기 때문에 프로젝트는 순조롭게 진행될 듯 보였다.

파트너들은 반대 방향에서 자신들을 향해 돌진하고 있던 화물 열차를 보지 못했다.

13장

공급과 수요

개리 바넷의 원 57이 분양을 개시한 다음 해에 맨해튼 전역의 고급 부동산 시장은 전례 없는 상승세를 경험했다. 57번가 등지의 초호화 주택에 대한 수요 폭발을 반영한 듯 대규모 계약이 연이어 성사되었다.

이듬해인 2012년은 기록에 남을 한 해였다. 5월에는 억만장자 투자자 하워드 마크스Howard Marks가 740 파크 애비뉴의 방 30개가 있는 층 전체를 5250만 달러에 매입했다. 6월에는 카지노 거물인 스티브 윈이 센트럴파크 사우스 리츠칼튼의 듀플렉스를 7천만 달러에 매입했다. 11월에는 엔터테인먼트 경영자 데이비드 게펀이 785 5번 애비뉴의 듀플렉스를 5천4백만 달러에 구입했다. 맨해튼 고급 아파트의 제곱피트당 평균 가격은 40퍼센트 가까이 치솟았고, 신규 개발 단지 가격과 재판매 가격 사이의 격차가 점점 더 벌어졌다.

뉴욕 전역의 개발업자와 주택 판매자가 기록적인 금액에 매물을 내놓으며 경쟁에 뛰어들었다. 2013년 플로리다 팬더스Florida Panthers

의 소유주인 빈센트 비올라Vincent Viola가 1억 1천4백만 달러에 내놓은 어퍼 이스트사이드 타운 하우스는 뉴욕시에서 가장 비싼 매물로 기록됐다. 15 센트럴파크 웨스트에서 드미트리 리볼로블레프와의 거래를 성사한 에이전트 카일 블래크먼이 이스트사이드의 상징적인 리버 하우스 빌딩에 있는 협동조합 아파트를 1억 3천만 달러에 내놓으면서 최고가 기록을 또다시 갈아치웠다.

2014년 개리 바넷은 1,004피트 높이의 원 57을 완공했고, 초기 구매자들은 센트럴파크 남쪽 끝에 높이 솟은, 크리스티앙 드 포르잠파르크가 설계한 푸른색 타워에 입주했다. 바넷의 두 번째 프로젝트인 센트럴파크 타워는 기초 공사가 진행되고 있었는데, 1,550피트까지 올라갈 예정이었다. 맥클로우의 432 파크 역시 완공이 임박했다. 2014년 10월 무렵에는 1,396피트의 현대식 콘크리트 첨탑이 완공되어 유리를 설치했다. 220 센트럴파크 사우스에서는 드디어 주차장 문제가 해결되면서 스티븐 로스 팀이 953피트 높이 석회암 타워의 기초 공사에 들어갔다. 개발업자들은 이렇게 전 세계 마천루가 급증하는 데 기여하고 있었다. 2010년 말에 50개에 불과했던 마천루가 2015년 말에는 그 두 배인 1백 개로 늘어났다.

개발업자들은 무리 본능이 강한 것으로 알려져 있지만, 이 정도의 지역 밀착형 개발은 이례적이었다. 새로운 타워들은 가격, 건축, 높이 면에서 새로운 종류로 보이는 뉴욕 마천루의 출현을 의미했다. 감정평가사 조너선 밀러는 그해 봄 「월스트리트 저널」에 "이는 새로운 시장이며, 억만장자의 거리로 불리고 있다"고 했다. 2013년경 신문에서 최초로 사용된 이 단어는 이제 본격적으로 어휘집에 등장했다.

2014년 말, 111 웨스트 57번가의 케빈 멀로니와 마이클 스턴, 이들의 파트너들이 움직이기 시작했을 때는 늦은 감이 있었다. 그들의 건물은 57번가 혹은 근처에서 지어지고 있거나 지어질 예정인 최소 7개나 되는 초고층 콘도미니엄 프로젝트에 합류할 예정이었다.

이 프로젝트에는 신축 타워와 노후화되었지만 여전히 우아한 오피스 타워를 콘도로 개조하는 프로젝트가 혼합되어 있었다. 각 프로젝트마다 고유한 장단점이 있었지만, 구매 고객이 최근 몇 년간 하이엔드 시장을 사상 최고치로 끌어올린, 제트기를 타는 해외 억만장자와 초부유층 뉴요커라는 점만은 공통점이었다. 감정평가사인 밀러는 나중에 이렇게 설명했다. "억만장자 거리는 이러한 고액 자산가들이 엄청난 양의 매물을 떠받칠 수 있는 무한히 넓고 깊은 시장을 만들었다는 가정에 기초하고 있습니다."

한편, 15 센트럴파크 웨스트를 지은 제켄도르프 형제는 원조 '석회암 예수'의 성공을 재현하기 위해 파크와 매디슨 애비뉴 사이 이스트 60번가에 로버트 A. M. 스턴이 설계한 약 8백 피트 높이 석회석 첨탑을 세우면서 나름대로 억만장자 거리에 기여하고 있었다. 단 30채의 아파트로 구성된 이 프로젝트는 규모는 작으나 가격은 엄청났다. 펜트하우스 가격은 약 1억 달러에 달할 것으로 예상되었다. 형제가 파크 애비뉴와 60번가 모퉁이에 있는 교회와 공중권 계약을 맺은 덕분에 새 건물은 구매자가 탐내는 파크 애비뉴 주소를 차지할 수 있었는데, 그들은 이 주소가 아파트 구매를 고려할 만한 핵심적인 장점이 될 것이라고 생각했다.

현대 미술관 바로 아래 위치하며, 스타 건축가 장 누벨이 설계한 고급 마천루 53 웨스트 53번가에서도 곧 분양이 시작되었다. 이 타워의 개발 계획은 2008년 부동산 경기 침체 속에서도 살아남았고, 이제 개발사 하인즈와 골드만삭스 그룹, 싱가포르에 본사를 둔 폰티악 랜드 그룹Pontiac Land Group에 의해 부활하고 있었다. 기획 책임자 어맨다 버든의 노력 덕분에 한때 현대 미술관이 소유했던 부지에 세워진 약 140세대 규모의 타워는 1,050피트 높이로 다른 타워보다 작은 편이었지만, 거미줄처럼 보이는 대각선 콘크리트 보로 이루어진 색다른 외관으로 스카이라인에 독특한 흔적을 남길 터였다.

57번가에서 활동하는 모든 개발 업체는 원 57과 432 파크의 초기 성공을 발판 삼아 기존 건물을 리노베이션하거나 리포지셔닝해 0.01퍼센트를 위한 주택으로 바꿀 수 있는 기회에 주목했다. 이러한 계획은 호텔과 오피스 빌딩을 개조하는 데까지 확장되었다.

2013년 뉴욕의 개발업자 조셉 셰트리트Joseph Chetrit는 소니 빌딩으로 알려진 550 매디슨 애비뉴의 화강암 오피스 타워를 11억 달러에 매입해 건축가 로버트 A. M. 스턴과 1억 5천만 달러짜리 트리플 펜트하우스를 갖춘 고급 아파트로 개조하고 있었다. 마찬가지로 한때 슈퍼모델 나오미 캠벨Naomi Campbell과 교제한 것으로 알려진 러시아 태생 개발업자 블라디슬라브 도로닌Vladislav Doronin은 57번가와 5번 애비뉴의 남서쪽 모퉁이에 위치한 유서 깊은 크라운 빌딩의 최상층을 자신의 럭셔리 호텔 브랜드인 아만Aman과 연계된 콘도 프로젝트의 예정지로 매입하기 위해 눈독을 들이고 있었다. 지금은 사라졌지만 그랜드 센트럴 터미널과 스타인웨이 빌딩을 설계한 유명 건축 회사인 워런 앤드 웨트모어가 설계한 이 건물은 외관을 장식하고 있는 1,363온스의 23캐럿 금박과 비첸차 조각상들, 밤에는 조명이 켜지는 녹색 구리 첨탑이 있는 보자르 양식으로 유명했다. 페르디난드 마르코스 필리핀 대통령과 영부인 이멜다가 소유했던 건물이기도 하다.

아마 이중 가장 중요한 프로젝트는 뉴욕의 개발업자인 스티브 위트코프Steve Witkoff가 제안한 계획이었을 것이다. 그는 파크 애비뉴 남부에 위치한, 상징적이지만 노후화된 파크 레인 호텔을 철거하고 싶어 했다. 이 호텔은 고인이 된 부동산 거물이자 뉴욕의 아이콘인 해리 헬름슬리Harry Helmsley의 건축 회사 에머리 로스 앤드 선스가 설계한 건물이었다. 중개업자들은 플라자 호텔 근처에 있으면서 센트럴파크의 탁 트인 전망을 자랑하는 이 부지가 뉴욕에서 가장 가치 있는 곳 중 하나라고 했다. 파크 레인 호텔에는 헬름슬리의 아내였던 리오나 헬름슬리Leona Helmsley의 거대한 개인 펜트하우스가 있었다. '심술궂은 여왕'으로 불렸던 리오나 헬름슬리는 이 펜트하우스에서 함께 살았던 반려견 몰티즈 '트러블'에게 1천2백만 달러를 유산으로 남겼다. 이 값비싼 아파트에는 실내 수영장과 크리스털 샹들리에, 새틴으로 덮인 킹사이즈 침대를 갖춘 거대한 마스터 스위트룸이 있었다. 살롱도 있었는데, 이곳에서 리오나 헬름슬리는 재봉사가 맞춤 의상을 만들 때 사용하는 마네킹으로 둘러싸인 채 유명 미용사 프레데릭 페카이Frédéric Fekkai로부터 짧은 머리를 손질받았다. 그러나 그녀는 2007년에 사망했고, 2014년경이 되자 호텔은 폐허가 되어버렸다.

위트코프는 2013년에 화젯거리를 가지고 뉴욕에 왔던 전 말레이시아 총리 나집 라작Najib Razak과도 친분이 있는, 앳된 얼굴을 한 말레이시아 금융가 조 로우Jho Low가 자금을 지원한 거래를 통해 이 빌딩을 매입했다. 호화로운 파티를 열고 유명 인사와 어울리는 것으로 유명한 로우는 뉴욕 타블로이드의 주요 인물로 급부상했다. 파티에서 패리스 힐튼Paris Hilton과 값비싼 샴페인을 터뜨리는 사진이 찍혔고, 할리우드로 진출해 리어나도 디캐프리오Leonardo DiCaprio가 주연한 2013년 영화 〈더 울프 오브 월스트리트The Wolf of Wall Street〉 제작비를 지원하기도 했다. 그는 한때 유명 커플인 제이 지와 비욘세가 살았던 타임워너 센터의 아파트를 독신남의 안식처로 사용하기 위해 여러 유한책임회사를 통해 구입했다.

로우의 주머니는 두둑했다. 사실상 그가 환불 불가능한 1억 달러라는 거액의 계약금을 기꺼이 지불한 덕분에 헬름슬리 부동산은 여러 경쟁 입찰을 제치고 위트코프에게 돌아갈 수 있었다. 로우가 85퍼센트의 지분을 투자했고, 위트코프는 친구이자 더글러스 엘리먼 회장인 하워드 로버Howard Lorber가 이끄는 투자 회사 뉴 밸리New Valley와 해리 맥클로우를 영입해 지분 15퍼센트를 확보했다. 경쟁자인 바넷도 마찬가지였겠지만, 맥클로우의 입장에서 소수 지분은 시장이 활기를 띠고 있을 때 억만장자 거리에 두 번째 타워를 세울 수 있는 기회였다.

위트코프와 그의 파트너들은 파크 레인을 허물고 그 자리에 스위스 건축사 헤어초크 앤드 드뫼롱Herzog & de Meuron이 설계한 타워를 세우는 계획을 구상했다. 모든 아파트를 센트럴파크 전망을 감상할 수 있는 수직 유리로 짓고, 로우의 제안에 따라 1억 달러가 넘는 가격에 분양할 펜트하우스 다섯 채에는 야외 수영장을 설치할 예정이었다.

개리 바넷이 초석을 놓은 후 4년이 지난 2014년, 억만장자 거리 2.0이 탄생한 것이다.

• • •

센트럴파크 타워를 지은 개리 바넷은 원 57에 대해 크고 대담한 생각을 품고 있었다. 영감을 얻기 위해 중동으로 눈을 돌린 그는 세계에서 가장 높은 빌딩인 두바이 부르즈 할리파 설계에 관여한 건축사 중 하나인 아드리안 스미스+고든 길 아키텍처에 설계를 맡겼다. 이 회사의 전문 분야는 초고층 빌딩 설계였다.

마이클 스턴과 케빈 멀로니의 스타인웨이 타워는 해리 맥클로우의 432 파크 애비뉴를 제치고 세계 초고층 주거용 타워가 되었지만, 그

기록은 오래가지 못했다. 센트럴파크 타워가 그 기록을 금방 빼앗아 버렸기 때문이다.

그렇다면 센트럴파크 타워의 높이는 정확히 얼마나 될까? 초기 계획에는 초고층 빌딩의 세계에서 열띤 논쟁 대상인 첨탑이 포함되었다. 일부 비평가는 예전부터 첨탑이나 안테나에서는 거주할 수 없으므로 건물 높이에 포함되어서는 안 된다고 주장했지만, 이러한 구조물도 건축적 형태의 연속으로 간주해야 한다고 반박하는 비평가도 있었다. 건축 평론가 마이클 키멜먼은 건물 높이에 안테나를 포함하는 것을 "핫도그 먹기 대회에서 양념을 세는 것"이라고 했다.

처음에 센트럴파크 타워의 건축가인 고든 길과 아드리안 스미스는 건물 꼭대기에 단순하고 미래지향적인 첨탑을 세우자고 제안했는데, 그러면 건물 높이를 당시 뉴욕에서 가장 높았던 제1 세계무역센터를 뛰어넘는 1,787피트(약 545미터)까지 높일 수 있었다. 첨탑을 포함한 무역센터의 높이는 1,776피트(약 541미터)였다. 이 높이는 독립선언문이 서명된 해를 상징했는데, 9.11 테러의 잿더미에서 일어선 불굴의 도전 정신에 경의를 표하기 위해 의도한 것이다. 스미스와 길은 센트럴파크 타워가 이 상징적인 전통을 이어가면서 미국의 위대함에 경의를 표하는 의미로 미국 헌법이 서명된 해를 상징하는 1,787피트를 선택했다.

뉴욕에서 가장 높은 빌딩을 짓는다는 아이디어에는 부인할 수 없는 매력이 있었지만, 바넷은 9.11 테러라는 가슴 아픈 역사가 있는 세계무역센터 부지에 이러한 건물을 짓는 것이 무례하게 보일 수 있다고 우려하며 이 제안을 거절했다. 대신 그는 건축가들에게 센트럴파크 타워를 좀 더 섬세하게 만들도록 권유했다. 결국 그들은 타워의 높이를 1,550피트(약 472미터)로 결정했는데, 이는 엠파이어스테이트빌딩보다 3백 피트(약 91미터)가 높고, 엑스텔이 센트럴파크 타워를 세계에서 가장 높은 주거용 건물로 광고할 수 있는 높이였다. 그에 비하면 432 파크는 1,396피트(약 426미터)에 불과했고, 스타인웨이 타워도 1,428피트(약 435미터)에 불과했다.

하지만 가장 높은 주거용 건물이라고 해서 사방에서 멋진 전망을 볼 수 있는 것은 아니었다. 바넷의 센트럴파크 타워 부지 북서쪽에서 220 센트럴파크 사우스가 올라가고 있었기 때문에 건물 저층부 전망이 가려질 것이라는 사실이 분명해졌다. 센트럴파크 타워의 원동력은 전망인데, 로스의 프로젝트가 말 그대로 눈앞을 가로막았다.

바넷과 그의 건축가들은 이 문제를 완화할 계획을 세웠다. 그들은 공중권을 추가로 확보한 뒤, 건물 동쪽에 있는 뉴욕미술학생연맹Art Students League of New York 본부 위로 외팔보*를 설치하는 방법을 고안했다. 약 290피트(약 88미터) 공중에 30피트(약 9미터) 길이의 외팔보를 설치하면 센트럴파크 타워 저층에 거주하는 주민들을 위해 더 넓은 센트럴파크 전망을 확보할 수 있었다. 바넷은 이러한 발상의 전환이 건물 가치를 크게 높일 것이라고 믿었다.

처음에 외팔보를 설치하는 아이디어는 미친 소리처럼 들렸다. 설계를 전면 재작업해야 했고, 막대한 자금이 필요했고, 사용 중인 건물 바로 위에서 위험할 수도 있는 공사를 단행해야 했다. 다코타 아파트와 플라자 호텔을 설계한 건축가 헨리 J. 하든베르그Henry J. Hardenbergh가 1800년대 후반에 설계한 프랑스 르네상스 양식의 뉴욕미술학생연맹 본부는 57번가에서 가장 화려한 건물 중 하나로, 1980년에 국립 사적지로 지정된 건물이었다. 뉴욕시 랜드마크 보존 위원회는 화

---

* cantilever. 한쪽 끝은 고정되고 다른 끝은 받쳐지지 않은 상태로 있는 보

려하게 장식된 처마와 지붕 선과 난간, 돌로 만든 촛대 모양의 스핀으로 둘러싸인 아치형 정문을 가리켜 "엄청난 매력과 절제된 우아함"을 지녔다며, 이 저층의 석회암 건물을 보호하기로 결정했다. 잭슨 폴록Jackson Pollock, 로버트 라우센버그Robert Rauschenberg, 노먼 록웰Norman Rockwel, 조지아 오키프Georgia O'Keeffe 같은 예술가들이 작업실과 전시 공간, 예술품 및 공예품 가게로 가득한 이곳에서 기술을 연마했다.

랜드마크 건물 위에 외팔보를 건설하려면 엑스텔은 먼저 까다롭기로 악명이 높은 뉴욕시의 랜드마크 보존 위원회의 승인을 받아야 했다. 아무런 지지대가 없어 보이는 구조물을 건설하기 위해서는 거대한 전단벽*을 설치해 구조물의 하중을 건물 중심부로 전달하고, 격자로 된 두꺼운 강철 보를 타워의 기초까지 확장해야 했다.

하지만 장점도 있었다. 건물 중심부를 동쪽으로 옮기면 노드스트롬 백화점에 할당된 거리의 인근 공간이 엘리베이터나 전기선 같은 요소에 방해를 받지 않게 되었다.

한 회의에서 건축가 고든 길은 외팔보의 대략적인 디자인을 스케치했다. 그는 외팔보의 모양을 고대 그리스 조각의 콘트라포스토 자세**와 비교했다. 스케치 옆에는 '공중 부양 기술'이라고 낙서했다.

"회의가 끝나고 나서 '정말 멋질 것 같긴 한데, 잘될지 모르겠다'고 말했던 기억이 납니다. 그때 전화가 오더니 잘될 거라고 하더라고요." 고든 길이 말했다.

바넷은 외팔보를 설치하는 데 최종적으로 약 3억 달러의 비용이 소요되리라 추산했지만, 전망이 개선되면 아파트 가치도 그 이상으로

---

* shear wall. 횡력에 저항하기 위해 설계된 벽체
** 어깨와 팔을 중심축에서 비틀어 한 발에 체중의 대부분을 싣고 서 있는 자세

올라간다고 확신했다. "그만한 가치가 있을 수도 있고 없을 수도 있습니다. 두고 봐야죠." 바넷이 말했다.

2014년 뉴욕미술학생연맹의 회원들이 공중권을 3천1백만 달러에 매도하는 데 찬성표를 던지면서 바넷은 계약을 체결하는 데 성공했다. 지역사회의 강력한 반대에도 랜드마크 보존 위원회가 외팔보 아래에 위치한 뉴욕미술학생연맹 건물의 가치를 훼손하지 않을 것이라는 판결을 내리면서 바넷은 외팔보 건축에 필요한 위원회의 승인까지 얻어냈다.

센트럴파크 타워에 입주하는 사람들은 기대했던 것보다 좋은 전망을 즐길 수 있게 되었다.

• • •

억만장자 거리가 바넷의 프로젝트와 같은 값비싼 프로젝트로 가득 차게 되면서 부동산 전문가들은 맨해튼의 고급 콘도미니엄이 곧 공급 과잉에 이르게 될 것이라 경고했다.

과연 부동산 시장에 수천만 달러에서 수억 달러에 달하는 수백 개의 신규 콘도 유닛을 흡수할 만큼 억만장자가 존재할까? 바넷의 센트럴파크 타워에만 최소 6천만 달러인 유닛이 20채나 있었다.

중개인들은 신규 매물이 쏟아지면 구매자의 행동이 바뀔 수 있다고 경고했다. 선택할 수 있는 폭이 넓어지면 구매자는 긴박감을 덜 느끼고 구매 결정을 미루는 경향이 있다. 시장에 선택할 수 있는 옵션이 많으므로 가격을 협상할 여지가 있다고 느낄 가능성도 컸다. 3년째 분양 중인 원 57은 판매가 정체되고 있었다.

2014년 11월, 미드타운의 힐튼 호텔에서 열린 뉴욕 부동산 엑스포에는 업계 관계자 수천 명이 몰렸다. 호텔 콘퍼런스 룸은 자리가 없어서 있어야 할 만큼 꽉 들어찼다.

행사에서 가장 큰 관심을 모았던 패널 토론이 진행되자 주제가 억만장자 거리로 바뀌었는데, 패널 중 한 명인 뉴욕시의 주요 건물주 오페르 야르데니Ofer Yardeni는 말을 아끼지 않았다.

"부동산이 상장 기업이고 공매도가 가능하다면, 저는 57번가를 기꺼이 공매도할 겁니다. 그곳의 시장은 멈췄습니다. 단순히 5퍼센트나 10퍼센트 하락한 것이 아니라 그냥 멈췄어요."

억만장자 거리를 둘러싼 분위기가 어떻게 바뀌었는지 여실히 드러나는 발언이었다.

하지만 두 번째 타워를 계획 중이던 바넷은 이러한 우려를 대단하게 여기지 않았다.

이듬해 봄, 부동산 관련 행사에서 패널로 참여한 그는 청중에게 "사람들이 초고층 마천루 시장에 대한 수요의 깊이를 제대로 이해하지 못하는 것 같다. 사람들은 앞으로 더 많은 초고층 마천루가 들어설 것이라고 말한다. 사실이긴 하지만, 그중 상당수는 그저 흉내를 내는 데 그칠 것"이라고 말했다.

억만장자 거리에 있는 모든 마천루가 쉽게 돈을 버는 것이 아니라 승자와 패자로 나뉘게 될 것이라는 이야기였다.

14장

뉴욕 최고의 빌딩

7번 애비뉴에 위치한 보르나도의 대표 스티븐 로스의 사무실에 뜻밖의 방문객이 찾아왔다. 패션 디자이너이자 〈프로젝트 런웨이Project Runway〉 스타인 잭 포즌Zac Posen이었다.

「뉴욕 타임스」의 한 기자가 "뉴욕 패션 위크의 P. T. 바넘"이라고 불렀던 포즌은 2000년대 들어 뉴욕 패션계의 거물로 급부상했다. 그는 내털리 포트만Natalie Portman, 리한나Rihanna, 제니퍼 로페즈 같은 유명 인사의 사랑을 한 몸에 받으며 빠르게 명성을 떨쳤다. 당시 30대에 불과했던 포즌은 자신의 레이블을 운영하고 텔레비전에 출연하는 활동 외에도 델타 항공의 유니폼을 재디자인하는 등 수년 동안 수익성 높은 여러 부업을 했다.

포즌은 로스에게 보여주기 위해 다양한 블레이저를 준비했는데, 그것은 로스를 위한 게 아니라 220 센트럴파크 사우스 경비원을 위한 유니폼이었다.

직원 유니폼을 제작하려고 세계적으로 인정받는 디자이너를 영입하는 것은 대부분의 개발업자에게 불필요한 비용으로 보이겠지만, 로스는 220 센트럴파크 사우스를 바넷, 맥클로우, 스턴의 마천루를 능가하는 세계 최고의 주소지로 만들겠다고 단단히 결심하고 있었다. 그러기 위해서는 문을 열어주고 소포를 배달하는 남성과 여성이 입을 옷에도 세심한 주의를 기울여야 했다. (포즌은 〈물랑루즈Moulin Rouge〉, 〈겨울왕국Frozen〉, 〈퍼니 걸Funny Girl〉 같은 공연의 오프닝 의상을 제작하는 데도 참여해 스티븐 로스의 아들인 브로드웨이 프로듀서 조던 로스 Jordan Roth와 친분을 쌓았는데, 이 사실 역시 그가 프로젝트의 유니폼 디자인을 맡는 데 일조했을 것이다.)

2015년 봄, 220 센트럴파크 사우스의 분양이 조용히 시작되었다. 분양 사무소를 방문한 예비 구매자와 투자자는 수많은 인상적인 디자인을 스티븐 로스가 직접 선택했다는 이야기를 들었다. 그는 아들보다 보수적인 옷차림을 고수했지만, 디자인에는 자신만의 안목을 가지고 있었다. 실제로 스티븐 로스는 디자인, 프로그래밍, 구매자에 관한 한 확고한 심사위원이자 배심원이었다. 뉴욕에서 억만장자 반열에 오른 스티븐 로스는 잠재적 구매자들을 직접 상대했고, 해리 맥클로우와 마찬가지로 중개인이나 디자이너의 조언보다는 자신이 좋아하는 것을 기준으로 결정을 내렸다. 그는 프로젝트를 걸작으로 만들기 위해 막대한 비용을 지출할 각오가 되어 있었다. 그러나 '걸작'에 대한 로스의 생각은 맥클로우의 생각과는 크게 달랐다.

오랜 숙고 끝에 로스는 현대적인 유리 타워 대신 로버트 A. M. 스턴의 성공작인 15 센트럴파크 웨스트와 같은 고전적인 석회암 디자인을 선택했다. 사람들은 220 센트럴파크 사우스를 "스테로이드를 맞은 15 센트럴파크 웨스트"라고 표현하기도 했는데, 앞쪽에는 저층 '빌라'가 있고 뒤편에는 높은 타워가 있어 15 센트럴파크 웨스트의 형태와 같았기 때문이다. 외관에는 제켄도르프 형제의 프로젝트에 사용된 석재와 유사한 앨라배마주 '실버 섀도우' 석회암이 사용됐다.

로스는 15 센트럴파크 웨스트의 고전적인 디자인을 모방하고 파크 애비뉴와 5번 애비뉴에 있는 석회암으로 덮인 협동조합 빌딩이 지닌 전통을 상기시켜 두 빌딩에 큰 성공을 안겨줬던 고객들을 똑같이 끌어들일 수 있다고 확신하고 있었다. 이는 보수적인 선택이지만 검증된 공식이었고, 도시 전체에서 의견이 분분했던 바넷, 맥클로우, 스턴의 대담하고 독특한 디자인과는 극적인 대조를 이뤘다. 경쟁 마천루들이 지닌 감성이 '뉴 머니'였다면, 로스의 건물은 올드 머니를 연상시켰다.

공용 공간의 디자인은 자유의 여신상 복원을 감독하고 리츠 파리, 클라리지스, 칼라일 등 세계적으로 유명한 호텔의 인테리어를 디자인해 큰 성공을 거둔 프랑스 디자이너 티에리 데스퐁Thierry Despont에게 맡겼다. 데스퐁은 빌 게이츠Bill Gates, 캘빈 클라인Calvin Klein, 미키 드렉슬러Mickey Drexler 같은 억만장자들의 개인 주택을 디자인했지만, 콘도미니엄을 맡은 적은 없었다. (몇 안 되는 예외 중 하나가 로어 맨해튼에 있는 울워스 빌딩이었다.)

넓은 로비는 뉴욕에서 가장 극적인 로비이면서 가장 유서 깊은 아파트에 대한 헌사이자 고급스럽고 환상적인 취향과 세련미가 담긴 요새였다. 입구에 들어서면 시계가 내장된 검은색 래커 책상과 꽃으로 장식된 둥근 테이블이 있는 리셉션 공간을 지나가게 된다. 그다음에는 검은색 래커가 칠해진 거대한 나무 벽난로와 검은색과 금색으로 장식된 돌바닥이 깔린 친밀한 거실 분위기의 공간이 나온다. 벽난로 위에는 일본 예술가 히로시 스기모토Hiroshi Sugimoto가 찍은 클리브스의 앤Anne of Cleves의 초상을 찍은 사진이 걸려 있다. 이 귀중한 사진은 헨리 8세Henry VIII와 그의 아내들의 16세기 초상화를 기반으로 제작한 밀랍 인형을 촬영한 스기모토의 시리즈 중 하나다.

도서관은 짙은 붉은색과 겨자색으로 장식되어 있고, 나무 패널로 된 벽과 검은색 래커로 마감한 좌석이 있었다. 소파 위에는 스페인 화가 마놀로 발데스Manolo Valdés가 여성의 얼굴을 노란색, 빨간색, 초록색, 주황색으로 나눠 그린 선명한 초상화가 걸려 있었다. 로스의 지시에 따라 보르나도가 이 건물을 위해 특별히 경매로 구입한 작품이었다. 마놀로 발데스 작품 중에는 약 75만 달러에 낙찰된 작품도 있었다.

편의시설이라는 럭셔리 타워들이 내세우는 새로운 트렌드에 발맞춰 220 센트럴파크 사우스 2층에는 층고가 높다란 공용 라운지 공간이 마련됐다. 이 공간에는 클래식한 몰딩과 돌로 조각한 벽난로에 베이지색 소파, 백라이트 바가 설치됐다. 갤러리 층의 연철 발코니는 당구장과 포커 룸, 포근한 레드 벨벳이 깔린 상영관으로 이어진다. 상영관 앞에 있는 작은 식료품 저장실에는 주니어 민트 캔디, 밀크 더즈 초콜릿 같은 간식이 채워져 있다. 공용 공간은 클래식한 가죽 클럽 의자가 있는 다이닝 공간과 야외 식사를 할 수 있는 테라스가 있는 다이닝 공간으로 이어진다. 입주민과 게스트에게만 개방되는 이 레스토랑은 전 세계에서 유명 레스토랑을 운영하는 미슐랭 스타 셰프 장조르주 봉게리히텐이 운영할 예정이었다. 공용 공간에는 헬스장, 주스 바, 농구 코트, 스크린 골프장, 어린이 놀이 공간도 있었다. 남자 라커룸은 진한 빨간색 가죽으로 덮여 있었고 포르트 코셰르* 출입구는 약 20피트(약 6미터) 높이의 황금색 문으로 둘러싸여 있었다.

모든 정교한 마감재에 엄청난 비용이 소요되었다. 2015년 로스는

---

* porte-cochère. 마차나 차량이 출입하도록 만든, 폭이 넓고 높은 대형문

투자자들에게 건물을 짓고 마감하는 데 제곱피트당 약 5천 달러의 비용이 발생한다고 발표했는데, 단일 콘도미니엄 프로젝트로는 거액이었고, 맥클로우와 CIM이 432 파크에 지출한 비용의 두 배에 달하는 금액이었다. 5천 달러 중 토지 매입에 들어간 비용은 겨우 1천5백 달러였고 나머지 3천5백 달러는 타워를 짓는 데 드는 하드 비용과 소프트 비용*이었다. 로스에게는 그럴 만한 가치가 있었다. 누구의 건물이 가장 품질이 높은지는 의심의 여지가 없었기 때문이다.

그해 봄, 로스는 미드타운의 블룸버그 LP 본사에서 열린 중국 상공회의소가 후원하는 아시아의 미국 부동산 투자에 관한 토론회에 바넷을 비롯한 부동산 개발업자들과 함께 업계 관계자로 참석했다. 로스는 양복 차림으로 의자에 앉아 다리를 꼬고 팔을 기댄 채 청중에게 자신을 소개하며 "뉴욕 최고의 콘도가 될 수도 있는 프로젝트를 추진하고 있다"고 했다.

"그럴 수도 있겠네요." 바넷이 자신의 프로젝트를 옹호하기 위해 언성을 높였다.

"겁먹지 마세요." 로스가 파리를 쫓듯 바넷을 손으로 가볍게 쳤다. "그렇게 가까운 곳도 아닌걸요."

• • •

언론의 관심을 싫어한다고 알려진 로스가 중국 상공회의소가 후원한 행사에 출연한 것은 놀라운 일이 아니었다. 그가 220 센트럴파크 사우스의 세부 사항까지 일일이 챙기는 여유를 부릴 수 있었던 건 넉넉한 후원자였던 중국은행Bank of China 덕분이었다.

---

* 직접비와 간접비를 의미한다.

중국 4대 국유 상업은행 중 하나인 중국은행은 보르나도에 9억 5천만 달러를 2퍼센트 금리로 대출해 줬는데, 이는 다른 개발사들이 받은 대출 금리는 물론 역사적인 저금리 시대에 모기지 론으로 받을 수 있는 금리보다도 훨씬 낮았다. 보르나도는 J.P. 모건 증권, 메릴린치 Merrill Lynch, 웰스 파고 등 대출 기관 컨소시엄으로부터 1.15퍼센트라는 금리에 사실상 신용 한도인 7억 5천만 달러의 대출도 확보했다. 충분한 자금을 확보한 보르나도는 다른 경쟁사처럼 값비싼 메자닌 파이낸싱에 의존할 필요가 없었다.

금융 위기 이후 베로니카 해킷의 클라렛 그룹으로부터 프로젝트를 넘겨받아 독점적으로 관리하게 된 로스는 낮은 금리 덕분에 경쟁 업체에 비해 유리한 고지를 점할 수 있었다.

전문가들은 보르나도가 저렴한 비용으로 자금을 조달할 수 있었던 이유를 회사의 탄탄한 대차대조표 덕분이라고 봤다. 2015년 상반기 말까지 보르나도의 유동성은 31억 달러에 달했고, 여기에 25억 달러의 신용 한도에서 24억 달러 정도 여유가 있었기 때문에 대출 기관들은 보르나도의 부채 상환 능력을 신뢰할 수 있었다. 보르나도의 신용도가 높았던 것이다.

중국은행은 대침체 이후 미국 상업용 부동산 시장을 유지하는 데 중요한 역할을 했다. 미국 은행들이 평균 대출 금액을 줄인 후 시장의 공백을 메우기 위해 뛰어든 여러 외국계 또는 비전통적 대출 기관 중 하나였다. 여기에는 432 파크에 자금을 지원했던 어린이 투자 펀드 재단, 2010년대 중반에 맨해튼의 유명 콘도 프로젝트에 대출을 제공한 아칸소주의 소규모 지역 대출 기관인 오자크 은행Bank of Ozarks도 있었다.

JLL의 상업용 부동산 금융 중개인인 마이클 질리오티Michael Gigliotti

는 "중국은행은 자신들이 선호하는 고객들을 골라 1년에 큰 거래 몇 건만 진행합니다. 선택과 집중이죠"라고 말했다. 이러한 대형 업체들은 보르나도와 같은 상장 기업과 거래하는 것을 선호했는데, 상장 기업은 바넷, 스턴, 맥클로우와 같은 비상장사에는 없는 수준의 투명성을 제공할 의무가 있기 때문이다. "대출 기관은 블룸버그만 보면 보르나도가 매일 어떻게 돌아가는지 알 수 있어요. 개리 바넷의 프로젝트 같은 경우, 그의 제국에서 무슨 일이 벌어지는지 전혀 알 수 없습니다."

2014년이 끝나갈 무렵, 보르나도의 최고 경영진은 애널리스트와 투자자들에게 원 57의 판매가 부진한 상황이지만 220 센트럴파크 사우스에 대한 수요는 높을 것이라고 확신에 찬 목소리로 말했다. 로스는 자축하기에는 아직 이르다고 경계하면서도 건물을 보려고 하는 고객이 적지 않다는 말을 주요 중개 업체에게 전해 들었다고 했다. "원 57은 시장의 움직임을 주도했던 건물이지만, 이제 좋지 않은 매물들만 남았습니다. 좋은 매물은 다 팔렸고, 그저 그런 매물만 남았으니 매출이 둔화되는 것도 놀라운 일이 아닙니다. 예측 가능한 상황이죠."

• • •

디테일에 대한 로스의 안목은 디자인 너머로 확장되었다. 그는 분양 첫날부터 220 센트럴파크 사우스가 자신의 소유인 것처럼 분양 사무소 문을 열고 들어오는 구매자들에게 세세한 관심을 기울였다.

구매자를 데리고 아파트를 보러 온 중개인들은 이후 기자와 동료 중개인에게 협동조합 건물 수준의 조사를 받았다고 불만을 토로했다. 어떤 고객들은 자격이 충분해 보이는데도 분양 센터와 약속을 잡는 데 어려움을 겪었다. 사전 설문지에 작성한 답변만으로 사무소를 방문하기도 전에 퇴짜를 맞은 고객도 있었다. 외국인 고객들은 해외에 거주하더라도 사무소에 직접 방문해야 한다는 말을 듣기도 했다.

일부 중개인에 따르면, 같은 층에 사무실을 두고 있던 로스가 무턱대고 찾아와 인사를 건네고 고객의 사업과 라이프 스타일에 대해 사생활을 침해할 법한 질문을 던졌다고 한다. 맨해튼 미드타운 한복판에서 살 집을 구매하는 게 아니라 컨트리클럽에 가입하는 것처럼 느꼈다고 말하는 고객도 있었다.

부유한 구매자와 대리인에게 유닛을 구매하는 것은 두려움이자 존경의 대상인 로스를 기쁘게 하는 일로 바뀌었다. 로스의 명성은 해리 맥클로우만큼 독보적이진 않았지만, 그 역시 전설적인 인물이었고, 그의 성격은 전체 판매 과정에도 영향을 미쳤다.

로스를 두려워하며 익명을 요구한 어느 중개인은 초부유층 중동 구매자를 데리고 갔을 때, 로스가 구매자에게 직접 배경과 실제 거주지를 물었다고 했다. 막강한 재력을 가진 구매자는 로스에게 매력을 느꼈고 유닛을 마음에 들어 했지만 바로 구매하지는 않았다. 몇 달 후에 구매자가 유닛을 다시 살펴보고 싶다고 했지만, 불가능하다는 통보를 받았다. 레이아웃이 바뀌었다거나 일정이 여의치 않다는 등 거절의 이유는 모호했다.

"추측이긴 하지만, 로스는 그 고객을 좋아하지 않는 듯했어요. 이 건물에 있어야 할 사람은 아니라고 생각한 것 같았고, 직접 나서서 제안하지 않은 것도 마음에 들지 않았던 모양입니다." 중개인이 말했다.

시간이 지나면서 한 가지 주제가 등장했다. 업계 전반에 로스 회장이 외국인의 입주를 원하지 않으며, 특히 러시아인을 꺼린다는 추측 섞인 소문이 돌기 시작했다. 당시 상황을 잘 아는 관계자는 구소련 출신 고객들이 제안한 125개 유닛에 대한 수억 달러의 계약을 로스가 거절한 것으로 알고 있다고 말했다. 상당수 고객은 건물을 보지도 못했다. 관계자는 로스가 상장 기업 수장으로서 외국 자금이 건물에 들어올 위험과 자금 출처에 대한 조사 위험을 감수하고 싶지 않았을 것이라 추측했다.

사실이라고 해도 놀랄 만한 일은 아니었다. 2015년 초 「뉴욕 타임스」에 연재된 탐사 보도 기사에 따르면, 타임 워너 센터의 개발사인 릴레이티드 컴퍼니는 러시아인을 포함한 다수의 부유한 외국인에게 유닛을 판매했는데, 이 중 일부는 각국 정부의 수사 대상에 올랐고 일부는 불법 행위로 체포되거나 유죄 판결을 받은 것으로 밝혀졌다. '비밀의 타워Towers of Secrecy'라는 제목의 연재 기사는 변호사, 중개인, 부동산 권리 보험 전문가, 개발업자들이 뉴욕, 마이애미, 로스앤젤레스 등의 부동산으로 유입되는 더러운 돈을 고의로 외면하고 있다는, 업계 사람들은 이미 알고 있던 내용을 전면에 내세웠다.

로스는 보르나도와 관련해 그런 기사가 보도되는 것을 원하지 않았다.

"고객 확인 제도 때문이든, 자금 세탁 때문이든, 어떤 이유에서인지 그는 외국인이 건물에 들어오는 것을 원치 않았어요. 그가 '안 됩니다, 이 외국인은 우리 건물에 들어올 수 없어요'라고 말한 것은 아닙니다. 그냥 계약서를 보내지 않았어요. 계약서를 보내지 않는 이유는 절대 밝히지 않았죠." 자신의 고객을 돌려보냈다는 한 중개인이 말했다.

분양이 막바지에 이르면서 거래량이 둔화되기 시작하자 로스의 팀은 일부 고객에게 다시 연락을 취했지만, 두 번째 기회에 흥미를 보이는 고객은 없었다. "거의 모두가 입에 담기 힘든 말을 했어요. 사실상 다들 손가락을 날렸죠. 예쁘지 않은 손가락 있잖아요."

로스에게 신중하게 접근하지 않으면 주택 공급자가 인종, 가족, 피부색, 출신 국가, 종교, 장애, 성별을 이유로 차별하는 것을 금지하는 뉴욕시의 공평 주거 권리법Fair Housing Act을 위반할 위험이 있다고 경고하는 업계 관계자들도 있었다. 그들은 단순히 러시아인이라는 이유로 구매자를 돌려보내서는 안 된다고 경고했다. 로스의 접근 방식 때문에 사실상 이 건물을 보이콧했다는 유명 에이전트도 있었다.

그들은 순자산 가치가 높은 구매자를 데려갔다가 자금력과 무관한 이유로 거절당하는 위험을 감수할 수 없었다고 한다. 한 에이전트 관계자는 이렇게 말했다. "그렇게 되면 저희는 신용을 잃고 고객들의 신뢰도 잃었을 겁니다. 엄청난 모욕으로 받아들여질 수 있는 일이기 때문에 저희는 그런 일에 연루되고 싶지 않았습니다. 보여줄 부동산은 얼마든지 있으니까요."

어떤 면에서 로스의 전략은 벨벳 로프 안에 들어가 내부자로서 같은 부류의 사람들로부터 자신의 취향과 성향을 검증받고 싶은, 수용과 인정에 대한 인간의 욕구를 이용한 완벽한 전략이었다. 이는 까다로운 과정이었고, 바넷이나 맥클로우에게는 이 과정을 구현할 만한 사회 자본이 없었다. 220 센트럴파크 사우스는 곧 억만장자 거리에서 가장 매력적인 마천루가 되었다.

"아파트 한 채에 5천만 달러에서 1억 달러를 지불한 사람이라면, 자신이 들어가서 살게 될 아파트에 세입자만 있다거나 슬리퍼를 신은 사람들이 돌아다니는 상황을 원하지 않겠죠. 클럽 같은 겁니다. 회원을 엄격히 받아들이는 그런 클럽의 회원이 되고 싶은 거죠." 보르나도의 애널리스트 알렉스 골드파브가 말했다.

220 센트럴파크 사우스가 클럽이라면, 이 클럽의 첫 번째 규칙은 클럽이나 다른 회원에 대해 이야기하지 않는 것이었다. 억만장자 거

리의 다른 타워들과 달리 220 센트럴파크 사우스의 마케팅 팀은 직관에 어긋나는 듯한 전략을 사용했다. 건물에 대한 홍보를 일절 하지 않는 것이었다.

보르나도는 대중을 대상으로 마케팅 캠페인을 하지 않았고, 화려한 광고도 하지 않았고, 건물 인테리어를 언론에 공개하지도 않았다. 로스 회장은 시사회를 열지 않았고, 부동산 관련 미디어의 질문에도 답변하지 않았다. 구매자 신원부터 주방 캐비닛에 이르기까지 건물의 모든 세부 사항이 철저히 비밀에 부쳐졌다. 타워 외관의 렌더링 사진을 다시 게시해 달라고 요청한 기자들은 거절당했고, 중개인들은 소셜 미디어에 이미지를 올리지 말아달라는 당부를 받았다. 타워 내부에서 사진을 찍은 건설 노동자를 로스가 해고했다는 소문도 돌았다.

이는 건물의 배타성을 극대화하고 영업 팀의 신중함에 대한 명성을 공고히 하는 전략이었다. 220 센트럴파크 사우스는 억만장자들이 대중의 시선으로부터 완벽하게 보호받을 수 있는 곳이라는 메시지를 전달하기 위함이었다. "우리는 단 한 건의 광고도 집행하지 않았고 앞으로도 하지 않을 것입니다." 로스가 행사에서 블룸버그 청중에게 말했다.

로스가 220 센트럴파크 사우스로 가는 천국의 문을 지키고 있었다면, 콜코란 그룹의 최고 경영자인 팸 리브먼과 그녀의 최고 부동산 중개인 중 한 명인 데버라 컨Deborah Kern은 로스의 보좌관이었다.

데버라 컨의 장인은 다트머스대학에서 로스의 룸메이트였다. 두 사람은 금세 친해졌다. 데버라 컨 역시 로스처럼 영리했고 주눅 들지 않는 강인한 성격이었다. 섬세한 이목구비에 세련된 런던 억양을 가진 갈색 머리의 그녀는 가죽 재킷과 호피 무늬 부츠를 즐겨 입었고, 뉴욕에 있는 거의 모든 고급 빌딩의 제곱피트당 가격을 즉석에서 계산해 냈다. 음악업계에서 일한 경험이 있었고 금융계의 고위층을 상대하는 데 능숙했다. 남편 제임스 컨James Kern은 베어 스턴스의 수석 전무이사를 지낸 J.P. 모건의 베테랑이었다.

2001년 창업자인 바바라 콜코란이 회사를 매각한 이후부터 콜코란을 이끈 리브먼은 업계의 베테랑이었다. 그녀는 직설적인 말투와 거침없는 비즈니스 스타일, 뉴욕 아파트 주식에 대한 백과사전 같은 지식, 골프 실력, 늦은 밤 버번을 즐겨 마시는 것으로 개발업자들 사이에서 인기가 높았다.

이 프로젝트를 확보한 것은 콜코란에 큰 행운이었다. 리브먼은 이 건물을 회사의 신규 개발 전담 부서인 콜코란 선샤인에 맡기지 않고 개인적으로 우선순위에 두겠다고 약속함으로써 로스의 마음을 사로잡았다. 나중에 리브먼은 로스가 개별 구매자를 검토한 것을 언론이 지나치게 과장했고, 로스가 고객을 직접 만난 적도 거의 없다고 말했다.

바니스 뉴욕Barneys New York 창립자의 손녀이면서 한때 도널드 트럼프의 최고 보좌관이기도 했던 루이스 선샤인Louise Sunshine을 잠시 컨설턴트로 데려오기도 했다. 당시 70대였던 선샤인은 지팡이를 짚으며 걸었고, 사랑스러운 작은 카바숑을 데리고 다녔는데, 대립을 일삼는 태도와 후배 직원들을 모욕하는 성향으로 주위의 심기를 불편하게 했다. 재임 기간은 길지 않았다. 선샤인은 부인했지만, 내부자들은 그녀가 『리얼 딜』과의 인터뷰에서 프로젝트를 언급해 로스를 화나게 했다고 말했다. 가장 중요한 첫 번째 규칙을 어긴 것이다.

・ ・ ・

로스의 접근 방식은 '부적합한' 종류의 사람들을 성공적으로 차단했고, '적합한' 종류의 사람들은 끌어당겼다.

2015년 초 실적 발표에서 로스는 애널리스트와 투자자들에게 분양을 시작한 지 두 달 만에 벌써 건물의 약 3분의 1에 해당하는 11억 달러 상당의 계약을 체결했다고 발표했다. 그는 "5~6주 만에 달성한 전례 없는 성과"라고 자랑하며 구매자들이 "전례 없이 놀라운 반응"을 보이고 있다고 말했다.

2015년 3분기에 이르자 건물의 절반 이상이 분양되었다. 구매자는 금융, 예술, 엔터테인먼트 분야의 유명 인사들이었다.

헤지펀드 오크지프 캐피털 매니지먼트Och-Ziff Capital Management를 설립한 억만장자 투자자이자 미술품 수집가인 다니엘 오흐Daniel Och는 펜트하우스 한 채를 약 1억 달러에 매입했다. 그가 전에 2천2백만 달러에 매입한 15 센트럴파크 웨스트의 아파트보다 훨씬 높은 가격이었다. 1994년에 회사를 설립한 오흐는 투자 업계에서 영향력 있는 인물이었고 논란의 대상이기도 했다. 2018년에는 사람들이 그가 사는 건물 앞에 모여 전 짐바브웨 대통령 로버트 무가베Robert Mugabe와 연관된 아프리카의 소규모 광산 업체에 투자한 것에 대해 항의하기도 했다.

더 고급스러운 환경을 찾아 15 센트럴파크 웨스트에서 이주한 유명인은 오흐뿐만이 아니었다. 뮤지션 스팅과 그의 아내 트루디 스타일러Trudie Styler도 초기 구매자였는데, 부부는 로스와 계약을 맺고 건물 꼭대기 4개 층에 해당하는 빌라를 하늘 위의 타운 하우스로 개조하기로 했다. 모든 층에 테라스를 만들고 4층을 잇는 나선형의 계단은 조각내어 옮겼다. 스팅 부부 외에도 빌라를 소유한 약 10~11명의 사람들이 프라이버시를 한층 더 강화했다. 스팅 부부는 빌라를 6557만 달러에 매입하고 220 센트럴파크 사우스 모델하우스를 디자인한 건축가 리 민델Lee Mindel에게 리모델링을 맡겼다.

얼마 지나지 않아 부부는 조각품 같은 나선형 계단과 형광등이 설치된 15 센트럴파크 웨스트의 생동감 넘치는 미래형 아파트를 5천만 달러에 내놓았다. 고객에게 아파트를 보여줄 때 침대 위에 걸려 있는 알몸으로 누워 있는 트루디의 초상화를 내릴지 논쟁이 있었다. 이 아파트는 비타소이Vitasoy 음료 제국을 시작한 홍콩 가문의 상속녀 캐런 로Karen Lo에게 팔렸다.

가장 뜻밖의 구매자는 1년 전 뉴욕 부동산 엑스포 참가자들에게 가능하다면 억만장자 거리를 공매도하겠다고 선언했던 부동산 거물 오페르 야르데니였다. 부동산 대기업인 스톤헨지 파트너스Stonehenge Partners를 설립한 이스라엘 태생의 야르데니는 센트럴파크가 내려다보이는 침실 3개짜리 아파트를 2220만 달러에 매입했는데, 이 거래는 그의 생각이 바뀌었음을 여실히 드러냈다. 바넷은 나중에 이렇게 말했다. "오페르가 모든 것을 감수하고 그곳을 구입했다는 것 자체가 로스가 창조한 신비함을 보여줍니다. '다른 거물들이 모두 모여 있으니, 나도 가야 한다'는 거죠."

이는 원 57의 초기 판매 공세를 부끄럽게 만든 기록이었다. 로스는 이멜다 마르코스가 구두를 수집하듯 5천만 달러를 벌어들였다. 그해 10월 부동산 콘퍼런스의 패널로 참석한 바넷은 원 57의 유닛당 판매 가격이 평당 약 6천5백 달러인 반면 220 센트럴파크 사우스는 유닛당 평균 8천5백 달러 정도라고 밝혔다. 그는 라이벌의 성공을 너그럽게 바라보는 듯했지만 부러움도 감추지 않았다. "마술 지팡이가 있다면 스티븐 로스가 되고 싶네요." 바넷이 웃으며 말했다.

• • •

 로스의 타워에서 벌어지는 일을 지켜보던 바넷은 두 가지 다른 렌즈로 라이벌의 성공을 바라보았다. 220 센트럴파크 사우스의 분양 호황 덕분에 2015년 보르나도의 주가는 금융 위기 이전에는 볼 수 없었던 수준으로 급등했다.

 억만장자 거리에 새로운 공주처럼 데뷔한 220 센트럴파크 사우스는 원 57을 나이 많은 자매처럼 보이게 했고, 로스가 제시한 가격은 억만장자 거리에 새로운 관심이 쏠리고 있다는 것을 의미했다. 바넷은 이러한 상황이 220 센트럴파크 사우스 건너편에 위치한 자신의 차기 프로젝트인 센트럴파크 타워에 도움이 될 수밖에 없다는 사실을 알고 있었다.

 2008년 금융 위기가 한창일 때 원 57을 추진한 것이 도박이었다면, 바넷은 센트럴파크 타워로 판돈을 크게 올리고 있었다. 시장에 나온 지 4년이 지난 원 57이 여전히 완판되지 않았지만, 업계 전반에 새로운 콘도의 공급 물결이 일자 거의 두 배에 달하는 유닛이 있는 훨씬 높은 가격의 건물을 지을 계획이었다. 어떤 사람들이 보기에는 논리에 맞지 않는 계획이었다.

 바넷은 뉴욕에서 원 월드 트레이드 센터1WTC에 이어 두 번째로 높은 건물이자 세계 최고의 주거용 건물이 될 센트럴파크 타워의 높이만 목표로 삼은 것이 아니었다. 가격 또한 천문학적 수준으로 책정했다. 2015년 그는 노드스트롬에 4억 달러에 매각한 저층과 아파트의 분양으로 얻는 4십억 달러를 포함해 총 44억 달러의 매출을 올릴 것으로 예상했다. 전례가 없는 수치였다. 당시 미국 역사상 가장 성공적인 콘도미니엄으로 알려져 있던 15 센트럴파크 웨스트조차 총 매출은 약 2십억 달러에 그쳤고, 원 57도 비슷한 성과를 거두기 위해 노력하고 있었다. 로스는 220 센트럴파크 사우스로 3십억 달러의 매출을 올릴 것으로 예상하고 있었다.

센트럴파크 타워 프로젝트는 여러모로 원 57과 닮아 있었다. 바넷은 2009년과 똑같이 실제 건축에 들어가는 비용을 조달하는 데 어려움을 겪고 있었다. 금융 위기 이후 두려움에 떨던 대출 기관들은 다시는 물에 발을 들여놓지 않으려 했다. 그들은 거품이 낀 맨해튼 고급 콘도 시장에 매물이 넘쳐나고 있으며, 구매자들이 부동산의 본질적 가치와 가격이 완전히 동떨어져 있는 현실을 점점 알아차리고 있다고 우려했다. 2015년이 되자 새롭게 개발한 건물의 아파트를 판매하는 데 걸리는 평균 일수가 전년 대비 50퍼센트 가까이 증가했다.

그해 봄, 바넷은 이스라엘 텔아비브의 어느 호텔 연회장에서 무대에 올랐다. 그의 앞에는 이스라엘 일간지 「칼칼리스트Calcalist」의 기자 소피 슐먼Sophie Shulman이 앉아 있었다. 슐먼은 그의 사정을 봐주지 않았다.

바넷은 1년 전 이스라엘 채권 시장에서 엑스텔의 포트폴리오 일부를 담보로 회사채를 발행해 3억 달러를 조달했다. 이 포트폴리오에는 원 57의 미분양 유닛과 더 어마어마한 자매 건물인 센트럴파크 타워의 유닛이 포함되어 있었다.

슐먼은 청중 앞에서 바넷에게 말했다. "작년에 당신이 왔을 때 우리는 회의적이었습니다. 가장 복잡한 금융 시장의 중심에 있는 뉴욕 부동산 시장의 유명 인사가 어째서 자금 조달을 위해 이스라엘까지 온 건지 이해가 되지 않았거든요."

바넷은 보르나도의 220 센트럴파크 사우스를 예로 들며 전망이 여전히 낙관적이라고 대답했다. "보르나도는 지난 6주 동안 1십억 달러가 넘는 아파트를 판매했고 계속해서 엄청난 수요를 보이고 있습니다. 사람들은 원 57이 매력적이라고 생각했고 맥클로우의 432파크도 매력적이라고 생각했습니다. '이런 인기가 얼마나 지속될 수 있을까요?'라고 물었죠. 지금 보르나도는 거기서 한 단계 더 나아갔습니다. 뉴욕 부동산이 침체기에 접어들었다는 뚜렷한 조짐은 없습니다."

사실 바넷은 이번에도 곤란한 상황에 처해 있었다. 주요 은행들은 고급 콘도 건설 대출을 줄이거나 아예 시장에서 발을 빼고 있었다.

바넷의 원 57이 억만장자들의 하늘로 향하는 경주를 알리는 신호탄이었다면, 센트럴파크 타워는 이제 종말을 의미하게 될까?

15장

전쟁의 시작

111 웨스트 57번가의 파사드를 위한 작은 모형이 옛 스타인웨이 건물 옥상에 설치되자 마이클 스턴과 그의 건축가인 그레그 파스콰렐리는 빛을 받은 테라코타와 청동이 어떻게 보이는지 확인하기 위해 서둘러 옥상으로 올라갔다.

아침 햇살에 반짝이는 장식에 감탄한 두 사람은 말을 잃었다. 그들은 자신들의 건물이 파란색 비닐로 수축 포장한 것처럼 보이는 다른 건물들을 부끄럽게 할 것이라고 믿었다.

스턴은 환희에 차 눈을 반짝이며 건축가를 향해 몸을 돌렸다. "건물이 완공되면, 아무도 이게 진짜 건물이라고 믿지 못할 겁니다."

맥클로우와 마찬가지로 스턴 역시 어릴 적 아버지와 차를 타고 뉴욕으로 오곤 했다. 스타인웨이 부지에 세워질 새 타워는 스턴이 소년일 때부터 매료되어 있었던 뉴욕의 스카이라인에 새로운 랜드마크를 추가할 기회였다. 크라이슬러, 엠파이어스테이트빌딩, 30 록펠러센터 등 뉴욕의 유명 마천루로부터 힌트를 얻은 그는 자기가 짓는 마천루에 아르데코의 역사와 미래의 건축을 결합했다. 우아한 청동 선조와 테라코타로 덮인 동쪽과 서쪽 파사드는 빛과 그림자로 역동적인 광경을 연출하고, 청동 프레임의 유리 커튼월로 덮인 북쪽과 남쪽 파사드는 센트럴파크와 맨해튼 스카이라인의 중앙에 펼쳐진 전망을 최대로 활용했다. 건물 꼭대기에는 크라이슬러 빌딩의 첨탑을 현대적으로 재해석한 약 170피트(약 52미터) 높이의 날개 모양 금속관을 세울 예정이었다. 끝으로 갈수록 좁아지다가 하늘로 흡수되어 없어지는 모양이었다. 훗날 『애틀랜틱 The Atlantic』의 한 기자는 111 웨스트 57번가를 두고 "청소기와 마하3 면도기의 사생아"라고 표현하기도 했다.

이 건물은 공학과 건축, 두 측면에서 뉴욕에서 가장 야심 찬 건축 사업 중 하나였다. 가장 비싼 건물 중 하나이기도 했다.

물결 모양의 파사드에 사용된 테라코타는 독일에서 조달한 뒤 중국에서 디지털 방식으로 26개의 몰드로 제작한 다음 멕시코에서 조립해 뉴욕으로 배송했다.

가장 눈에 띄는 타워의 특징은 종횡비였다. 폭이 약 60피트(약 18미터)에 불과한 111 웨스트 57번가는 억만장자 거리에 있는 어떤 빌딩보다도 좁은 부지에 세워진 세계에서 가장 얇은 마천루였다. 미국의 여느 평범한 가정집 뒷마당에 들어갈 만한 크기였다.

폭과 높이의 비율이 1 대 24인 고층 빌딩을 바람에 견딜 수 있게 설계해야 했던 개발업자들은 값비싼 비용에 직면하게 되었다. 맥클로우도 겪었던 문제였지만, 111 웨스트 57번가의 경우는 훨씬 더 극단적이었다. 건축을 시작하기도 전에 확장 앵커가 달린 거대한 강철 막대 192개를 지면 아래 암반에 박아야 했다. 5만 7천 톤 이상의 하중을 견디게 하기 위함이었다. 건물의 정상에는 7백3십 톤 규모의 댐퍼를 설치하고, 432 파크와 마찬가지로 바람이 통과할 수 있도록 일부 층은 비워두었다. 수십 년 전만 해도 존재하지 않았던 기술이었다.

건물이 더 비싸진 이유는 아파트의 전망이 기둥에 가려져서는 안 된다는 스턴의 고집 때문이었다. 타워의 폭이 워낙 좁았기에 면적 한 평 한 평이 중요했다. 스턴은 부유한 구매자들이 탁 트인 개방형 평면도를 원할 것이라고 했다. 그것은 1백 3십만 세제곱피트(약 36,811리터)의 고강도 콘크리트를 현장에서 타설하는 정교한 전단벽 시스템을 설치해야 함을 의미했다. 코어 주변에 공간을 확보하려면 결국 전 층 아파트의 경우 가운데 통로가 좁고 양쪽에 두 개의 긴 팔이 있는 덤벨 모양처럼 설계해야 했다.

인테리어는 디자이너 부티크와 패션 디자이너 톰 포드Tom Ford, 랄프 로렌Ralph Lauren 같은 스타의 집을 디자인한 것으로 유명한 인테리어 전문가 윌리엄 소필드William Sofield가 맡았다. 마감재는 도금 시대의 재료에서 힌트를 얻었다. 주방에는 수작업으로 가볍게 문질러 마감한 맞춤형 디자인의 캐비닛과 샤토 그레이 오크, 계단식 크리스털로 석영으로 마감한 조리대와 싱크대를 설치했고, 욕실에는 수제 유광 니켈 욕조와 촛대를 놓고 직접 주조한 청동 부속품과 금빛 규암을 썼다.

건물 전체에서 음악적 과거를 느낄 수 있었다. 코끼리 모티브는 오리지널 스타인웨이 피아노 건반을 만들 때 사용된 상아에서 영감을 받은 것이었다. 예술가가 입구 홀에 센트럴파크 동물원을 탈출한 코끼리 한 쌍이 맨해튼이라는 대도시를 찾는 모습을 그린 벽화를 완성하는 데만 3개월 넘는 시간이 걸렸다.

랜드마크인 스타인웨이 홀 건물에 14개, 뒤편 91층 타워에 46개의 전 층 아파트와 듀플렉스 레지던스 등의 유닛이 들어가 총 60개의 유닛으로 구성되는 프로젝트였다. 유닛의 수는 적었지만, 스턴은 편의

시설의 수준을 포기하지 않았다. 그는 아치형 이중 천장과 켄티아야자로 둘러싸인 드라마틱한 볼룸 스타일의 공간에 25미터 실내 수영장을 시공할 계획을 세웠다. 입주민을 위한 공용 공간에는 피트니스 센터, 사우나, 트리트먼트 룸, 프라이빗한 다이닝 공간, 회의실, 세인트 레지스 호텔의 전설적인 킹 콜 바에서 영감을 받은 바 공간과 장식용 발코니, 금색, 은색, 가지색의 맞춤형 벽화 등이 포함될 예정이었다. 이 공간은 피카소, 미로, 마티스의 작품으로 장식했다.

마이클 스턴과 파트너인 케빈 멀로니는 어려운 시장 상황에서도 AIG와 사모펀드 아폴로의 부동산 금융 부문인 아폴로 글로벌 부동산 금융Apollo Global Real Estate Finance으로부터 7억 2천5백만 달러의 대출을 확보하는 데 성공해 마천루를 건설할 기반을 마련했다. 건축 자금 지원 대출이 고갈되면서 자금을 준비하는 데 예상보다 1년이 더 걸렸다.

AIG가 선순위 대출로 4억 달러를, 아폴로는 더 위험한 고금리 메자닌 대출로 3억 2천5백만 달러를 제공했다. 아폴로 글로벌 부동산 금융은 이후 카타르 투자청의 자금을 운용하는 다른 아폴로 펀드에 메자닌 대출의 상당 부분을 매각했다.

블랙스톤과 같은 경쟁사에 비해 상대적으로 부동산 대출 규모가 작았던 아폴로에게 이 거래는 주거용 프로젝트 분야에서 최대 규모의 대출에 속했다. 아폴로는 이 거래를 통해 자신들이 대규모 개발 프로젝트에 참여하는 것을 두려워하지 않는다는 것을 시장에 보여줄 수 있다고 생각했다. 아폴로의 최고운영책임자는 거래 이후 실적 발표에서 맨해튼 부동산 시장의 잠재적 과잉 공급 문제를 감안해 전반적인 건전성에 대해 신중한 태도를 유지하고 있음을 인정했지만, 자사의 기반에는 만족한다고 말했다. 그는 111 웨스트 57번가의 유닛이 평당

7천 달러에서 1만 달러 사이에 판매될 것으로 예상했는데, 이는 아폴로의 손익분기점인 평당 2천5백 달러를 훨씬 상회하는 가격이었다.

겉보기에 프로젝트는 순조롭게 진행되었지만, 자금 조달에 1년 동안 애를 먹은 111 웨스트 57번가의 개발업자들은 2015년이 되자 발밑에서 움직이기 시작하는 시장을 감지할 수 있었다. 바넷의 원 57은 판매가 주춤했고, 맥클로우의 432 파크의 매출도 둔화되었지만, 여전히 도시 전역에서 초호화 매물이 쏟아져 나왔다.

무대 뒤에서 지옥이 열리기 직전이었다.

・・・

마이클 스턴은 웨스트 18번가에 있는 워커 타워의 화려한 아르데코 로비에서 경호원의 안내를 받아 입구에 세워져 있던 레인지로버로 재빨리 이동했다. 소수의 건설 노조원들이 건물 밖에서 어슬렁거리곤 했는데, 스턴은 그곳에 머무르고 싶지 않았다.

이번에는 충분히 빠르지 못했다.

"마이클, 하나만 물어볼게요." 사무 일을 하는 듯 긴 코트에 넥타이를 맨 남자가 건물을 빠져나가는 스턴에게 소리쳤다. "당신의 탐욕 때문에 일하다 죽게 될 사람들에 대해서 어떻게 생각하십니까?"

남성은 레인지로버가 출발하기 전에 스턴의 얼굴에 카메라를 비추고 위협적인 표정으로 차 뒷좌석 창문을 통해 스턴을 쳐다보았다.

2015년, 스턴은 노조와 전쟁 중이었고, 케빈 멀로니는 이에 분노했다.

스턴은 대담하고 이례적인 결정을 내렸다. 그는 건설 노조의 조합원과 비조합원을 섞어서 채용하는 '오픈 숍open shop'을 통해 건설 비용을 절감하고 수익을 극대화할 수 있다고 믿었다.

맨해튼의 대형 건물 건설에는 여러 세대 째 목수부터 엔지니어와 크레인 운전사까지 다양한 노동조합원들이 함께하고 있었다. 19세기 후반 뉴욕, 필라델피아, 볼티모어와 같은 도시에서 노동 조건과 노동자의 안전을 개선하기 위해 설립된 건설 노조는 1950년대까지 업계를 장악했는데, 당시 이 도시들의 건설 노동자 절반 이상이 카드를 소지한 노조 조합원이었다. 1980년대에 이르자 노조는 상당한 정치적 영향력을 가지게 되었고, 뉴욕의 주거용 마천루들은 대부분 조합원의 노동력으로 건설되었다.

건축 자재와 토지 비용의 상승으로 개발 업체들은 비용 절감을 위해 10년 넘게 오픈 숍 건설로 방향을 선회하고 있었지만, 스턴이 구상한 건물처럼 큰 규모의 유명한 마천루에서 시도한 적은 없었다. 이 결정을 알게 된 노조들은 곧바로 스턴의 발목을 잡았다.

대뉴욕시 건축건설업 협의회Building & Construction Trades Council of Greater New York 회장인 게리 라바르베라Gary LaBarbera는 노조를 대표하는 얼굴이었다. 우렁찬 목소리와 칼라 위로 튀어나온 굵은 목, 탱크같이 다부진 체격에 담배를 손에 쥔 그는 1980년대에 지게차 운전사로 일하며 국제 팀스터 형제단International Brotherhood of Teamsters의 282지역 조합원으로 가입했고, 코넬대학교의 노동학 프로그램을 이수한 최초의 조합원 중 한 명이었다. 한때 감비노 범죄 조직의 근거지로 알려졌던 노조에서 라바르베라는 부패를 청산할 수 있는 새로운 부류의 노동 지도자로 입지를 다졌다. 아버지가 앞서 조합원으로 활동했고, 그는 1949년에 돌아가신 아버지의 노조 가입증을 지갑에 넣고 다녔다. 라바르베라는 자신이 노동 운동을 선택한 것이 아니라 노동 운동이 자신을 선택했다고 말하곤 했다.

건축업의 수장으로서 라바르베라는 블루컬러 노동자의 언어를 구사하며 노조의 기본 논점을 설파했다. 그는 노조원이 된다는 것은 강한 도덕적 나침반을 가지고 직장이 공평해야 한다는 신념을 품는 것이라고 말했다. 열심히 일한 만큼 정당한 임금을 받아야 하고, 적절한 연금 혜택을 받으며 품위 있게 은퇴할 수 있어야 한다는 말이다. 라바르베라는 이사회 회의실에서 부유한 부동산 권력자와 정교한 재정 협상을 벌이는 한편, 거리 연단에서 노동조합 청중의 환호를 받으며 연설하는 두 세계를 모두 경험한다는 데 자부심을 느꼈다.

라바르베라에게는 큰 도전이었다. 1970년대에는 건설 인력의 90퍼센트가 카드를 소지한 노조원으로 구성되었지만, 2010년대 중반에는 건설 비용 증가와 이전 세대와 같은 장기적인 충성도가 없는 신세대 개발업자들로 인해 그 수가 약 40퍼센트로 감소했다. 노조의 독점적 지위가 위태로워진 상황이었다. 스턴이 오픈 숍 건설 환경에서 타워를 완공해 낸다면, 같은 방식을 고집하려는 다른 개발업자들을 어떻게 막을 수 있겠는가?

라바르베라는 처음부터 강경한 태도를 취하며, 스턴이 경험이 없어 이해하지 못하는 문제에 탐욕스럽고 거만하게 접근한다고 언론에 공개적으로 비난했다. 그는 개발업자가 '부도덕한' 하청업체를 고용해 건설 현장의 안전에 부주의하면 사고가 발생할 수 있다고 주장했다.

스턴은 싸움을 주저하지 않았다. 그는 건축업자들이 지나치게 높은 비용을 청구하고 있으며, 실제로 안전 기록도 노동조합이 없는 업체들보다 우수하지 않다고 주장하며 노조를 공개적으로 조롱했다. 또 노조가 협박을 통해 생존하고 있을 뿐이라고 주장했다. 스턴은 그해 초 부동산 매체 「커머셜 옵서버Commercial Observer」와의 인터뷰에서 이렇게 말했다. "노조와 비노조 양쪽의 계약 업체를 보면, 대형 노조가 있는 업체 대부분은 오래 수감 생활을 했던 사람들이 운영하고 있습니다. 그들은 마피아와 연계되어 있어요. 긴 범죄 기록, 안전 문제 등이 있습니다."

부동산 매체 표지에 실린 삽화에는 번쩍이는 가운데 손가락을 들고 있는 스턴의 모습이 실렸는데, 그의 손가락은 새로운 스타인웨이 타워로, 노조는 목숨을 걸고 타워에 매달리는 쥐의 모습으로 묘사되었다. 매체는 이 분쟁을 뉴욕을 장악하기 위한 노조의 "워털루 전투"라고 칭하며 노조 없이 무엇을 건설할 수 있을지 시험하는 일종의 리트머스 시험지라고 표현했다.

분쟁은 공개 행사에서 격화되었다. 스턴이 축하 행사나 콘퍼런스에 참석할 때면, 노조는 행사장 밖에 '스캐비scabby'로 알려진 쥐 모형의 거대한 풍선을 배치했다. 그가 패널로 연설할 때 노조 시위대의 방해를 받기도 했다. 2014년 10월에는 5천 명이 넘는 노조 시위대가 57번가를 막고 항의 집회를 열었다. 군중은 스턴의 개인 주택 앞에서 여러 차례 시위를 벌이기도 했다.

라바르베라는 합법적인 방법으로 수정헌법 제1조의 권리를 행사하는 사람들을 막지는 않겠다며 조합원들을 말리지 않았다. 얼마 후 위협을 느끼기 시작한 스턴은 친구들에게 비번인 경찰을 경호원으로 고용했다고 말했다. 1년 가까이 서너 명의 경호원이 스턴이 집회에 갈 때 에스코트하고, 그의 자녀들이 공공장소에 갈 때 동행했다.

두 사람은 사적으로 여러 차례 만났지만, 겉으로 드러나는 것만큼 서로에게 적대적이지 않았다. 공개적인 자리에서 언쟁을 불러일으켰던 긴장이 협상 자리에서는 완화됐다. 스턴은 라바르베라의 수사 중 많은 부분이 연극이라는 사실을 알고 있었다. "그는 연단에 올라가서 저를 향해 이런저런 욕설을 퍼부었습니다. 하지만 그 전에 자신이 하는 말은 모두 무시하라는 문자를 제게 보내곤 했어요."

그렇지만 스턴은 계속되는 야유와 뉴욕 건축부에 제기되는 항의, 대출 기관과 파트너의 전화에 지쳤고, 라바르베라의 공적 페르소나와 사적 페르소나의 격차에 좌절감을 느꼈다.

라바르베라는 이후 스턴을 '미성숙하고 오만하다'고 비난하며, 스턴이 정직하지 않게 협상을 해왔고 애초에 거래할 생각도 없었다고 믿게 되었다.

멀로니는 별다른 감흥이 없었다. 그는 스턴이 비노조원들을 고용해 얻는 비용 절감 효과가 싸울 만한 가치가 없다고 생각했고, 대규모 작업을 일정에 맞춰 완료할 수 있을 만큼 전문화된 비노조 하청업체가 충분할지도 확신할 수 없었다고 했다. "사람들은 30~40퍼센트가량 비용 절감 효과가 있다고 이야기하지만, 인력이 충분하지 않아 발생하는 시간 비용도 있습니다. 배관공 50명이 필요한데, 하청업체에는 20명밖에 없을 수도 있어요. 그러면 일정이 지연되어 기술자, 스프링클러 담당자, 마감 담당자 등 모든 사람이 피해를 입게 됩니다."

멀로니는 스턴이 프로젝트를 노조 논쟁의 도화선으로 만들어 버린 상황이 마음에 들지 않는다고 했다. 그는 수십 년 전에 노조와 대립한 경험이 있었고, 대립이 어떻게 불안정한 상황을 초래하는지 직접 경험했기 때문에 잘 알고 있었다. 멀로니는 「커머셜 옵서버」 표지를 보고 '전쟁이 시작되는구나'라고 생각했다.

멀로니는 전쟁이 사실상 현장의 경제성보다 개인적인 자존심 문제라고 추측했다.

그리고 스턴의 접근 방식에 대해 이렇게 말했다. "그런 식으로는 절대 이길 수 없습니다. 그래서 저는 고개를 숙였죠. 스턴에게 '당신은 이 사람들을 격앙시키고 있을 뿐'이라고 말했죠. '그들이 당신의 머리를 파이프로 내려칠 것'이라고요."

· · ·

스타인웨이 프로젝트를 시작해야 한다는 압박감은 이미 취약해져 있던 스턴과 멀로니의 관계에 큰 타격을 주었다. 노조 문제만 있는 게 아니었다. 워커 타워 프로젝트가 막바지에 접어들면서 두 사람 사이에 사적인 균열이 공적인 영역으로 퍼져나갔다.

멀로니는 스턴이 주목받는 데 지나치게 관심이 많다고 생각했다. 2014년 봄 『리얼 딜』과 한 인터뷰에서 멀로니는 스턴의 접근 방식에 대해 이렇게 말했다. "'내가 한 위대한 업적을 보세요'라면서 지나치게 이목을 끄는 것은 어떤 개발업자에게나 생산적이지 않다고 생각합니다. 다른 사람이 한 일의 공까지 가로채는 것은 적절하지 않죠. 건축가와 파트너에게 공을 돌리는 사람이 대인배입니다."

멀로니는 파트너들에게 스턴의 집중력 부족에 대한 불만을 토로하기도 했다. 스타인웨이의 건설 자금 대출이 지연되면서 파트너들이 토지 구입 자금 대출을 연장해야 했고, 이자와 세금으로 예상보다 더 많은 비용을 감당해야 했다. 이에 스턴과 멀로니는 예상치 못한 상황이나 예산 증가로 인해 투자자에게 추가 자금을 요청하는 캐피털 콜 capital call을 하기 시작했다.

비용이 증가하기 시작하자 두 사람은 이메일로 욕설을 주고받았는데, 이 내용은 이후 법원에 제출한 서류에 인용되었다.

멀로니는 스턴에게 프로젝트의 일정 지연과 예산 초과를 원치 않는다고 말했다. '예산의 50퍼센트가 초과되었고, 기한은 1년이나 늦어졌습니다.'

'당신은 집중하지 않고 있어요. 일하는 사람도 없이 6개월을 낭비

했습니다.'

법원 서류에 따르면 스턴은 멀로니의 회사를 '범죄자, 멍청이, 비서'로 가득한 '2비트 조직'이라고 부르며, '당신은 언제나 무식하고 정보가 없다'고 답장했다. '투자자들 앞에서 내 공을 가로챌 게 아니라 당신이 직접 만든 걸 자랑해 보지 그래요? 난 당신에게 엄청난 돈을 벌게 해줬는데, 배은망덕한 사람이네. 플로리다에서 비난만 하기는 쉽지. 염병 떨고 있네.'

날이 갈수록 시장은 그들이 지으려는 하이엔드 주택에 맞는 비옥한 토양이 아닌 것처럼 보였다. 익명을 요구한 초기 투자자의 변호사는 이렇게 말했다. "처음부터 문제는 많았습니다. 하지만 시장이 바뀌면서 상황이 악화되기 시작했죠." 프로젝트 지분 대부분을 보유한 암베이스의 소유주인 코네티컷의 투자자 딕 비앙코도 비용 상승을 우려했다.

2014년에 파트너십은 캐피털 콜을 통해 프로젝트에 추가 자금을 투입해 달라고 암베이스에 반복적으로 요청했다. 계약 조건상 암베이스는 자본 요청을 충족시키지 못하면 전체 프로젝트에 대한 지분율이 희석될 위험이 있었다. 암베이스는 파트너십의 요청에 응해 3월에 108만 5천 달러, 6월에 559만 5천 달러, 7월에 584만 2천 달러를 추가로 출자했다.

그해 12월, 파트너십이 다시 캐피털 콜을 하면서 암베이스에 1천 3십만 달러를 추가로 출자해 달라고 요청했지만, 비앙코가 제동을 걸었다. 비앙코가 감당하기에는 무리한 요구였고, 회사 금고는 거의 비어 있었다. 비앙코는 파트너십이 요구한 금액에 훨씬 못 미치는 1백 5십만 달러를 출자했다. 2015년 2월과 4월에 파트너십이 두 차례 더 요청했을 때도 그는 거절했고, 요청받은 1410만 달러가 아닌 1백 1십만 달러만 출자했다.

2014년 말, 7천만 달러가 넘는 돈을 투자했던 비앙코는 마침내 프로젝트에서 발을 뺐다. 암베이스는 프로젝트에 더는 투자하지 않기로 했다. 회사는 뉴욕 증권거래위원회에 제출한 연례 보고서에서 이렇게 말했다. "합작 투자의 개발 위험과 회사의 재무 상태를 고려할 때, 111 웨스트 57번가 부동산에 대한 집중도와 위험 노출은 이미 상당한 수준이며, 이를 증가시켜서는 안 된다."

2016년 3월, 케빈 멀로니는 111 웨스트 57번가의 분양을 보류한다고 발표해 파트너들을 당황케 했다.

블룸버그 뉴스와의 인터뷰에서 멀로니는 팀이 프로젝트 후반부까지 마케팅을 하지 않을 계획이라고 말했다. 그는 이러한 전략상의 변화를 맨해튼의 럭셔리 아파트 시장이 흔들리면서 부유한 구매자들이 완성된 프로젝트를 직접 보지 않고 계약하기를 주저하고 있기 때문이라고 설명했다. 뉴욕 전역의 중개인들은 구매자들이 더 이상 평면도만 보고 매물을 구매하지 않으며, 완공까지 오래 기다려야 하는 매물도 원하지 않는다고 했다. 상당한 계약금을 내는 입장에서 건물이 완공될지 확실히 알고 싶어 했고, 마감재도 직접 보고 만져보고 싶어 했다. 멀로니는 인터뷰에서 이렇게 말했다. "시장이 활황이라면 사람들이 평면도만 보고도 구매하고 수표를 씁니다. 그러면 좋죠. 하지만 지금은 마케팅이 효과가 없을 것 같은 시장인데, 마케팅을 하는 데 돈을 쓰겠습니까? 기다리죠."

멀로니의 발표에 누구보다 놀랐던 사람은 아마 분양을 위해 중개업체를 고용하고 파트너와의 계약에 명시된 기한까지 일정한 판매 기준을 달성할 의무가 있었던 콜코란 그룹의 최고 경영자 팸 리브먼이었을 것이다. 이제 영업할 준비를 마친 5번 애비뉴의 분양 사무소

직원들은 적극적으로 구매자를 유치하고 있었다. 저게 도대체 무슨 말이지? 개발업자가 분양을 안 하겠다고 하는데 영업 팀이 무슨 수로 판매를 한단 말인가?

멀로니는 공개적인 마케팅 캠페인을 보류하는 게 합리적이라는 데 동의했지만, 언론에 이를 공개하기 전에 자신과 상의하지 않았다고 스턴은 말했다. 당시 57번가를 둘러싼 정서는 악화되고 있었고, 칼럼니스트들은 공급은 너무 많고 억만장자는 너무 적다고 목소리를 높였다. 그는 이러한 환경에서 분양 시작 시점을 시장에 알리는 것이 파트너들에게 유익하지 않다고 생각했다. 분양하는데 판매가 부진하면 구매자들이 타워에 문제가 있다고 생각할 수 있으므로 향후 전망에도 타격을 입을 수 있었다. 공개적인 마케팅은 잠시 보류하고 분양만 조용히 지속하다가 나중에 시장이 회복되고 건물 완공에 가까워지면 대대적으로 분양을 하면 되는 것이었다. 시장은 모를 것이다.

한편 스턴은 손에 닿을 수 없는 해외 구매자를 쫓아다니는 기분을 느꼈다. 중국 구매자들은 자국 정부의 자본 통제로 중국에서 돈을 가지고 나올 수 없었고, 중동 구매자들은 트럼프 행정부가 들어선 이후로는 증발해 버린 듯했다. 브렉시트 투표를 앞둔 유럽 구매자들은 불안에 떨고 있었다. 발아래 지형이 바뀌고 있는 것 같았다.

얼마 지나지 않아 스턴은 팸 리브먼보다 큰 문제를 만나게 된다.

한 달 후인 2016년 4월, 스턴과 멀로니는 암베이스로부터 소송을 당했다.

계속 초과되는 프로젝트 비용에 지친 비앙코는 스턴과 멀로니가 암베이스의 비용으로 합작회사의 소유 지분을 늘리면서 자신들의 재정적 노출을 최소화하는 음모를 꾸몄다고 주장하며 뉴욕주 대법원에 소송을 제기했다.

암베이스가 더 이상의 자금 지원을 거부하자 파트너들은 암베이스의 프로젝트 지분을 약 60퍼센트에서 45퍼센트로 줄이기로 결정했다. 비앙코는 자신의 지분이 크게 줄어든 것이 불공평하다고 주장했다.

암베이스는 개발업자들이 개발 비용을 끌어올리고 그 비용을 충당하겠다는 구실로 필요하지도 않은 캐피털 콜을 발행했다고 주장했다. 또한 공개되지 않은 제3자로부터 불법적으로 자금을 조달해 캐피털 콜의 일부를 자체적으로 충당함으로써 자신들의 위험을 제한하고 재정적 부담은 암베이스에 지웠다고 했다.

이 소송으로 비앙코와 개발업자들의 관계가 얼마나 악화되었는지 극명하게 드러났다.

암베이스는 스턴과 멀로니에게 캐피털 콜에 관한 추가적인 설명을 요청했지만 명확한 답변을 듣지 못했다고 주장했다. 비앙코는 프로젝트와 관련된 주요 의사 결정에서 자기가 배제되었다고 느꼈다.

유닛의 가격 책정도 그러한 결정 중 하나였다. 개발업자들은 뉴욕주 법무장관실에 서류를 제출하면서 저층 유닛의 가격은 1550만 달러부터 시작하며, 최고층인 74층의 침실 4개짜리 복층 펜트하우스의 경우 약 5천7백만 달러라고 밝혔다. (가장 비쌀 것으로 보이는 80층과 82층의 가격은 공개하지 않았다.)

비앙코는 스턴과 멀로니가 이 프로젝트를 위해 5번 애비뉴에 여러 층으로 된 호화로운 분양 사무소를 마련하고 고급 아파트 모형을 설치하는 데 9백만 달러를 지출한 과정과 로스와 바넷이 고용했던 마케팅 회사인 콜코란 선샤인을 독점 판매 대리인으로 선정하는 과정이 자신의 개입 없이 이루어졌다는 사실도 알게 됐다.

소송에 따르면 비앙코는 스턴과 멀로니가 자신에게 알리지 않고 계열사에 사업을 몰아주는 자기거래를 하는 게 아닌지 의심하게 됐다고 한다. 그가 스턴과 멀로니와 연락할 때면 그들은 사업상 이해관계가 있는 마이애미에 있는 경우가 많았다고 한다. 비앙코는 그들이 계속 현장에 있지 않는데, 어떻게 개발의 중요한 사항에 세심한 주의를 기울일 수 있는지 알고 싶었다.

"어느 순간 투자자들이 마이클의 과도한 지출을 우려했습니다. 마이클은 과한 비용은 없다는 식이었어요. 그들은 마이클이 더 이상 프로젝트를 유지할 수 없을 만큼 과도하게 지출하고 있다고 우려했습니다." 투자자 중 한 명의 변호사가 말했다.

문제를 더욱 복잡하게 만든 것은 프로젝트의 도급업자인 스턴이 시공 관련 수수료도 받고 있었었다는 점이었다. 비앙코가 보기에 이는 프로젝트가 정교해질수록 그의 도급 업체가 더 많은 돈을 벌 수 있다는 의미였다. 소송에 따르면 스턴의 건설 회사는 분기당 약 64만 1천 달러의 수수료를 받을 자격이 있었고, 최대 금액은 약 6백 4십만 달러였다. 급여과 기타 비용에 대해 환급금도 청구할 수 있었다. 지출이 증가하면 스턴은 이득을 보는 구조인데, 암베이스는 이에 대해 전혀 모르고 있었다는 것이다.

스턴은 분노했다. 그는 이 정도 규모의 프로젝트에서 비용을 정확히 예측하는 것은 불가능하며, 어느 정도의 예산 초과와 캐피털 콜은 예상되는 일이라고 주장했다. 합리적이고 현명한 투자자라면 누구나 알 수 있는 것이라고 했다. 게다가 비앙코는 초반에 합류했기 때문에 정확한 비용을 책정하는 것은 불가능했다는 주장이었다.

"그가 거래를 제안했을 때, 우리는 아직 건축가도 고용하지 않은 상태였습니다. 디자인도 없었고 랜드마크에 대한 조사도 되어 있지 않았고 시공 도면도 없었습니다. 콘셉트에 기반한 예산은 있었지만,

실제 설계를 기반으로 한 것은 아니었습니다." 스턴이 말했다.

스턴은 비앙코가 파트너십의 결정을 다른 파트너를 착취하기 위한 수단으로 보고 있다고 비난했다. "그는 파트너십 결정을 '착취 지점'으로 보고 있어요."

하지만 파트너 간의 전쟁은 겨우 시작에 불과했다.

16장

낙원에서의 경멸

해리 맥클로우는 자신의 활동 영역에 있었다. 2016년 5월, 그는 이탈리아 피렌체에서 가장 중요한 건물 중 하나인 베키오 궁전의 주요 구역에 서 있었다. 15세기에 지어진 길이 170피트(약 52미터), 높이 60피트(약 18미터)에 달하는 5백 인의 홀, 살로네 데이 친퀘첸토Salone dei Cinquecento는 화려한 금색 패널 천장, 우뚝 솟은 조각상, 복잡한 벽 프레스코화로 장식되어 있었다. 내부에 전시된 예술 작품 중에는 미켈란젤로의 걸작 〈승리Genius of Victory〉와 데 로시De Rossi의 〈헤라클레스의 과업Deeds of Hercules〉도 있었다. 영화 〈다빈치 코드The Da Vinci Code〉의 한 장면 같았다.

홀은 사람들로 가득했는데, 모두 맥클로우를, 그게 아니라면 적어도 그의 요트를 응원하는 듯 보였다. 해리는 요트 업계의 오스카상이라 불리는 세계 슈퍼 요트 어워드에 참여했고 그의 새 요트인 언펄드Unfurled가 올해의 세일링 요트 부문에서 막 우승한 참이었다. 그는 평소에도 이런 순간을 즐겼다.

16장 낙원에서의 경멸

오랫동안 요트를 좋아했던 해리는 아내 린다와 함께 요트 제작을 의뢰했다. 티크 데크가 있는 151피트(약 46미터) 길이의 알루미늄 요트로, 저명한 조선 기사 제르망 프레르German Frers가 설계하고 네덜란드의 비터스Vitters 조선소에서 건조했다. 약 2350만 달러에 달하는 이 배는 해리가 오랫동안 열정을 쏟아부은 프로젝트였고, 이번 수상은 요트계의 최고 권위자들로부터 노력을 인정받은 것이었다. 트로피를 받기 위해 턱시도와 보석으로 장식된 검은색 앙상블을 입고 무대에 올라 팔짱을 낀 채로 환하게 웃는 해리와 린다는 더없이 행복한 결혼 생활을 나타내는 한 폭의 그림 같았다.

그러나 무대 뒤의 상황은 행복하지만은 않았다. 맥클로우 부부는 여행으로 분주한 봄을 보냈다. 먼저 린다의 오랜 꿈이었던 일본으로 떠났다. 2주간 여행하며 갤러리와 사원을 둘러봤고 도쿄와 교토의 최고급 레스토랑에서 식사했다. 안타깝게도 여행 중 해리가 폐렴에 걸리고 말았다. 집으로 돌아왔을 때 해리는 병에 걸린 자신을 린다가 전혀 안쓰러워하지 않는다고 생각했다. 그는 무시를 당하는 기분이었는데, 그 느낌이 전혀 낯설지 않았다.

해리는 린다가 자신의 성공을 원망한다고 믿었다. 사람들이 길거리에서 자신의 성취를 축하해 주려고 다가오면(그는 이런 일이 자주 있었다고 주장했다) 아내를 소개하려고 돌아섰지만, 그럴 때마다 아내는 자리를 뜬 후였다고 한다. 아내에게 432 파크의 완공을 기념하는 432 파크 준공식에 참석해 달라고 부탁했을 때는 거절당했다고 했다.

부부는 거의 2년째 순탄치 않은 결혼 생활을 이어가고 있었다. 이는 다른 여성 때문이기도 했다. 해리는 프랑스의 전직 패션 경영인이자 프렌치 프렌즈 오브 이스라엘 뮤지엄French Friends of the Israel Museum의 회장인 퍼트리샤 랑도Patricia Landeau를 2011년 미술 컬렉션을 전시하는 개인전에서 처음 만나고, 2년 후 친구가 주최한 저녁 파티에서 다시 만났다. 해리는 우아하고 세련된 랑도에게 한눈에 반했다. 무슨 뜻인지는 모르지만, 그녀는 자신의 조상이 16세기까지 거슬러 올라간다고 자랑하곤 했다. 골동품 가구의 출처를 설명하는 데나 사용할 법한 말이었다.

린다는 해리를 무시했지만, 랑도는 밤새도록 그와 이야기를 나누고 싶어 했다고 한다. 새로운 사랑에 대한 희망으로 결혼 생활과 삶에 대한 불만은 커져만 갔다.

해리는 퍼트리샤와 함께 있으면 똥 묻은 돼지처럼 행복하다고 친구들에게 말했다. 린다와 함께 있으면 비참했다고 한다.

"잘해보려고 노력했지만, 제가 아는 삶은 퍼트리샤와 함께하는 삶이었습니다. 저는 제가 원했던 수준이 아닌, 제게 자극이 되지 않는 작은 사회에서 그런 사람들과 함께하는 삶이 매우 불만족스러웠어요."

오랫동안 결혼 생활을 이어온 부부의 관계를 끊기란 쉽지 않았다. 해리와 린다의 자산 포트폴리오는 반세기가 넘는 기간 동안 방대하게 성장했고, 여기에는 20세기 거장들의 주목받는 예술품 컬렉션도 포함되었다. 이들의 소장품은 윌렘 드 쿠닝Willem de Kooning, 제프 쿤스Jeff Koons, 마크 로스코, 사이 톰블리Cy Twombly, 잭슨 폴록Jackson Polloc, 앤디 워홀의 작품을 포함해 최소 165점에 달했다. 상징적인 호텔 건물의 7층에 1만 4천 제곱피트(약 393평)에 걸쳐 있는, 센트럴파크 전체가 한눈에 들어오는 광활한 '나무 위' 전망을 갖춘 플라자 아파트 외에도 유리, 강철, 석회석으로 지어진 모던한 건물로 2에이커(약 2,448평)가 넘는 부지에 조지카 연못이 정면으로 보이는 이스트 햄프턴의 주택, 아직 계약 중인 432 파크의 아파트 두 채, 여기에 보석, 은, 책

컬렉션, 자동차, 요트도 있었다.

해리는 432 파크 외에 두바이 전역의 여러 유명 부동산 프로젝트의 지분도 보유하고 있었다. 2016년에는 카타르 전 총리인 하마드 빈 자심 빈 자베르 알사니와 함께 CIM으로부터 432 파크 저층의 리테일 공간을 4억 1천1백만 달러에 인수한 바 있었다.

둘은 깊이 얽혀 있었다. 하지만 해리는 좌절하지 않았다.

그해 여름, 형 부부와 저녁 식사를 마치고 돌아온 해리는 플라자에 있는 아파트에서 린다를 앉혀놓고 이야기를 나눴다. 그는 아내에게 60년에 가까웠던 결혼 생활이 끝났다고 말했다.

"내일 파리에 갈 예정이야. 6개월 동안 퍼트리샤를 보지 못했지만, 나는 그녀를 사랑하고 함께할 거야. 모든 재산은 당신과 반으로 나눌게. 숨겨둔 은행 계좌는 없어. 비밀도 없어. 사무실에 모든 것이 공개되어 있어."

얼마 전부터 퍼트리샤에 대해 알고 있었던 린다가 궁금한 게 있다고 했다.

"파리로 아주 이사하는 거야?" 해리는 자신이 가는 것은 아니고 퍼트리샤가 뉴욕으로 이사할 것이라고 대답했다. (나중에 「뉴욕 포스트」 가십 칼럼인 '페이지 식스'는 해리가 2년 동안 퍼트리샤를 파크 애비뉴의 아파트에서 아내 몰래 지내게 했다고 보도했다.)

"변호사를 고용했어?"

"아니." 해리가 답했다.

해리는 이혼 과정에서 이루어질 소통과 재산 분할을 가능한 한 '간단히' 끝내고 싶었다고 한다. 그는 "명확히 하고 싶었다"라고 말했다. 그러나 '미안하다'는 말은 없었다.

린다는 해리가 계속해서 꾸며낸 이야기, 즉 자신이 해리에게 신경을 쓴 적이 없고, 해리를 퍼트리샤의 품으로 밀어 넣었다는 이야기를 인정하지 않았다. 린다는 그것이 진실과는 거리가 멀다고 주장했다. 사실상 퍼트리샤는 해리의 수많은 여성 중 가장 최근에 만난 여성에 불과하다고 린다는 말했다.

사업체와 요트만 남기고 나머지는 매각하는 식으로 자산 분할을 하자는 것이 해리의 생각이었다. 린다의 입장에서는 플라자 호텔의 아파트와 시골집, 아이들에게 물려주려 했던 수십 년간 수집한 예술품을 잃는 것이었다. 매각 대금을 사업에서 발생한 영업 손실로 처리해 세금을 줄일 수 있는 해리가 매각으로 얻는 것도 더 많다고 그녀는 말했다.

이런 문제로 인해 이혼 과정은 결코 간단할 수 없었다.

・・・

얼마 후, 해리는 비즈니스 미팅에 참석하기 위해 파리에서 런던으로 가는 고속 열차 유로스타를 탔다. 퍼트리샤도 동행했다. 런던의 세인트 판크라스 역에서 내린 그는 출구에서 자신을 기다리고 있을 운전기사인 키 큰 남성을 찾아 터미널을 살살이 뒤졌다.

그때 갑자기 운전사 뒤에서 한 여성이 튀어나왔다.

"맥클로우 씨 맞으시죠?" 여자가 영국식 억양으로 물었다. 해리는 그렇다고 대답했다. 여자가 손에 봉투를 건네주었다. 이혼 서류였다.

해리는 충격에 휩싸였다. 그는 어떻게 린다가 자신이 유로스타에 타고 있다는 걸 알았는지, 자신이 뉴욕으로 돌아갈 때까지 기다리면 되는데 왜 굳이 유럽까지 와서 이혼 서류를 전하는 수고를 했는지 모르겠다고 했다. 또한 린다가 자신과 퍼트리샤의 동선을 추적하기 위해 사설탐정을 고용한 것 같다고 했다.

이 사건은 뉴욕 역사상 가장 추악하고 값비싼 이혼의 시작이었고, 해리의 432 파크 지분의 실체를 밝히는 계기가 되었다.

그러나 그것은 맥클로우 가족을 집어삼킨 가족 드라마의 일부에 불과했다.

• • •

그해 11월, 빌리 맥클로우의 법률고문인 제이슨 그레빈Jason Grebin 은 해리 맥클로우의 변호사 키스 코벳Keith Corbett으로부터 걸려온 전화를 받았다.

해리 맥클로우는 아들을 고소할 준비를 하고 있었다.

해리가 아내를 떠나겠다고 선언한 지 불과 몇 달이 지났을 때였다. 길고 지저분한 이혼에 휘말린 빌리는 어머니 편을 들었다. 해리는 빌리가 미성숙해서 결혼 생활이 끝났다는 사실을 받아들이지 못한다고 생각했다. "쉰두 살이나 된 아들은 받아들이지 못했습니다. 덜 떨어진 열여섯 살처럼 굴었어요." 해리가 말했다.

관계 악화는 비즈니스에까지 영향을 미쳤다.

2010년, CIM 거래가 무산되고 해리와 빌리가 각자의 길을 걷게 되자 빌리는 자신의 회사 윌리엄 맥클로우 컴퍼니를 설립했고, 해리는 맥클로우 프로퍼티의 최고위직을 되찾은 후 두 회사에 행정, 급여 및 인적 자원관리 서비스를 제공하던 별도 회사인 맥클로우 매니지먼트 Macklowe Management의 소유권을 빌리에게 양도했다. 따라서 해리가 회사의 소유권을 가지고 있지 않았지만, 두 사람은 맥클로우 매니지먼트가 해리의 회사를 계속 지원하는 데 신사적으로 합의했다. 그런데 한 가지 작은 걸림돌이 있었다. 맥클로우 매니지먼트는 여러 도메인 (맥클로우닷컴Macklowe.com과 에이치맥클로우닷컴HMacklowe.com)을 보유하고 있었는데, 해리는 이 도메인이 합법적으로 자신의 소유라고 생각했다.

이혼 중에 빌리가 (맥클로우닷컴을 통해 전달되는) 이메일을 읽을지도 모른다고 생각한 해리가 자신의 이름이 들어간 모든 것에 대한 소유권을 주장했고, 빌리에게 도메인을 이전해 줄 것을 요구했으나 빌리는 이에 응하지 않았다. 해리는 계약 위반, 불공정 경쟁, 회사 자금 오용, 도메인 이름에 대한 통제권 탈취 등을 이유로 소송을 제기하겠다고 빌리를 협박했다. 그는 맥클로우라는 이름이 대중의 마음속에 해리의 회사와 깊이 연관되어 있어 경쟁사가 된 빌리의 회사에서 사용할 수 없다고 말했다.

사소한 일처럼 보였지만 해리가 보기에 이 싸움은 가문의 이름을 차지하기 위한 것이었다. 그것은 해리의 유산이자 그가 수십 년 동안 쌓아온 브랜드였다. 반면 빌리는 아버지인 해리가 외아들인 자신을 진정한 유산으로 여겨야 한다고 생각했다. 11월 14일 법적 조치를 취하겠다며 해리가 위협하자 양측 대리인의 필사적인 협상이 시작되었고, 빌리는 당혹스러운 공개 소송을 피하기로 결심했다. 자정이 가까워지자 위기는 비껴가고 합의가 가까워 오는 듯 보였다.

'우리 괜찮은 거죠?' 빌리의 변호사 그레빈이 오후 11시 51분경 해리의 법률고문인 코벳에게 이메일로 물었다.

그는 30분이 지나기 전에 메시지를 하나 더 보냈다. '잠자리에 들 수 있게 답장 좀 해주실래요?'

그러나 아무런 답변이 없었다.

다음 날, 그는 마침내 코벳으로부터 답장을 받았다. 첨부파일에는 소송이라고 적혀 있었다. 해리가 아들을 상대로 3억 달러의 소송을 제기한 것이다.

17장

억만장자 거리를 팔다

서로를 가장 친한 친구라고 부르는 탈 알렉산더Tal Alexander와 오렌 알렉산더Oren Alexander 형제가 부동산업계에 큰 반향을 일으키고 있었다.

그들은 2010년대 고급 부동산 비즈니스를 재정의한 새로운 에이전트 중 하나였다. 이들은 〈셀링 선셋Selling Sunset〉과 같은 프로그램에 출연하기 전부터 이미 소셜 미디어와 개인 브랜딩에 능통했고, 주요 거래와 전 세계 여행을 소재로 한 글을 소셜 미디어에 게시했다. 그들은 개인 제트기를 고객과 함께 타고 다니며 윔블던에서 테니스 경기를 관람하고, 파나마에서 낚시하고, 아스펜에서 스노보드를 타고, 사우디아라비아 사막 모래언덕에서 버기를 탔다. 스스로를 'A팀'이라고 불렀고, 오렌은 'A TEAM-O'라고 적힌 플로리다 번호판이 단 검은색 메르세데스 AMG S63을 타고 마이애미를 돌아다니기도 했다.

그들은 전직 드라마 스타와 모델로 가득한 업계에 잘 어울렸다. 오렌은 검은 머리에 올리브색 피부를 가진 고전적인 미남이었다. 탈 역시 잘생긴 외모에 끈질긴 승부욕을 갖추고 있었다. 탈은 호프스트라 대학에 다니던 시절 테니스 디비전 리그에 출전하며 스포츠의 경쟁 정신을 연마했고, 한때 코트에서 프로 선수로 활동하는 것을 고려하기도 했다.

비즈니스에 대한 이해도도 높았다. 1980년대 중반 플로리다 마이애미 비치에서 태어난 두 사람은 부동산업을 하는 집안에서 자랐다. 아버지 슐로미 알렉산더Shlomy Alexander는 상업용 및 주거용 건물에 보안 및 콘시어지 서비스를 제공하는 사업을 시작한 다음 직접 부동산 개발에 뛰어들어 마이애미에 저택을 지었다. 주말에는 아이들을 데리고 건설 현장에 가곤 했다.

형제의 익살스러운 행동은 곧 업계의 가십거리가 되었고, 이런 라이프 스타일을 동경할 것인지 조롱할 것인지를 두고 의견이 갈렸다. 탈의 서른 번째 생일을 맞아 형제는 전문 제작사를 고용해 트래비스 스콧Travis Scott의 히트곡 〈A-Team〉의 사운드트랙에 맞춰 햄프턴에서의 모험을 담은 영상을 제작했다. 이 영상에는 수상비행기를 타며 여행하고, 스피드 보트에서 파티를 즐기고, 햄프턴에 있는 대저택에서 하얀 옷을 입고 식사하는 형제의 모습이 담겼다.

형제의 성공에는 논란의 여지가 없었다. 오렌은 스물한 살에 웨스트 56번가에 있는 파크 임페리얼의 8백 2십만 달러짜리 펜트하우스를 판 적이 있었고, 둘은 102 프린스 스트리트 같은 건물의 소호 로프트부터 미드타운의 타임 워너 센터 같은 고층 빌딩까지 도시 전역에서 초호화 주택을 팔아 치웠다. 마이애미에서는 아버지가 인디언 크릭 섬에 지은 4천7백만 달러짜리 주택을 수수께끼로 둘러싸인 러시아 억만장자에게 팔았다.

경쟁 에이전트들은 형제를 두고 혈연 덕 보는 애송이, 무분별한 홍보 중독자라고 비난했지만, 형제는 부유하고 유명한 사람들이 가는 행사에 참석하는 것도 일이라고 생각했다. 알렉산더 형제는 돈을 벌기 위해서는 돈을 써야 한다고 믿었다. 그들은 스위스 다보스에서 열린 세계 경제 포럼, 슈퍼볼, 앨런 앤드 컴퍼니Allen & Company 선밸리 콘퍼런스, 마이애미의 아트 바젤, 런던의 프리즈 아트 페어에 모습을 드러냈다. 고객들이 찾아오는 경우도 많았다. 마이클 스턴도 두 사람과 함께 라스베이거스에서 코너 맥그리거Conor McGregor와 플로이드 메이웨더 주니어Floyd Mayweather Jr.의 복싱 경기를 관람한 적이 있다.

"우리가 삶의 모토로 삼는 해시태그는 '#절대일놓지않기nevernotworking'입니다. 크리스마스 무렵 아스펜의 스키 리프트에서 고액 자산가들을 만나면, 이듬해에는 뉴욕이나 마이애미에서 그들과 거래를 하게 되죠. 그런 일은 항상 일어납니다. 우리는 점들을 연결하는 하나의 큰 게임을 하는 것뿐입니다." 탈이 말했다.

형제는 대학을 졸업하자마자 부동산 중개업에 뛰어들었다. 처음에는 오렌이 영업을 담당했고, 탈은 이보다 수익성이 훨씬 떨어지는 임대업에 초점을 맞춘 부티크 중개업을 했다. 결국 탈도 영업하기를 원했고, 이로 인해 두 사람 사이에는 갈등이 생겼다. 알렉산더 가문에 우호적이었던 부동산 중개 업체 더글러스 엘리먼 회장인 하워드 로버가 이 상황을 해소하는 데 도움을 주었다. 결국 형제는 팀을 만들어 누가 거래를 성사하든 상관없이 모든 수수료를 반반씩 나누기로 합의했다.

항해가 항상 순조로웠던 것은 아니었다. 2014년 8월, 억만장자 거리가 구체화되기 시작할 무렵, 탈은 카타르 정부가 예술계 집안인 와일든스타인Wildenstein 가문이 소유한 어퍼 이스트사이드 타운 하우스를 9천만 달러에 구매하기로 한 거래를 포기하자 '우울감'을 느꼈고 중개 사업을 그만둘까 고민했다고 한다. 두 형제는 계약이 진행되는 와중에 기록적인 가격이 될 가능성이 있는 거래를 대중에 공개했지만, 카타르 정부가 거래가 마무리되기 전에 발을 빼는 바람에 얼굴을 붉혀야 했다.

형제를 비방하는 사람들은 두 사람이 온 동네에 소문을 퍼뜨려 거래를 망쳤다고 추측했다. 해당 매물을 영사관으로 쓰려고 고려했던 카타르는 자국에서 월드컵을 둘러싼 정치적 스캔들이 터지는 동안 눈에 띄지 않기를 바랐을 것이다.

뉴욕의 저명한 부동산 중개인인 레너드 스타인버그Leonard Steinberg는 블로그에 올린 글에서 알렉산더 형제를 두고 이렇게 썼다. "젊고 미숙한 중개인들이 뼈아픈 교훈을 얻었다. 신뢰에 타격을 받았고, 수입에도 막대한 손실을 입었다."

그러나 형제는 카타르 측이 계약 소식을 공개하고 싶어 했고, 계약을 마무리하기 전에 타운 하우스에서 파티를 열 계획까지 세웠다고 주장했다. 극비리에 진행된 거래가 아니었다. 탈은 나중에 이렇게 말했다. "사람들이 왜 떠벌리고 싶어 하는지 알 것 같아요. 사람들은 타인이 실패하는 모습을 보고 싶어 하죠. 그게 바로 세상이 돌아가는 방식입니다."

하지만 형제는 1년도 채 지나지 않아 뉴욕의 고급 부동산 지형을 완전히 바꿔놓는 220 센트럴파크 사우스 거래를 성사시켜 장안의 화제를 일으켰다.

• • •

형제의 주요 분야는 재판매resale였는데, 이는 기존 건물의 거래를 중개하는 것을 의미했다. 형제에게 억만장자 거리처럼 새롭게 개발

된 곳을 구입하는 구매자와의 거래는 한 해 동안 성사시키는 수많은 거래 중 일부에 지나지 않았다. 둘은 한 건물에서 거래가 완료되면 다음 건물로 넘어가곤 했다.

억만장자 거리의 건물과 같은 신규 건물의 거래 중개에는 기존 건물의 매매에는 없는 골칫거리가 따라온다. 매출이 일정 기준에 도달하고 공사가 막바지에 이를 때까지 거래가 완료되지 않기 때문에 신규 개발 건물의 매매 중개 시 수수료를 받으려면 수년을 기다려야 하는 경우도 있다.

고급 부동산 중개인인 마이클 그레이브스Michael Graves는 2013년 브라질 최고 갑부인 에드손 드 고도이 부에노Edson de Godoy Bueno와 원57의 전 층 유닛을 5295만 달러에 거래했을 때, 거래가 성사되어 수백만 달러의 수수료를 받기까지 1년 반 이상을 기다려야 했다. 기다림은 스트레스가 될 수 있다. 그레이브스는 어떤 일이 발생해 거래가 무산되고 거액의 계약금을 받지 못하게 되는 상황을 끊임없이 걱정했다고 한다.

그레이브스는 부에노를 만족시키고 관계를 유지하기 위해 노력했다. 부에노나 그의 친구가 방문하면 그들의 여행이 '스위스 시계'처럼 잘 돌아가고 있는지 확인했다.

그레이브스는 나중에 이렇게 말했다. "언제든 뉴스에서 뭐든 터져서 그가 뉴욕을 떠나게 될 것만 같았습니다. 저는 이 계약이 얼마나 민감한 사안인지 잘 알고 있었고, 계약이 완전히 이행되어 서명할 때까지는 많은 것이 잘못될 수 있다는 사실을 염두에 두고 있었습니다."

건물에서 풀타임으로 일하는 현장 중개인에게 바넷, 맥클로우, 로스 같은 개발업자를 대신해 부동산을 판매하는 일은 완전히 다른 일이었다. 알렉산더 형제나 그레이브스 같은 중개인과 달리 이들은 개발 업체를 대신해 보통 아파트의 70퍼센트 이상이 판매될 때까지 수년간 자신이 파는 건물에 상주하며 그 건물과 호흡을 같이했다. 개발사들과 직접 일하거나 콜코란 선샤인 같은 마케팅 회사에서 일하며 적절한 프로젝트에 배정을 받는 식이었다.

현장 중개인은 부동산 중개업계의 오랜 틈새시장이다. 현장 중개사 직책은 수익성이 좋은 재판매를 포기하고 수년이 걸릴 수도 있는 건물 한 채를 파는 데 1백 퍼센트 시간을 할애해야 하므로 일부 예외를 제외하면, 성공한 중개사가 맡는 경우는 드물다. 현장 중개인으로 일한다는 것은 일반적으로 연간 수십만 달러의 기본급과 거래가 성사되고 수년 뒤에나 받을 수 있는 소액의 수수료를 받는 것을 의미한다.

예를 들어, 111 웨스트 57번가의 유닛 마케팅 독점 계약을 맺은 콜코란 선샤인은 건축주의 제안 계획이 승인되고 분양 사무소가 문을 열 때까지 첫해 동안 한 달에 1만 달러의 컨설팅 수수료를 받을 예정이었다. 그 이후에는 아파트 분양 수익에 따라 보상을 받기로 했다. 콜코란은 각 유닛의 순 구매 가격의 2.125퍼센트에 해당하는 수수료를 계약 체결 시점에 받기로 협상했다. 예상되는 14억 5천만 달러의 건물 매각가를 기준으로 볼 때, 분양을 통해 벌어들이는 수익은 약 3천만 달러일 것으로 예상됐다. 이 수익금은 회사와 현장 에이전트에게 분배되며, 에이전트는 건물이 거의 완판될 때까지 건물에 남아 있었다.

일반인에게는 큰 금액이지만, 단 한 건의 주요 거래로 수백만 달러의 수익을 올릴 수 있는 업계 최고 수준의 에이전트들에게는 상당한 급여 삭감이었다. 따라서 일반적으로 개발사들은 이 일을 통해 자신의 개인 브랜드를 강화하고 향후 고객 기반을 구축하려는, 아직 대규모 거래처를 구축하지 못한 신예 에이전트를 선택했다. (분양이 완료되면 현장 에이전트는 모든 소유주와 관계를 맺은 상태이므로 사실상 해당 건물의 재판매 에이전트가 되는 경우가 많았고, 이는 경력을 크게 발전시킬 수 있는 기회였다.)

그러나 시장이 폭락하는 경우에는 현장 근무를 맡기로 한 것을 후회하는 에이전트들도 있었다. 이들은 고객을 응대할 때나 전화를 받을 때만 제외하면 한가한 시간을 확보할 수 있는 분양 사무소에서의 근무를 포기하고, 근무 시간과 휴가 일정은 물론 가격과 양보 협상 범위까지 상사인 개발업자의 변덕에 맞춰야 하는 처지에 놓였다.

현장 에이전트는 누구에게나 판매할 수 있어야 한다. 원 57의 현장 영업 에이전트인 지니 우드브리는 평범한 양돈 농가를 대상으로 영업하다가도 한 시간 뒤에는 헤지펀드 억만장자를 대상으로 영업하기도 한다고 말했다.

「뉴욕 타임스」와의 인터뷰에서 우드브리는 "카멜레온이 되어야 합니다"라고 말했다.

내부자들은 완벽한 현장 에이전트는 매력적인 외모를 지니고 있으며, 세련되고, 완벽한 스타일을 갖추고 있고, 조금의 무례함도 없이 거래를 성사시킬 수 있을 만큼 능숙하다고 한다. 유럽식 억양은 보너스가 될 수 있었다.

520 파크 애비뉴의 경우, 제켄도르프 형제는 영국에서 나이트클럽을 운영하다 뉴욕 부동산 중개업자로 변신한 루이스 벅워스Louis Buckworth를 선택했는데, 그는 사내 판매 에이전트의 틀에 완벽하게 부합하는 인물이었다.

벅워스는 잘생기고, 멋지고, 지적이며, 가장 중요한 영국인이라는 조건까지 모두 충족했다. 미국으로 이주하기 전에는 런던의 사우스 켄싱턴에서 당시 아내였던 클로이 델러빈Chloe Delevingne의 이름을 딴 나이트클럽이 있는 트렌디한 파이어 하우스 바와 레스토랑을 운영했었다. 유명한 사교계 인사인 델러빈은 특유의 짙은 눈썹으로 유명한 영국 모델이자 배우인 카라 델러빈Cara Delevingne의 동생으로, 이 둘과 동생 포피Poppy는 런던에서 인맥이 두터운 상류층 집안 출신이었다. 할아버지인 조슬린 스티븐스 경Sir Jocelyn Stevens은 마거릿Margaret 공주의 술친구였다.

2009년 벅워스의 결혼식에는 요크York 공작부인, 비어트리스Beatrice 공주와 유지니Eugenie 공주, 배우 조앤 콜린스Joan Collins, 스파이스 걸스Spice Girls의 멤버 게리 할리웰Geri Halliwell 등 화려한 게스트가 참석했다. 결혼 생활은 오래가지 못했지만, (클로이는 부부의 결혼식에서 안내를 맡고, 사우스 런던에 있는 부부의 집에 머무르기도 했던 벅워스의 옛 친구인 부동산 개발업자 에드워드 그랜트Edward Grant와 재혼했다) 벅워스는 이 결혼으로 두터운 상류 사회 인맥을 쌓을 수 있었다.

2012년에는 센트럴파크 모퉁이에 있는 유서 깊은 플라자 호텔의 펜트하우스를 런던 클럽을 경영할 때부터 알고 지낸 영국의 부동산 개발업자 크리스티안 캔디Christian Candy에게 2540만 달러에 매각하는 거래를 중개하기도 했다. 2015년에는 캔디의 뉴욕 주택 중 하나인 이스트 70번가에 있는 이탈리아 르네상스 양식의 석회암 저택을 금융가인 레온 블랙과 브로드웨이 프로듀서인 그의 아내 데브라Debra에게 5025만 달러에 매각했다.

상류층 인맥을 활용해 거래를 성사시키는 중개인들과 달리, 창의적인 방법을 동원해야 하는 중개인들도 있었다.

• • •

탈과 오렌 알렉산더는 부동산 시장의 새로운 고래를 찾아내는 데 타고난 재능이 있었다.

그들의 전략 중 하나는 예술계에서 일어나는 일에 세심한 주의를 기울이는 것이었는데, 거장의 작품에 기꺼이 수억 달러를 지출하는 억만장자라면 부동산에도 큰돈을 쓸 의향이 있을 것이라는 이론이었다.

2015년 미술 시장은 게르하르트 리히터Gerhard Richter의 그림 〈추상화, 599Abstract Picture, 599〉에 4천6백만 달러를 지불한 헤지펀드 억만장자 켄 그리핀을 두고 들썩이기 시작했다.

그 덕분에 켄 그리핀은 알렉산더 형제의 눈에 띄게 되었다. 그는 돈을 쓸 기분임에 분명했고, 형제는 스티븐 로스의 220 센트럴파크 사우스 펜트하우스를 그를 위한 집으로 점찍어 두고 있었다. 두 사람은 스티븐 로스에게 판매 전략에 대해 자문하는 임원인 루이스 선샤인과의 관계 덕분에 프로젝트의 분양 일정을 미리 알아낼 수 있었다.

탈은 밝히지 않은 방법으로 그리핀의 휴대전화 번호를 알아냈다. (한 소식통은 그가 전직 FBI 요원으로부터 그리핀과 다른 사람들의 전화번호를 구입했다고 주장했다.) 그리핀과 전화 통화를 한 후 그가 관심 있다는 사실을 알게 된 탈은 기뻤다. 몇 달 후, 헤지펀드 거물이 사업차 뉴욕을 방문한 날과 로스가 구매자들에게 처음으로 타워를 공개하는 날이 우연히 일치해 그리핀의 방문이 이루어지게 됐다.

이 억만장자 투자 거물에게 220 센트럴파크 사우스 거래는 2015년경 시작되어 2022년까지 이어진 소비 광풍의 정점이었다. 그의 사재기는 부동산과 예술계를 뒤흔들었고, 전 세계 가격의 새로운 기준을 세웠다. 고급 부동산, 명품, 미술 시장은 적어도 부분적으로는 한 사람 덕분에 사상 최고치를 경신하고 있었다. 그리핀의 구매 목록은 세계에서 가장 유명한 주거용 부동산만 모아둔 긴 목록 같았다.

2015년에는 아폴로 글로벌 매니지먼트의 레온 블랙과 전 골드만삭스 최고 경영자 로이드 블랭크파인 등 뉴욕 금융계의 유명 인사가 거주하던 고급 건물인 마이애미 파에나 하우스 꼭대기에 있는 아파트 두 채를 구입했다. 플로리다 남부에 위치한 이 건물은 프리츠커 건축상을 수상한 포스터 앤드 파트너스Foster+Partners가 설계한 건물로 억만장자의 벙커라고도 불린다. 그리핀의 아파트 두 채를 합치면 약 1만 2천5백 제곱피트(약 351평)로, 여기에는 약 1만 제곱피트(약 281평)에 달하는 테라스와 21미터 길이의 옥상 수영장도 있었다. 남부 플로리다에서 판매된 주택 중 가장 비싼 주택이었다.

그리핀은 고향인 시카고에서 2017년 개발업자 짐 레칭거Jim Lechtinger와 계약을 맺고 시카고 다운타운에 건설 중인 나인 월턴No. 9 Walton 빌딩에 5875만 달러 규모의 4층짜리 펜트하우스를 짓기로 했다. 시카고의 '권력의 탑'으로 불리는 이 건물은 스파 서비스와 전용 운전기사와 차량이 제공되는 등 시카고에서 가장 호화로운 건물로 널리 알려져 있었는데, 그리핀 펜트하우스는 이전까지 업계에서 볼 수 없었던 규모였다.

2019년 그리핀은 1820년대에 지어져 과거 영국 정보기관인 MI6이 잠재적 요원들을 인터뷰하는 데 사용하기도 했던 1억 2천2백만 달러짜리 런던 타운 하우스를 매입했다.

2020년 2월에는 패션 디자이너 캘빈 클라인부터 억만장자 헤지펀드 투자자 다니엘 오흐까지 부유하고 유명한 주민들이 사는 것으로 익히 알려진 햄프턴의 메도우 레인에 있는 7에이커(약 8,569평) 규모의 부동산을 8445만 달러에 매입했다.

2021년에는 마이애미의 스타 아일랜드에 있는 저택을 7천5백만 달러에 매입했다. 이듬해에는 마이애미의 코코넛 그로브 지역에서 또 다른 저택을 1억 7백만 달러에 매입하며 마이애미 주택 가격으로는 신기록을 세웠다. 인근 팜비치에는 자신과 어머니를 위한 집을 지을 계획으로 트럼프 대통령의 마라라고 리조트 남쪽에 있는 미국 최대 규모의 해안가 부지를 매입하고, 수년 동안 3억 5천만 달러 이상을 들여 부지를 완성했다.

그리핀은 맥클로우의 컬렉션에 버금가는 미술품 컬렉션도 보유하고 있었다. 2016년 2월, 그는 잭슨 폴록과 윌렘 드 쿠닝의 그림 한 쌍을 엔터테인먼트 거물인 데이비드 게펀 재단으로부터 5억 달러에 사들였는데, 개인 거래로는 미술계 사상 최대 규모였다. 2021년에는 미국 헌법 초판 인쇄본을 4320만 달러에 구입했다.

그리핀의 세계에는 돈이 넘쳐났다.

금융계의 전설로 불리는 그리핀은 시카고에 본사를 둔 헤지펀드 시타델의 창립자이자 최고 경영자로, 2015년까지 2백4십억 달러에 가까운 자산을 운용했다. 플로리다주 데이토나 비치에서 엔지니어의 아들로 태어난 그는 고등학교 시절 부모님 집에서 우편 주문 교육 소프트웨어 회사를 운영하며 처음 사업을 시작했다. 대학 시절에는 스톡옵션과 전환사채를 매입하면서 주식 시세를 더 빨리 파악하기 위해 하버드대학교에 로비해 기숙사 옥상에 위성 접시 안테나를 설치하기도 했다. 그는 1987년, 열아홉 번째 생일을 맞은 지 며칠 만에 자신의 첫 번째 펀드를 출시했고, 서른네 살이 되던 해에는 6억 5천만 달러에 달하는 순자산을 보유해 '포브스 400'에 최연소 자수성가형 인물로 이름을 올렸다.

그리핀이 사재기를 하는 타이밍은 대중의 호기심을 불러일으켰다.

뉴욕 아파트 계약은 그리핀이 10년 이상 함께한 아내 앤 디아스 그리핀Anne Dias Griffin과 이혼을 신청한 지 1년도 채 되지 않은 시기에 이루어졌다. 몇 달 후, 세 자녀를 둔 이 부부는 혼전 계약서 문제로 공개적으로 다투었는데, 앤 디아스 그리핀은 결혼식 전날 밤 혼전 계약서에 강제로 서명했다고 주장했다. 그녀의 변호사는 이 계약을 무효화해야 하며, 그리핀의 막대한 재산을 고려할 때 개인 제트기 사용료 3십만 달러, 호텔 비용 16만 달러, 문구 비용 2천 달러를 포함해 매달 1백만 달러의 비용을 지급해야 한다고 주장했다. 남편과 마찬가지로 하버드대학교를 졸업한 디아스 그리핀은 조지 소로스George Soros가 설립한 헤지펀드에서 패밀리 오피스로 변신한 소로스 펀드 매니지먼트Soros Fund Management에서 일하다가 2001년 자신의 회사를 설립했고 약 10년 뒤부터는 부부의 자선 재단에 집중적으로 투자하고 있다.

그리핀 측 변호사는 디아스 그리핀이 결혼식 수 주 전부터 혼전 계약서를 검토할 시간이 충분했고, 서명하기 전에 법률 전문가로 구성된 팀과 상의했다고 주장했다. 결국 두 사람은 2015년 10월에 가까스로 합의에 성공해 공개 재판을 피할 수 있었다.

그리핀은 쉽게 돈을 쓰는 편이었지만, 쉬운 구매자는 아니었다. 일단 그리핀은 220 센트럴파크 사우스의 기존 평면도 중 그 어느 것도 원하지 않았다. 그는 건물 중앙에 자신만의 맞춤형 쿼드러플렉스*를 만들고 싶어 했다. 꼭대기 층을 원하지 않았고, 센트럴파크의 우듬지를 훑어볼 수 있는 중앙 층이 완벽한 장소라고 생각했다. 또한 초고속 인터넷 연결을 요구했다.

그리핀의 맞춤형 220 센트럴파크 사우스(건물의 최고층은 아니지만

---

* quadruplex. 네 가구가 동거할 수 있는 형태의 유닛

가장 좋은 유닛) 아파트는 원 57에 있는 애크먼의 겨울 정원과 같았다.

당시 알렉산더 형제가 근무하던 회사 더글러스 엘리먼의 최고 경영자 하워드 로버가 이 빌딩의 영업 책임자이자 콜코란 그룹의 최고 경영자인 팸 리브먼과 협상에 나섰다. 양측은 미드타운에 있는 로스의 사무실에서 몇 시간에 걸쳐 세부 사항을 조율하며 협상을 진행했다.

그리핀의 접근 방식에 대해 어떤 사람은 '구제 불능'이라고 말했다.

그해 6월, 마침내 그리핀이 이 빌딩의 맞춤형 아파트를 2억 3396만 달러를 매입하기로 합의하면서 알렉산더 형제는 마이클 델이 원 57을 매입하며 세운 뉴욕시 아파트 최고가 기록의 두 배가 넘는 10억 달러 고래를 낚아챘다. 이는 치열한 기업 금융계의 경쟁자인 애크먼이 바넷의 빌딩에 지불한 금액의 두 배 이상이기도 했다.

이 거래로 220 센트럴파크 사우스는 억만장자 거리의 총아가 되었고 로스는 왕이 되었다. 그리핀은 이후 자신의 아파트를 디자인하기 위해 피터 마리노Peter Marino, 티에리 데스퐁, 올슨 쿤딕Olson Kundig 등 스타 건축가들을 포함한 여러 건축가와 함께 작업했다. 그는 한 곳에 정착할 수 없는 사람인 듯했다.

・・・

모든 부동산 중개인에게 켄 그리핀을 고객으로 유치하는 것은 성배를 찾은 것과 같았다. 그 정도 규모의 단일 거래를 성사시키면 수수료만 7백만 달러 이상 가져갈 수 있었다.

계약이 체결되던 날, 알렉산더 형제는 연례 아트 페어에 참석하기 위해 스위스 바젤에 머물며 미술상인 래리 가고시안Larry Gagosian의 갤러리에서 열린 파티에서 샴페인을 마시고 있었다.

변호사가 거래가 성사되었음을 확인하자 탈은 형을 바라보았다.
"세계에서 가장 비싼 집을 판 기분이 어때?" 탈이 말했다.
엄밀히 말하면 가장 비싼 집은 아니었다(모나코에서 더 큰 규모의 거래가 있었다). 하지만 중요한 건 그게 아니었다.
탈은 고객 중 한 명으로부터 432 파크에 있는 아파트를 임대해 억만장자 거리에 자기만의 공간을 찾았다. 그는 2011년 샌디 웨일Sandy Weill의 펜트하우스를 8천8백만 달러에 팔기 전에 15 센트럴파크 웨스트의 작은 아파트를 구입했던 카일 블랙먼과 같은 부동산 중개인이 사용한 방법을 따라 했다고 한다. 그는 일류 건물에 살면서 어떤 접근 기회들을 얻을 수 있는지 깨달았다. "이 건물의 유닛을 사고 싶은데, 제게 전화하지 않는 건 실수입니다. 저는 시장의 누구보다도 많은 맥락을 알고 있어요. 시장에서는 누구도 접근할 수 없는 그런 기회가 제게는 있습니다."
이는 고객과 함께 엘리베이터를 타고 건물 내 레스토랑에서 함께 식사하는 등 고객처럼 살기를 지향하는 알렉산더 형제가 쓴 전략의 연장선에 있었다. "저는 건물 밖에서 날개를 펄럭이며 거래 중개만 하는 중개인이 아닙니다. 실제로 이곳에서 살고, 먹고, 자고, 숨 쉬고 있죠."
햇살이 잘 드는 모퉁이에 위치한 탈의 아파트는 『건축 다이제스트 Architectural Digest』와 『펜트하우스Penthouse』가 만난 듯한 분위기로, 센트럴파크와 도시의 스카이라인이 한눈에 들어오는 숨 막히는 전망과 함께 약간의 관능적인 느낌을 자아냈다. 한쪽 벽에는 논란이 된 아티스트 리처드 프린스Richard Prince의 인스타그램 그림 컬렉션 중 한 작품이 걸려 있었다. 작품 속에는 끈 팬티와 가죽 핫팬츠, 플레이보이 토끼 젖꼭지 커버만 한 백금발의 젊은 여성이 수갑을 찬 채 호주 아티스트 제시 윌레시Jesse Willesee에게 끌려가는 모습이 담겨 있었다. 옆 벽에는 가슴을 드러낸 또 다른 백금발 여성의 사진이 걸려 있었다. 그녀는 5백 달러 지폐를 통해 다이아몬드를 흡입하고 있었다.

그리핀과의 계약은 지금의 자리에 오르는 데 도움이 됐다.

"전화 영업 역사상 이보다 더 기막힌 전화 영업이 있었다면 알고 싶네요." 탈이 말했다.

3부
땅에 떨어지다

18장

수상한 사람들

2013년 9월, 타임스퀘어의 나스닥 거래소 스튜디오에서 개장 종이 울리자 콜라윌레 '콜라' 알루코Kolawole 'Kola' Aluko는 회색 정장에 보라색 체크무늬 셔츠와 넥타이를 매고 환한 표정을 짓고 있었다. 배우 제이미 폭스Jamie Foxx가 포함된 그룹과 함께 등장한 이 나이지리아의 석유 재벌은 몇 년 전에 공동 설립한 메이드 인 아프리카 재단Made in Africa Foundation을 축하하고 있었다. 이제 그는 아프리카 대륙의 새로운 인프라 프로젝트에 박차를 가하기 위해 5억 달러 규모의 펀드를 출범시켰고, 그 시작을 위해 개인 재산 5천만 달러를 기부한다고 말했다.

평소 부드러운 말투를 쓰는 알루코는 관중에게 "우리의 비전을 믿어준 분들께 감사드립니다"라고 말하며 아프리카 개발의 새로운 시대가 열렸음을 알렸다. "아프리카는 비즈니스에 열려 있습니다."

모든 면에서 그는 여유가 있었다. 나이지리아 정부와 체결한 석유 추출 계약으로 돈을 벌어들인 알루코는 2010년대 초에 세계 무대에 화려하게 등장했다. 그가 배우 리어나도 디캐프리오와 함께 파티를 즐기고 갤럭티카 스타라고 이름 붙인 210피트(약 64미터)의 대형 요트 데크에서 햇살을 받으며 휴식을 취하는 모습도 목격되었다. 타블로이드지는 알루코가 슈퍼모델 나오미 캠벨과 사귀고 있다고 추측했다. 두 사람이 파리의 고급 레스토랑에서 팔짱을 끼고 나서는 모습과 빨간 페도라를 쓴 알루코와 높은 힐을 신은 캠벨이 런던 하이드파크에서 겨울 왕국을 테마로 한 크리스마스 명소를 구경하는 모습이 포착됐기 때문이었다. 그는 뉴욕, 산타바바라, 로스앤젤레스, 런던, 스위스, 캐나다, 두바이에 사택을 두고, 고급 시계와 외제 차, 고급 부동산 등을 사들이며 전형적으로 부를 과시했다.

2014년에 알루코는 개리 바넷의 원 57 79층에 위치한 6,240제곱피트의 호화 주택을 구입하는 계약을 체결했다. 알루코는 뉴욕시 공공기록에 원 57 79 Inc로 등록된 유령 회사를 통해 탁 트인 센트럴파크 전망이 보이는 이 유닛을 구입했다. 가격은 5091만 6천 달러였다.

알루코는 시장이 새로운 정점에 도달하면서 원 57이 기록적인 가격을 달성하는 데 도움을 준 수십 명의 구매자 중 한 명이었다. 하지만 나스닥 개장식에서 스포트라이트를 받은 지 몇 년 후인 2017년 초, 걷잡을 수 없었던 성장세는 갑자기 멈추고 말았다. 나이지리아 당국은 알루코를 도망자로 규정했고, 원 57 아파트는 그의 사업 거래에 대한 미국과 나이지리아 당국의 조사에서 초점이 되었다.

미국 법무부가 2017년 7월에 제기한 민사소송에 따르면, 알루코는 측근과 공모해 2011년부터 2015년까지 나이지리아의 국영 석유 회사를 감독했던 전 석유자원부 장관에게 뇌물을 제공한 혐의를 받고 있었다. 이러한 부적절한 혜택에 따른 대가로 장관은 자신의 영향력을 이용해 알루코와 그의 측근이 소유한 회사가 수익성 높은 석유 계약을 체결할 수 있도록 유도했다.

그해 여름, 법무부는 이 자산이 미국을 통해 세탁된 해외 부패 범죄의 수익금이라며 아파트와 갤럭티카호의 몰수 및 환수를 추진하겠다고 발표했다. 케네스 블랑코Kenneth Blanco 법무부 장관 대행은 성명에서 "미국은 부패 범죄 수익의 안전한 피난처가 아니다"라고 선언했다.

이쯤 되자 그의 호화로운 생활은 수명이 다한 듯했다. 알루코는 원 57의 관리비와 대출금을 납부하지 못했고, 약 6만 달러의 세금을 체납했다. 대출 기관은 곧바로 아파트 압류 신청을 했다. 알루코의 지배를 받는 한 법인은 요크 공작 앤드루 왕자의 투자 고문으로 알려진 영국의 부동산 개발업자이자 금융가인 '스포티' 롤런드'Spotty' Rowland*가 소유하고, 룩셈부르크에 본사를 둔 민간 은행인 뱅크 하빌란드 SABanque Havilland SA로부터 3530만 달러의 모기지를 대출받았다. 롤런드는 법정 서류를 통해 1년 이내에 전액 상환해야 하는 대출이었지만, 대출자가 상환하지 않았다고 주장했다.

이는 뉴욕 역사상 최대 규모의 주택 압류 사건이었다. 아직 타워에 판매할 유닛이 많이 남아 있던 바넷에게는 안타까운 일이지만, 원 57에 대한 부정적인 헤드라인이 연달아 나왔다.

• • •

원 57이 데뷔한 이후 수년간, 불투명한 배경을 가진 해외 인사들은 억만장자 거리의 작지만 꾸준한 고객층으로 자리 잡았다. 고객의 자금 출처를 전혀 모른다는 브로커도 있었다. 구매자의 대리인하고만 거래해 구매자의 신원은 베일에 싸인 적도 있었다. 구매자는 신탁이나 유한책임회사, 기타 신원을 보호할 수 있는 법적 수단을 통해 등록

---

* 본명은 데이비드 롤런드David Rowland

되었다.

유한책임회사LLC는 1994년 뉴욕주에서 합법적인 사업체로 인정되면서 잠재적 책임에 대한 보호막과 특정 세금 혜택을 제공하는 수단으로 인기를 더했다. 2010년대에는 뉴욕 콘도 업계에서 거의 70퍼센트에 달하는 구매자가 LLC를 선택하면서 뉴욕 콘도 업계의 표준이 되었다. 부동산 증서는 뉴욕시 재무부 웹사이트에 공개되지만, 유명인이나 공인은 LLC를 통해 자신의 이름이 언론에 노출되는 것을 막을 수 있었다. 기자가 고가 주택의 실제 소유자를 추적하다 보면 부동산 로펌이나 자산 관리 회사로 연결되는 유령 회사의 주소에 이르고는 했다. 일부 구매자는 유령 회사의 이름을 '표정이 왜 그래', '완벽하게 해냈어', '내 편이 더 무섭군' 등으로 짓는 등 장난스럽게 접근하기도 했다.

하지만 일부 사람에게 LLC는 익명성 이상의 것을 제공한다. 악의적 행위자가 부패, 탈세, 자금 세탁, 은닉 자산 또는 불법 수익을 은폐하기 위해 전 세계로 빼돌리는 수단이기도 하다. 하나의 LLC가 케이맨제도나 건지섬Guernsey 같은 국제적인 조세피난처에 주소를 둔 여러 개의 LLC나 영국령 버진아일랜드에 있는 지주회사, 스위스 은행 계좌로 이어지는 경우도 있다.

자신이 구매한 아파트에 발을 들여놓은 적조차 없는 구매자도 있었다. 부동산 중개인 비키 배런Vickey Barron은 집을 사고 나서 수년간 가구를 전혀 비치하지 않은 채 비워둔 초호화 아파트를 여럿 보았다고 한다. 억만장자 거리의 부유한 구매자들은 유명 디자이너에게 수백만 달러를 내며 집을 꾸미고는 거주하지 않는 경우도 많았다. "아름다운 가구로 공간을 꾸미는 데 시간을 쏟고는 소파에 한 번 앉아보지도 않아요." 배런이 말했다.

많은 구매자에게 아파트는 세 번째, 네 번째, 심지어 다섯 번째 집이기도 했다. 그들에게 그 집들은 가끔 방문하거나 현금을 보관하는 장소에 불과했다. 432 파크 애비뉴의 펜트하우스를 구매한 사우디의 소매업 거물 파와즈 알 호카이르Fawaz Al-Hokair는 구매 전후로 단 한 번도 아파트에 발을 들여놓은 적이 없었고, 어떤 타워는 완공된 지 수년이 지나도 대부분 밤에 불이 꺼져 있는 모습이 이웃 주민에게 목격되기도 했다. 아무도 집에 없는 것처럼 보였다. 인구조사국 데이터를 사용한 「뉴욕 타임스」의 분석에 따르면 5번 애비뉴와 파크 애비뉴 사이의 이스트 56번가에서 이스트 59번가까지 세 블록에 걸쳐 있는 아파트 등의 60퍼센트가 1년에 최소 10개월 이상 비어 있었고, 여기에는 거주지로 잘 알려진 협동조합 건물도 포함되어 있었다.

이러한 구매는 잠재 구매자의 출신이나 재산의 출처를 조사하는 것이 자신의 업무라고 생각하지 않는 바넷과 같은 개발업자들에게 큰 도움이 되었다. 바넷은 소위 '고객 파악'이라는 요건을 충족하는 것은 은행이 할 일이며 개발업자는 그런 수준의 실사를 수행할 준비가 되어 있지 않다고 주장했다. 바넷은 더러운 돈으로 아파트를 매입한 것이 판명되면 당국이 언제든 아파트를 압수할 수 있을 것이라고 생각했다.

"이런 사람들이 부동산에 투자하는 것의 좋은 점은 법무부가 이제 팔아서 수억 달러를 벌 수 있는 물건을 갖게 되었다는 것입니다." 2016년에 『리얼 딜』과의 인터뷰에서 바넷이 말했다. "만약 예술품이나 보석이었다면 이미 오래전에 사라졌을 것입니다. 해외로 반출됐을 테니까요. 아파트인 경우에는 물건을 얻을 수 있지요."

하지만 알루코 사건은 수상쩍은 인물 하나가 얼마나 빠르게 건물의 명성을 훼손할 수 있는지를 보여줬다. 2017년 알루코의 아파트가 압류된 것은 부동산의 품질과는 관련이 없었지만, 대부분의 고급 부동산 에이전트들은 이 사건이 타워에 그림자를 드리웠다고 했다. 엄밀히 말하면 구매자가 유닛을 취득하는 것이 아니라 유닛이 속한 건물을 소유한 법인의 주식을 취득하는 시스템인 협동조합 건물은 단점이 많았지만, 협동조합 이사회에서 시행하는 엄격한 재무 검사 덕분에 재정적으로 부적합한 사람들이 걸러지면서 채무 불이행은 극히 드물게 발생했다. 도시의 많은 오래된 건물이 협동조합 형태의 주택이었기 때문에 소유주들은 범죄자나 도망자로 추정되는 사람들과 함께 살고 있을지도 모른다는 걱정을 할 필요가 없었다. 부자들은 밤에 자신의 침대에서 안전함을 느끼고 싶어 했다.

반면에 억만장자 거리의 개발업자들은 개인적 선호를 이유로 구매자를 거절할 경우, 공정 주택법을 위배할 위험이 있었다. 스티븐 로스는 최대한 그 선을 지킨 것으로 보인다. 콘도의 경우, 건물이 완판되고 나면 개별 유닛의 구매자가 소유한 아파트를 언제 누구에게 재판매할지 결정할 수 있다. 새 입주자는 콘도 위원회의 허가나 승인을 받을 필요가 없다.

알루코는 주목받는 사례이긴 했지만, 수상한 구매자는 알루코뿐만이 아니었다. 맥클로우도 수상한 구매자들과 거래하고 있었다.

같은 해, 중국 군부와 연관이 있는 중국 석유 기업의 회장인 예젠밍 Ye Jianming과 관련된 한 회사는 뉴욕의 부동산을 매입하는 데 8천3백만 달러를 지출했다. 그가 매입한 부동산 중에는 전 바클레이즈 은행 최고 경영자 밥 다이아몬드Bob Diamond가 소유했던 15 센트럴파크 웨스트의 5055만 달러짜리 펜트하우스와 3천3백만 달러에 매입한 432 파크의 86층 아파트도 있었다. 예젠밍은 최근 러시아 에너지 대기업 로스네프트Rosneft의 주식을 수십억 달러에 인수한 상하이 소재 대기업 CEFC 차이나 에너지CEFC China Energy의 회장이었다. 그는 워싱턴의 유력 인사 여럿과 친분이 있었고 미국 유수 대학에 기부하기도 했다. 그해 12월, 그는 내셔널 하키 리그 플로리다 팬더스의 억만장자 구단주인 빈센트 비올라가 소유한 8천만 달러 규모의 어퍼 이스트사이드 타운 하우스를 매입하는 계약을 마무리하기 직전에 사라졌다. 일부 언론은 그가 중국 당국에 구금된 것이라고 보도했다.

최근까지도 수년째 중국에 구금된 것으로 알려졌으며, 조 바이든Joe Biden 대통령 가족과의 관계와 관련해 조사를 받고 있다. 「월스트리트 저널」에 따르면 예젠밍은 2017년경 당시 바이든 부통령의 아들 헌터 바이든Hunter Biden, 동생 제임스 바이든James Biden과 함께 사업을 하고 있었고, 그의 딸이 맨해튼에 있는 사립학교에 입학하는 것을 도와주었다고 한다.

연방 정부는 수상한 아파트 거래에 주목하기 시작했는데, 이는 스티븐 로스가 자신의 타워에서 러시아 구매자를 배제하는 계기가 됐던, 2015년 「뉴욕 타임스」의 기사 '비밀의 타워' 덕분이었을 것이다.

2016년, 미국 재무부는 뉴욕과 마이애미에서 유령 회사를 통해 구입한 고급 부동산의 실제 구매자가 누구인지 소유권 보험회사title company가 확인하도록 하는 새로운 이니셔티브를 발표했다. 뉴욕에서 3백만 달러 이상의 현금 구매에 적용되는, 자금 세탁을 방지하기 위해 고안된 새로운 규정이었다.

초반에는 은행 송금이나 익명 신탁에는 적용되지 않는 등 허점이 많았지만, 개발업자들은 거래가 공개되지 않는 것을 대단히 중요하게 생각하는 유명인이나 해외 억만장자와 같은 구매자를 단념시킬 수 있다고 우려했다. 이들의 이름은 일반 대중에게 공개되지 않아도 재무부에 보고되었고, 이론적으로 재무부는 해당 정보를 외국 정부나 다른 미국 기관과 공유할 수 있었다. 자국의 세무 또는 형사 당국의 조사를 피하고자 하는 해외 구매자에게는 큰 문제였다.

원 57의 매물을 중개하는 에이전트들도 알루코가 지불했던 금액보다 크게 할인된 가격에 차압 매각이 이루어지면서 타워 가치가 하락할 것을 우려했다. 근거가 있는 두려움이었다.

지난봄 바하마에서 래퍼 자 룰Ja Rule의 파이어Fyre 페스티벌이 열렸을 때 자신의 요트 갤럭티카와 함께 마지막으로 목격된 알루코가 여전히 도주 중인 것으로 알려져 있던 11월, 유통 대기업 웨스트필드 코퍼레이션Westfield Corporation을 설립한 프랭크 로위Frank Lowy의 아들 데이비드 로위David Lowy가 알루코의 79층을 매입했는데, 그는 이미 건물 저층에 또 다른 유닛을 소유하고 있었다. 그는 3666만 달러를 지불했고, 이는 3년 전 알루코가 지불했던 금액에 비해 28퍼센트나 줄어든 금액이었다.

바넷에게 더 큰 문제는 압류된 유닛이 더 있었다는 점이다. 약 20층 아래에 있는 또 다른 유닛의 소유주 역시 대출 기관의 압력을 받고 있었다.

「뉴욕 포스트」는 2015년 2139만 달러에 분양된 이 56층 유닛은 두바이에서 고액 자산가에게 맞춤형 여행 경험, 특별 행사 입장권, 개인 쇼핑, 스타일링 서비스를 제공하는 라이프 스타일 콘시어지 사업을 운영하던 사업가 셰리 이자드파나Sheri Izadpanah의 소유라고 보도했다. (그녀는 뉴욕에 소유한 부동산이 없다고 부인했다.) 소유주는 아파트가 압류되기 전에 팔기 위해 1년 넘게 시장에 내놓으면서 가격을 2천6백만 달러에서 1999만 달러로 낮췄다. 결국 이 아파트는 모리스 베니스티Maurice Benisti의 포인트 제로 캐피털Point Zero Capital과 연계된 캐나다 대출 기관에 의해 압류되어 경매로 넘어갔다.

부동산 중개인 타일러 휘트먼Tyler Whitman은 2017년 『리얼 딜』과의 인터뷰에서 말했다. "멋진 웨딩드레스에 끔찍한 얼룩이 생긴 것 같았습니다. 차압은 사람들이 어려운 상황에 빠지고 상황이 악화될 때 벌어지는 일이죠. 이런 건물에서 그런 일이 일어난다는 게 놀랍네요. 원 57이 모두가 원했던 투자는 아니었다는 사실이 분명해졌습니다."

・・・

개발업자 스티브 위트코프 역시 신분을 속인 해외 투자자와 거래한 대가를 톡톡히 치렀다.

2016년 1월, 위트코프는 해리 맥클로우와 함께 센트럴파크 사우스에 있는 헬름슬리 파크 레인 호텔을 철거하고 새로운 메가 타워를 세우려던 계획을 일시적으로 중단했다. 1,200피트(약 366미터)가 넘게 지어질 건물의 이름은 1 파크 레인이 될 예정이었다. 당시 위트코프는 프로젝트를 중단한 이유로 시장에 대한 단기적인 신뢰가 부족하다는 점을 들었다. 대신 그는 이 건물을 호텔로 운영하고 있다가 전망이 개선되면 프로젝트를 재평가하겠다고 말했다. 블룸버그와의 인터뷰에서 그는 "속도가 예전 같지 않은 것이 문제"라고 말했다.

억만장자 거리 주변에 새 콘도를 건설하려던 계획을 중단한 것은 그뿐만이 아니었다. 같은 해 조셉 체트릿Joseph Chetrit은 소니 빌딩을 아파트로 개조하려던 계획을 포기하고 사우디 대기업 올라얀 그룹Olayan Group의 사업부인 올라얀 아메리카에 14억 달러에 매각했다.

하지만 1년 후, 스티브 위트코프의 전망은 더욱 암울해졌다. 사실상 파크 레인 프로젝트가 그의 손아귀에서 사라질 것처럼 보였다. 지분 파트너였던 말레이시아 금융가 조 로우는 연일 파티를 벌여 타블로이드의 먹잇감이 되었다가 사기꾼으로 밝혀졌다.

개발자가 프로젝트를 연기하겠다고 발표한 지 몇 달이 채 되지 않은 시점에 법무부는 대규모 민사 몰수 조치의 일환으로 타임 워너 센터 펜트하우스와 로스앤젤레스 메가맨션 등 조 로우의 자산을 압류하기 위해 움직였다. 그는 말레이시아 총리 나집 라작의 측근들과 함께 말레이시아 국부펀드(말레이시아 국민의 이익을 위해 투자해야 하는 경제 개발 펀드인 1MDB)에서 30억 달러 이상을 빼돌려 개인적인 이익을 취하는 계획에 가담한 혐의로 기소되었다. 당국에 따르면, 로우가 예술품과 글로벌 부동산에 은닉하고 샴페인과 파티에 탕진한 돈은 더러운 돈이었다.

1MDB의 돈줄은 말레이시아에서 아부다비, 영국령 버진아일랜드까지 뻗어 있었다. 그 돈이 향했던 주요 목적지 중 하나가 바로 뉴욕 억만장자 거리에 있는 부동산이었다.

법무부의 고소장에는 원 57에 자금을 지원하고 스턴의 워커 타워 펜트하우스를 기록적인 가격에 매입하고 수년 전에 스타인웨이 프로젝트의 지분을 매입하겠다고 제안했던 중동 금융가 카뎀 알 쿠바이시도 언급되어 있었다. 사기 행각을 벌이는 데 핵심적인 역할을 한 것으로 알려진 그는 아부다비 당국에 체포되었다. (조 로우와 알 쿠바이시는 오랫동안 혐의를 부인하고 있지만, 골드만삭스와 말레이시아 전 총리 등 1MDB 스캔들에 연루된 다른 인사들은 거액의 벌금을 내고 징역형을 선고받았다.)

파크 레인 거래가 중단되면서 브롱크스 출신의 전직 부동산 변호사로 최고의 개발사 고객들과 어깨를 맞대고 승승장구하던 위트코프와 그의 파트너들은 불편한 입장에 처하게 되었다. 그들은 자신들이 사기꾼와 거래하고 있다는 사실을 알고 있었을까? 몰랐다면 어째서 몰랐을까?

18장 수상한 사람들

자금 세탁 및 절도 혐의가 조 로우를 덮치면서 파크 레인 프로젝트는 사실상 중단되었다. 건물을 인수한 지 3년이 지난 시점에 위트코프와 그의 파트너들은 법무부로부터 건물을 시장에 내놓으라는 강압을 받고 있었다. 위트코프는 2017년 『리얼 딜』과의 인터뷰에서 "눈 떠보니 일어날 거라고 상상조차 해본 적 없는 상황에 처해 있었다"고 말했다.

위트코프는 조 로우의 막대한 부의 진짜 출처에 대해 전혀 알지 못했다고 주장했다. 서류상으로 조 로우는 완벽하게 건실한 파트너처럼 보였다고 한다. 그는 영국 총리와 노벨상 수상자 등이 졸업한 영국의 엘리트 기숙학교 해로우 스쿨과 펜실베이니아의 명문 와튼 스쿨을 나왔다. 블랙스톤과 같은 대기업과 거래를 했고, 1MDB를 대신해 채권 발행을 담당했던 골드만삭스와도 긴밀한 관계를 맺고 있었다. 로우는 저명한 글로벌 리더들의 추천서도 가지고 왔다. 위트코프도 그 추천서를 확인하고 신원 조회를 하는 등 일반적인 고객 확인 절차를 마쳤다. 그가 알기로는 프로젝트의 대출 기관들도 일반적으로 실시하는 '고객 파악' 작업을 모두 마친 상태였다.

2013년, 인수 자금 대출 계약을 마무리할 무렵, 위트코프의 최고 경영진 중 한 명이 조 로우에게 자금 출처에 관한 이메일을 보냈다. '대출 기관과의 계약이 막바지에 이르렀고, 해외 자금인 만큼 대출 기관이 거래 자금의 출처에 대한 구체적인 정보를 요구하고 있습니다.'

조 로우가 쓴 답장은 빨랐다. '조부모님께서 시작해서 현재 3대째 내려오는 가족 자본입니다.'

위트코프가 대답했다. '알겠습니다. 답변 감사해요. 당신 측에 다른 소수 투자자가 있을 수도 있을 것 같아서요. 은행 쪽에 그렇게 알릴게요.'

그게 다였다.

개리 바넷은 이 수사의 영향을 받지 않았다. 알 쿠바이시는 국영석유투자회사와 두바이에 본사를 둔 부동산 회사 타사밈을 통해 원 57에 투자하는 계약을 맺었지만, 이 계약은 1MDB 사기 사건이 일어나기 전에 이루어졌다.

바넷에게 파크 레인 콘도 프로젝트는 치열한 경쟁의 대상이었을 것이다. 이제 바넷은 위트코프의 프로젝트에서 벌어지는 재앙을 지켜보면서 자신이 사건에 휘말리지 않았다는 사실에 안도감을 느꼈다. 조 로우는 위트코프의 프로젝트에 자금을 지원하기 전에 바넷에게 헬름슬리 파크 레인을 공동 개발하자고 제안한 적이 있었다. 당시 바넷은 위트코프가 자기보다 이 말레이시아의 플레이보이에게 더 좋은 조건을 제시한 것은 아닌지 의구심을 품었다. 이제 그는 그 일에 연루되지 않은 것에 대해 신께 감사하고 있었다.

이 사건은 자금 세탁이 개별 아파트 구매를 통해서만 이루어지는 것이 아니며, 불법 자금이 미국 부동산 프로젝트의 깊숙한 곳까지 얼마나 쉽게 침투할 수 있는지를 보여주었다. 조 로우는 비교적 눈에 잘 띄는 곳에 있었지만, 뉴욕의 주요 개발 프로젝트 이면의 복잡한 금융 구조 속에서 전 세계의 악의적 행위자들이 부당 이득을 숨길 목적으로 신탁 및 유한책임회사를 통해 자금을 은닉하는 것은 분명히 가능한 일이었다.

여러 면에서 부동산 사업은 일반적으로 감독이 부족하기 때문에 현금을 숨기기에 완벽한 장소였다. 파트너를 면밀히 조사할 법적 의무가 없는 부동산 개발 업체는 그러한 조사를 대부분 은행에 맡겼고, 은행 역시 거래에 있어서는 엄격한 조사를 실시하지 않았다. 개별 콘도미니엄 거래와 달리 은밀하게 이루어지는 이러한 거래들은 공개적인 기록도 없었고, 건설 자금 대출의 가뭄으로 인해 개발업자들이 그 어느 때보다 더 해외 자금에 의존했었기 때문에 문제는 커질 조짐만 보였다. 조 로우와 알 쿠바이시가 억만장자 거리의 개발 업체들과 거래했다는 사실은 이 타워들이 그들에게 얼마나 매력적인 제안이었는지를 보여주는 것이었다.

거래가 가까스로 마무리된 뒤에는 엉망진창인 잔해가 남았다.

2015년 알 쿠바이시가 당시 최고가였던 5천9십만 달러에 매입한 워커 타워의 펜트하우스는 결국 2020년 법무부가 모건 스탠리의 개인 자산 관리자인 론 빈더Ron Vinder에게 겨우 1825만 달러에 매각했다.

이 거래는 정부와 콘도 위원회 사이에 전쟁을 촉발했는데, 콘도 위원회는 자신들이 헐값이라고 보는 가격에 해당 펜트하우스를 매각하기로 한 기관의 결정에 분노했다. 당연한 이야기이지만, 워커 타워의 다른 소유주들은 이 거래가 건물의 가치를 떨어뜨리고 평판을 손상할 수 있다고 우려했다.

이사회의 변호사였던 데이비드 버키David Berkey는 「월스트리트 저널」과의 인터뷰에서 "터무니없이 낮고 비현실적인 가격이고, 워커 타워의 시장 가치에 악영향을 미칠 수 있는 가격이라고밖에 설명할 수 없다"고 말했다.

2019년 알 쿠바이시는 아부다비 형사법원에서 금융 범죄 혐의로 유죄 판결을 받고 징역 15년형을 선고받았다.

중국에 거주하고 있다는 소문이 돌고 있는 도망자 조 로우가 미국 몰수 소송에서 부동산에 대한 청구를 취하하기로 합의한 후, 그의 파크 레인 프로젝트 지분은 결국 아부다비 국부펀드인 무바달라Mubadala에 매각되었다. 위트코프와 해리 맥클로우는 지분을 유지할 수 있었지만 2022년까지도 재개발을 하려고 움직이지는 않았다.

맥클로우는 이 모든 상황이 원망스러웠다고 한다.

"의미 있는 건물을 더 짓고 싶었지만 스캔들 때문에 그럴 수 없었습니다."

19장

음악이 멈추다

라이언 서핸트는 알몸 상태였다.

이 부끄러움을 모르는 부동산 중개인은 바닥부터 천장까지 통유리로 된 창문 앞에서 손바닥으로 유리를 누른 채 도시를 바라보며 카메라를 향해 엉덩이를 내밀었다. 서핸트는 텔레비전 쇼 〈밀리언 달러 리스팅 뉴욕Million Dollar Listing New York〉에 출연한 중개인들을 주제로 한 기사를 취재하는 엣지 있는 패션 및 문화 잡지 『플런트Flaunt』를 위해 조각 같은 몸매를 드러내고 있었다.

촬영에 등장한 가구가 비치된 아파트는 원 57의 39층 코너에 위치해 있었는데, 그곳에는 반짝이는 그랜드피아노와 가죽 벽, 오목한 바가 갖춰져 있었다. 원래 구매자는 이 아파트를 1천5십만 달러에 재판매하려고 했고, 서핸트는 그의 중개인이었다. 3년 가까이 적절한 제안이 들어오지 않자 그는 부동산에 관심을 끌 수 있기를 바라며 즉흥적으로 옷을 벗는 데 동의했다. "가격을 대폭 낮추는 게 아니면 재판매할 수 있는 게 아무것도 없었습니다." 서핸트는 그렇게 2016년을 회상했다. 절박한 시기에는 뻔뻔한 마케팅 기법이 필요했다.

원 57에게 압류는 가장 최근의 타격이었을 뿐, 곧이어 억만장자 거리에 새로운 타워들이 들어섰다. 호화로운 매물이 한꺼번에 시장에 쏟아져 나오면서 맨해튼 전역의 부동산 가치가 하락했지만, 바넷의 타워만큼 가치가 떨어진 곳은 없었다. 초기에 매입한 구매자들은 아파트 가치가 급락하는 모습을 목격했다. 강자가 추락한 것이다.

글렌코어에서 원자재 트레이더로 큰 부를 쌓은 코네티컷주의 자선사업가였던 그레그 영Greg Young은 2014년 '뉴욕 탈출Escape from New York'이라는 다소 아이러니한 이름의 유한책임회사를 통해 3167만 달러짜리 아파트를 구입했지만, 수차례 가격 인하 후 불과 2350만 달러에 재판매해 2년 만에 26퍼센트 가까운 손실을 입었다.

불명예스러운 나이지리아 재벌 콜라 알루코의 아파트를 약 2천8백만 달러에 구입했던 프랭크 로위는 저층 유닛을 매각하면서 32퍼센트의 손실을 입었다.

설상가상으로 바넷이 처음에 고급 임대용으로 보유했던 38채의 주택을 일괄 매각하기로 결정했다. 거래가 둔화되던 시점에 보유했던 주택을 시장에 내놓으니 상황은 더욱 어려워 보였다.

승승장구하던 원 57의 중개인 니키 필드는 시장이 회복되기를 바라면서 고객들에게 이 빌딩의 유닛을 팔지 말라고 했다. "제가 팔아도 된다고 하기 전에는 팔지 마세요. 돈을 잃게 하려고 당신을 여기 입주시킨 게 아닙니다." 필드는 고객들에게 이렇게 말했다.

원 57은 억만장자 거리를 새로운 자산군 또는 투자 수단으로 떠오르는 데 일조했지만, 억만장자 거리는 구매자들이 기대했던 것보다 유동성이 떨어지는 자산으로 판명됐다. 원 57뿐만이 아니었다. 맨해튼 전역에서 고급 부동산의 판매가 둔화됐다. 뉴욕 전역의 중개인들은 판매자가 생각하는 부동산 가격과 실제 시장 가격 사이에 엄청난 괴리가 있다고 불평했다. 여전히 2년 전의 시장만 생각하던 판매자들은 자신이 부동산 가격을 과다하게 지불했고 이제는 손해를 보고 팔아야 한다는 사실을 받아들이지 못했다. 하지만 좋든 싫든 그들은 시장을 따라갈 수밖에 없었다.

해리 맥클로우의 432 파크 애비뉴의 판매 속도도 크게 둔화되고 있었다. 첫 2년 동안은 120개 유닛 중 50개 이상을 판매했지만, 2014년에 6개, 2015년에 15개, 2016년에는 18개만 판매되는 등 판매가 점차 감소한 것으로 기록되었다. 2014년 초에 맥클로우의 팀은 자체적으로 유닛을 판매하려는 계획을 포기하고 중개 회사인 더글러스 엘리먼을 영입했는데, 이는 판매 속도가 둔화되고 있다는 의미였다.

스티븐 로스의 투자자들조차도 긴장하는 게 당연한 상황이었다. 보르나도는 이미 석회암으로 덮인 220 센트럴파크 사우스의 대부분을 판매하는 계약을 체결했지만, 여전히 최고급 부동산으로 여겨졌기 때문에 시장이 계속 하락하면 구매자들이 구매 가격의 15~20퍼센트인 거액의 보증금을 포기할 가능성은 항상 존재했다. 고급 아파트에 대한 보증금은 수백만 달러에 달했지만, 금융 위기 당시 뉴욕의 구매자들은 시장이 그 수준 이하로 떨어지면 기꺼이 그 정도 돈에서도 등을 돌릴 의향이 있음을 보여주었다.

원 57의 거래가 큰 폭으로 감소하기 시작하자, 220 센트럴파크 사우스 빌딩에 출자한 몬트리올 은행Bank of Montreal 애널리스트인 존 킴 John Kim은 보르나도의 투자자 관계IR 팀과 이 문제를 논의했고, IR 팀은 빌딩의 판매가 여전히 호조를 보이고 있다며 그를 안심시키려고 노력했다. 구매자 중 누구도 계약에 대해 초조해하지 않는 눈치였다.

스티븐 로스는 본인이 직접 이사회처럼 구매자가 건물에 적합한 지 확인하고 선별한 덕분에 이 위험한 시기에 큰 도움을 받았다. 그가 건물에 입주를 허용한 백만장자와 억만장자들은 특별한 심사를 거친 사람들로, 최악의 경제 상황에서도 계약을 파기할 가능성이 없을 정도로 주머니가 두둑했다고 IR 팀은 존 킴에게 말했다. 상당수가 주식 시장이 급락하더라도 큰 문제가 되지 않을 만큼 많은 부를 축적해 놓은 사람들이었다.

그러나 시장이 심각한 정체기에 접어들었다는 느낌은 떨치기 어려웠고, 이는 콘도 시장을 넘어 타운 하우스에서 유명한 협동조합 건물에 이르기까지 모든 부동산에 영향을 미쳤다. 언론에서는 손실이 발생한 거래에 관한 이야기가 자주 등장했다. 윌버 로스Wilbur Ross 미국 상무부 장관은 2007년 1천8백만 달러에 매입한 침실 4개가 딸린 맨해튼 미드타운의 펜트하우스를 1595만 달러에 매각했다. 롤링 스톤스Rolling Stones의 전설 키스 리처드Keith Richards는 4년 전에 1천 5십만 달러에 샀던 그리니치 빌리지의 펜트하우스를 9백만 달러에 팔았다. 당시 골드만삭스에 새로 부임한 최고 경영자 데이비드 솔로몬David Solomon의 아내인 메리 솔로몬Mary Solomon은 2차 세계 대전 전에 지어진 센트럴파크 웨스트의 엘도라도 협동조합 아파트를 9백9십만 달러에 주워 담았다. 판매자가 2015년에 브루스 윌리스에게 1275만 달러를 지불하고 매입한 아파트였다.

여러 가지 요인이 시장 조정에 영향을 미쳤지만, 그중 하나는 다른 요인보다 더 물리적으로 뚜렷하게 보였다. 차를 타고 이동하다가 폐쇄된 차선과 도로를 점령한 거대한 트럭 때문에 교통 체증에 갇힌 뉴요커라면 도시가 건설 광풍의 한가운데에 있다는 사실을 분명히 알 수 있었다. "스카이라인을 바라보면 사방에 건설 크레인이 있었죠. 본능적인 것이었습니다. 스카이라인을 가로지르는 크레인의 물리적 출현은 다른 어떤 것보다도 시장을 둔화시키는 데 큰 영향을 미쳤습니다." 감정평가사 조너선 밀러는 말했다.

원 57과 432 파크와 같은 프로젝트의 초기 성공에 고무된 개발업자들은 맨해튼의 다른 지역에서도 이를 모방해 억만장자 거리에 필적할 만한 초호화 초고층 빌딩을 건설하려 했다. 맨해튼 남단의 금융지구, 어퍼 웨스트사이드, 부동산 관계자들이 매디슨 스퀘어 파크의 북쪽 지역에 붙인 별명인 노매드NoMad에도 고층 콘도가 들어서고 있었다. 사라진 철도 부지에 조성된 첼시의 새로운 고가 공원인 하이라인과 맨해튼의 파 웨스트사이드에 위치한 릴레이티드 컴퍼니의 대규모 신도시 개발 프로젝트인 허드슨 야즈Hudson Yards 주변에도 새 건물이 밀집해 있었다. 이 새로운 타워의 재고 중 상당수는 과거에 이 지역에서 거래되던 가격을 훨씬 뛰어넘는 가격으로 책정되었다.

조너선 밀러의 연구에 따르면, 2015년부터 2017년까지 약 1만 4천5백 채의 재고가 시장에 나왔거나 나올 예정이었는데, 이는 자연 흡수율을 훨씬 뛰어넘는 수치이며 금융 위기 이후 수년간 시장에 나왔던 매물의 수에 두 배에 가까웠다. 그는 이렇게 쏟아져 나온 재고를 모두 판매하려면 반년 이상이 걸릴 것이라고 예상했다.

그럼에도 일부 개발업자들은 땅값이 다른 곳에서 이를 만회할 수 있다고 확신하고 엄청난 금액을 주고 땅을 사들였다. 그 결과 96번가 남쪽 토지의 평균 가격은 2011년과 2015년 사이에 거의 두 배 가까이 상승해 평당 6백 달러에 육박했다. 좋은 부지를 얻기 위해 평당 8백 달러까지 지불하는 개발업자도 있었다.

• • •

억만장자 거리의 매물들이 전 세계 언론의 헤드라인을 장식하면서 열망하는 가격을 책정하는 현상이 로스앤젤레스와 사우스 플로리다 등의 고급 부동산 시장으로도 확산되는 듯했다. 전국의 고급 주택 소유주들은 언론에서 본 트렌드에 편승해 돈을 벌려고 했고, 전보다 높은 금액을 원했다. 2016년이 되자 가격 경쟁이 본격적으로 시작되었다.

플로리다에서도 판매자들은 똑같이 엄청난 금액을 제시했다. 베르사유 궁전을 모델로 한 힐즈버러 비치의 한 저택은 1억 5천9백만 달러라는 놀라운 가격에 매물로 나왔고, 넷스케이프Netscape의 공동 창립자인 짐 클라크Jim Clark는 일 팔메토로 알려진 거대한 팜비치 부동산을 1억 3천7백만 달러에 내놨다.

하지만 플로리다는 캘리포니아에 비하면 아무것도 아니었다. 로스앤젤레스에서는 엄청난 금액의 주요 부동산이 시장에 쏟아져 나왔다. 휴 헤프너Hugh Hefner가 수십 년간 군림했던 거대한 로스앤젤레스 저택인 플레이보이 맨션이 2억 달러에 시장에 나왔다. 그 뒤를 이어 한때 윌리엄 랜돌프 허스트William Randolph Hearst의 소유였고 영화 〈대부The Godfather〉에도 등장했던 베벌리힐스 저택이 소유주인 변호사 레너드 로스Leonard Ross가 재정적으로 어려움을 겪으면서 1억 9천5백만 달러에 매물로 나왔다. 영국의 F1 창시자의 상속인 페트라 에클레스톤Petra Ecclestone은 고인이 된 텔레비전 프로듀서 에런 스펠링Aaron Spelling이 지은 홈비 힐스에 위치한 약 56,500제곱피트(약 1,587평) 크기의 저택인 스펠링 매너를 2억 달러에 내놨다.

QVC 핸드백의 사업가인 브루스 마코프스키Bruce Makowsky는 벨 에어에 짓고 있는 투자용 부동산에 2억 5천만 달러라는 가격표를 붙였는데, 그는 이 부동산을 억만장자라고 명명했다. 그의 동료 스펙 주택*개발업자인 나일 니아미Nile Niami는 인근 언덕 위에 건설 중인 주택에 미국 역사상 단독주택으로는 최고가인 5억 달러를 요구할 것이라고 세상에 알렸다. 이 집에는 해파리 수조와 해자,** 모나코 스타일의 카지노를 설치할 예정이라고 했다.

일부 숙소는 설계를 고려하면 적어도 1억 달러에서 9억 9990만 달러 사이의 가격을 요구할 수밖에 없는 것처럼 보였다. 예를 들어 스펠링 매너의 경우 세계에서 가장 큰 저택 중 하나로 규모가 백악관보다 컸고, 볼링장, 와인 저장고, 미용실, 태닝 룸을 갖춘 프랑스 샤토 스타일로 지어졌다. 2011년 8천5백만 달러에 스펠링 매너를 매입한 에클레스톤은 약 5백 명의 인력을 고용해 몇 달 만에 대규모 리노베이션을 마쳤다.

고가 부동산의 가격 상승은 저가 부동산 판매자들에게도 자극을 주었고, 일부는 자신의 주택에도 똑같이 천문학적인 가격을 매겼다. 모두가 자신의 매물 역시 신문에서 본 매물만큼 특별하게 여겼고, 중개인들은 매물을 확보하기 위해 실제 가치보다 훨씬 높은 가격을 제시하는 데 동의하기도 했다. 중개인들은 눈에 띄는 금액으로 매물을 등록하는 것이 매물의 노출을 늘리고 고급 부동산 중개인으로서 자신을 알릴 수 있는 방법이라고 생각했다. 가격을 내리는 것은 나중에 언제든지 할 수 있다고 생각했다.

높은 가격을 정당화하기 위한 새로운 전략도 등장했다. 거래를 성사시키기 위해 부동산의 가격에 기발한 추가 옵션이 포함되었다. '공

---

* 건축사가 특정 고객층을 겨냥해서 지은 집
** 성 주위에 둘러 판 못

짜' 람보르기니나 롤스로이스, 정박료가 포함된 요트, 스포츠 이벤트 시즌권, 첫해의 개인 요리사와 집사 고용 비용, 리노베이션 비용 등이 함께 제공되었다. 뉴욕의 한 중개인은 구매자에게 향후 우주로 가는 항공편 좌석 두 석을 제공하겠다고 제안하기도 했다. 마코프스키의 '억만장자' 주택에는 헬리콥터까지 무료로 제공되었는데, 이 지역에서 헬리콥터 비행이 불법이라는 점을 고려하면 이상한 선택이었다. 마코프스키는 주택을 살 여력이 있는 사람이면, 벌금도 감당할 수 있을 것이라고 생각했다고 한다.

높은 가격을 책정하는 경향은 빠르게 다른 지역으로 퍼졌다. 5백만 달러짜리 집을 가진 판매자는 갑자기 8백만 달러를 원했고, 1천만 달러 대의 집을 가진 판매자는 1천7백만 달러를 원했다. 일반적으로 유사한 주택의 가격과 회전 속도를 기반으로 책정하는 부동산 가격은 애초에 정확한 과학이 아니다. 미국 전역의 부동산 시장은 이러한 각 본도 무너지고 자산의 내재적 가치와 무관하게 자의적으로 가격이 책정되는 미술 시장과 유사한 모델로 대체되고 있었다.

신문을 읽은 사람이면 부동산 시장에 불이 붙었다고 생각하는 게 당연했다. 그러나 그 열광은 적어도 뉴욕에서는 약화되기 시작한 시장의 실제 상황을 은폐하고 있었다. 고급 주택이 쌓여가는 중이었다.

억만장자 거리에 있는 중개인들은 홍콩, 파리, 런던과 같은 다른 주요 도시의 고급 부동산 가격과 비교하면 뉴욕은 여전히 싼 편이라며 초고가를 정당화했다. 당시 세계에서 가장 비싼 주택은 몬테카를로의 프랑스 리비에라에 있는 고급 건물로, 헤라클레스 항구와 고대 궁전이 내려다보이는 펜트하우스 라 벨 에포크다. 이 건물은 런던의 원 하이드 파크의 개발업자인 캔디 형제가 2010년에 약 3억 8천만 달러에 매각한 적이 있었다. (이 펜트하우스는 이전에 억만장자 은행가인 에드먼드 사프라의 집이었는데, 그는 자신이 고용한 간호사 중 한 명이 저지른 방화로 사망했다.) 부동산 블로거는 이 펜트하우스의 구매자가 아랍의 셰이크이거나 그리스의 억만장자라고 추측했으나 확실히 아는 사람은 아무도 없었다.

억만장자 거리가 본격적으로 분양되기 시작한 후에도 최고 가격은 전 세계 다른 최고급 부동산에 의해 추월당하고 있었다. 부유한 외국인들이 현금을 숨겨둔 곳은 억만장자 거리뿐만이 아니었다. 2015년에는 파리 근교의 옛 궁전들에서 영감을 받아 전통 프레스코화, 금박 분수, 대리석 조각상 등을 채워 넣은 57에이커(69,777평) 규모의 신축 부동산 샤토 루이 14세가 사우디 왕위 계승자인 모하메드 빈 살만 왕세자와 관련된 법인에 약 3억 5백만 달러에 팔린 것으로 알려졌다. 이후 홍콩의 언덕 지역인 피크에 있는 한 부동산은 전 세계에서 판매되는 아이폰 3대 중 2대의 스크린을 제작하는 비공개 기업인 비엘 크리스털 매뉴팩토리Biel Crystal Manufactory를 소유한 양킨만Yeung Kin-man에게 3억 6천1백만 달러에 팔렸는데, 그는 기존 주택을 허물고 완전히 새로운 집을 지을 계획인 것으로 알려졌다.

희소성이 뜨거운 고급 부동산 시장의 초석이라면 억만장자 길의 새로운 역학 관계는 좋은 징조가 아니었다. 예를 들어, 억만장자 거리의 동쪽 가장자리에는 520 파크 애비뉴로 알려진 제켄도르프 형제의 프로젝트가 있었는데, 제켄도르프 형제는 2015년에 일찍 분양을 시작해 경쟁자들을 제치고 여러 유명 구매자들과 계약을 체결하면서 초기에 성공을 거두었다.

구매자 중 한 명은 2007년 블랙스톤이 힐튼을 260억 달러에 인수할 때 자문을 제공했던 월스트리트의 레인메이커*이자 부티크 투자은행 모엘리스 앤드 컴퍼니Moelis&Company의 대표인 켄 모엘리스Ken

Moelis였다. 모엘리스는 제켄도르프 형제의 타워에 있는 펜트하우스를 6천2백만 달러에 구입했다. 구매자 중에는 격투기 회사 UFC를 설립한 형제 중 한 명인 프랭크 페르티타Frank Fertitta와 영국의 진공청소기 거물 제임스 다이슨James Dyson도 있었다. 페르티타는 이 빌딩의 아파트를 구입하는 데 6790만 달러를, 다이슨은 7380만 달러를 지불했다. 맥클로우, 바넷, 로스, 스턴이 원했던 구매자는 바로 이런 사람들이었다. 제켄도르프 형제의 건물을 구매하기로 계약한 모든 구매자가 그들에게는 손해였다.

스타 건축가 장 누벨이 현대 미술관 옆 부지에 설계한 조각 같은 고층 콘도 53 웨스트 53번가 역시 재고 과잉에 기여하고 있었다. 이 건물은 거대 개발사 하인즈, 투자은행 골드만삭스, 싱가포르의 부유한 가족 경영 부동산 및 호텔 회사인 폰티악 랜드 그룹Pontiac Land Group이 제휴해 개발했지만, 창문을 가로막고 아파트의 탁 트인 전망을 방해하는 파사드의 외골격 등의 디자인 문제로 판매가 부진했다. 이 독특한 디자인은 매물이 급증하면서 선택할 수 있는 폭이 넓어진 구매자의 공감을 얻지 못한 것 같았다.

외국인 구매자들도 일시 중지 버튼을 누르고 있는 것 같았다. 자본 통제가 강화되면서 일부 사람들에게는 미국에서 부동산을 구매하기가 어려워졌다. 시진핑 중국 정부는 정계 및 재계 엘리트층의 자본 유출을 억제하기 위한 광범위한 노력의 일환으로 자국민의 해외 투자를 단속해 자본 유출을 억제하고 부동산 구매를 위해 거액을 미국으로 송금하는 것을 훨씬 더 어렵게 만들었다.

우크라이나 태생의 변호사 에드워드 머멜스타인은 이미 2014년부

---

* rainmaker. 성공을 만드는 사람이라는 뜻

터 러시아에서의 사업이 시들해졌다고 말했다. 오바마 행정부는 우크라이나에 '도발을 계속하는' 러시아와 크림반도에 대한 제재를 강화해 블라디미르 푸틴의 측근과 밀접하게 연결된 것으로 확인된 개인과 기업의 자산을 동결했다. 러시아의 군사력과 관련이 있는 미국산 제품의 수입에 대한 제한 조치도 발표했다.

머멜스타인은 러시아와 미국이 지배권을 놓고 다투던 레이건 시대로 돌아간 느낌이었다고 했다. "사람들은 '미국이 왜 필요하냐'고 질문하기 시작했습니다."

도널드 트럼프 대통령이 선출되면서 외국인 구매자들은 새로운 불확실성을 만났다. 유가 하락과 미국 내 반이슬람 정서의 급증으로 중동 지역의 구매자들도 주춤하고 있었다.

하지만 시장이 급락하는 와중에도 대부분의 개발업자들은 화려한 가격을 고수했고, 심지어 가격을 올린 개발업자들도 있었다.

감정평가사 조너선 밀러는 "마치 현실화된 '더 큰 바보 이론'*을 보는 것 같았습니다. 가격은 계속 상승했지만, 판매 활동은 위축되고 있었죠. 시장을 더 상승시킬 바보가 부족했던 겁니다."

• • •

2017년 말이 되자, 그것은 무시할 수 없는 징후가 되었다. 뉴욕 부동산 개발업 시장은 악화 일로로 치닫고 있었다.

그해 11월, 새로 선출된 공화당 하원의원들은 30년 만에 최대 규모의 미국 세법 전면 개편에 관한 세부 내용을 발표했다.

---

* greater fools' theory. 자산의 가격이 가치가 아닌 시장 참여자들의 비이성적인 믿음이나 기대로 인해 형성된다는 이론

폴 라이언Paul Ryan 하원의장은 11월 2일 기자들에게 "저희는 미국 국민 여러분께 '우리가 과반수를 차지하면 이렇게 할 것'이라고 말했기 때문에 이 일을 해낼 것입니다. 그리고 우리는 그렇게 하고 있습니다"라고 말했다.

표면적으로 공화당의 법안은 법인세율을 35퍼센트에서 20퍼센트로 인하하고, 개인 소득세 과세표준 구간을 축소하고, 유산세를 폐지하는 등 상위 1퍼센트를 위한 선물처럼 보였다. 그러나 이 법안에는 뉴욕의 고급 주택 수요를 위축시킬 수 있는 몇 가지 조항도 포함되어 있었다. 뉴욕 주민들은 더 이상 고급 주택 담보 대출에 대한 이자 상환액에 대한 소득공제를 받을 수 없게 되었고, SALT(주 및 지방세) 공제 혜택은 거의 사라졌다.

이전에는 뉴욕 주민들은 연방 세금 고지서에서 주 및 지방세 대부분을 공제받아 재산세를 탕감받을 수 있었다. 이는 이중과세를 피하는 방법이었는데, 이 방법이 아니라면, 이미 주정부에 납부한 세금을 연방세로 또 납부해야 했을 것이다.

뉴욕 주민들은 이미 대부분의 다른 주보다 높은 세금을 납부하고 있었기 때문에 공제 폐지의 영향을 가장 많이 받았다. 특히 소득이 높은 뉴욕 주민들은 납부할 세금이 크게 증가했다. 부동산업계의 많은 사람이 이로 인해 고소득층이 플로리다나 텍사스처럼 세금이 낮은 주들로 이주할 수도 있다며 우려했다.

세금을 둘러싼 일반적인 정치적 역학 관계를 뒤집는 듯한 충격적인 순간에 뉴욕의 민주당 주지사 앤드루 쿠오모는 이 제안이 뉴욕주에 미칠 수 있는 영향을 강조하며 적극적으로 대응했다. 그는 "주 및 지방세 공제 혜택 폐지가 하원을 통과한다면, 뉴욕은 파멸할 것"이라는 트윗을 올렸다.

SALT 폐지 법안은 구매자를 쫓아낼까 봐 우려하는 맨해튼 부동산 개발업자들의 정치적 정서를 격화시켰다.

그해 초, 2014년 진보적인 행정을 약속하며 예상치 못한 승리를 거둔 빌 더블라지오Bill de Blasio 뉴욕 시장은 저렴한 주택을 짓기 위한 현금을 마련하기 위해 2백5십만 달러 이상의 주택에 2.5퍼센트의 세금을 부과하는 일명 맨션세Mansion Tax를 제안했다. 뉴욕의 고급 주택들의 경우 이로 인한 세금은 수백만 달러에 달했다. 뉴욕의 부동산업계 단체인 뉴욕 부동산 위원회Real Estate Board of New York는 맨션세 도입에 반대하는 강력한 로비를 벌였다.

개발업자들은 이 제안이 시장을 침체시키고 전 세계 어디에서나 부동산을 구매할 선택지가 있는 부유층 구매자의 구매를 저지할 수 있다고 우려했다. 그들은 부유층에 대한 반발이 커지면 상위 0.1퍼센트가 도시를 떠나고 결과적으로 시 금고로 유입되는 세금이 줄어들 것이라고 경고했다. 그들은 캐나다 서부 해안 도시인 밴쿠버를 예로 들며, 현지 캐나다인의 주택 구입 가능성을 높이기 위해 외국인 구매자에게 재산세를 부과한 후 외국인 주택 구매가 급감했다고 지적했다.

억만장자 출신인 마이클 블룸버그 전 시장이 뉴욕을 세계에 알리고 억만장자 거리를 구축하는 데 토대가 되었던 비즈니스에 개방적인 뉴욕의 이미지가 사라진 것이다. 그 자리에는 환영welcome 대신 억만장자Billionaires라고 적힌 커다란 간판이 세워졌다.

• • •

하락하는 시장을 예의주시하던 한 사람은 바로 개리 바넷이었다. 지난 2년 동안 바넷은 자신의 경력에서 가장 야심 찬 프로젝트인 센트럴파크 타워의 건축에 필요한 자금을 모으기 위해 부지런히 노력했다. 시장에 역풍이 불고 대출 기관들이 콘도미니엄에 대한 자금 조달을 거의 철회한 상황에서 창의력을 발휘해야 했다. 그렇게 모은 자금은 다양한 비전통적인 출처에서 가져온 돈을 뒤섞어 놓은 것처럼 보였다.

먼저 EB-5 자금이 있었다. 점점 많은 뉴욕 개발업자들이 그런 것처럼, 바넷도 외국인 투자자들이 영주권을 받는 대가로 미국 투자에 돈을 투자할 수 있도록 정부가 마련한 현금 투자 비자 프로그램을 활용했다. 바넷은 이 프로그램을 이용해 1억 9천만 달러의 부채를 조달했고, 주로 중국에 있는 투자자들에게 영주권을 받는 대가로 타워 건설에 최대 50만 달러를 투자해 달라고 요청했다. 그 프로젝트는 1990년대에 의회에서 만든 연방 이민 프로그램으로 자금을 조달한 프로젝트 중 가장 비싼 프로젝트가 될 터였다. 그러나 이 프로그램은 금융 위기 이후부터 최근까지 느슨한 규제를 이용해 자신의 프로젝트를 소득이 낮은 지역에서 진행되는 프로젝트처럼 보이게 만드는 부동산 개발업자들에게 값싼 자금 조달 수단으로 인기를 끌었다. 이 프로그램은 원래 소외된 지역사회의 일자리 창출을 돕기 위해 고안되었지만, 결국 많은 자금이 맨해튼 미드타운의 아파트와 호텔 타워로 흘러들었다. 고인이 된 상업용 부동산 중개인 하워드 마이클스Howard Michaels는 이 기금 모금 수단을 부동산 개발업자를 위한 "합법화된 크랙 코카인"이라고 표현하기도 했다.

그리고 바넷이 상하이시 정부의 중국 국부펀드의 미국 자회사인 SMI USA로부터 확보한 약 3억 달러의 지분도 있었다. 이전에는 상하이 청터우Shanghai Chengtou로 알려졌던 이 기업은 아시아에서 터널 및 교량 공사, 도시 상수도 시설과 같은 주요 인프라 프로젝트를 관리하는 것으로 잘 알려져 있지만, 중국의 주요 부동산 회사인 그린랜드 그룹Greenland Group을 소유하고 있고 세계에서 가장 높은 건물 중 하나인 상하이 타워를 건축한 개발사 중 하나였다. 센트럴파크 타워는 SMI가 뉴욕에서 자금을 지원하기로 합의한 몇 안 되는 프로젝트 중 하나였다.

바넷은 타워 저층에 뉴욕 플래그십을 짓기 위해 노드스트롬으로부터 확보한 4억 달러와 엑스텔이 투입할 현금을 합쳐 10억 달러에 가까운 자금을 프로젝트에 투자했다.

이제 바넷은 시장에서 퍼즐의 마지막 조각, 즉 11억 달러에 달하는 막대한 건설 자금을 찾고 있었다. 바넷 역시 은행이 지갑을 거의 열지 않던 시기에 은행의 관심을 끌기 위해 경쟁하는 수많은 개발업자 중 한 명이었다. 시장이 자신의 야심에 발맞춰 와주기를 바라며 이미 자금 없이 공사를 시작한 터였다. 건물은 완공할 돈도 없는 상태에서 수직으로 올라가고 있었다.

특히 SMI와의 거래에는 조건이 달려 있었으므로 부담이 컸다. SMI는 바넷이 2017년 7월까지 건설 대출을 확보하지 못하면 SMI의 지분 3억 달러를 전액 매입하고 이자 상황까지 강요할 수 있는 면책 카드를 들고 있었다. 어려운 시장 상황에서 가혹한 조건이었다.

바넷은 프로젝트의 기초가 되는 펀더멘털이 여전히 견고하다고 판단했기 때문에 금융 시장의 변화가 답답할 지경이었다. 고급 콘도미니엄에 대한 수요가 없는 것이 아니라 공급이 급증하면서 가격에 대한 불안감으로 이어져 구매자들이 계약을 주저하고 있었다. 그는 이러한 상황이 금방 바로잡힐 것으로 믿었다.

센트럴파크 타워에 필요한 대출은 매우 낮은 레버리지로 전액 상환이 거의 보장되는 자본 스택의 위치에 있었다. 바넷은 은행에 제공

피트당 약 2천 달러의 프로젝트 자금을 요청했는데, 길 건너편에 있는 스티븐 로스는 여전히 약 8천 달러에서 9천 달러에 유닛을 판매하고 있었다. 다시 말해, 로스가 거래하는 가격의 4분의 1에 유닛을 판매한다 해도 은행은 전액 상환이 가능했다.

바넷이 보기에 은행들이 급격하게 보수적으로 돌아선 것은 당연한 일이 아니었다. 그것은 규제에 대한 두려움의 산물이었다. 은행은 지분 파트너의 유동성이 떨어지는 것이든, 건설 이슈이든, 시장의 침체에 대비해 더 많은 준비금을 쌓으라는 규제 당국의 요구이든, 문제가 발생하는 것을 원하지 않았다. 이러한 시장 환경에서는 깔끔하게 마무리될 수 있고 상대적으로 위험이 없는 프로젝트에 대출을 내줬다.

센트럴파크 타워 대출을 둘러싼 불확실성은 센트럴파크 타워를 포함한 엑스텔의 포트폴리오를 담보로 한 엑스텔의 이스라엘 채권에 투자한 투자자들에게도 영향을 미쳤다. 바넷은 경기 침체 이후 이스라엘 채권 시장을 통해 자금 조달에 나선 수많은 미국 부동산 개발업체 중 한 곳으로, 국내에서는 절대 조달할 수 없는 낮은 금리로 기업등급 채권을 발행했다. 그것은 회사의 건물 포트폴리오 중 일부를 담보로 발행된 채무였는데, 다시 말해 엑스텔은 하나의 개별 프로젝트가 아닌, 대규모 자산 풀을 담보로 돈을 빌리고 있었다. 개발사 입장에서는 복잡한 규제 절차를 거쳐 텔아비브 증권거래소에 상장해야 했지만, 그 보상은 상당했다. 엑스텔의 포트폴리오는 꾸준한 수입을 올리는 안정적인 임대 건물로 구성되어 있었고, 센트럴파크 타워는 그중에서 가장 위험한 프로젝트여서 투자자들이 면밀하게 주시하고 있었다.

뉴욕 콘도 시장에 대한 우려가 커지면서 이스라엘 투자자들은 회사에 자본을 맡기는 대가로 더 높은 수익을 요구했고, 이로 인해 엑스텔의 채권 수익률은 16퍼센트까지 치솟으면서 사실상 정크본드로 전락했다. 이스라엘 사람들은 건물이 완공되지 않을까 봐 걱정했다.

바넷은 채권자들을 만나기 위해 텔아비브로 날아갔지만, 그의 방문은 채권자들의 우려를 달래는 데는 별 도움이 되지 못했다. 엑스텔의 회사채를 보유한 이스라엘 헤지펀드 브로쉬 캐피털Brosh Capital의 샤하르 케이난Shahar Keinan은 『리얼 딜』과의 인터뷰에서 이렇게 말했다. "불에 기름을 끼얹은 격이 됐습니다. 바넷은 '다 괜찮을 테니 걱정하지 말라'고 한 게 아니라 '리스크가 존재하니 아무것도 보장할 수 없다'고 했습니다."

이후 센트럴파크 타워 프로젝트를 포기할 생각을 한 적이 있느냐는 질문에 바넷은 말을 아꼈다. 그리고 "이 업계에서는 한 번 결정하면 다시 생각할 여지는 없습니다"라고 답했다.

그러나 건설에 필요한 자금을 찾지 못하면 멀리 갈 수 없었다.

20장

원점으로 돌아가다

2017년 초까지만 해도 111 West 57번가의 개발업자들은 현금이 부족했다.

프로젝트 비용이 계속 증가하고 투자자들이 추가적인 출자를 거부하자 마이클 스턴과 케빈 멀로니는 파트너들이 스타인웨이 부지를 위해 아폴로와 AIG로부터 확보한 대출 잔액으로 더 이상 프로젝트 비용을 충당할 수 없는 지경에 이르렀다. 상업용 부동산업계에서 '균형이 맞지 않는 상태'로 알려진 이 상황은 개발 업체가 더 많은 자금을 투입해 격차를 해소할 때까지 금융회사는 프로젝트에 대한 추가 대출을 거부할 수 있음을 의미했다.

이때 한 기업이 개입해 그들의 금고를 채워줬다. 억만장자 부실채권 투자자 세스 클라먼Seth Klarman이 이끄는 보스턴 소재 헤지펀드인 바우포스트 그룹Baupost Group이 발행한 1억 달러의 메자닌 부채로 비용 초과분을 충당하고 대출 균형을 맞춘 것이다.

클라먼은 하버드대학교 기부금과 같은 고객을 보유한 채권 업계의 전설적인 인물이었다. 그는 리먼 브라더스나 엔론Enron 같은 기업이 파산할 때 부채를 인수해 막대한 수익을 올렸고, 푸에르토리코의 주요 부채 보유자이기도 했다. 첫해에 약 17퍼센트에 달하는 가파른 변동 이자율(시장에 따라 오르내리는 이자율)이 적용되는 대출이었지만, 부동산 시장이 흔들리고 억만장자 거리에 대한 심리가 바뀌기 시작하면서 이보다 나은 선택지는 별로 없었다.

단 한 가지 문제가 있었는데, 그것은 익숙한 문제였다. 처음에 프로젝트에 자금을 지원했던 코네티컷의 투자자로 파트너십의 거듭된 추가 출자 요청에 지쳐 있던 비앙코가 바우포스트의 대출을 승인해야 했다. 그는 거절했다.

프로젝트에 대한 지분 감소로 개발업자들과 법정 다툼을 벌이고 있던 비앙코는 사기를 당하고 있다고 생각했다. 도대체 왜 타워를 완공하는 데 더 많은 돈이 필요하냐고 비앙코가 물었다. 그는 화려한 분양 사무소를 짓는 데 들어간 비용과 개발업자들이 2015년에 AIG와 아폴로 대출의 수익금으로 지분 파트너에게 배분한 분배금 2천5백만 달러를 지적했다. 분양 사무소에 그렇게 많은 돈을 쓰지 않았거나 분배금을 너무 일찍 지급하지 않았다면 건물을 완공할 자금이 남아 있었을 것이라는 뜻이었다. 비앙코는 개발업자가 무분별하게 지출해 또 다시 자본 스택에서 자신의 입지가 약화되는 상황을 원치 않았다.

비앙코는 개발업자들과의 계약에서 소위 '풋옵션'*을 행사할 수 있을 정도로 비용이 급증했다고 생각했다. 이 옵션을 사용하면 프로젝트의 초과 비용이 이전에 승인된 예산보다 10퍼센트 이상 초과될 경

---

* put option. 미리 정한 시기에 특정한 기초 자산을 미리 정한 행사 가격으로 팔 수 있는 권리를 매매하는 옵션 거래

우 스턴과 멀로니에게 자신이 지불한 금액보다 20퍼센트 더 많은 금액으로 프로젝트 지분을 매입하도록 강제할 수 있었다.

• • •

비앙코가 보기에 대출 승인을 그렇게 간절히 원한다면 스턴과 멀로니가 그의 지분을 좋은 가격에 사들이거나 그럴 수 있는 사람을 찾으면 될 일이었다. 당시 비앙코는 협상의 역학 관계가 자신에게 유리하다고 믿었다. 결국 압류되어서 배가 침몰하게 되면, 모든 파트너가 함께 몰락하는 셈이었다. 만약 그렇게 되면 그들은 파산을 선언하고 공매를 강행하여 지분 가치를 회수할 것이다. 비앙코는 아폴로가 실제로 압류에 나설지도 회의적이었다. 모든 것이 연극이 아닐까 의심했다.

스턴은 비앙코의 돈을 너무 쉽게 받아들인 자기를 저주했다고 한다. 2013년만 해도 그는 두 번 생각할 겨를이 없었다. 스턴은 비앙코의 재산 출처를 정확히 알고 있었기 때문에 출처는 문제가 되지 않았다. 비앙코는 기존에 맺은 탄탄한 관계를 통해 소개받은 사람이었다. 이후 스턴은 "우리는 그가 소송을 일삼는 불신의 파트너일 거라고는 예상하지 못했습니다"라고 말했다.

비앙코와 사이가 그나마 괜찮았던 멀로니는 자신의 어퍼 웨스트사이드 아파트 바닥에 깔린 값비싼 오리엔탈 러그의 가장자리가 닳아 없어질 때까지 밤새 왔다 갔다 하며 비앙코와 전화 통화를 했다. 그는 비앙코의 마음을 돌려 클라멘의 제안을 받아들이게 하려고 여러 차례 비앙코를 만난 적이 있었던 개발업자 아서 베커와 레이싱 카 드라이버 앤디 루한 등 다른 투자자들의 지원을 요청했다.

수 주가 지나자 스타인웨이 프로젝트에 참여한 아폴로 측은 초조해졌다. 아폴로가 메자닌 대출의 일부를 다른 기관에 조용히 팔아넘기고 있다는 소식이 파트너들에게 전해졌는데, 이는 실제로 압류할 움직임이 보인다는 초기 신호였다. 은행이 압류를 단행하면 거래에 대한 공동 지분은 모두 사라져 파트너들의 몫은 아무것도 남지 않게 된다.

"당신 미쳤어요?" 멀로니는 2017년 봄 어느 날 밤, 비앙코에게 물었다. "이러지 마세요. 큰 실수를 하고 계신 겁니다." 멀로니는 비앙코에게 연극을 하는 게 아니라고 설득했다. 아폴로가 파트너들이 대출금을 갚을 방법을 찾도록 몇 달간 시간을 주었지만, 오래 버틸 수 없었다. 파트너들은 아폴로의 투자 위원회와 다른 투자자들을 설득해야 했다. 어느 시점이 되면 그들은 주저 없이 자본 스택에서 자신들 위에 있는 모든 사람을 쓸어버릴 터였다.

멀로니는 비앙코에게 왜 성공 가능성이 희박한 길고 고통스러운 소송을 위해 원래 계획보다는 적은 금액이긴 하지만, 완공되어 이익을 남기고 팔 수 있는 자산의 지분을 포기하려 하냐고 물었다.

하지만 헛수고였다. 나중에 몇몇 파트너들은 비앙코가 협력의 대가로 거액의 보상을 바라고 있다고 생각했고, 이에 응할 의사가 없었다고 말했다.

베커는 다시 비앙코와 파트너들 사이에서 중재자 역할을 하려고 노력했다. 하지만 시간이 지날수록 상상할 수 없는 일이 벌어질 것 같아 점점 더 불안해졌다. 그와 루한, 그리고 투자에 대한 수익금을 주겠다고 약속했던 러시아 파트너 모두가 타워 건설에 투자한 돈을 전부 잃게 될 수도 있었다.

"우리는 6개월 동안 잠을 이루지 못했습니다." 베커가 말했다. 비앙코와의 협상은 벽에 머리를 부딪치는 것과 같았다고 그는 말했다.

"처음에는 논리가 통할 거라고 생각하죠. 하지만 그렇지 않을 때는 무책임, 의도적인 직무 유기 또는 개념화하기 어려운 다른 무언가를 다루고 있다는 이상한 느낌을 받습니다. 그냥 멍청함일 수도 있어요. 멍청한 건 고칠 수도 없으니까요."

베커는 연방 정부를 상대로 한 소송에서 비앙코를 승리로 이끈 도전적인 자질이 지금 그를 눈멀게 하고 있다고 생각했다. 합리적인 사람이라면 정부를 상대로 소송을 제기한 후 진작에 물러났을 테지만, 비앙코는 무한한 자원을 가진 상대를 상대로 승소했다. 어쩌면 비앙코는 자기가 끝까지 버티고 물러서지 않는다면 이번에도 스턴과 멀로니를 상대로 승리해 풋옵션을 행사할 수 있을 것이라고 믿고 있었다.

늦봄에 베커는 마침내 미드타운에 있는 비앙코의 법무 팀 사무실에서 비앙코와 마주 앉았다. "당신이 우리를 파산시키면 우리는 당신을 고소할 수밖에 없습니다." 비앙코가 자리에서 일어났다. "지금 내 가족을 협박하는 겁니까?" 그는 이탈리아 마피아를 연상시키는 어조로 베커에게 물었다.

"가족을 협박하는 것이 아닙니다. 책임 있는 당사자로서 당신이 이런 결정을 내리면 소송할 수밖에 없다는 말씀을 드리는 것뿐입니다." 베커가 대답했다.

비앙코는 회의실을 박차고 나갔다. 그러고는 그곳이 자신의 변호사 회의실이라는 사실을 기억해낸 듯 멋쩍은 표정으로 돌아오더니 베커에게 나가달라고 요청했다고 한다.

곧 협상을 더 진행하기에는 늦은 시점이 되어버렸다.

그해 6월, 아폴로는 뉴욕에 본사를 둔 비상장 부동산 투자 회사인 스프루스 캐피털 파트너스Spruce Capital Partners에 2천5백만 달러의 후

순위 메자닌 채권을 양도했다. 그러자 스프루스는 곧바로 지분 파트너에 대한 압류를 신청하고 대출금의 즉각적인 상환을 요구했다.

스프루스는 차용인이 압류 통지를 받은 후 20일 이내에 이의를 제출하지 않으면 프로젝트를 통제할 수 있는 '엄격한 압류 처분strict foreclosure'을 신청하는 이례적인 조치를 취했다. 스턴과 멀로니가 이의를 제기하지 않으면 스프루스는 공개 경매 없이 하룻밤 사이에 프로젝트를 인수해 스턴, 멀로니, 비앙코, 베커, 루한, 러시아인들을 포함한 전체 파트너십의 지분을 소멸시킬 수 있었다. 프로젝트 자체를 중단시키거나 새로운 개발업자를 찾아 프로젝트를 넘겨주게 되면, 기존 파트너와 투자자들에게는 아무것도 남지 않게 되었다.

그러나 스턴과 멀로니는 이의를 제기하지 않았고, 비앙코는 두려움과 당혹감을 느꼈다. 비앙코는 왜 그들이 이의를 제기하지 않는지 이해할 수 없었다. 자신들의 이익과 완전히 상반되는 결정이었기 때문이다.

그러나 논의가 있은 지 몇 주 만에 스프루스가 프로젝트에 대한 압류를 신청하자 갑자기 비앙코의 눈에 모든 것이 명확해졌다. 스프루스와 다른 대출 기관 간의 채권자 간 계약이 비앙코 모르게 수정되었다. 스프루스는 프로젝트의 소유권을 완전히 해산하고, 새로운 특수목적 회사를 만들어 프로젝트를 마무리할 수 있게 되었다. 수정된 계약서의 본질은 암베이스를 거래에서 완전히 배제해 암베이스가 보유한 7천만 달러 지분을 모두 청산한 후 스턴, 멀로니와 함께 새로운 벤처를 설립해 건물을 완공하는 것이었다.

궁지에 몰린 스턴과 멀로니가 탈출할 방법을 찾은 것이다. 업계 관계자들은 이 프로젝트가 엔지니어링 측면에서 특히 복잡했기 때문에 숙련된 건설업자로서의 스턴의 명성이 그가 이 프로젝트에 계속 남는 데 유리하게 작용했을 것이라고 했다. 콘도 개조나 리노베이션 같은 간단한 개발 프로젝트의 경우 대출 기관이 개입해 완료하는 경우가 많았지만, 이 정도 규모와 복잡성을 가진 프로젝트를 완수하려면 문제 해결 능력을 갖춘 건설업자가 필요했고, 스프루스에게는 이런 능력이 없었다. 보험사 및 하청업체와의 모든 계약은 스턴과 멀로니가 보유하고 있었는데, 이 모든 계약을 다시 체결하려면 비용이 많이 들었다. "어떤 대출 기관도 그런 입장에 서고 싶어 하지 않았습니다. 새로운 거래 구조 덕분에 스턴과 멀로니가 프로젝트를 마무리할 수 있었습니다." 투자자 중 한 명이 말했다.

엄격한 압류 처분은 비앙코가 전혀 예상하지 못했던 일이었다. 일반적으로는 남은 자산 가치가 거의 또는 전혀 없는 상황에서만 이루어지는 극히 드문 경우였다. 뉴욕의 부동산 변호사들조차 엄격한 압류 처분이 이루어지는 것을 본 사람이 거의 없었다.

비앙코가 담력 겨루기를 하고 있었다면, 스턴과 멀로니는 그의 허세를 파악한 셈이었다.

하지만 이야기는 이제 겨우 시작이었다.

・・・

며칠 후, 비앙코의 변호사 스티븐 마이스터Stephen Meister는 폴리 광장으로 달려가 브루클린 다리 근처에 있는 거대한 화강암 건물로 거대한 코린트식 기둥 덕분에 신전처럼 보이는 뉴욕 카운티 법원의 돌계단을 올라갔다. 그는 긴급 가처분 명령이 절실히 필요했다.

뉴욕 부동산업계에서 가장 성공한 변호사 중 한 명으로 손꼽히는 마이스터는 최후의 발악이 필요한 위험한 상황에 뛰어드는 것으로 유명했다. 그는 자신을 부동산업계의 골리앗에 맞서는 다윗의 변호인이라고 생각했고, 때때로 고객을 위한 시간을 벌기 위해 음모나 방해 공작을 주장하기도 했다. 마이스터의 사무실에는 무하마드 알리Muhammad Ali의 사인이 있는 권투복이 걸려 있었는데, 이는 트라이베카의 임대 아파트 단지에 대한 규제 완화를 둘러싸고 벌어졌던 치열한 법정 공방에서 승리한 그에게 고객이 고마움을 담아 준 선물이었다.

가장 참신했던 그의 주장 중 하나는 2008년 도널드 트럼프 대통령을 변호하며 금융 위기는 불가항력(보통 홍수나 허리케인에 사용되는 용어)이므로 도이체방크에서 받은 대출을 무효화해야 한다고 펼친 주장이었다.

이제 마이스터는 광견병에 걸린 개처럼 격렬하게 자신의 고객인 암베이스가 스타인웨이 파트너들과 맺은 계약상 개발업자들은 비앙코의 승인 없이 엄격한 압류를 진행할 수 없으며, 암베이스의 지위가 소멸되도록 허용함으로써 스턴과 멀로니가 파트너에 대한 신탁 의무를 위반했다고 주장했다. 그날 오후 판사 앞에 출두한 그는 사건이 제대로 판결될 때까지 엄격한 압류를 막아달라고 법원에 촉구했다.

처음에는 충격적인 일련의 판결로 인해 예비적 금지 명령이 내려졌다. 그러나 한 달쯤 지난 후, 판사는 스프루스가 소송을 진행할 권리가 있고 암베이스는 법적 채무자가 아니므로 압류에 이의를 제기할 자격이 없다는 스프루스의 편을 들어 처분 금지 명령을 해제했다. 비앙코는 사실상 모든 것을 잃었다.

법원 기록에 따르면 판사는 암베이스 측에 "아마 돈을 잃게 될 것 같군요. 하지만 그것도 당신이 건 도박의 일부입니다"라고 말했다고 한다.

그는 그냥 넘어가지 않았다. 이 처분 금지 명령은 향후 최소 6년간 여러 고소장, 공갈 혐의, 항소, 증거 개시 요청 등으로 이어지며 스프루스와 아폴로 모두를 피고로 하는 광범위한 소송의 시작을 알리는 신호탄이 되었다. 청구 건수가 너무 많은 나머지 판사가 분쟁과 관련된 수정된 소장을 『전쟁과 평화 War and Peace』의 사본에 비유할 정도였다.

비앙코의 회사인 암베이스는 정교하고 장기적인 사기 공작으로 프로젝트에 투자한 7천만 달러를 빼앗긴 희생자라고 주장했다. 스턴과 멀로니가 채권자와 주식 투자자들에게 사기성 예산을 제공하고, 비용 초과에 대해 거짓말을 일삼고, 장부에 대한 접근을 거부했다고 비난했다.

암베이스 측은 원래 6억 4천만 달러였던 예산이 2018년에는 9억 달러가 훨씬 넘는 비용으로 급증했으며, 스턴과 멀로니가 파트너십 자금을 부적절하게 자신들의 주머니로 빼돌렸다고 비난했다. 두 사람이 프로젝트의 스폰서로서 급여를 받을 자격이 있었지만, 건설 관리자로서 건설 관리 계약이 발효되기도 전에 3백만 달러가 넘는 급여를 스스로 지급했다는 것이다. 2013년 6월부터 2017년 7월까지 JDS와 PMG는 1천 8십만 달러가 넘는 급여와 환급금을 수령했다. 압류 전까지 그들은 건설 관리 수수료로 받을 수 있는 최대 금액인 6백4십만 달러와 개발 수수료 최대 금액인 985만 달러 중 최소 885만 달러를 수령했다고 암베이스는 밝혔다.

암베이스는 아폴로와 스프루스가 스턴, 멀로니와 한통속이며, 스프루스가 이들에게 뇌물을 주고 압류에 반대하지 말고 거래에 다시 합류할 것을 제안했다고 주장했다.

스턴과 멀로니는 법정 서류와 여러 인터뷰에서 암베이스가 제기한 혐의를 부인했고, 법원이 암베이스가 소송을 제기할 자격이 없거나 주장을 결정적으로 입증하지 못했다고 판결하면서 암베이스의 청구는 기각되었다. 아폴로는 암베이스가 제기한 초기 소송에서 승소했으며, 판사는 아폴로가 암베이스에 통지하지 않고 대출의 일부를 분할하여 다른 곳에 양도할 계약상 권리가 있다고 판결했다.

그러나 비앙코는 거듭 소송을 제기했다.

아폴로, 스턴, 멀로니 간의 거래에서 루한과 베커, 그리고 다른 파트너들은 배제되었다. 베커는 자신과 루한이 거래에 다시 참여하게 해달라고 스턴과 멀로니에게 간청했지만 수용할 만한 조건을 제시받지 못했다고 했다. 그는 비앙코의 소송에 동참하고 싶었지만, 비앙코를 어떻게 상대해야 할지 몰랐다. 그는 비용이 많이 드는 소송을 시작하기 전에 비앙코가 어떻게 대처하는지 지켜보기로 했다.

베커는 예기치 못한 상황에 짜증이 났지만, 스턴과 멀로니가 왜 다시 거래에 합류할 수 있었는지 이해할 수 있었다. 공급 업체와 계약 업체를 교체하면 비용이 많이 들고 프로젝트를 재설계하면서 장기화할 가능성이 있었다. "아는 악마가 모르는 악마보다는 나은 법이죠." 베커가 말했다.

2017년 루한은 가정 문제로 씨름하고 있었다. 스타인웨이에 투자한 2013년에 그는 오랜 세월을 함께한 아내 타니아 리처드슨 루한과 별거 중이었다. 부부는 지저분한 이혼 소송에 휩싸여 있었고 재산을 둘러싸고 의견이 엇갈렸다. 루한은 자신이 관련 없는 사기 계획의 희생양이 되어 파산했고 요트에서 잠을 자고 있다고 주장했다. 리처드슨의 변호사는 루한이 여전히 '극도로' 부유하며 아내에게 재산을 숨기고 있다고 주장했다. 재판 과정에서 루한 살해 음모와 관련해 리처드슨이 경찰의 심문을 받았다는 사실이 드러났다. (그녀는 음모에 연루되었다는 의혹을 부인했다.)

몇 년 전 프로젝트에 투자를 시작하면서 젊은 스턴의 커리어를 밀어주었던 투자자 데이비드 '웨이비 데이브' 주라시치는 압류에도 굴하지 않고 스타인웨이 프로젝트의 간접 지분을 계속 보유하고 있었다. 하지만 수익은 가시화될 기미가 보이지 않았고, 그 역시 자금이 부족해졌다. 워커 타워에 대한 투자를 제외하고는 스턴과 함께 진행했던 프로젝트 중 거의 모든 프로젝트가 재정적으로 성공하지 못했고 두 사람의 관계도 악화되었다.

이후 소송과 관련된 증거를 통해 2016년 주라시치와 그의 제안으로 프로젝트에 투자해 불만을 품고 있었던 친구가 주고받은 문자가 공개됐다. 문자에서 주라시치는 자신이 재정적 파탄에 직면해 있다고 인정했다. 이는 스턴이 자신의 커리어에 큰 도움을 주었던 초기 투자자들에게 실망을 안겼음을 의미했다.

그해 2월, 그는 자신과 함께 스턴의 프로젝트에 투자했던 친구 워렌 길더Warren Gilder에게 문자를 보냈다. '나는 재정적으로 절망적인 상황이야. 마이클이 돈을 주지 않아서 한 푼도 없어…… 57번가의 프로젝트랑…… 다른 프로젝트도 전부 원점으로 돌아갔어.'

21장

칼을 꺼내다

　2019년 3월, 뉴요커들은 휴대폰을 보며 파크 애비뉴를 따라 내려가다가 파크 애비뉴 북서쪽과 이스트 56번가 모퉁이에서 올려다보고 다소 놀라운 광경을 마주하게 되었다. 432 파크 애비뉴의 외벽에 높이 42피트(약 13미터)에 달하는 해리 맥클로우와 그의 새 프랑스인 아내 퍼트리샤 랑도의 사진 한 쌍이 걸려 있었다. 마치 린 허쉬버그Lynn Hirschberg의 스크린 테스트 스틸컷처럼 보이는 흑백 사진 속에는 안경을 쓴 맥클로우가 어깨 위로 흐르는 금발 머리를 말아 올린 채 카메라를 향해 천사처럼 환하게 웃고 있는 퍼트리샤를 바라보는 모습이 담겨 있었다.
　파리의 스튜디오 하코트에서 촬영된 이 사진은 맥클로우가 소유한 유리 소매점의 모서리에 걸린 채로 건물 앞을 지나가는 행인의 시선을 끌었다. 맥클로우는 그것이 새 아내에게 헌정하기 위한 사진이라고 말했다. 그는 아내에게 대담한 사랑을 표현하게 해달라고 허락을 구했고, 아내는 대중의 관심을 경계하고 타블로이드에서 불륜녀로 불리는 데 짜증이 나긴 했지만 허락해 주었다고 말했다.

모든 사람이 그것을 사랑의 표현으로 본 것은 아니었다. 「뉴욕 타임스」는 "부동산 거물, 42피트 높이의 새 아내 사진으로 전처 조롱"이라는 제목을 단 기사에서 맥클로우가 새로 찾은 행복을 전처 린다의 목구멍으로 밀어 넣는다고 표현했다. 「뉴욕 포스트」는 그의 행동을 두고 "앙심의 높이"라고 불렀다.

맥클로우는 그런 기사들이 세련되지 않으며, 미국답다고 생각했다. 맥클로우는 퍼트리샤와 상당한 시간을 보냈던 프랑스에서는 삶과 돈을 바라보는 방식이 훨씬 개방적이고 진화했다고 주장했다. 그의 새 아내는 이전에 두 번 결혼한 적이 있었고 전남편 두 명과 모두 절친한 친구 사이로 지냈다. 어째서 뉴요커들은 좀 더 프랑스인처럼 살 수 없는 것일까?

그래도 맥클로우는 그 관심마저 좋아했다. 나중에 그는 사진에 대해 "정말 자랑스러웠다"라고 말하며, 그날 퍼트리샤와 함께 모퉁이에 서서 사진을 바라보았던 추억을 회상했다. "매년 저 위에 아내와 제 사진을 올리고 싶다고 말했죠."

그달 말 윌리엄스버그 저축은행에서 결혼 피로연을 열었을 때, 결혼식장에서 피로연장으로 이동하는 버스에 탑승한 하객들은 좌석에서 두 사람의 사진이 걸린 건물이 실린 「뉴욕 포스트」 사본을 발견했다.

「뉴욕 포스트」의 '페이지 식스' 가십 칼럼에도 당연히 둘의 결혼식을 다룬 기사가 실렸다. 기사에 따르면 퍼트리샤는 종아리까지 오는 모피 코트와 함께 8150달러짜리 핑크와 오렌지색 트위드 샤넬 드레스를 입고 신혼부부의 이니셜인 HMP가 새겨진 에디 파커 클러치를 들었다고 한다. 해리는 브리오니 정장에 분홍색 양말과 분홍색 넥타이를 매치하여 퍼트리샤와 조화를 이루었다.

부부는 그날 밤 레온 블랙, 스티브 코언Steve Cohen, 래리 실버스타인 등 뉴욕 비즈니스계의 거물급 인사들과 220 센트럴파크 사우스의 개발업자이자 라이벌인 스티븐 로스까지 2백여 명의 사람들을 초대했다. 피로연은 432 파크의 홍보를 위해 맥클로우의 자택에서 열렸는데, 행사를 위해 밝은 흰색 촛불이 켜진 연회장으로 꾸며졌다. 참석자들은 파리의 캐비어 카스피아*에서 가져온 캐비어를 얹은 구운 감자를 맛있게 먹었다.

맥클로우와 린다의 이혼이 대중 앞에 공개되면서, 3년간의 격렬한 싸움은 결혼식으로 정점을 찍었고, 억만장자 거리를 개발하는 경주를 촉발한 개발업자인 맥클로우의 소중한 타워를 둘러싼 재정적 롤러코스터에 대한 많은 것을 드러내는 계기가 되었다.

・・・

농담은 이런 식이었다. 어느 부부는 결혼한 지 수십 년이 지났는데도 여전히 멋진 성생활을 즐겼고, 남편은 여전히 침대에서 아내를 달나라로 보내곤 했다. 문제는 어둠 속에서만 흥분한다는 것이었다. 그러던 어느 날 밤, 최근 남편이 이불 속에서 어떻게 움직이는지 호기심을 느낀 아내는 갑자기 침대 옆 전등을 켰는데, 남편이 사실 진동기를 사용해 그녀를 즐겁게 해주었다는 사실을 알게 됐다.

남편의 속임수에 분노한 그녀는 남편에게 직접 해명하라고 요구했다. 그러자 남편이 반박했다. "애들은 어떻게 된 건지 설명해 봐!"

2017년 봄, 해리 맥클로우가 린다와 재산 분할을 두고 법정에서 다

---

* 파리의 유명 레스토랑

투던 중 맨해튼 민사 법정 밖에서 기자를 대상으로 벌인 즉석 코미디에서 가장 기억에 남는 장면이다.

다음은 「뉴욕 포스트」에 보도된 그의 또 다른 농담이다. 한 여성이 마이애미 퐁텐블로 호텔의 수영장 옆에서 쉬고 있던 잘생긴 남성에게 다가간다. 그녀는 그 남자를 처음 본다고 말한다. 그는 자신이 감옥에서 막 출소했다고 대답한다. 그녀는 그에게 무슨 죄를 지었냐고 묻는다.

"반려견을 익사시키고 아내를 죽이고 아이들이 자고 있는 집에 불을 질렀죠." 그가 대답한다.

"그러니까, 싱글이신 거죠?" 그녀가 묻는다.

맥클로우는 언제나 쇼맨으로 공연을 하고 있었고, 이번에 그 무대가 부동산업계가 아니라 이혼 소송이었던 것인데, 깜짝 놀랄 만한 우여곡절이 뉴욕 타블로이드 언론의 관심을 사로잡았다. 맥클로우는 별거 중인 아내가 자신의 유머를 좋아하지 않았으며, 아내에게 결혼할 예정인 연인 퍼트리샤와 함께할 수 있도록 자신과 이혼해 주면 10억 달러를 주겠다고 제안했다고 기자들에게 말했다. (린다는 그런 제안을 받은 적이 없다고 했다.)

맥클로우는 관심을 즐겼다. 법원에 들어가는 게 일상이 된 해리의 모습은 다음 날 아침 '내 아내를 데려가 주세요!'라는 제목의 기사와 함께 「뉴욕 포스트」 1면에 실리곤 했다.

그해 여름, 맥클로우는 퍼트리샤와 함께 시칠리아 연안의 요트에서 생일을 자축했는데, 퍼트리샤는 432 파크를 본떠 만든 케이크에 공중으로 높이 날아가는 폭죽 3개를 얹어 그에게 선물했다.

해리 맥클로우는 회사의 온라인 도메인에 대한 통제권과 관련된 아들과의 법적 분쟁을 수개월 만에 조용히 해결했다. 합의 조건은 공개되지 않았다. 하지만 그해 가을, 해리와 린다가 법정으로 향하면서 두 사람의 공개적인 대립은 더욱 격화되었고, 점점 더 추악해졌다.

"아내가 사람들에게 '그가 죽었으면 좋겠어, 죽었으면 좋겠어'라고 말하고 다닌 것을 알았습니다. 인형에 핀을 꽂고 있었던 게 분명해요." 나중에 맥클로우는 이렇게 말했다.

엘리엇 스피처 전 뉴욕 주지사와 실다 월Silda Wall의 이혼을 맡았던 로라 드래거Laura Drager 판사는 2017년 9월부터 12월까지 17일간의 증언이 필요한 공개 재판에서 이 부부의 이혼 소송을 진행했고, 수십억 달러를 공정하게 분할할 방법을 결정했다. 로라 드래거 판사는 부부에게 소송 절차가 길고 불쾌할 수 있다고 경고했지만, 이는 절제된 표현이었고 사건은 그대로 재판까지 이어졌다.

맥클로스의 사업과 자산은 복잡하게 얽혀 있었기 때문에 분할 방법에 대한 합의를 이끌어 내는 것은 결코 쉬운 일이 아니었다. 개별 자산의 가치를 평가하기 위해 부동산 및 미술 '전문가'들이 법정에 길게 줄을 섰고, 이들 중 상당수는 상반된 평가를 했다. 각 당사자는 자기 몫을 극대화하기 위해 상대방에게 수여되는 모든 자산 가치는 최대한 높게, 자신에게 수여되는 각 자산 가치는 낮다고 주장했다.

당사자 간 가장 불꽃 튀는 분쟁은 예술가 알베르토 자코메티Alberto Giacometti의 조각품인 〈코Le Nez〉를 두고 벌어졌다. 한 미술 전문가는 작품의 가치를 산정할 때 1990년과 2010년에 판매된 자코메티의 다른 조각품 두 점과 1992년에 판매된 〈코〉의 다른 버전을 비교했는데, 이들 작품의 판매 가격은 2천5백만 달러에서 1백만 달러 미만까지 다양했다. 그는 부부가 가지고 있던 작품이 지닌 가치를 약 3천5백만 달러로 추정했다.

다른 전문가는 2010년과 2013년에 자코메티의 다른 조각품이 5천만 달러에 낙찰된 두 건의 경매를 예로 들며 최근 자코메티의 작품에 관심이 급증하고 있다고 지적하면서 훨씬 더 높은 가치를 추정했다. 그녀는 이 조각품의 공정한 시장 가치가 보수적으로 6천5백만 달러 정도 된다고 판단했다.

결국 드래거 판사는 이 작품을 가치 평가가 어려운 다른 물품들과 함께 매각하고 그 수익금을 해리와 린다에게 균등하게 분배하라고 명령했다.

린다가 가져갈 부부의 플라자 아파트의 가치를 두고도 의견은 엇갈렸다. 린다 측 전문가였던 감정평가사 조너선 밀러는 아파트를 약 6천만 달러에 매입했지만, 건물의 저층에 위치해 있기 때문에 거대한 규모가 오히려 불리하게 작용한다고 주장했다. 그는 대형 고급 아파트 구매자는 일반적으로 고층을 원한다고 했다. 그는 거대한 아트월을 시공했지만, 침실이 거의 없는 등 맥클로스 부부를 위해 특별히 설계된 아파트이므로 향후 구매자는 상당한 리노베이션 비용을 부담하게 될 가능성이 높다고 지적했다. 그는 아파트의 가치를 약 5천5백만 달러로 예상했다.

해리 측 전문가인 메트로폴리탄 감정평가 서비스Metropolitan Valuation Services의 스티븐 슐라이더Steven Schleider는 같은 아파트의 가치를 거의 두 배에 달하는 1억 7백만 달러로 평가했는데, 이는 당시 뉴욕 최고 매매가를 뛰어넘는 금액이었다. 판사가 최종적으로 평가한 금액은 7천2백만 달러였다.

다음은 432 파크에 있는 부부의 집이었다. 린다는 건물에 있던 부부의 아파트를 자신과 남편의 소유로 나누기 위해 소송을 별도로 제기했다. 그녀는 해리를 대리하는 맥클로우 회사 대표가 해리의 세대를 넓히고 자신의 세대 규모는 줄이기 위해 공간을 재구성하는 부적절한 계획을 제출했다고 주장했다. 또 판사에게 개발업자가 아파트 일부를 철거하지 못하도록 금지 명령을 내리고 이혼 소송이 종결되어 실제 재산을 제대로 파악 수 있을 때까지 공사를 연기해 달라고 요청했다. 그러나 린다는 결국 연말에 아파트에서 나가기로 결정했다.

이스트 햄프턴에 있는 집은 해리나 린다 모두 원하지 않았기에 판사는 해당 주택의 가치를 약 1천9백만 달러로 간주해 매각하고 그 수익금을 두 사람에게 반씩 분배하라고 명령했다. 85만 달러 이상의 가치가 있는 것으로 평가된 부부의 책, 40만 달러 이상으로 평가된 은, 384만 달러의 가치가 있는 보석은 린다가 가지기로 했다. 38만 5천 달러 상당의 자동차들과 수상 이력이 있는 요트는 해리가 가지기로 했다.

재판이 수개월째 계속되면서 소송 비용이 쌓였고, 트라이베카 법정의 긴 나무 테이블 반대편 끝에 있는 두 사람의 관계는 그 어느 때보다 적대적으로 보였다. 한 기자는 법정에서 나오는 길에 린다가 해리에게 '개자식'이라고 부르는 것을 우연히 들었다. "기자분들도 방금 들었죠?" 깜짝 놀란 해리가 물었다.

이혼이라는 목적을 이루기 위해서 해리에게 최선의 이익은 가난을 호소하는 것이었고, 그렇게 해야 린다의 수확을 제한할 수 있었다. 다소 터무니없긴 하지만, 해리의 변호사는 2008년 제너럴 모터스 빌딩 매각에 따른 양도소득세 이연으로 인해 개인 순자산이 마이너스 4억 달러에 달한다고 주장했다. 린다 측 변호사는 해리의 부동산 자산 가치를 높이 평가하면서 이러한 주장에 반박했다.

소송이 진행되는 동안 해리는 아내가 자신의 사업에서 한 역할을 경시하기로 단단히 마음먹은 듯했다.

"아내분이 건축가를 찾는 데 도움을 주었다고 증언했습니다. 사실

인가요?" 『리얼 딜』에 따르면, 해리의 변호사인 피터 브론스타인Peter Bronstein이 이렇게 물었다고 한다.

해리는 "그런 기억은 전혀 없는데요"라고 답했다.

아마도 그녀는 고객을 접대하는 역할을 했을 것이라고 브론스타인은 추측했다. 해리는 "기억을 더듬어 봤으나 아무것도 떠오르지 않았다"고 말했다.

"디자인 관련 아이디어를 낼 때 하신 역할이 있지 않았을까요?"

"남편과 아내가 하는 일상적인 대화는 했지만, 아이디어 관련해서는 전혀 모르겠네요."

린다는 변호사에게 남편이 자기 몫의 정당한 자산을 가로챌까 봐 걱정된다고 했다.

"린다는 매일매일 두려움에 떨고 있습니다. 해리가 너무 교활하니까 두려움에 떨고 있는 겁니다." 432 파크 애비뉴 아파트를 둘러싼 분쟁에서 린다의 변호사 중 한 명인 아담 라이트먼 베일리Adam Leitman Bailey가 판사에게 말했다.

・・・

나중에 받은 질문에 해리는 추악했던 이혼 소송 과정이 부끄러웠다고 말했지만, 이전의 그가 법정에서 친 장난과는 일치하지 않는 말이었다. 그는 맥클로우라는 이름이 더렵혀지는 데 분개했다고 한다.

하지만 이 소송은 432 파크 지분의 실체를 밝히는, 달갑지 않은 스포트라이트를 비추기도 했다. 해리는 이 빌딩의 얼굴이나 마찬가지였지만, 이혼 과정에서 초기 재정 문제로 인해 타워의 주거용 부분에 대한 지분이 전혀 없다는 사실이 드러난 것이다. (그는 카타르 전 총리인 셰이크 하마드 빈 자심 빈 자베르 알사니와 함께 매입한 리테일 부분의 지분만 소유하고 있었다. 이 지분의 가치는 1570만 달러였다.)

맥클로우는 처음 자신의 프로젝트를 구상할 때 콘도미니엄 분양으로 약 4억 달러의 수익을 올릴 것으로 예상했다. 이혼 소송 과정에서 실제 수익에 대해 수 시간에 걸친 격렬한 논쟁이 벌어졌지만, 모두가 동의한 한 가지는 그가 자신이 예상한 것보다 훨씬 적은 돈을 벌었다는 사실이었다.

부동산업계에서 미리 정한 기준치 이상의 수익에 대한 몫으로 알려진 주거용 '프로모트'를 가지고 있기는 했다. 2010년 캘리포니아의 사모펀드 회사인 CIM에 이 부지를 매각할 당시, 그는 향후 콘도가 판매될 때 CIM으로부터 대금을 받는 계약을 체결했다.

해리의 변호사는 2011년에 이 계약이 수정되면서 CIM이 외부 자본을 거래에 끌어들일 수 있게 되었고, 이듬해에 시티 은행 투자자들이 프로젝트에 자본을 투입할 수 있는 길을 열었다고 주장했다. 그들은 4억 달러 규모의 거래로 인해 CIM의 지분이 39.41퍼센트로 감소했다고 말했다. 수정된 계약에 따라 프로모트는 프로젝트의 100퍼센트가 아닌 CIM이 받은 금액으로만 계산되면서 해리의 잠재적 수익도 제한되었다. 여기에 시장 상황이 침체되며 콘도의 판매도 현저히 둔해졌고 그의 수익도 큰 영향을 받았다고 해리의 변호사가 말했다.

린다의 변호사들은 해리가 받는 프로모트의 가치를 올리기 위해, 그 가치가 희석된 적이 없다고 주장했다. 그들은 해리가 2016년 6월에 은행에 제출한 서류에서 이 프로젝트의 배당을 약 4억 2천8백만 달러로 예측한 자료를 증거로 제출했다. 해리는 프로모트가 희석되기 전의 오래된 정보를 사용해 작성된 서류라고 주장했다.

결국 드래거 판사는 432 파크의 주거용 부분에 대한 해리의 지분 가치를 가능한 한 가장 낮은 금액으로 책정했다. 판사는 거의 10년에 걸친 노력 끝에 건물에 생명을 불어넣은 해리의 프로모트를 겨우 2백 5십만 달러로 평가했다. 해리에게는 굴욕적인 금액이었을지 모르지만, 덕분에 그는 이혼 소송에서 비교적 적은 금액으로 승소할 수 있었다.

이후 린다는 이 결정에 항소했지만 패소했다.

• • •

한편, 현재는 타워가 들어선 드레이크 호텔 부지를 매입한 지 11년 만인 2017년에 432 파크의 완공이 가까워지자 새로운 골칫거리가 생겼다. 거래를 마무리하고 건물에 입주할 시기가 다가오자 일부 구매자들은 아파트 상태가 만족스럽지 않다는 반응을 보였다.

그해 1월, 2013년 84층에 있는 4625만 달러 아파트를 매입하기로 계약했던 멕시코의 억만장자이자 호세 쿠에르보 테킬라José Cuervo tequila의 대주주인 후안 베크만 비다Juan Beckmann Vida가 운영하는 한 회사가 개발 업체를 상대로 소송을 제기했다. 비다의 회사는 2016년 11월 계약 체결 시점과 계약 종료 예정일 사이에 타워의 83~86층에서 '재앙적인' 홍수가 발생했다고 주장했다.

이 소송에서 비다 측은 수도관이 파열되어 발생한 것으로 보이는 물난리로 인해 여러 방이 심각하게 손상되고, 여러 층의 단열재와 석고보드가 젖고, 벽과 내부 지지대와 전기선이 파손되고, 대리석과 나무 바닥 전체에 물이 스며들어 아파트 전체가 심각한 영향을 받았다고 주장했다. 비다는 맥클로우와 CIM이 문제를 해결하기 위해 충분히 노력하지 않았다고 했다.

억만장자 거리에 있는 초고층 빌딩의 누수 문제는 이번이 처음이 아니었다. 개발업자들이 건물을 점점 더 높이 짓고 엔지니어링의 혁신에 의존하면서 이전에는 접한 적 없던 복잡한 기술적 문제에 직면하게 되었다.

2015년 6월, 건물을 안정적으로 유지하도록 도와주는 대량 댐퍼인 '슬로시 탱크slosh tank'에서 발생한 원 57의 누수로 인해 수천 갤런의 물이 건물 북서쪽으로 유출되면서 타워의 최고층에 있는 아파트에 수백만 달러의 피해가 발생했다.

이 사건과 관련된 법적 서류에 따르면 저명한 미술품 수집가이자 알루미늄 대기업 글렌코어Glencore의 전 대표인 게리 페겔Gary Fegel, 키프로스의 억만장자 해운업자 폴리스 하지이오아누Polys Haji-Ioannou, 헤지펀드 매니저인 마크 브로드스키Mark Brodsky 등이 피해를 입었다고 한다.

결국 비다의 회사는 4460만 달러라는 다소 낮은 금액에 432 파크 유닛을 인수했지만, 불만족스러워하는 사람은 비다뿐만이 아니었다.

이후 맥클로우는 계약을 마무리하면서 누수 문제가 있었다는 사실을 인정했지만, 이는 신축 건물이라면 흔히 발생하는 문제라고 주장했다. "누수는 엄청나게 많이 발생합니다. 아파트를 짓는 사람들이 수도꼭지를 틀어놓거나 변기가 넘쳐서 누수가 발생한 경우도 10건이나 있었을 겁니다. 신축 건물이라면 어디든 마찬가지죠. 하지만 저희는 항상 즉시 수리했습니다."

그는 초반에 발생한 불만이 시작에 불과했다는 것을 알지 못했다. 파크 애비뉴 초고층 빌딩은 럭셔리의 정점으로 홍보되었지만, 결국 『뉴욕』 매거진에서 '끔찍한 지옥굴Horrifying Hellhole'이라는 별명을 얻게 된다.

22장

전쟁의 사상자

팸 리브먼은 개발업자들과 전쟁을 벌이고 싶지 않았다. 그럴 가치가 없었다. 뉴욕 부동산업계는 좁은 세상이었다. 오늘 자신과 마주쳤던 사람이 내일 고객으로 찾아올 수도 있었다.

하지만 이번만큼은 예외를 만들 작정이었다.

리브먼의 회사인 콜코란 그룹은 맨해튼의 새로운 개발 공간의 선두 주자로, 콜코란 선샤인 신규 개발 부문을 통해 4백억 달러에 가까운 부동산을 판매했고, 바넷의 원 57과 로스의 220 센트럴파크 사우스의 마케팅 전략을 수립하는 것을 도왔다. 최근에는 111 웨스트 57번가에서 분양을 주도하며 마이클 스턴과 케빈 멀로니가 억만장자 거리에 있는 인근 타워들의 화려한 캠페인에 필적할 만한 분양을 기획할 수 있도록 도움을 주기도 했다. 하지만 2018년 5월, 콜코란 팀은 아무런 예고도 없이 마이클 스턴이 보낸 편지 한 통으로 프로젝트에서 쫓겨나게 되었다.

152센티미터가 채 안 되는 키에 불같은 성미를 지닌 것으로 알려진

이 금발 여성은 남의 눈치를 보지 않고 자기 생각을 거침없이 말하는 것으로 유명했다. 고객을 고소하는 일은 리브먼에게 상당히 이례적인 일이었지만, 마이클 스턴의 편지는 그녀를 격분케 했다.

리브먼은 그날 스턴의 파트너인 케빈 멀로니에게 전화를 걸었다. "어떻게 이런 일이 벌어질 수 있죠? 왜 그러신 거죠? 전화는 안 받으시네요."

이 편지에서 스턴의 JDS는 콜코란이 매출 기준을 달성하지 못해 독점 마케팅 계약을 해지한다고 선언했다. 분양을 시작한 지 18개월이 지났지만, 건물은 여전히 25퍼센트도 팔리지 않은 상태였다. 실제로 총 60개 유닛 중 단 4개만 계약이 체결된 상태였다. 당사자 간 계약서에는 분양 개시 후 18개월 이내에 4분의 1이 판매되지 않으면 개발사가 계약을 조기에 해지할 수 있다는 조항이 포함되어 있었다.

리브먼은 숫자나 계약서에 대해서는 이의를 제기할 수 없었지만, 자신들에게 책임을 돌린 것은 문제라고 생각했다. 베테랑 중개인이 보기에는 개발사가 분양 기회를 방해한 것처럼 보였기 때문이었다. 공사 중단과 재개는 말할 것도 없고 파트너와 대출 기관 간의 내분과 장기간의 소송으로 인해 건물에 대한 여론이 나빠지면서 구매자 커뮤니티에서는 타워가 실제로 완공될지에 대한 불확실성까지 커졌다. 리브먼은 스턴과 멀로니에게 이러한 문제들과 그에 따른 언론 보도가 고객과의 협상 기회에 해를 끼치고 있다고 분명히 말했었다.

물론 여기에는 2016년 3월에 있었던 멀로니가 블룸버그와 한 인터뷰도 포함되었는데, 이 인터뷰에서 그는 시장 침체를 이유로 개발업자들이 빌딩의 분양을 1년 정도 연기하고 있다고 발언했다. 당시 리브먼이 개발업자에게 밝힌 대로, 콜코란은 곤란한 입장에 놓이게 되었는데, 중개인들이 여전히 판매 목표를 달성할 것으로 예상하고 있을 때 그의 발언은 빌딩을 분양하지 않는다는 분명한 메시지를 시장에 보냈기 때문이다.

리브먼에게 그것은 도를 넘어선 일이었다. 조치를 취하기로 결심한 그녀는 평소에 자신이 따르던 각본을 버리고 개발업자들을 상대로 소송을 제기해 스턴과 멀로니를 괴롭히는 소송 대열에 합류했다.

당시 스타인웨이 프로젝트는 심각한 위기에 처해 있었다. 억만장자의 거리에 있는 모든 타워가 어느 정도 재정적 혼란을 겪고 있었고, 대부분 개발 업체가 금융기관에 자금을 구하는 초기 단계였기 때문에 어느 정도의 재정적 불확실성은 부동산 개발 업계에서 흔히 있는 일이지만, 경쟁 관계에 있는 바넷, 맥클로우, 로스의 타워와 비교해 스턴과 멀로니의 프로젝트는 열차 사고처럼 보이기 시작했다. 지난 3년 동안 프로젝트 자금을 조달한 후 10억 달러에 가까운 자금을 소진했지만 아직도 완공까지는 까마득한 상황이었다. 스턴과 멀로니가 타워를 완공하려면 아직도 더 많은 자금이 필요했다.

이듬해 봄, 개발업자들은 파산 직전의 프로젝트에 자금을 지원하는 것으로 유명한 맨해튼 소재의 투자 회사 매디슨 리얼티 캐피털Madison Realty Capital로부터 9천만 달러의 자본을 투자받았다. 뉴욕의 고리대금업자들 사이에서 잘 알려진 이 회사는 전 월스트리트 출신인 조시 지겐Josh Zegen과 브라이언 샤츠Brian Shatz가 이끄는 회사로, 강경한 전략으로 악명이 높았고 이전에 여러 차례 세간의 이목을 끄는 압류 소송에 휘말렸던 전적이 있었다. 다시 말해, 상황에 따라 구명조끼를 던져주거나 다리 밑으로 던져버릴 준비가 되어 있는 회사였다.

매디슨은 스타인웨이 프로젝트의 개발업자들에게 최소한의 투자 수익을 보장하는 우선주 지분을 받고 그 대가로 현금을 제공했다. 스턴과 멀로니는 거래의 일환으로 프로젝트의 수익 일부를 받기로 했으나 좋은 조건은 아니었다. 계약에 따르면, 매디슨은 프로젝트 종료 시 자본금을 돌려받을 때까지 배분 가능한 자금의 100퍼센트를 받고, 연 25퍼센트의 우선 수익률을 받게 되며, 채무 불이행 시에는 30퍼센트를 받게 되어 있었다. 스턴과 멀로니는 그러고 나서 자금이 남아 있을 경우에만 한 푼이라도 돌려받을 수 있었다. 이는 맥클로우가 432 파크에서 CIM과 협상했던 희망 증서와 비슷한 구조였다.

매디슨 입장에서는 돈을 먼저 받는 것 이상의 의미가 있는 계약이었다. 이 계약으로 매디슨은 주요 의사 결정권자가 된 것이었다. 이제 스턴은 리파이낸싱, 대출, 예산이나 사업 계획상의 중대한 변경 등 중요한 결정을 내릴 때마다 매디슨의 승인을 받아야 했다.

사람들이 물을 때마다 스턴은 여전히 자신이 책임자라고 주장했지만, 매디슨과 대출 기관인 아폴로가 많은 결정을 내리고 있다는 사실을 모두가 알고 있었다.

스턴이 통제권을 잃자 이 상황에 맞는 새로운 밈이 파트너들 사이에 유포되기 시작했다. 침몰하는 타이타닉호에 있는 케이트 윈슬릿 Kate Winslet 옆에 마이클 스턴을 합성한 사진이었다.

한때 워커 타워를 최고급으로 개조해 뉴욕 최고의 건물로 만들어 뉴욕 개발업계의 주목을 받았던 능력이 출중한 젊은이가 이제 자신의 경력을 더 높은 곳으로 끌어올리기 위해 구상했던 초고층 타워에서 실오라기 하나 걸치지 못한 채 매달려 있는 셈이었다.

・・・

그 사이, 거리 저쪽에서는 개리 바넷이 또다시 모자에서 토끼를 꺼내고 있었다.

2018년 1월, 바넷의 회사 엑스텔은 마침내 새로운 센트럴파크 타워 건설을 진행하는 데 필요한 건설 자금을 확보했다고 발표했다. 기록적인 규모의 자금 조달 계약으로 바넷은 건물을 완공하는 데 필요한 11억 달러를 확보했다. 이 발표는 바넷이 주시하던 자금 조달의 여정이 끝났으며, 이제 좋든 나쁘든 타워가 지어진다는 것을 의미했다.

건설 자금 대출 시장이 경색되면서 대출자 대부분은 기존 은행을 넘어 더 높은 금리로 자금을 조달해야 하는 사모펀드와 헤지펀드로 눈을 돌릴 수밖에 없었다. 바넷도 예외는 아니었다.

바넷은 필요한 자금을 모두 조달할 수 있는 이례적인 방법을 찾아냈다. 그는 건물을 두 부분으로 나누어 고층 일부를 나머지 층과 분리했다. 건물의 저층 부분을 담보로 J.P. 모건이 주도하는 은행 신디케이트 론으로부터 9억 달러의 선순위 대출을 받았다. 막대한 규모의 대출이었지만, 1피트당 겨우 1천8백 달러 정도의 비용을 충당할 수 있었다.

나머지는 최상층을 담보로 런던에 본사를 둔 헤지펀드 블루크레스트 캐피털 매니지먼트BlueCrest Capital Management로부터 2억 3천5백만 달러의 우선주 대출을 받는 형태로 이루어졌다. 바넷이 상환 기한을 지키지 못한다면 블루크레스트가 건물 내 펜트하우스 두 채를 소유할 권리를 갖기로 했다.

개발업자가 건물 일부를 분할하여 자금을 조달하는 것은 드문 일이었고 창의적이지만 값비싼 해결책이었다. 은행의 대출 금리는 4.5퍼센트에 불과한 반면, 블루크레스트는 4년 기준 11퍼센트의 대출 금리를 부과했다.

영국의 억만장자 마이클 플랫Michael Platt이 이끄는 블루크레스트는 뉴욕 부동산업계에서 비교적 신생 기업이었지만, 이미 몇 가지 프로젝트를 인수한 상태였다. 이 헤지펀드는 1년 전 감마 리얼 에스테이트Gamma Real Estate에 자금을 지원했는데, 3 서튼 플레이스에 있는 고층 콘도 프로젝트에 자금을 지원한 대출 기관으로 노먼 포스터Norman Foster가 설계한 유엔 근처의 초고층 타워 프로젝트에 압류 신청을 한 상황이었다. 프로젝트의 개발사인 바우하우스 그룹Bauhaus Group 대표들은 관련 대출에 개인 보증을 체결한 탓에 수천만 달러의 빚을 떠안았다. 바우하우스가 공격적인 '론투오운' 사기라고 비난하며 블루크레스트와 감마에 소송을 제기하면서, 이 거래에서 블루크레스트가 어떤 역할을 했는지 드러났다.

플랫의 이름은 이듬해 '페이지 식스' 가십 칼럼에 대서특필 되었는데, "전 세계 금융업계에서 가장 높은 수입을 올리는 사람"이라고 택시 기사에게 자랑하는 뻔뻔한 모습이 영상에 찍힌 탓이었다. 택시 기사나 다른 탑승자가 유출한 것으로 보이는 이 영상에서 제네바에 거주하는 이 금융가는 택시 기사에게 자신의 이름을 구글에 검색해 보라고 하면서 자신이 헤지펀드 거물 마크 라스리Marc Larsry와 함께 텔레비전 쇼 〈빌리언즈Billions〉에 출연했다고 언급했다. 나중에 플랫은 이 창피한 대화를 농담으로 넘겼다.

바넷에게 있어 이 기록적인 규모의 건설 자금은 어렵게 얻은 승리였다. 프로젝트가 지연되면서 중국 파트너인 SMI를 설득해 대출 상환 기한을 연장하는 데 시간을 소요하는 등 비용과 노력 측면에서 많은 대가를 치렀다. 프로젝트의 영업 책임자였던 제이슨 카라두스Jason Karadus는 분양 개시에 실패한 데 좌절했고 6개월 만에 프로젝트를 떠났다. 영업 팀은 2017년 말부터 조용히 마케팅을 펼쳤지만, 공식적인 분양 캠페인은 시작하지 못하고, 온라인에 광고하거나 매물을 등록하지도 못한 상황이었다.

프로젝트의 지연으로 투자자도 한 명 이상 잃었다. 우크라이나 출신의 변호사 에드워드 머멜스타인은 초기에 프로젝트에 1천8백만 달러를 투자하기로 한 고객이 있었는데, 바넷이 일정 기간 내에 건설 자금을 확보해야 한다는 조건이 붙어 있었다고 말했다. 바넷이 이를 지키지 못하자 머멜스타인의 고객은 투자를 철회했고 엑스텔은 자금을 돌려주었다. "우리는 최대한 시간을 끌었지만 결국 고객은 거래를 지속하는 데 불안을 느꼈습니다. 너무 오랫동안 지연되고 있었으니까요."

· · ·

하지만 2018년 가을이 되어서야 바넷은 본격적으로 타워를 분양할 준비를 끝냈다. 그는 센트럴파크 타워 분양 사무실의 문을 열 준비를 하면서 디자인 팀과 함께 돌아다니며 최근 완공된 주방과 욕실을 최종적으로 점검했다. 분홍색 오닉스와 반짝이는 대리석으로 마감된 공간이었지만 뭔가 아쉬운 점이 있었다.

그는 팀에게 분양 사무소는 특별해야 한다고 말했다. 뭔가 특별한 것이 필요했다. 경쟁이 치열한 상황에서 엑스텔은 맨해튼의 다른 신축 타워에서는 볼 수 없는 무언가를 구매자에게 보여줘야 했다.

바넷은 침을 튀기기 시작했다. 이미 원 57과 마찬가지로 어두운 주방이나 밝은 주방을 선택할 수 있는 옵션을 제공하고 있었지만, 그는 좀 더 대담한 주방 옵션이 필요하다고 생각했다. 메탈릭한 것이 필요했다. 질감이 느껴지는 것. 감탄을 자아내는 요소. 사람들을 깜짝 놀라게 할 무언가가 필요했다.

몇 주 후, 바넷은 망치로 두드려 만든 은색 캐비닛에서 감탄을 자아내는 요소를 발견했다. 대담한 선택이었지만 '호불호가 뚜렷한' 옵션이 더 정확한 표현이었을지도 모른다. 완전히 매끄럽게 다듬어지지 않아 구겨진 듯한 짙은 크롬 색상의 알루미늄포일과 비슷한 마감재라는 표현이 가장 정확할 것이다. 영업 팀은 이 옵션을 부유한 구매자들에게 당당하게 내놓을 수 없었다. 바넷을 말려야 했다.

영업 팀원 중 적어도 한 명이라도 그를 설득하려고 노력했지만 소용없었다고 한다. 중개 커뮤니티에서 누구에게는 화려해 보이지만, 누구에게는 촌스러워 보일 수 있는 호불호가 갈리는 취향으로 유명한 바넷은 신념을 고수했다. 낡아 보이는 은빛 금속 주방은 모델하우스의 핵심이 될 예정이었다. 소수는 좋아하겠지만, 대부분이 싫어할 취향이었다.

바넷은 자신의 건물이 뉴욕 역사상 최고의 건물이 될 것이라고 믿었고, 그 열망에 걸맞은 가격표를 붙였다. 뉴욕에서 6천만 달러 이상에 팔린 아파트는 소수에 불과했다. 이제 바넷은 그 가격대에 최소 20채를 시장에 내놓을 계획이었다. 트리플렉스 펜트하우스는 궁극적으로 2억 5천만 달러를 요구했는데, 이는 켄 그리핀의 펜트하우스 기록을 경신하는 금액이었다. 제곱피트당 평균 가격은 7천 달러가 넘었다. 이 수치는 220 센트럴파크 사우스와 432 파크의 원래 가격과 비슷했지만, 바넷은 두 건물보다 훨씬 많은 유닛을 판매해야 했고 훨씬 치열한 경쟁에 직면해 있었다.

센트럴파크 타워의 모든 것이 예상을 뛰어넘었다.

웨스트 57번가에 있는 분양 사무소를 방문한 잠재 고객들은 양키스타디움, 자유의 여신상, 엠파이어스테이트빌딩 등 뉴욕의 랜드마크가 벽에 투영된 14피트(약 4미터) 높이의 어두운 조명이 있는 방으로 안내되었다. 센트럴파크 타워도 그 대열에 합류할 것이라는 암시였다.

"뉴욕만큼 개인의 성공과 집단적 야망을 대담하게 상징하는 곳이 있을까요?" 거슈윈Gershwin의 〈랩소디 인 블루Rhapsody in Blue〉를 배경 음악으로 음성 해설이 흘러나왔다. "여기, 우리의 모토는 '항상 위로, 더욱더 높이'입니다! 별을 향하여 기회의 땅에서 성공하라는 선언이죠. 그리고 이 건물들은 그 성공의 발판이자 플랫폼이며 상징입니다."

"센트럴파크 타워는 '뉴욕 최고의 마천루'입니다. 뉴욕의 필적할 곳 없는 4만 제곱피트(약 1,124평)의 맨해튼 땅에 닻을 내린 1,550피트(약 472미터)의 강철과 야망, 열망입니다. 품격, 낙관주의, 대담함으로 빛나는 등대입니다."

바넷은 구매자들을 사로잡기 위해 1,550피트 높이의 타워에 당구장, 상영관, 연회실을 갖춘 3층 규모의 센트럴파크 클럽, 18미터 길이 야외 수영장과 카바나가 있는 1만5천 제곱피트(약 422평) 규모의 야외 테라스, 야외 어린이 놀이터, 19미터 길이 실내 수영장이 있는 웰니스 센터, 피트니스 센터, 농구 코트, 스쿼시 코트, 사우나 및 스팀 룸 등 고급 편의시설을 가득 채웠다. 100층에는 도시 전체가 내려다보이는 거대한 연회장이 있었다. 세계 최고급 호텔을 모방한 편의시설이었지만, 파티를 열 때 예약할 수 있는 무도회장을 비롯한 모든 시설이 입주자 전용이었다.

캘리포니아주 샌시메온의 허스트 캐슬에 있는 로마 수영장을 모델로 한 실내 수영장은 미드나잇블루와 골드 컬러로 꾸며졌고, 모자이크 타일과 천장에 반짝이는 조명을 설치해 배영을 하는 수영객이 별을 올려다보는 듯한 느낌을 주도록 설계되었으며, 라운지는 부자들이 남의 눈을 의식하지 않고 모일 수 있었던 스코틀랜드 스키보 캐슬의 고급 회원 전용 클럽에서 영감을 받아 만들어졌다.

프랑스 유리 제조 업체인 랄리크Lalique가 맞춤 제작한 거대한 크리스털 샹들리에, 고광택 목재, 황동 장식, 폭포 벽이 설치된 로비는 입주자들이 바쁜 도시 밖에서 건물 안으로 들어올 때 잠시 숨을 고를 수 있도록 설계되었다.

톰 크루즈Tom Cruise와 오프라 윈프리Oprah Winfrey 같은 유명 인사들의 이벤트를 담당한 것으로 유명한, 남아프리카 출신의 우아하고 세련된 유명 웨딩 및 이벤트 플래너 콜린 코위Colin Cowie는 연회장 외에 전용 레스토랑과 시가 룸이 있는 100층 프라이빗 클럽을 포함해 건물의 생활양식 부분을 감독하는 역할을 맡았다. 레스토랑의 경우, 유명 셰프인 알프레드 포테일Alfred Portale, 로랑 투롱델Laurent Touronde, 가브리엘 크루더Gabriel Kreuther와 함께 지중해 스타일의 제철 메뉴를 고안하는 작업을 진행 중이었다.

입주자들의 오감을 '활성화'하는 것이 자신의 역할이라고 표현하기를 좋아했던 코위는 건물에서 나는 냄새와 소리까지 모든 것을 생각해 본 것 같았다.

어느 날 오후, 그는 엑스텔 팀과 향기 전문가인 조향사를 만나 센트럴파크 타워를 대표할 향을 찾기 위해 다양한 향기를 맡았다. 그들은 건물 공용 공간 전체에 퍼질 시그니처 향과 로비와 공용 공간의 사운드트랙을 고르고 있었다. 별도의 회의실에 각 향이 뿌려져 있었고, 팀은 방을 옮길 때마다 코를 맑게 하기 위해 커피 찌꺼기 냄새를 맡았다. 최종적으로 결정된 향은 진한 재스민, 삼나무, 호박, 희귀한 아이리스 꽃이 혼합된 향이었다.

코위는 로비와 엘리베이터에 틀어놓을 음악을 선별하기 위해 '음악 큐레이터'를 고용했다. 아침에는 활기찬 음악이 흐르다가 저녁에는 점차 더 분위기 있고 섹시한 음악으로 바뀌기도 했다.

그들은 노래와 춤으로 구매자를 끌어들일 수 있기를 바랐다.

· · ·

2018년 말까지 바넷은 1년째 중개 커뮤니티에서 조용히 프로젝트를 마케팅하고 있었고 구매자를 잡기 위해 최대한 넓은 그물을 던지려고 했다.

지난가을, 그는 분양 사무소에서 뉴욕 최고의 중개사들을 위한 파티를 주최했었다. 참석자들은 담배를 손으로 말아 피우고 클래식 칵테일을 마시는 전성기 시절로 돌아간 것 같은 호화로운 행사였다고 묘사했다.

그의 영업 팀은 아시아, 유럽, 중동의 최고 에이전트가 전 세계 고객들에게 유닛을 마케팅할 수 있도록 도움을 주는 '앰배서더' 프로그램을 개발하기도 했다.

모든 준비가 끝난 센트럴파크 타워에서 유일하게 없는 한 가지는 고객이었다. 원 57에서처럼 무리 지어 나타나는 구매자들은 없었다. 억만장자들과 약속을 조율하기 위해 애썼던 일은 먼 과거처럼 느껴졌다. 최선을 다했지만 센트럴파크 타워의 분양 사무소는 비교적 조용했다.

자금 조달과 건설이 지연되면서 바넷은 시장 모멘텀 측면에서 막대한 손실을 입었다. 2018년 말, 협동조합 건물과 콘도의 판매는 2009년 경제가 바닥을 찍고 최저 수준으로 떨어졌다. 「월스트리트 저널」 분석에 따르면 2017년 대비 12퍼센트, 2013년 최고 매출 수준 대비 22.5퍼센트 감소했으며, 고급 콘도가 가장 가파른 하락세를 보였다. 신규 콘도의 엄청난 공급 과잉, 계속되는 정치적 격변, 불안정한 주식시장이 주범이었다. 금리 상승과 미국과 중국 간의 무역 전쟁이 글로벌 성장에 대한 우려를 불러일으키면서 주가는 급격한 상승과 함께 급반전을 거듭했다. 센트럴파크 타워의 분양이 개시된 10월에는 S&P 500 지수가 6.95퍼센트 하락해 금융 위기 이후 최악에 가까운 낙폭을 기록했다.

그해 4분기에 2천5백만 달러 이상의 매출 14건 중 10건은 스티븐 로스의 220 센트럴파크 사우스와 제켄도르프 형제의 520 파크 애비뉴에서 발생했는데, 모두 수년 전에 체결한 계약이 이월된 것이었다. 이 계약들은 시장 최고 전성기의 영광을 상기시켰다.

바넷이 좌절감을 느낀 것은 사실이지만, 길 건너편에서 돈을 찍어내는 것처럼 보였던 로스에게 적의를 품지는 않았다고 한다. "저는 그들이 잘되기를 바랍니다. 그가 해내서 기쁩니다. 시장에 좋은 일이고, 그에게도 좋은 일이죠. 우리 건물은 팔리지 않았지만, 우리는 분명 동네에서 가장 좋은 건물을 가지고 있었습니다." 바넷은 약간 패배주의자처럼 들리는 말투로 말했다.

23장

보기 좋지 않은

2019년 1월, 스티븐 로스는 억만장자 거리의 우승자로 명성을 굳혔다.

헤지펀드 거물인 켄 그리핀이 로스의 220 센트럴파크 사우스의 아파트를 약 2억 4천만 달러에 매입하기로 한 거래를 4년 만에 드디어 마무리하면서 미국 최고가 주택 기록을 경신했다.

이 거래에 대한 소식은 이미 몇 년 전부터 언론에 조금씩 흘러나왔지만(그리핀은 너무 일찍 계약했기 때문에 건물이 완공되기까지 수년이 걸렸다), 2019년 1월 거래가 성사되면서 공식화되었다. 이는 뉴욕의 고급 주택 가격에 대한 새로운 기준을 세웠는데, 이전에 거래됐던 뉴욕 부동산들보다는 홍콩과 모나코의 부동산 가격에 더 가까운 가격이었다. 로스는 수십 년이 걸려야 도달할 수 있는 가격 상승 속도를 뛰어넘어 이전 최고가의 두 배가 넘는 가격을 달성했다.

이 주택은 그리핀에게도 대담한 승부수였다. 이 거래는 부동산 시장에 대한 집착이 어떤 취미보다도 우선시되는 맨해튼에서조차 언론의 엄청난 관심을 끌었다. 엘리자베스 워런Elizabeth Warren과 버니 샌더스Bernie Sanders 같은 정치 거물이 억만장자의 존재 자체에 의문을 제기하던 시기에 한 사람의 막대한 재산에 관심이 집중된 것이다. 불과 몇 주 뒤인 2020년 대선 후보 경선에 출사표를 던진 샌더스는 '탐욕스러운' 억만장자들과 부의 불평등이 미국 중산층을 약화시키고 있다고 주장하며 민주적 사회주의 관점으로 이목을 집중시켰다.

몇 달 후 투자자 데이비드 루벤스타인David Rubenstein과의 인터뷰에서 아파트 매입에 관한 질문을 받은 그리핀은 언젠가 뉴욕을 주 거주지로 삼고 싶은 바람 때문이라고 일축했다. "이 아파트는 여기가 내 집이 될 수도 있다는 가능성을 나타냅니다."

이 거래로 집중 조명을 받은 그리핀뿐만 아니라 220 센트럴파크 사우스와 고급 부동산 시장도 1월 「뉴욕 타임스」의 1면을 장식했다. 거래 소식은 전 세계로 퍼져나갔고 뉴욕시의 과세 대상을 둘러싼 정치적 논쟁의 핵심 쟁점이 되었다. 일부 의원들은 소득 불평등이 심한 도시에서 금융가가 아파트 한 채에 막대한 돈을 지불하고도 상주하지 않는다는 것에 혐오감을 드러냈다.

뉴욕시의 복잡하고 낡은 세금 시스템으로 인해 세무 조사관이 임대 건물에 적용하는 것과 동일한 시스템을 사용해 협동조합과 콘도미니엄의 가치를 평가하는 바람에 맨해튼 주요 지역에 있는 고급 아파트의 가치가 낮게 평가되는 경우가 많았다. 뉴욕시 세무서가 평가한 그리핀의 아파트 감정가는 9백 4십만 달러에 불과해 실제 시장 가치보다 훨씬 낮았다. 실효 세율은 약 0.22퍼센트로 그리핀에게 청구되는 연간 세금은 51만 6천5백 달러에 불과했다. 또 대부분의 시간을 뉴욕 외곽에서 거주하는 그리핀에게는 시 또는 주 소득세가 부과되지 않았다. 이 소식을 접한 뉴욕주 상원의원 브래드 호일먼Brad Hoylman은 트위터에 "이런 천문학적 재산이 우리 도시에 존재하는데, 실제 거주민에게 돌아가지 않는다는 것은 말도 안 되는 일"이라고 비판했다.

정치 세력이 왼쪽으로 표류하고 있던 도시에서 그리핀의 거래는 반부동산, 반부유층 정서를 부추겼다. 감정평가사 조너선 밀러는 이렇게 말했다. "그것은 올버니의 정치적 시대정신에서 부동산의 몰락을 초래한 요인 중 하나였습니다."

억만장자 거리에 사는 최고 부유층과 그 아래에 사는 평범한 사람들 사이의 이분법이 이보다 첨예하게 드러난 적은 없었다. 220 센트럴파크 사우스의 후문에서 한 블록도 떨어져 있지 않은 곳에서는 억만장자 거리의 주민들이 노숙자 쉼터가 들어오는 것을 막기 위해 시 당국을 상대로 법적 분쟁을 벌이고 있었다. 2018년, 뉴욕시 노숙자복지국Department of Homeless Services은 웨스트 58번가에 있는 옛 파크 사보이 호텔을 약 150명의 노숙자를 수용하는 장기 주거 시설로 전면 개조하겠다고 발표했다.

억만장자 거리에서 근처에 부동산을 소유하거나 거주하는 사람 등 680명이 발 빠르게 연합해 시를 상대로 쉼터 개소를 막기 위한 소송을 제기했다. 이들은 시 당국이 목적에 맞지 않는 건물에 서둘러 시설을 개소하면서 법과 규정을 위반했으며, 값비싼 곳에 쉼터를 짓는 것은 말이 되지 않는다고 주장했다. 그들은 거주자 1인당 소요되는 연간 비용이 도시 전체 평균보다 약 33퍼센트 높은 수준인 4만 8천 달러가 넘는다고 주장했다. 연합의 변호사는 이 위치에 쉼터를 설치하기로 한 결정이 뉴욕시의 다른 지역뿐 아니라 특권층 지역에도 쉼터를 마련하겠다고 밝힌 빌 더블라지오 뉴욕 시장의 정치적 술책이라며 비판했다.

소장에는 "이 쉼터를 이 위치에, 위험한 건물에, 촉박한 일정에, 과도한 비용을 들여 개소하기로 한 시의 결정은 값비싸고 무의미하더라도 특정 지역에 시설을 배치하려는 시장의 정치적 목표를 달성하기 위해 미리 결정된 것"이라고 적시되어 있었다.

그러나 그들의 호소에 귀를 기울이는 사람은 없었다.

실제로 2019년 초에 뉴욕주 상원을 장악한 민주당의 파란 물결 덕분에 뉴욕 부동산업계 사업자에게 익숙한 정치적 틀이 극적으로 변화하고 있었다. 뉴욕은 이미 민주당이 뉴욕주 의회의 주도권을 쥐고 있는 진보적인 성향의 주였지만, 상원에서 근소한 의석수로 과반을 차지한 공화당이 10년 이상 진보적인 입법을 방해했다. 공화당이 몰락하면서 뉴욕주의 정치 구조가 근본적으로 바뀌었고, 의원들은 더욱 과감하게 진보적인 정책을 추진할 수 있게 되었다. 제2차 세계 대전 이후 두 번째로 민주당이 주정부의 세 기관을 모두 장악하게 된 것이다. 기존의 판도가 뒤집혔다.

진보적인 의원들이 집주인보다 세입자에게 유리한 정책을 검토하고, 초부유층을 과세하는 데 집중하며, 주 전역의 새로운 인프라를 개발할 자금을 마련하기 위해 부동산 세금을 활용하려고 노력하면서 거액의 정치 후원금과 로비를 통해 역사적으로 올버니에서 강력한 지위를 누렸던 부동산 산업을 뒷걸음질 치게 했다.

올버니의 권력의 회랑에서 의원들은 부동산 로비와 미묘한 탱고를 췄으며, 자신들의 주머니로 들어오는 것처럼 보이지 않는 기부금으로 돈을 받기를 열망했다. 어쨌든 뉴욕의 부동산에서 거둬들인 세금은 도시의 중요한 서비스를 지원하는 자금의 상당 부분을 차지했다.

이제 부동산은 더러운 단어이고, 부동산 자금은 정치에 유독한 것처럼 보였다. 점점 더 많은 선출직 공직자가 부동산 이권으로부터 기부금을 받지 않겠다고 선언하고 있었다. 한 보고서는 부동산 자금을 21세기의 담배 자금에 비유하기도 했다.

새로운 세대의 정치인들 덕분에 부동산 이권 세력과 수구 관리의 밀착 관계가 현미경 아래에 놓이고 있었다. 아마도 가장 눈에 띄는 사례는 당시 28세의 신예였던 민주사회주의자 알렉산드리아 오카시오 코르테스Alexandria Ocasio-Cortez일 것이다. 그녀는 오랫동안 민주당 하원의장 낸시 펠로시Nancy Pelosi의 후임으로 유력하게 여겨져 온 조셉 크롤리Joseph Crowley를 제치고 당내 경선에서 당선되는 데 성공했다.

오카시오코르테스는 선거 운동을 하는 동안 부동산업계를 비방하는 동시에 크롤리가 기부금으로 재산을 축적했다고 강력히 비난했다. 그녀는 트위터에 이렇게 올렸다. "고급 부동산 개발업자들은 뉴욕의 경제성과 삶의 방식을 파괴했습니다. 우리가 방향을 바꿀 수 있는 '유일한' 방법은 그들의 자금 지원을 받지 않는 후보를 뽑는 것입니다. 저는 개발업자로부터 한 푼도 받지 않는 것이 자랑스럽습니다."

부동산에 대한 경각심은 올버니에서 세간에 이목을 끄는 범죄가 여러 차례 발생하면서 더욱 증폭되었다. 셸던 실버Sheldon Silver 주 하원의장은 지위를 이용해 부동산 개발업자 두 명에게 이익을 제공한 대가로 수백만 달러를 받은 계획과 관련해 갈취 및 자금 세탁 혐의로 유죄 판결을 받았고, 자신의 지위를 이용해 아들에게 유리한 계약을 제공하도록 부동산 개발업자를 압박한 딘 스켈로스Dean Skelos 전 상원 다수당 원내대표는 부패 혐의로 유죄를 선고받았다. 빌 더블라지오 뉴욕 시장도 부동산 개발업자로부터 자신의 비영리 단체인 '하나의 뉴욕을 위한 캠페인Campaign for One New York'을 위한 기부금을 받은 혐의로 조사를 받았고, 이는 공공윤리합동위원회Joint Commission on Public Ethics의 조사 대상이 되었다.

부동산과 정치의 균열은 2019년 1월 뉴욕 힐튼에서 열린 뉴욕 부동산 위원회의 123회 연례 축하연에서 극명하게 드러났다. 참석자들이 포트폴리오와 매출 수치를 과장하고 부풀리는 경향이 있어 '거짓말쟁이의 무도회'라는 별명이 붙은 이 시끄러운 행사에서는 일반적으로 2천 명이 넘는 부동산업계 전문가들이 모여 값싼 스테이크와 와인을 먹으며 시장에 대한 의견을 교환하고, 거래를 성사시키고, 수다를 떨었다. 군중의 소음은 연사가 자신의 말을 듣기 위해 소리를 질러야 하거나 무시당하는 수준이었다. 평소 냉담한 편인 부동산 개발업자들은 쿠오모 주지사, 척 슈머Chuck Schumer 상원의원, 더블라지오 시장 등의 막강한 정치인들과 대화하려 줄을 설 때는 자신을 낮추었다.

하지만 그해에는 기회가 없었다. 쿠오모도 더블라지오도 참석하지 않았기 때문이다.

· · ·

민주당이 주도하는 상원은 2019년 초에 집권하자마자 신속히 활동에 들어가, 부동산 사업체가 후보자에게 무제한 기부하는 것을 허용했던 허점을 없애고 임대료 규제 개혁에 주력했다.

또한 억만장자 거리, 더 구체적으로는 뉴욕에 부동산을 가지고 있지만 뉴욕이 주거지가 아닌 주택 소유자에게 매년 반복되는 세금을 부과하는 피에드아테르* 세금에 주목했다. 요컨대, 멀리서 뉴욕의 값비싼 주택을 사들인 켄 그리핀과 수많은 사람이 과세 대상이었다.

그해 3월 입법자들이 1750억 달러의 예산안 발표를 준비하는 동안, 이 세금은 열렬한 비공개 토론 주제가 되었다. "일명 피에드아테

---

* pied-à-terre. 잠시 머무는 용도로 사용되는 주거 공간

르 세금이라고 할 수 있습니다. 저는 과두세라 칭하고 싶네요." 그해 2월, 호일먼은 법안 공동 발의자인 데버라 글릭Deborah Glick 의원과 뉴욕 시의회 의원들과 함께 뉴욕 시청 계단에 서서 한 번 더 법안을 밀어붙이며 말했다.

호일먼 상원의원이 오랫동안 옹호한 피에드아테르 과세 법안은 2014년 비영리 단체인 재정정책연구소Fiscal Policy Institute가 지속 불가능한 수준으로 상승하는 주택 가격과 경제적 불평등을 해소하고 지하철 등 도시의 무너진 공공 서비스를 지원하기 위해 세수를 늘리는 방법으로 제안한 이래로 계속 논의되어 왔다. 이 법안은 뉴욕시 비주거용 주택 1천5백 세대에 영향을 미치며, 5백만 달러를 초과하는 금액에 대해 0.5퍼센트의 추가 세금을 부과하는 것을 시작으로 2천5백만 달러를 초과하는 주택의 경우 4퍼센트까지 점진적으로 증가한다. 재정정책연구소는 이 법안이 통과되면, 도시의 세수가 약 5억 6천만 달러 증가할 것으로 추산했다. 입법자들 사이에서 인기가 많은 법안이었지만(해외 거주자들은 투표하지 못한다) 모멘텀이 약해 법안이 좌초되곤 했는데, 공화당의 상원 장악 때문이었다.

그리핀의 거래로 절실했던 모멘텀이 생겼고, 민주당이 다수당이 되면서 정치적 생명력을 갖게 된 것이다. 죽음에서 부활한 법안이었다.

이 법안의 부활에 준비되어 있지 않았던 뉴욕 부동산업계는 법안이 탄력을 받아 추진되자 깜짝 놀랐다. 그들은 일사불란하게 움직여야 했다. 520 파크 애비뉴에 아직 판매할 주택이 남아 있는 데다가 도시 전역에서 여러 고급 콘도 프로젝트를 진행하고 있었던 윌리엄 제켄도르프는 이 문제에 정면으로 맞섰다. 그는 『크레인즈 뉴욕 비즈니스Crain's New York Business』에 기고한 칼럼에 "부활한 진보 운동이 도널드 트럼프 대통령의 현명하지 않은 국경 장벽에 반발하는 동안, 뉴욕시에서는 모든 사람을 환영하는 것을 신조로 하는 도시 주변에 현명하지 않은 세금 장벽을 건설하려 하고 있다"고 썼다.

제켄도르프는 거기서 멈추지 않았다. 그의 회사는 뉴욕주 의회 의장인 칼 헤이스티Carl Heastie와 가까운 관계이자 뉴욕주의 최고 전략가인 패트릭 B. 젱킨스Patrick B. Jenkins를 고용해 올버니의 정치 지도자들을 상대로 로비 활동을 펼쳐 세금에 반대하게 했다. 제켄도르프와 젱킨스는 뉴욕부동산위원회의 경제학자와 함께 의사당 복도를 돌아다니며 법안에 관해 의원들에게 지겹도록 이야기했다고 한다. 그들은 해당 세금으로 거둬들이는 세수가 예상보다 적고, 시장의 변동성을 감안할 때 신뢰할 수 없는 수입원이 될 수 있다는 증거를 제시했다.

부동산 커뮤니티에 구매자에게 더 많은 세금을 부과하려는 움직임은 시의적절하지 않았다. 그들은 그리핀이 실제로 220 센트럴파크 사우스에서 계약을 체결하고 고급 부동산이 잘 팔리던 4년 전에는 이 세금이 효과가 있었을 거라고 말했다. 그러나 그 이후 시장은 공급 과잉과 환율 변동으로 인해 급락했다. 구매자에 대한 세금 인상은 안 그래도 어려운 시장에 또 다른 타격을 가하는 셈이었다.

또 구매자 중 일부가 1년에 몇 주만 도시에 거주해도 평균적인 뉴욕 주민이 1년간 지역 경제에 기여하는 것보다 더 많이 기여할 것이라고 주장했다. 그들은 주택 구매에 대한 세금을 내는 것 외에도 최고급 레스토랑에서 식사하고 최고급 매장에서 쇼핑하며 뉴욕의 세수입을 늘렸다. 그와 동시에 그들은 도시 서비스를 거의 사용하지 않았다. 그들의 아이들은 지역 학교에 다니지 않았고, 지역 기차나 버스를 이용하지도 않았다.

예산안이 발표될 무렵, 입법자들은 특정 부동산이 피에드아테르에 해당하는지 여부를 판단하는 것이 너무 까다로울 수 있다는 이유로 이 제안을 철회했다. 하지만 2019년 7월에 뉴욕시에서 2백만 달러 이상 가격에 주거용 부동산을 매입하는 모든 구매자에게 판매 시점에 일시적으로 양도세를 부과하는 방안을 시행했다. 비싼 아파트일수록 세율이 가파르게 상승하고, 2천5백만 달러 이상 가격에 거래되는 부동산은 3.9퍼센트로 상한선이 정해졌다.

맨션세로 알려진 새로운 양도세 규정이 적용되면, 이전 규정에 따라 2백만 달러가 조금 넘는 금액을 납부한 그리핀은 9백만 달러 이상의 맨션세를 납부해야 한다. 2014년에 제안된 피에드아테르 세금이 발효되었다면, 그리핀은 37만 달러에 더해 2천5백만 달러를 초과하는 금액의 4퍼센트인 약 8백 6십만 달러까지 추가로 납부했을 것이다.

호일먼은 맨션세 도입을 승리로 선전하고, 피에드아테르세 도입 실패를 부동산업계의 로비 탓으로 돌렸다. 호일먼은 「뉴욕 타임스」와 한 인터뷰에서 이렇게 말했다. "그들은 법안을 죽이는 방법에 관한 각본의 모든 페이지를 살펴봤습니다."

부동산업계의 영향력이 아직 남아 있는 것이 분명했다. 억만장자 거리의 존재가 그 증거였다.

『리얼 딜』 발행인 아미르 코랑기는 억만장자 거리를 "거물급 개발업자들이 거시기 크기를 과시하는 곳"이라고 표현했다. "높이와 정상을 뛰어넘는 것이 핵심이었습니다. 불가능한 것이 건물의 크기이든, 프로젝트의 난해함이든, 그것을 해내는 문제였죠. 월가 점령 시위, 엘리자베스 워런, 뉴욕시의 진보 운동, 그리고 삶이 공평하다고 생각하는 모든 사람에게 마지막으로 날리는 가운뎃손가락 같은 일이었습니다."

한 블록 옆에 있던 개리 바넷은 피에드아테르세가 폐지되자 안도의 한숨을 내쉬었고, 2019년 9월에는 센트럴파크 타워의 완공을 기념하는 행사를 주최했다. 이 건물은 5년간의 공사 끝에 전체 높이 1,550피트(약 472미터)에 도달하며 공식적으로 맥클로우, 로스, 스턴의 빌딩을 제치고 세계에서 가장 높은 주거용 타워가 되었다. 파트너와 중개인과 뉴욕시 언론을 포함한 방문객은 오전 9시에 적합한 복장(가급적 바지를 입고 하이힐, 뒷굽이 없거나 앞코가 오픈된 신발을 신지 않는 복장)을 착용하고 건설 현장에 도착해 달라는 요청을 받았다. 건물 꼭대기 층에서 센트럴파크 타워가 새겨진 안전모를 쓴 사람들이 흰색 방수포로 뒤덮인 공간에 모였다.

"이 전망은 영원합니다…… 오늘 여러분을 여기 모신 이유는 이 전망을 직접 감상하기 위해섭니다." 특수 제작된 무대에 선 바넷이 청중을 향해 말했다.

바넷은 옆에 있는 강단에 있는 버튼을 눌러 유리 벽으로 둘러싸인 공간을 감싼 방수포를 떨어뜨리는 특유의 극적인 연출을 했고, 마침내 파노라마처럼 탁 트인 전망이 공개되자 관객의 환호성이 터졌다. "시작합니다." 그가 말했다.

분양 속도는 더뎠지만, 엑스텔 팀에게 건물의 완공은 부인할 수 없는 진전의 순간이었다. 일반적으로 건물 완공이 가까워질수록 분양도 쉬워진다는 사실을 알고 있었던 그들은 새로운 희망을 품었다.

6개월이 지나기도 전에 분양 사무소 문을 닫게 될 줄은 꿈에도 몰랐다.

24장

멈춰버린 뉴욕

2020년 3월 20일, 콜코란 선샤인의 신규 개발 마케팅 담당자였던 켈리 케네디 맥은 롱아일랜드에 있는 집 소파 끄트머리에 앉아 텔레비전을 시청하고 있었다.

화면에는 앤드루 쿠오모 뉴욕 주지사가 카메라를 향해 연설하고 있었다. 뉴욕의 코로나19 바이러스 확진자 수가 급격히 증가함에 따라 뉴욕을 '일시 정지'하는 과감한 조치를 취한다는 발표였다.

신종 바이러스는 수 주 전부터 대중의 의식 속에 있었지만, 대부분은 여전히 먼 나라의 일처럼 느꼈었다. 그런데 주 전역에서 확진자 수가 빠르게 증가하더니 총 7천 명이 넘었는데, 이는 미국의 다른 주에서 기록된 확진자 수의 일곱 배에 달했다. 이제 모든 비필수 근로자에게 음식이나 의료 서비스가 필요한 경우를 제외하고는 외출하지 말고 집에 머물라는 지시가 내려졌다.

쿠오모 주지사는 뉴욕 주민들에게 뉴욕주의 병원 수용 능력이 수요를 충족하기에 충분하지 않을 것이라고 말했다. 인공호흡기와 마스크, 가운, 수술용 장갑과 같은 보호 장비가 부족했다. 일반 뉴욕 시민들은 최전선에서 싸우고 있는 간호사와 의사들을 위해 각자 가지고 있는 마스크를 지역 병원에 보내달라는 요청을 받았다. 뉴욕시와 주정부는 규모가 큰 제이컵 K. 재비츠 컨벤션 센터나 센트럴파크 등을 넘쳐나는 코로나19 환자를 수용할 잠재적 장소로 검토하고 있었다. 수상 병원 역할을 하는 미 해군 함정이 수천 개의 병상을 싣고 뉴욕항에 도착했다.

잠들지 않을 것 같았던 도시에 섬뜩한 침묵이 내려앉았다. 평소라면 북적대는 차량과 요란한 경적으로 가득했을 거리가 텅 비어 조용해졌다. 브로드웨이는 어두워졌다. 사무실은 온통 비었다. 박물관은 문을 닫았다. 아이들은 학교에 가지 않았다. 4월이 되자 임시 영안실로 개조된 냉장 트레일러에 코로나19 희생자들의 시신이 쌓여갔다.

코로나19 위기가 발생한 첫 몇 주 동안, 부동산업계에 종사하는 사람들의 머릿속에서 거래에 대한 생각은 완전히 사라졌다. 사람들은 몸을 웅크리고 있었다. 가장 부유한 뉴요커들과 부동산업계의 관계자들은 대부분 햄프턴으로 향했고, 호화로운 저택에 숨어 지역 주민들과 충돌하면서 지역 식료품점을 마비시키고 사우스 햄프턴과 같은 작은 동네의 의료 자원에 부담을 주었다. 동부에 집을 소유하고 있지 않던 부유한 뉴요커들은 집을 구하기 위해 경쟁을 벌였고, 이로 인해 비수기인데도 임대 주택 가격이 상승했다.

코로나19가 집과 가까운 곳에 들이닥친 억만장자 거리의 개발업자도 있었다. 바넷은 팬데믹 초기 몇 달 동안 정통 유대인 인구가 많은, 뉴욕에서 북쪽으로 한 시간 정도 떨어진 몬시에서 가족들과 함께 시간을 보냈다. 그의 형은 일찍이 코로나19에 감염되어 2주간 인공호흡기를 달고 지냈고 가까스로 목숨을 건졌다. 4월에는 아내와 아이들이 바이러스에 감염되면서 모퉁이에 있는 처남의 집 지하실로 피신해 가족들과 완전히 단절된 채 몇 주를 보냈다. 그해 4월 유월절에 그는 정원에 서서 식사하는 아이들에게 손을 흔들었다. "날씨가 너무 추웠어요." 바넷이 말했다.

수십 년째 트럼프 대통령과 가깝게 지내는 사이였던 맥클로우는 셧다운 며칠 전 백악관을 방문했다가 마스크가 부족하다는 사실에 경악을 금치 못했다. 이제 그는 퍼트리샤와 함께 이스트 햄프턴에 있는 자택에 숨어 텔레비전으로 위기를 극복하려는 트럼프의 모습을 지켜보았다. 이후 그는 퍼트리샤와 신혼부부로 요리와 청소를 하면서 아이러니하지만 좋은 시간을 보냈다고 한다. "방해받지 않는 시간이었죠. 카타르시스를 느꼈습니다. 아내와 함께 해변을 걸었어요."

마이클 스턴에게도 낯선 평온함이 찾아왔다. 마이애미의 바닷가에 있는 집으로 피신한 그는 새벽 4시 30분에 일어나 개인 트레이너와 운동을 하고 간헐적 단식을 하면서 건강을 관리할 기회를 잡았다. 그는 18킬로그램 이상을 감량했다. 맷 데이먼Matt Damon과 제니퍼 로페즈 같은 유명 인사가 즐겨 찾는 마이애미의 노스 베이 로드에 새 저택을 지으려고 노력하기도 했다. 설계는 111 웨스트 57번가의 인테리어 전문가인 빌 소필드Bill Sofield에게 맡겼다.

전 세계가 봉쇄된 상황에서 스턴은 프로젝트의 매출을 끌어올리기 위해 할 수 있는 일이 아무것도 없다는 사실을 알았다. 더 좋은 것은 다른 개발업자들도 같은 처지라는 것이었다. 음악이 멈췄으니까.

"누구도 아무것도 할 수 없었습니다. 은행이 할 수 있는 것도, 우리가 할 수 있는 것도 아무것도 없었죠. 사실 엄청난 해방감을 느꼈습니다."

• • •

코로나19로 인한 봉쇄가 맨해튼 부동산 시장에 미친 영향은 신속하고 막대했다.

초기에 개발 업체들은 주정부의 명령에 따라 도시 전역의 근로자들을 집으로 돌려보내야 했다. 나중에 건설이 필수 사업으로 지정되었지만, 전과 같은 속도로 공사를 재개하기는 어려웠다.

분양 사무소가 문을 닫으면서 중개인은 가상 투어와 렌더링 같은 디지털 자료에 의존해 구매자를 유치해야 했다. 이는 그다지 효과적이지 않았고 애초에 진심으로 관심을 보이는 구매자도 많지 않았다.

3월, 쿠오모의 연설을 지켜보던 콜코란 선샤인의 켈리 케네디 맥은 아침마다 회사의 방대한 신규 개발 포트폴리오와 관련된 계약 활동을 전부 요약한 팀의 이메일을 확인하며 잠에서 깨는 데 익숙해져 있었다. 그녀는 침대에서 일어나기도 전에 휴대전화로 개시된 계약 목록, 체결된 계약서, 성사된 거래 목록을 훑어보곤 했다. 코로나19가 뉴욕을 황폐화시켰을 때도 이메일은 계속 왔지만 성사되는 거래는 없었다. 사실상 전무했다. 3월 23일부터 8월 16일까지 맨해튼 주택 판매량은 전년 대비 56퍼센트 감소했다. 가격이 4백만 달러 이상인 부동산은 판매량이 67퍼센트 감소했다. 2분기에 판매된 고급 주택의 경우 가격이 약 11퍼센트 하락했다.

2008년 9월 리먼 브라더스의 파산과 그 여파 이후 시장이 이 정도로 예측하기 힘들었던 적은 없었다. 코로나19는 이미 수년째 암울한 상황이었던 고급 부동산 시장에 마침표를 찍었다. 움츠리던 시장에 찬물을 끼얹은 것이다. 그해 봄 「월스트리트 저널」과의 인터뷰에서 개발 업자 이안 브루스 아이크너는 "떨어지는 칼을 잡으려 했던" 개발업자들이 이제 "떨어지는 칼을 잡아야 하는" 상황이 되었다고 말했다.

그해 여름, 미니애폴리스 경찰이 흑인 남성 조지 플로이드George Floyd를 살해한 사건에 항의하기 위해 수천 명이 전국의 거리로 쏟아져 나오면서 사태의 위기는 커져만 갔다. 뉴욕에서는 브루클린과 로어 맨해튼에서 대규모 시위가 벌어져 경찰과 충돌했다. 사람들은 소호와 플랫아이언 지구의 상점에 불을 지르고 유리창을 깨고 내부를 뒤지고 약탈하는 등 기물 파손 행위를 했다. 최악의 폭동이 벌어진 5월 31일 밤, 뉴욕에서는 하룻밤 사이에 4백 명 넘는 사람이 체포되었다. 상점 주인들이 가게 앞문을 판자로 막으면서 한때 부티크가 즐비했던 지역이 합판과 낙서로 얼룩진 도심 속 황무지로 변해버렸다.

설상가상으로 그해는 대선이 있는 해였는데, 불확실한 시기에 구매를 꺼리는 구매자 행동으로 맨해튼 부동산 시장이 침체되는 시기였다. 이번에는 도널드 트럼프 대통령과 조셉 R. 바이든 주니어 전 부통령의 추악한 대결이 이미 코로나19의 여파에 시달리던 대중을 격앙시켰다. 한때 전 세계에 정치적, 사회적 안정의 등대 역할을 했던 미국, 그리고 그 진원지였던 뉴욕시의 이미지는 완전히 산산조각이 났다.

맨해튼에서 탈출하려는 움직임은 플로리다 팜비치에서 부동산 투기 열풍을 일으켰고, 초부유층 뉴요커들이 종종 기록적인 금액에 단독주택을 사들이는 바람에 주택 부족 사태가 초래했다. 많은 사람에게 플로리다는 더 넓은 공간과 더 좋은 날씨에 더해 세금 피난처를 제공하는 곳이었다. 뉴욕의 부담스러운 세금 정책을 피해 플로리다의 유리한 환경을 선택할까 고민하던 일부 부유한 뉴요커들이 마침내 플로리다로의 이주를 단행했다. 국세청이 2020년 납세자의 주 간 이동에 관한 데이터를 발표했을 때, 팬데믹으로 인해 세금이 낮은 주로 이주하는 미국 납세자 수가 급증한 것으로 나타났다. 플로리다는 세수가 237억 달러 늘어난 반면, 뉴욕의 세수는 195억 달러가 줄었다.

플로리다에서 거액의 거래가 연이어 이루어졌다. 팜비치에서는 패션 디자이너 토미 힐피거와 그의 아내 디 오클레포 힐피거Dee Ocleppo Hilfiger가 전 미디어 재벌 콘래드 블랙Conrad Black이 소유했던 저택을 4625만 달러에 매입했고, 투자 서비스 기업가 찰스 R. 슈와브Charles R. Schwab가 호숫가에 위치한 신고전주의 양식 저택을 7185만 달러에 매입했다. 뉴욕 사모펀드 임원이자 타이거 글로벌 매니지먼트Tiger Global Management의 파트너인 스콧 슐라이퍼Scott Shleifer는 팜비치 컨트리클럽 근처에 있는 도널드 트럼프가 소유한 부지에 지어진 현대식 해안가 맨션을 1억 2270만 달러에 매입했다. 억만장자 거리에서 신고가를 경신하고 언젠가 뉴욕을 자신의 고향으로 삼을 수 있다고 말했던 억만장자 헤지펀더 켄 그리핀은 회사 전체를 마이애미로 이전하겠다고 발표했다.

그의 동료 금융가인 빌 애크먼은 원 57의 겨울 정원이 딸린 아파트를 외국인 구매자에게 넘기려던 계획이었지만, 이제는 그 계획도 요원해 보였다. 외국인 구매자들은 수년째 씨가 마른 상황이었고, 이제는 올리가르히도 미국에 올 수 없었다. 그들이 애초에 뉴욕에 있고 싶어 할까?

이혼 후 재혼한 애크먼은 이 집으로 이사를 오자고 이스라엘 출신 미국인 디자이너이자 MIT 미디어랩 교수인 두 번째 부인 네리 옥스만Neri Oxman을 설득했다. 두 사람은 코로나19가 발병하기 전에 잠시 그 아파트에서 살기도 했지만, 옥스만의 취향에는 남성적인 느낌이 지나치게 강한 아파트였다.

결국 애크먼은 아파트를 포기하기로 했다. 그는 잉그라오가 디자인한 마감재를 뜯어내고 더 중성적이고 현대적인 디자인으로 바꾸기로 결정했다. 2021년에 완공된 새 디자인의 아파트는 현대 미술관 갤러리처럼 보였다.

그해 여름, 코미디 클럽의 오너이자 전 헤지펀드 매니저였던 제임스 알투처James Altucher는 에세이를 출간해 뉴욕은 영원히 죽었다고 선언했다. 그는 뉴욕이 이전에도 힘든 시기를 겪었지만 이번에는 다시 회복하지 못할 것이라고 썼다. "모두가 지난 5개월 동안 새로운 라이프 스타일에 적응했다. 줌으로도 충분히 할 수 있는 두 시간짜리 회의를 위해 전국을 날아다닐 사람은 아무도 없다." 그가 링크드인LinkedIn에 쓴 글이다. "어디에서든 고향에서처럼 생활할 수 있다. 같은 생산성을 유지하면서 같은 급여를 받고, 더 저렴한 비용으로 더 높은 삶의 질을 누릴 수 있다."

열성적인 뉴요커들은 9.11 테러 이후와 2008년 금융 위기 이후 뉴욕이 보여줬던 놀라운 회복세를 언급하며 '뉴욕은 죽었다'는 주장을 재빨리 반박했다. 뉴욕의 아이콘인 코미디언 제리 사인펠드Jerry Seinfeld는 「뉴욕 타임스」에 기고한 반박 글에서 알투처를 "링크드인에서 울부짖고 징징대는 얼간이"라고 칭하며 자신은 뉴욕을 절대 포기하지 않을 것이라고 선언했다. 사인펠드는 뉴욕에 부치는 찬가를 썼다. "그는 뉴욕을 떠나 메인, 버몬트, 테네시, 인디애나로 간 사람들을 알고 있다고 한다. 나는 수십 년간 저 지역을 정말 많이, 여러 번 다녀왔다. 나는 모든 도시에 존경과 애정을 가지고 있다. 죄송한데, 농담하시나?"

맨해튼의 부동산 개발업자인 미키 나프탈리Miki Naftali는 1045 매디슨 애비뉴에 건설 중이던 콘도 건물 측면에 사인펠드의 사설이 담긴 광고판을 세웠다.

하지만 조용히 알투처가 옳을지도 모른다는 의구심을 품는 사람들도 있었다.

• • •

　센트럴파크 타워가 거의 완공될 무렵, 바넷은 이제 본격적으로 판매라는 문제에 직면했다. 2020년이 끝나갈 무렵, 그는 J. P. 모건 체이스와 체결한 건설 대출 계약서에 명시된 판매 기한을 맞출 수 없다는 사실을 깨달았다. 이 상태로 연말까지 5억 달러 규모의 아파트 계약을 체결할 가능성은 희박했다. 보통이라면 판매 목표를 달성하기 위해 가격을 대폭 낮추었겠지만, 코로나19로 인해 그건 아무 의미가 없었다. 가격이 비싼 게 아니라, 시장에 구매자가 없었다. 전 세계에서 미국으로 오는 길이 사실상 막혀 있었다. 구매자가 없었다.

　바넷은 상환 유예를 요청했지만 은행은 바넷이 기대한 만큼 유연하지 않았다. 이번에는 판매 기준을 면제해 주겠다고 했지만, 현금 준비금을 더 많이 쌓고 대출금을 갚아야 한다는 조건이 붙었다. "은행이 관대하다거나 이해심이 크지는 않았습니다." 바넷이 말했다. 코로나19 위기는 엑스텔의 장부에 큰 타격을 주었고, 경영진은 다른 자산을 매각해 대출금을 갚을 자금을 마련하려고 분주히 움직였다.

　바넷은 이러한 상황 때문에 필사적으로 피하고 싶었던 일을 해야만 했다. 그해 겨울, 그는 스턴과 멀로니가 자금이 부족해졌을 때 찾았던 헤지펀드 바우포스트 그룹과 세일 하버 캐피털Sail Harbor Capital에서 메자닌 대출로 3억 8천만 달러를 받았다. 이자가 14퍼센트나 되는 대출이라 바넷은 새로운 재정적 압박에 직면하게 되었다.

　"저는 그 거래를 하고 싶지 않았습니다. 끔찍한 거래였죠." 바넷이 말했다.

　한편, 보르나도가 소유한 리테일과 사무실은 팬데믹으로 큰 타격을 입었지만, 로스의 220 센트럴파크 사우스 거래는 꾸준히 마무리되고 있었다. 새로운 거래가 성사되는 것은 아니었지만, IR 팀이 예측한 대로였다. 부동산 호황기에 계약을 체결했던 구매자들은 보증금을 포기하지 않고 계약을 마무리했다. 건물은 테플론Teflon 같았다. 전례 없는 불황에도 아무런 타격이 없었다.

  어려운 상황에도 구매 약속을 지킨 부유한 구매자들 덕분에 2020년에 로스는 약 10억 달러 규모의 거래를 성사시켰다. 연말이 되자 건물은 거의 매진되었다. 보르나도의 사무실 포트폴리오의 가치가 급락하던 시기에 절실히 필요했던 수익이었다.

  실적 발표에서 로스는 이 빌딩을 "유동성과 재무 건전성을 공급하는 금융 엔진"이라고 표현했다. 이 빌딩의 재정적 성공은 불황이 영원히 지속되지 않을 거라는 놀라운 지표였다.

25장

지옥의 타워

석유 및 가스 사업으로 부를 쌓고 은퇴한 사리나 아브라모비치Sarina Abramovich와 남편인 미하일 아브라모비치Mikhail Abramovich는 성인이 된 딸과 더 가까운 곳에서 지내려고 2016년 432 파크 애비뉴의 아파트를 1천7백만 달러에 구매했다. 부부는 그해 말 새 아파트로 이사할 예정이었고, 아브라모비치는 이 타워를 "신이 세상에 준 선물"이라고 말했다고 한다.

하지만 건물에 도착한 부부는 아파트의 공사가 아직 완료되지 않은 상태임을 알게 되었다.

아브라모비치는 아파트에 편안하게 들어가지 못하고 안전모를 쓴 운전자와 함께 철판과 합판으로 가득 찬 화물용 엘리베이터에 몸을 구겨 넣어야 했다. 부부가 돈을 내고 구매한 '호사'와는 거리가 먼 경험이었다.

누수, 삐걱거리는 소리, 파손 등 예상하지 못했던 건물의 문제는 거기서부터 악화되기만 했다. 2018년에는 60층의 배관 설비가 고장나면서 발생한 누수로 인해 아래층 아파트로 물이 새면서 50만 달러 상당의 피해가 발생했다.

2021년 초, 아브라모비치는 더는 참을 수 없는 지경에 이르렀다.

수년간 개발업자들에게 문제를 제기하고, 팬데믹 기간 동안 강풍 때문에 건물이 삐걱거리는 소리를 들으면서 불만이 쌓인 아브라모비치는 이후 인터뷰에서 해리 맥클로우가 일부 이웃은 엄두를 내지 못했던 일이라고 묘사한 일을 저질렀다. 언론을 찾아간 것이다.

2021년 2월, 그녀는 「뉴욕 타임스」에 맥클로우와 CIM이 지은 건물의 문제점을 설명했고, 「뉴욕 타임스」는 배관 및 기계 문제로 인한 수백만 달러의 침수 피해, 엘리베이터 오작동, "선박의 조리실에서 나는 소리처럼 삐걱거리는 소음"이 발생하는 벽 등을 언급하며 타워의 건축 결함에 관한 기사를 1면 머리기사로 실었다.

그녀는 「뉴욕 타임스」와의 인터뷰에서 이 건물이 뉴욕 최고의 건물이 될 것이라고 믿었지만, 사실상 전부 연기와 거울에 불과했다고 말했다.

"이곳에서는 모두가 서로를 싫어합니다." 아브라모비치가 말했다.

수년째 432 파크의 엘리베이터와 누수 문제에 관한 소문이 돌았고 주택 소유주들은 수리 비용을 놓고 개발 업체와 조용히 대립하던 상황이었다. 이제 그녀가 이러한 문제들을 세상에 폭로하고 있었다. 전 세계 언론 매체가 이 기사를 보도했고, 소셜 미디어에는 비꼬는 반응이 쇄도했는데, 그야말로 뉴욕 부동산을 향한 궁극의 샤덴프로이데schadenfreude*였다. 결국, 거대한 높이로 인해 유명해진 까닭에 '432parkseesyou'**라는 인스타그램 계정은 멀리서도 보이는 건물의

---

* 남의 불행을 보면서 느끼는 기쁨을 뜻하는 독일어

모습을 올리기 시작했는데, 그 모습은 마치 건물이 뉴욕 전역의 뉴요커를 스토킹하는 것처럼 보였다. 초부유층인 제트족이 엘리베이터에 갇혀 있는 모습, 옷장이 침수되어 축축하게 젖은 마놀로 블라닉 구두를 보며 울고 있는 모습, 축축해진 쿠바산 시가를 말리는 모습은 많은 사람의 웃음을 자아냈다. 어떤 독자는 트위터에 이런 글을 올리기도 했다. "세상에서 가장 사소한 문제와 가장 거대한 문제로 씨름하고 있는 432 파크 주민들을 응원한다. 고통의 시간을 견딜 수 있도록 격려와 기도를."

무대 뒤에서는 권력의 중심이 프로젝트 주관사에서 입주민으로 바뀌는 순간을 앞두고 심판의 날이 다가오고 있었다.

이러한 긴장은 뉴욕의 콘도 이사회 운영 방식과 관련이 있다. 뉴욕에서 새 콘도 건물이 건설되면 일반적으로 일정 기간은 개발 업체가 콘도 위원회를 계속 통제한다. 이 기간에 주관사는 건물 자금을 관리하고 남은 건설 문제를 처리한다. 입주자는 위원회를 넘겨받기 전까지는 부동산 장부에 접근할 수 없고, 주관사의 동의 없이는 소유주를 대신하는 어떠한 주요 결정도 내릴 수 없다. 대개 뉴욕주 법무장관은 건물의 분양 계획에 특정 판매 기준치를 초과하거나 첫 입주일로부터 일정 기간이 경과하면 주관사가 이사회의 통제권을 포기한다는 조항을 명시하도록 요구하고 있다.

2020년 말, 432 파크의 이사회는 2011년에 맥클로우의 재정적 구제를 위해 찾아온 캘리포니아 회사 CIM 대표 다섯 명과 건물 거주자인 동시에 분양을 총괄하는 더글러스 엘리먼을 소유한 CIM 대표 리처드 레슬러의 친구인 하워드 로버로 구성되어 있었다. 그러나 432

** 432 파크에서는 당신이 보인다는 뜻

파크의 분양 계획에 따르면, 주관사의 이사회 통제권은 건물의 첫 입주일로부터 5주년이 되는 2021년 12월 또는 건물의 90퍼센트가 분양되는 시점 중 더 늦은 날짜에 종료되는 것으로 명시되어 있었다.

2021년 말, 입주 5주년이 다가오면서 건물 내 대부분이 분양되었고, 마침내 이사회 통제권이 주민들에게 넘어가자 주민들이 하자 문제에 대해 주관사를 압박할 수 있는 기회가 생겼다. 물론 소송을 제기하는 것도 하나의 선택지였다.

새로 선출된 이사회는 부동산 거물급 인사들로 구성되었는데, 다수가 아파트를 자주 이용하고 오랜 기간 뉴욕에 거주해 온 사람들로, 부재중인 외국인 이웃들보다 건물 운영에 더 큰 관심을 보였다.

이란 태생의 부동산 투자자로 주차장 사업으로 큰돈을 벌었고, 2017년 아내 글로리Glori와 함께 건물의 아파트를 1490만 달러에 구매한 메이어 코헨Meir Cohen이 이사회 의장을 맡게 되었다. 한때 5번가에서 가장 비싼 소매용 부동산들을 소유했던 뉴욕의 저명한 부동산 투자자 조 시트와 JSF 캐피털JSF Capital이라는 부동산 회사의 대표인 재클린 핀켈스타인르보우Jacqueline Finkelstein-LeBow도 이사회 구성원이었다(그녀의 남편은 금융가 베넷 르보우Bennett LeBow로 그의 회사 벡터 그룹Vector Group은 뉴욕 최대의 부동산 중개 업체인 더글러스 엘리먼의 최대 주주였다). 르보우 부부는 2016년에 64층에 있는 넓은 아파트를 약 4천5백만 달러에 매입했다. 네 번째 자리는 올스테이트 리무진AllState Limo의 설립자인 우크라이나 태생 에두아르도 슬리닌Eduard Slinin에게 돌아갔다.

CIM의 대표 라이언 하터Ryan Harter는 CIM이 최소 한 채 이상의 아파트를 소유하는 한 다섯 번째 구성원으로 이사회에 남을 수 있었다.

새로운 이사회가 꾸려지자 스폰서를 고소하는 문제로 건물 내부에 파문이 일었다. 소송하면 재산 가치가 급락할 수 있으니 조심해야 한다는 사람도 있었지만, 「뉴욕 타임스」 기사를 보면 이미 말이 외양간을 떠난 지 오래라고 주장하는 사람도 있었다. 가치 하락은 불가피했다.

지금 소송을 제기하면 적어도 스폰서가 조치를 취하도록 강제할 수 있고, 보험사로부터 거액의 보험금도 받을 수 있었다.

• • •

2021년 9월, 432 파크 애비뉴의 콘도 이사회는 CIM과 맥클로우를 상대로 1억 2천5백만 달러의 소송을 제기했다.

이사회는 폭발적인 논조로 432 파크가 뉴욕시 고급 콘도미니엄 개발 역사상 최악의 불법 사례라고 주장했다. 그해 9월 23일 실시된 소송 제기 투표에서는 다섯 명의 이사 중 네 명이 만장일치로 소송에 찬성했다. CIM 대표인 하터는 기권했다.

이사회는 건물의 공용 공간과 관련된 1천5백여 건의 건축 및 설계 결함을 지적하며, 스폰서가 책임을 부인하고 문제를 제대로 해결하지 않았으며 입주민에 대한 의무를 저버렸다고 비난했다. 구매자들은 초호화 아파트를 약속받고 수천만 달러를 지불했지만 고장과 결함, 안전 문제로 골머리를 앓는 건물을 분양받았다고 주장했다.

전례가 없는 소송은 아니었다. 입주민과 스폰서 간의 법적 분쟁은 뉴욕 부동산업계에서 흔히 볼 수 있는 일이다. 하지만 432 파크의 유명세와 건물의 규모, 비밀스럽고 신비한 억만장자 소유주들 덕분에 언론은 각 혐의에 군침을 흘리며 달려들었다.

가장 먼저 제기된 문제는 소음이었다. 위원회는 삐걱거리는 소리, 쿵쾅거리는 소리, 딸깍거리는 소리 등 건물에서 발생하는 '끔찍하고 거슬리는 소음과 진동'에 대해 불만을 토로했다. 쓰레기를 쓰레기통에 버릴 때 나는 소리를 폭탄이 터지는 소리에 비유하기도 했다. 소장에 따르면 소음이 너무 심한 나머지 일부 주민은 조치를 취할 때까지 최장 19개월 동안 다른 곳에서 지냈다고 한다.

CIM 회장인 리처드 레슬러조차 날씨가 좋은 날에도 잠을 이루기 어려울 정도로 참기 힘든 소음이었다고 인정한 것으로 알려졌다. 그들은 레슬러 역시 이사를 오기 전에 소음 문제가 해결되기를 바랐지만, 문제는 아직도 해결되지 않고 있다고 주장했다. (CIM 측 변호사는 이 주장을 부인했다.)

이사회는 심각한 홍수와 침수 피해도 지적하며 개발사가 '임시방편'으로 처리했다고 주장했다. 2016년 최초 누수 이후 2018년 두 차례나 더 누수가 발생해 승강기 통로에 물이 유입되면서 승강기 4대 중 2대가 수 주간 작동하지 않았고 30세대가 피해를 입었다고 밝혔다.

특히 극적이었던 사건은 침수 문제를 해결하려던 작업자가 콘크리트를 뚫다가 실수로 건물의 전기 배선을 건드리면서 폭발이 발생해 많은 아파트의 에어컨이 차단된 사건이었다. 작업자는 공중으로 튕겨 나갔다. 위원회에 따르면 이 사고는 3년간 두 번째로 발생한 아크 폭발이었다고 한다.

승강기 문제도 있었다. 위원회는 건물의 높이와 흔들림으로 인해 승강기가 오작동을 일으켜 주민과 가족들이 수 시간 동안 갇혀 있어야 했다고 주장했다. 엘리베이터는 건물이 강풍에 흔들릴 때 속도를 늦추게 되어 있었지만, 완전히 멈춰버리기도 했다. 정확한 신원은 공개되지 않았지만, 이사 중 한 명인 메이어 코헨의 대학생 아들이 수 시간 갇혀 있다가 소방대의 구조를 받은 사건이 있었다고 당시 상황을 잘 아는 사람들이 말했다.

건물 직원들은 에르메스 가죽으로 장식된 승강기의 벤치 아래에 물과 산소마스크를 넣어두기 시작했다.

이사회는 스폰서가 문제를 회피하고 판단을 지연시키려 한다고 비난했다. 스폰서는 건물 상태에 대한 엔지니어링 보고서를 작성해 달라는 요청을 반복적으로 거부했고, 그 결과 입주민들이 자체적으로 평가를 외뢰할 수밖에 없었다고 주장했다. 이사회에 전달된 보고서는 '소름이 끼칠 정도로 충격적'이었다고 한다. 설상가상으로 건물에서 생활하는 데 드는 실질적인 비용도 폭발적으로 증가했다. 관리 주체의 잘못된 관리로 인해 콘도 보험료는 3백 퍼센트, 일반 관리비는 39퍼센트가 올랐다고 이사회는 밝혔다.

관리비의 증가는 운영 비용이 치솟고 있는 건물 내 레스토랑과도 관련이 있었다. 초기 건물에 입주한 입주민에게는 아침 식사가 무료로 제공되었고, 레스토랑 운영에 지출되는 비용은 연간 1천2백 달러였다. 그런데 이제 무료 아침 식사는 폐지되었고, 운영 보조금으로 1천2백 퍼센트가 넘게 인상된 연간 1만 5천 달러를 지불해야 했다. 이는 시행사가 분양 계획에서 약속한 것보다 훨씬 더 오랫동안 레스토랑의 운영비를 부담했기 때문이었다. 주민들이 그동안 혜택을 본 것은 사실이지만, CIM이 당시 판매되지 않고 있던 건물의 유닛을 분양하기 위해 일시적으로 레스토랑에 자금을 지원하고 나중에 지불하게 될 거액의 운영 비용을 연간 최소 지출액인 1천2백 달러로 선전한 것이 아니냐고 의문을 제기했다.

이 같은 주장들에 대한 법적 대응에서 CIM은 이 건물이 '의심할 여지 없이 안전하다'며 새로 지은 건물에 약간의 문제가 있는 것은 드문 일이 아니라고 말했다. CIM은 「월스트리트 저널」에 공개한 성명서를 통해 이렇게 밝혔다. "다른 마천루와 마찬가지로 432 파크의 정교한 시스템 역시 주민들이 입주하기 시작했을 때 미세한 조정이 필요했습니다."

CIM 측 변호사들은 법원 서류에서 해당 소송을 시행사로부터 '부적절하고, 부당한 대가를 받아내기 위한 노력'이라고 말하며, 432 파크를 '보물'이라고 불렀다. CIM은 이사회가 합법적인 문제를 해결하기 위해 CIM이 건물에 접근하는 것을 반복적으로 막았고, CIM이 문제를 바로잡기 위해 노력하는 동안 위원회 측의 요구 사항은 계속해서 늘어났으며, 그중 대부분은 건물 설계, 건축법 또는 분양 계획상의 의무 사항이 아니었다고 주장했다. 결함이 아니라 디자인 선호도에 관한 것이었다고 한다. CIM의 변호사들은 이사회가 벌인 '홍보 활동'이 전체 '건물의 가치를 파괴하는 행위'였다고 주장했다.

맥클로우는 아브라모비치의 아파트 증축이 예정보다 많이 늦어진 사실은 인정했지만, 문제를 공개적으로 발언해 자신의 아파트 가치를 떨어뜨린 '불만족스러운 여성'으로 낙인찍었다. "그녀는 아파트의 증축이 끝날 것이라는 말을 다섯 번이나 들었습니다. 일정이 다섯 번이나 지연되었죠. 화가 나는 게 당연합니다."

그러나 소송을 당했을 때는 이사회가 구성원의 부동산 가치를 훼손하는 일에 투표했다는 사실에 충격과 당혹감을 느꼈다고 한다. 마침내 432 파크에 있는 아파트 계약을 마무리할 계획이었던 맥클로우는 분쟁이 그 지경에 이를 것이라고는 예상하지 못했다.

그해 가을, 그는 "자신의 꼬리를 물어뜯는 전갈을 보는 것 같습니다. 왜 그런 짓을 했을까요?"라고 말했다.

· · ·

432 파크를 둘러싼 분쟁은 대규모 입주민 이탈이 일어나기 시작한 시기와 맞물리면서 정점을 찍었다. 점점 더 많은 소유주가 자신의 집을 시장에 내놓는 것처럼 보였다. 2021년 9월 소송이 제기될 무렵에는 건물에서 가장 가치가 높은 아파트 세 채가 매물로 나왔다. 그러나 건물 상태에 대한 비판이 높아지고 있는 와중에도 매물의 가격은 상황을 파악하지 못한 듯 비현실적인 수준이었다.

2020년 여름, 제약업계의 거물인 미타 파텔Meeta Patel과 연계되어 있는 블레싱스 인베스트먼트Blessings Investments는 2016년에 6190만 달러에 매입한 82층의 8천 제곱피트(약 225평) 유닛을 매입가보다 훨씬 비싼 9천만 달러에 내놨다. 미타 파텔과 그녀의 오빠인 아밋 파텔Amit Patel은 중요 의약품의 제네릭*을 제조하는 영국 제약사 아덴 맥켄지Aden Mackenzie의 공동 창립자였다. 그들은 2015년에 회사를 3억 6천만 파운드에 매각했다. (2020년에 아밋 파텔은 회사 운영 당시 의약품 가격 담합 행위를 한 혐의로 영국 당국에 의해 향후 5년간 영국 회사에서 이사직을 맡는 것이 금지되었다. 주택 매각이 이와 관련되어 있는지는 명확하지 않다.)

이듬해 여름, 소송이 제기되기 두 달 전이자 「뉴욕 타임스」 기사로 인해 빌딩의 명성이 훼손된 지 4개월 만에 사우디의 유통 재벌 파와즈 알 호카이르가 소유하고 있던 96층 펜트하우스도 눈살을 찌푸리게 할 만한 가격표를 달고 시장에 나왔다. 1억 6천9백만 달러는 뉴욕 부동산 역사상 최대 가격이면서 그가 구입한 금액의 거의 두 배에 달하는 가격이었다. 고급스러운 녹색 톰 포드 재킷을 입은 중개사 라이언 서핸트는 자신의 유튜브 채널에 올린 동영상에서 이 집을 '세계 8

* generic. 신약으로 개발한 약이 특허 기간이 만료되어 동일 성분으로 다른 회사에서 생산하는 약

대 불가사의'라고 칭하며 감탄사를 연발했다.

9월이 되자 로스앤젤레스 헤지펀드 캐피털 캐피언 어드바이저스의 공동 창립자이자 432 파크의 가장 저명한 구매자 중 한 명이었던 미치 줄리스는 수개월간 자신의 일본풍 아파트를 시장에 내놓지 않고 팔려고 노력하다가 1억 3천5백만 달러에 내놓았는데, 이는 자신이 지불한 가격인 5914만 달러의 두 배가 넘는 가격이었다.

・・・

당연히 구매자는 드물었다. 소송이 제기된 다음 해에 성사된 유일한 거래는 영국의 제약업계 거물 파텔의 아파트가 7천만 달러에 매각된 것이었다. 이 아파트는 이미 건물의 저층 아파트를 소유하고 있던 요시 벤쉐트리Yossi Benchetrit과 그의 아내 겔레 페레이라 벤쉐트리Gaëlle Pereira Benchetrit가 매입했다. 한편, 이 건물에서 중개하던 중개인들은 새로 지어진 건물에 결함이 있는 것은 충분히 예상 가능한 일이며 432 파크의 결함은 보통의 수준을 넘어서지 않는다고 말하며 문제를 축소했다. 그들은 치솟고 있는 레스토랑의 비용까지 대수롭지 않은 것처럼 말했다.

"1년에 1만 5천 달러를 레스토랑에 쓸 여유가 없는 사람이라면 이 건물에 살아서는 안 됩니다. 그 정도는 그렇게 큰돈이 아니에요. 이런 사람들에게는요." 알렉산더 형제 중 건물에 세 들어 살고 있던 탈 알렉산더가 말했다.

해외에 거주하고 있어 연간 지출 한도를 채우지 못하는 그의 고객 한 명은 규정을 우회하는 창의적인 방법을 찾아냈다고 한다. 레스토랑에서 자주 식사할 수는 없었던 그는 패피 반 윙클 버번을 한 번에 여러 상자 대량 주문하는 식으로 최소 금액을 지출했다.

26장

법정에서 봅시다

그날은 2020년 할로윈 주말 전야였고, 57번가에서 역사가 반복되는 듯했다.

옛 스타인웨이 타워에 위치한 스턴의 111 웨스트 57번가를 짓던 타워크레인은 강풍이 불 때 안전 조치로 의도된 '웨더 배이닝weather vaning'이라고 알려진 회전 작업을 하고 있었다. 하지만 크레인 호이스트 케이블 끝에 있는 이른바 '두통 공headache ball'이 느슨해지면서 의도치 않은 일이 발생했다. 공이 건물 외관의 상층부로 추락하면서 그 파편이 거리로 쏟아져 내린 것이다.

인근 식당에서 식사하던 뉴욕 시민들은 공이 타워에 부딪히는 소리에 놀라 유리나 알루미늄 파편에 맞는 것을 피하려 내부로 대피했고, 긴급 구조대원들은 도로를 봉쇄하고 교통을 통제했다. 정확히 8년 전에 원 57에서도 크레인 사고가 발생한 적이 있어 기시감이 느껴졌다. 하지만 높이가 220피트(약 67미터)가 넘는 스타인웨이의 크레인은 뉴욕시 역사상 가장 높은 독립형 크레인이었다.

사건이 발생한 금요일 저녁 6시 30분은 평소라면 사무실에서 퇴근하거나 친구를 만나기 위해 서둘러 집으로 향하는 직장인들로 거리가 북적거렸을 시간이었다. 그러나 팬데믹이 여전히 기승을 부리고 있었기에 거리는 비교적 한산했다. 다행히도 마이클 스턴과 동료 개발업자들은 팬데믹으로 휴식을 취하는 중이었다.

스턴은 가족과 함께 전용기를 타고 마이애미로 향하던 중에 이 소식을 접했다. 그는 플로리다에 가족을 내려주고 곧바로 뉴욕으로 돌아와 피해 상황을 정리했다.

크레인 사고는 건물에서 발생한 일련의 사고 중 가장 최근에 일어난 일이었고, 다시 한번 스턴과 그의 프로젝트에 원치 않는 스포트라이트를 비추었다. 조사관들은 스턴이 프로젝트를 위해 선정한 수많은 비노조 하청업체 중 하나인 US 크레인&리깅US Crane & Rigging이 운전하던 크레인에 연결된 케이블 중 하나가 제대로 묶여 있지 않았다고 판단했다. 이듬해 8월, JDS는 크레인 공이 잘못된 위치에 방치되는 바람에 공이 회전하면서 건물에 부딪혔다며 US 크레인&리깅과 자회사 NYC 크레인 호이스트&리깅NYC Crane Hoist & Rigging에 9천만 달러에 달하는 소송을 제기했다. 그러나 스턴은 수천 피트 상공에서 고층 건물을 짓는 것은 본질적으로 매우 위험하므로 사고는 예상할 수 있는 일이라고 말하며 사건을 축소했다.

사고는 예상할 수 있는 일이라는 그의 발언은 틀린 말이 아니었다. 전년도인 2019년에 햄프셔 하우스 콘도 측은 JDS가 건물에 콘크리트를 타설하던 중 호스가 느슨해지거나 파손되어 바로 옆의 햄프셔 하우스 콘도 위로 콘크리트가 쏟아져 내렸다며 소송을 제기했었다. 쏟아진 콘크리트가 부식을 일으키고 굳어 심각한 피해를 끼쳤다고 했다. (JDS는 이 주장을 부인했다.)

노조 위원장인 게리 라바르베라가 예상한 대로 스턴이 고용한 비노조 파트너 중 일부는 정직하지 못한 것으로 드러났다. 2018년에 사이러스 R. 밴스 주니어Cyrus R. Vance, Jr. 맨해튼 지방 검사는 직원 대부분이 멕시코와 에콰도르 출신의 미등록 이주노동자인 파크사이드 컨스트럭션Parkside Construction이라는 콘크리트 시공 업체를 1백 7십만 달러 이상의 임금을 횡령한 혐의로 기소했다. 당국은 파크사이드가 산재보험료 납부를 회피하기 위해 주 보험 당국으로부터 4천2백만 달러에 가까운 임금을 숨겼다고 주장했다.

파크사이드의 공동 소유주인 살바토레 푸글리세Salvatore Pugliese와 프란체스코 푸글리세Francesco Pugliese는 나중에 이 혐의에 대해 형량 협상을 벌였다. 스턴의 개발사인 JDS는 기소되지 않았는데, 검찰은 JDS가 이를 알고 있었다는 증거를 가지고 있지 않았고 스턴은 불법 행위에 대해 알지 못했다고 강력하게 부인했다.

스턴은 코로나19 위기에서도 대형 거래를 여러 건 성사시켰지만, 판매 속도는 여전히 기대에 미치지 못했다. 한편, 건물의 투자자와 대출 기관들은 착공한 지 거의 7년이 지났는데도 타워가 아직 완공되지 않은 것에 대해 점점 큰 불만을 품었다. 이후 멀로니는 공사가 지연된 원인이 부분적으로 비노조 건설 업체를 고용한 스턴의 결정에 있었다고 했다. 그는 "스타인웨이 프로젝트의 가장 큰 아킬레스건은 인건비와 인력 충원을 두고 잡음이 끊이지 않았던 점"이었다고 말했다. 건설 노조 위원장인 게리 라바르베라는 이 건물을 비노조 노동력 사용의 위험성을 보여준 전형적인 사례로 지목했다. "제가 노조 지도부에 들어온 이래 누누이 말해온 모든 것, 노조 노동자 고용에 부가가치가 있음을 입증해준 사례입니다. 생생한 증거죠."

설상가상으로 건물의 우선 지분 파트너인 매디슨 리얼티 캐피털은 프로젝트에 건설 자금 대출을 제공한 사모펀드 아폴로와 함께 스턴의 퇴출을 추진하고 있었다.

크레인 붕괴 사고로 공사가 1년 가까이 지연되자 아폴로는 파크 레인 호텔에서 불확실한 상태의 프로젝트를 진행 중이던 베테랑 개발업자 스티브 위트코프를 건설 컨설턴트로 영입했다. 위트코프의 직원들은 타워의 완공을 감독하고 지금까지 진행된 작업을 검토하는 데 도움을 주기로 했는데, 이는 아폴로의 주주들을 만족시키기 위해 추가적인 감독을 제공하는 이례적인 조치였다. 놀랍게도 스턴은 그때부터 위트코프 팀이 건축 관련 결정에 서명할 때 어깨너머로 지켜봐야 했다.

수년 전 프로젝트에서 불명예스럽게 해고된 후 스턴과 말로니를 상대로 소송을 제기했던 개발 마케팅 회사 콜코란 선샤인도 분양을 촉진하기 위해 다시 합류했다.

· · ·

스턴과의 첫 투자로 재정적인 횡재를 했던 데이비드 '웨이비 데이브' 주라시치 역시 스타인웨이 타워의 문제로 고통받고 있었다. 2021년 2월, 워커 타워에 있는 아파트에서 주라시치는 팬데믹 시간 중 불행한 일상이 되어버린 증언 녹취를 하고 있었다. 스턴은 산더미 같은 소송에 짓눌려 있었는데, 대부분의 심리가 코로나19 위기로 인해 온라인으로 전환된 상황이었다.

녹초가 된 주라시치는 이 모든 일에서 벗어나는 날을 기다리며 초조해했다. 부동산업계에서 완전히 손을 떼고 싶었던 그는 비트코인 채굴 등 다른 사업으로의 전환을 고려하고 있었다.

문제의 증언은 111 웨스트 57번가에 대한 자금 조달을 도와준 대가로 받아야 할 돈을 받지 못했다고 주장한 두 컨설팅 회사가 스턴과 주라시치가 지배하는 회사를 상대로 제기한 소송과 관련된 것이었다. 법원은 컨설팅 회사의 손을 들어줬지만, 스턴과 주라시치는 아직도 현금을 내놓지 못하고 있었다. 주라시치는 공판 전 담당 변호사에게 자신들에게 줄 돈이 남아 있지 않다는 것이 문제라고 했다. 그는 증언 녹취 중 이렇게 말했다. "우리가 번 돈은 엄청나게 깊은 구덩이 속으로 사라져버렸습니다. 어디 있는지 말씀드릴 수 있습니다. 그것은 파괴된 프로젝트에 있어요…… 재앙입니다. 재앙이죠."

법적 소송이 진행 중인 와중에도 주라시치는 반성하는 모습을 보였다. "저를 허탈하게 만드는 가장 큰 오류는 부동산 개발업자들이 부유하며, 개발 프로젝트를 추진할 때마다 엄청나게 많은 돈을 번다고 믿는 것입니다. 지금 당장 너무 멍청해서 엄청나게 많은 돈을 잃은 저를 고소하고 법정에 데려가십시오."

2021년 말이 되자 스턴과 사업상 관계를 맺고 있는 사람들 사이에서 공감대가 형성되는 듯했다. 수많은 사람이 거짓말을 한 스턴에게 속았다고 느꼈다. 수년 동안 스턴하고만 소통하던 그들은 처음으로 서로에게 직접 연락해 뉴욕, 마이애미, 혹은 전 세계에서 커피숍이나 줌zoom으로 만나 서로의 기록을 비교하기 시작했다. 그들은 자신들이 같은 문제를 갖고 있음을 알게 되었다. 스턴은 그들에게 지키지 않을 약속을 했고, 그가 감독하는 프로젝트의 비용은 풍선처럼 불어났으며, 진행 상황과 재무 관련 정보를 요구하면 갑자기 연락이 닿지 않았다고 한다. 일부는 독자적으로 법적 조치를 취하기도 했다.

"홍보를 기대하지는 않았지만 정보는 기대했습니다. 마이클 스턴은 여러 면에서 선구자이지만, 선구자들은 현실감을 잃는 경우가 많아요." 스타인웨이 프로젝트의 투자자인 막심 세레진Maxim Serezhin이 말했다.

 스턴의 비전과 법적 문제는 111 웨스트 57번가에서의 분쟁을 넘어섰다. 2017년 브루클린의 토니 파크 슬로프 지역에 지은 콘도에서 스턴은 두 전선에 소송을 벌이고 있었다.

 그의 지분 파트너 라르고 인베스트먼트Largo Investments는 스턴이 "개인 제트기, 고급 자동차 컬렉션, 호화로운 저택 등 자신의 호화로운 라이프 스타일"을 유지하고 다른 프로젝트에 필요한 자금을 메우기 위해 비용을 허위로 부풀리고 존재하지도 않는 비용을 청구했다고 비난했다. 스턴이 프로젝트 자금을 파트너에게 의무적으로 배분하지 않고 개인적 용도로 횡령했다는 주장이었다.

 라르고는 스턴이 JDS의 건설 부서를 통해 프로젝트 관리 비용을 당초 예산보다 290퍼센트나 많은 5백만 달러로 늘려 파트너의 프로젝트 지분을 인위적으로 소멸시켰고, 프로젝트와 관련된 재무 및 사업 기록에 접근할 수 있는 라르고의 법적 권리를 부인함으로써 이를 은폐하려 했다고 주장했다. 스타인웨이 프로젝트의 딕 비앙코와 암베이스의 주장과 유사한 혐의를 주장한 라르고는 최근 비슷한 소송이 잇따르는 상황에서 스턴이 "투자자와 부동산 사업 파트너를 속이는 명백한 패턴"을 보였다고 비난했다.

 같은 브루클린 콘도 프로젝트의 또 다른 파트너는 스턴이 건설 대출과 관련된 서류에 서명을 위조하여 자신을 개발에서 부적절하게 배제하고, 스턴의 회사 건설 부서를 건설 관리자로 대체했다고 주장했다. 스태튼 아일랜드의 개발업자인 도메닉 토나키오Domenick Tonacchio가 이끄는 이 파트너 회사는 필적 전문가를 고용해 서류의 서명이 위조된 것임을 확인했다고 한다. 이 사건은 몇 년 전 스턴의 전 부인이 제기한 의혹과 유사했다.

플로리다에서는 마이애미 해변에 콘도미니엄을 짓는 프로젝트에 투자한 부동산 회사 애커먼 디벨롭먼트Ackerman Development와 밍크 디벨롭먼트Mink Development와 관련된 유한회사들이 비슷한 의혹을 제기했다. 고소장에서 그들은 스턴이 프로젝트에 자금을 조달하기 위해 "투자자를 속이는 패턴과 관행"을 보였고, "자신의 이익을 위해 허가 없이 프로젝트 비용을 폭등시켰으며, 협상된 계약 및 기타 법적 권리를 노골적으로 위반하는 다양한 전술을 통해 프로젝트의 돈, 가치 및 홍보를 빼돌렸다"고 주장했다.

스턴은 그러한 혐의를 부인했지만, 회사 사무실과 111 웨스트 57번가 분양 사무소의 임대료를 미납한 혐의로도 소송을 당한 상태였다.

스턴을 상대로 제기된 소송의 눈덩이처럼 불어나면서 그의 오랜 개발 파트너였던 케빈 멀로니는 수년 동안 적대 관계로 지냈던 사람과 공동 피고인이 되는 처지에 놓이게 되었다.

어퍼 웨스트사이드 펜트하우스에서 멀로니는 위트코프가 마무리 작업을 감독하는 동안 스타인웨이 타워의 현장을 직접 볼 수 있었다.

"시간을 되돌릴 수 있다면 절대 프로젝트를 하지 않았을 겁니다." 멀로니가 말했다.

27장

회복의 씨앗

센트럴파크 타워에서는 파티가 한창이었다. 턱시도를 입은 웨이터가 거대한 샴페인 잔 탑에 샴페인을 따르고, 유명 가수 마이클 펜스타인Michael Feinstein이 부르는 〈그레이트 아메리칸 송북Great American Songbook〉의 클래식 음악이 공기를 가득 채웠다.

2021년 9월, 맨해튼의 패션 아이콘 아이리스 아펠Iris Apfel의 1백 번째 생일을 축하하기 위해 건물 위층에 많은 사람이 모였는데, 화려한 러플 장식의 노란색 앙상블을 입은 아이리스 아펠은 빅버드*와 안나 윈투어Anna Wintour를 섞어놓은 것처럼 보였다. 타미 힐피거와 그의 아내 디 오클레포 힐피거는 각각 핀스트라이프 슈트와 반짝이는 은빛 디스코 볼 드레스를 입고 백 살 생일을 맞은 커버걸 아이리스 아펠과 함께 포즈를 취했고, 손님들은 타워 아래 환영 매트처럼 펼쳐진 밤

---

* 미국의 어린이를 위한 TV 교육 프로그램 〈세서미 스트리트 Sesame Street〉에 등장하는 의인화된 새 캐릭터

의 스카이라인을 배경으로 사진을 찍었다.

행사 주최사인 H&M과 하퍼스 바자에 공간을 빌려준 것은 건물에 대한 새로운 관심을 불러일으키기 위한 엑스텔의 전략이었다. 건물 공사가 완료되고 도시 내 코로나19 확진자가 급격히 줄어들자 엑스텔의 영업 팀은 파티, 이벤트, 공개 행사를 통해 사람들을 끌어들이려 했다. 유명 웨딩 및 이벤트 플래너인 콜린 코위는 건물을 위한 화제의 이벤트를 기획하고 있었다. 가능한 한 많은 사람을 문 안으로 들이는 것이 아이디어였는데, 이는 로스가 220 센트럴파크 사우스의 마케팅에 사용했던 전략과는 정반대의 전략이었다.

2021년 말에 또 다른 건설 대출의 만기일이 다가오자 개리 바넷은 압박을 받았다. 연말까지 충분히 물량의 아파트를 분양할 수만 있다면, 대출 잔액도 갚을 수 있고 재협상할 필요도 없었다.

바넷은 휴식이 필요했다. 회사의 이스라엘 채권과 관련한 서류에 따르면 엑스텔은 2020년에 총 1억 9천만 달러의 손실을 입으면서 타워의 기대 수익을 큰 폭으로 조정해야 했다. 이제 프로젝트의 총 수익은 8억 4천5백만 달러에 불과할 것으로 예상되었는데, 이는 2018년에 예상했던 약 20억 달러에 비해 60퍼센트 이상 하향 조정된 수치였다. 건설 비용이 28억 달러에서 31억 달러로 소폭 상승한 이유도 있었지만, 대부분 분양가 인하에 따른 결과였다. 2023년 말까지 건물의 모든 유닛을 제곱피트당 평균 5750달러에 판매할 수 있을 것으로 예상했는데, 이는 제곱피트당 7천 달러 이상이라는 기존 예측에 비하면 크게 낮아진 가격이었다.

시장이 다시 협조적으로 나오는 것처럼 보였다. 전 세계 많은 사람이 팬데믹으로 인해 끔찍한 고통을 겪었지만, 세계 인구 중 일부는 엄청난 부를 창출하기도 했다. 전 세계 중앙은행은 기업을 살리기 위해 수조 달러를 투입했고, 대부분의 돈이 금융 시장으로 흘러들면서 초부유층의 순자산이 증가하고 주식시장은 급등했다. 팬데믹 기간 동안 소비자들이 행동을 바꿔 온라인 서비스를 이용하면서 아마존 창업자 제프 베이조스와 같은 억만장자들의 기업 가치는 급등했다.

팬데믹 시대에 발생한 또 다른 사태는 암호화폐의 갑작스러운 인기였다. 한때 사회 주변부에 있었던 디지털 통화가 하룻밤 사이에 주류로 편입되어 투자 수단으로 인정받으면서 암호화폐 가격이 급등했고, 많은 새로운 부가 창출됐다. 그 부의 일부는 새로운 투자 분야인 NFT 예술 작품으로 흘러들었다. 이미지나 동영상 클립과 같은 디지털 자산에 고유한 소유권 코드를 부여하는 NFT 시장의 폭발적인 성장은 패리스 힐튼, 멜라니아 트럼프Melania Trump, 저스틴 비버Justin Bieber 같은 유명인이 NFT 게임에 뛰어들면서 가속화됐다. 대안 화폐의 붐은 새로운 부류의 억만장자를 탄생시켰다. 여기에는 마크 저커버그Mark Zuckerberg의 대학 시절 적수로 알려진 윙클보스Winklevoss 쌍둥이 형제를 비롯해 암호화폐 거래소 코인베이스Coinbase를 설립한 브라이언 암스트롱Brian Armstrong과 프레드 어삼Fred Ehrsam, 지금은 불명예를 얻은 경쟁 거래소 FTX를 만든 샘 뱅크먼프리드Sam Bankman-Fried와 같은 새로운 인물들이 있다.

111 웨스트 57번가에서는 건물에서 가장 비싼 72층에 위치한 7,130제곱피트(약 200평)의 아파트를 두고 부유한 구매자 두 명이 6천 6백만 달러를 제시하며 경합을 벌였다. 개발업자들은 블록체인 기반 컴퓨터 네트워크인 이더리움Ethereum의 창립자 중 한 명인 개빈 우드Gavin Wood로부터 두 번째 제안을 받았을 때 이미 처음 받은 제안을 수락한 상태였다. (이 유닛은 신원이 확인되지 않은 첫 번째 구매자에게 돌아갔다.) 소셜 미디어 대기업 틱톡TikTok의 모회사 지분을 소유한 임원인

팀 공Tim Gong은 아파트 두 채를 3천4백만 달러에 매입했다.

센트럴파크 타워의 새로운 구매자 중에는 당시 메타버스라는 디지털 영역으로 사업을 확장하던 페이스북의 모회사인 메타Meta의 글로벌 비즈니스 그룹 부사장 니콜 멘델손Nicole Mendelsohn도 있었다.

암호화폐 억만장자의 등장으로 중개인이 구매자를 실사하는 일반적인 프로세스가 바뀌면서, 중개인은 이제 은행 명세서나 급여 및 세금 신고서가 아니라 코인베이스 계정의 스크린 숏과 소셜 네트워킹 사이트 레딧Reddit의 소문에 의존해야 했다.

기존의 억만장자들도 글로벌 보건 위기로 더욱 부유해졌다. 2021년 4월 기준, 『포브스』의 억만장자 명단에는 전년 대비 거의 7백 명이 증가한 2천7백 명의 억만장자가 포함되었는데, 그중 상당수가 중국에서 새롭게 억만장자가 된 사람들이었다. 프랑스 경제학자 토마 피케티Thomas Piketty가 설립한 글로벌불평등연구소Global Inequality Lab는 단 2,750명의 억만장자가 전 세계 부의 3.5퍼센트를 통제하고 있고, 이는 1995년 1퍼센트에서 증가한 수치이며, 팬데믹 기간 동안 급격히 증가했다고 밝혔다.

물론 팬데믹으로 인한 해고와 사업장 폐쇄로 생계를 잃은 대부분의 미국인에게 엄청난 부의 이전은 나쁜 소식이었다. 하지만 고급 부동산 개발업자들에게 이것은 한 가지 중요한 단어를 의미했다. 바로 거래였다.

맨해튼 고급 부동산 시장은 하룻밤 사이에 회복된 것처럼 보였다. 침체기가 사라지기 무섭게 다시 활기를 되찾았다. 스위치가 다시 켜진 듯했다.

업계 관계자들은 2020년 11월을 전환점으로 꼽았는데, 오랫동안 기다려 온 대통령 선거가 조셉 바이든이 트럼프를 상대로 승리하면서 막을 내렸고 화이자Pfizer가 코로나19 백신 실험 결과를 발표하면서 자사의 백신이 약 90퍼센트의 높은 효능을 보였다고 전 세계에 알렸던 시기였다. 극적인 정치적 불확실성의 시기가 끝나고 코로나19와의 싸움에서 희망의 빛이 희미하게 보이자 뉴욕의 잠재적 구매자들은 주택 구매에 확신을 얻었다.

억눌렸던 수요가 터지면서 갑자기 맨해튼 전역에 있는 분양 사무소의 전화가 다시 울리기 시작했다.

그해 겨울, 아침마다 계약 관련 이메일을 열어보던 콜코란 선샤인의 대표 켈리 케네디 맥은 날마다 어제보다 거래가 많아지는 것을 느꼈다. 그녀는 아이폰 화면으로 전날의 모든 계약 사항을 한눈에 검토하는 데 익숙해져 있었다. 이제는 계약 목록이 길어져서 계속 스크롤을 아래로 내려 봐야 했다.

그녀는 팀에 답장을 보냈다. "정말 대단해요. 스크롤을 내리기만 하면 되네요!"

뉴욕을 위한 조종을 울렸던 비평가들은 자신들이 한 말을 취소해야만 했다.

2021년은 궁극적으로 맨해튼 고급 부동산 시장 사상 최고의 해로 기록되었다. 부동산 및 데이터 회사인 올샨 리얼티Olshan Realty에 따르면 연말까지 체결된 4백만 달러가 넘는 거래는 1,877건으로 거래 규모는 총 160억 달러에 육박했다. 2020년에 체결된 거래 규모의 약 세 배, 2019년과 비교하면 두 배나 많은 수치였다. 전국적으로 최소 40건의 거래가 5천만 달러 이상이었는데, 이는 2020년 대비 35퍼센트 증가한 수치였고 최소 여덟 건은 1억 달러 이상으로 2020년 대비 300퍼센트 증가한 수치였다.

외국인 구매자들이 아직 시장에 본격적으로 돌아오지 않았다고 말

27장 회복의 씨앗

한 낙관적인 뉴욕 중개인들에게조차 충격적인 수치였다. 뉴욕 부동산 시장이 내국인의 거래만으로 사상 최고치를 기록한 것이다. 그들은 외국인 매수세가 돌아오면 시장이 어디까지 갈 수 있을지 상상해 보라고 말했다.

그러나 수요가 돌아와도 구매자들은 팬데믹 이전의 가격을 지불할 의향이 없었고 회복은 더디기만 했다. 여전히 공급 과잉이라는 근본적인 문제가 존재했고, 고급 고층 빌딩의 경우는 더욱 심각했다. 1년 후에나 공급될 만한 물량이 쏟아져 수요와 공급의 역학 관계가 악화되면서 구매자가 쥔 주도권은 더욱 견고해졌다. 거리에는 피가 흘렀고, 눈치 빠른 구매자들은 할인의 냄새를 맡을 수 있었다.

일부 개발업자들은 새로운 수요를 잡기 위해 마침내 가격을 대폭 조정해 경쟁에서 우위를 점하기로 합의했다. 억만장자 거리에는 회복의 씨앗이 고르게 뿌려지지 않은 것처럼 보였다.

맨해튼 최대 규모의 거래들은 센트럴파크 타워와 바넷의 첫 메가 타워인 원 57에서 이루어졌다. 엑스텔은 당초 2017년 분양 계획에서 예상했던 것보다 약 25퍼센트 할인된 가격으로 센트럴파크 타워를 분양했다. 파격적인 할인가에 판매된 유닛도 있었다. 원래 분양 계획에서 9천5백만 달러로 책정된 침실 4개짜리 아파트는 4970만 달러에 팔렸다. 바넷은 가능한 한 빨리 많은 유닛을 판매해 대출금을 갚은 다음 나중에 다시 가격을 올릴 계획이었다고 한다.

인근의 원 57에서 발생한 대규모 전매 손실도 할인을 부추겼다. 그해 1월 한 유닛이 원래 구매 가격의 50퍼센트에도 못 미치는 1675만 달러에 이루어지면서 타워의 최다 재판매 손실을 기록했다. 바넷은 블룸버그 뉴스와의 인터뷰에서 "안타깝게도 유품 처분을 하면서 그냥 버리기로 결정한 것이나 마찬가지인 건이었다"고 당시 상황을 설명했다.

하지만 그뿐만이 아니었다. 투자 리얼리티 쇼 〈샤크 탱크Shark Tank〉에 출연하는 기술 기업가 로버트 허자벡Robert Herjavec은 원 57의 초기 구매자였던 중국 대기업 하이항 그룹의 관계사로부터 재판매 유닛을 3190만 달러에 낙찰받았다. 이 회사는 6년 전에 해당 유닛을 4737만 달러에 매입했었다. 허자벡은 「월스트리트 저널」에 보낸 성명에서 뉴욕의 회복에 대한 믿음을 매입한 이유로 꼽았다. 그는 "코로나19로 인해 디지털 유목민이나 원격 근무자가 생겨난 것은 맞지만, 도시의 에너지가 사람들을 다시 불러들일 것"이라고 말했다.

이 거래는 HNA가 원 57로 입은 두 번째 손실이었다. 전년도에는 2014년에 2950만 달러에 매입한 유닛을 이보다 훨씬 낮은 가격인 1720만 달러에 매각했다. HNA 재산은 글로벌 쇼핑으로 인한 부채 증가와 중국 당국의 조사로 몇 년 사이에 무너져내렸다. 중국 역사상 가장 큰 규모의 기업이 붕괴되기 직전이었다. HNA의 공동 창업자 겸 회장인 왕젠Wang Jian은 프랑스 출장 중 아비뇽시 인근 절벽에서 사진을 찍다가 추락해 사망한 것으로 알려졌다.

HNA의 거래가 쇄도하는 원 57 매각에 영향을 미쳤을지도 모르지만, 이러한 할인은 원 57의 가치가 시장에서 다른 빌딩에 비해 얼마나 떨어졌는지 보여줬다. 이는 220 센트럴파크 사우스에서 여러 건의 재판매 거래가 이루어졌던 2021년에 두드러졌는데, 이는 위기가 닥쳤어도 220 센트럴파크 사우스의 가치가 유지되었음을 보여줬다. 중개인들은 보르나도의 220 센트럴파크 사우스가 경쟁에서 우위를 점하고 있으며, 그 명성으로 지금까지 시장이 던진 모든 장애물을 극복하고 시장이 반등하면서 가장 큰 혜택을 보고 있다고 보고했다.

센트럴파크 사우스에서 성사된 거래 중에는 헤지펀드 매니저인 다니엘 오흐의 대형 거래도 있었는데, 그는 자신의 유닛을 중국 기술 대기업 알리바바Alibaba의 공동 창립자이자 농구팀 브루클린 네츠의 오너인 대만계 캐나다인 조셉 차이Joseph Tsai에게 약 1억 9천만 달러에 매각했다. 그가 2년 전에 지불했던 금액의 약 두 배였다. 미국 역사상 세 번째로 비싸게 거래된 주택에 관한 소식은 전 세계 언론의 헤드라인을 장식했다.

이후 차이는 자신의 포트폴리오에 220 센트럴파크 사우스의 아파트를 더 추가했는데, 그 규모는 약 3억 5천만 달러에 달했다.

2022년까지 바넷은 센트럴파크 타워에서 총 10억 달러에 가까운 규모의 물량을 분양했다. 전반적으로는 반가운 개선이었지만, 여전히 그가 원하는 수준에 미치지 못하는 실적이었다. 바넷은 투자자와 대출자다 안전하게 자금을 회수할 수 있다고 확신했지만, 자신이 투자한 자본은 회수하지 못할 수도 있다는 사실을 알고 있었다.

"실익은 거두지 못할 것 같네요." 바넷이 말했다. 좌절을 느낄 만한 상황이었다.

"우리는 단순히 투자한 돈을 다시 돌려받자고 이런 위험들을 감수하고 엄청난 노력을 퍼붓고 잠 못 이루는 밤을 보내는 것이 아닙니다. 큰 이익을 얻기를 기대하면서 이런 사업을 추진하는 거죠. 사람들은 완성된 제품과 신문에 실린 숫자들만 보고 엄청난 돈을 벌겠구나 하죠. 이 모든 일에 얼마나 거대한 비용이 들어가는지는 모릅니다."

여러 면에서 바넷은 원 57을 위해 추진한 과장 광고 덕분에 뉴욕의 초호화 콘도 붐을 대표하는 인물이 되었다. 그러나 이제 그의 두 번째 건물이 그 광고의 희생양이 될 가능성이 있었다.

28장

분노

2021년 11월의 어느 쌀쌀한 아침, 경매 회사 소더비Sotheby's의 어퍼 이스트사이드 본사에서 마스크를 쓴 사진사들이 전문가들이 역대 최고의 상징적인 조각품이라고 말한 작품을 완벽하게 찍기 위해 각도를 잡고 있었다.

그것은 알베르토 자코메티의 〈코〉로, 얇고 긴 피노키오 스타일의 코를 가진 인물의 금속 조각으로 철제 케이지 안에 매달려 있었는데, 코는 케이지에서 삐져나올 정도로 길었다. 옆에서 보면 인물상은 회전식 연발 권총을 연상시켰고, 위의 조명은 특정 각도에서 볼 때 밝은 흰색 경매장 벽에 뉴욕 마천루처럼 보이는 그림자를 드리웠다.

경매에 나온 〈코〉의 추정 가격은 7천만 달러에서 9천만 달러 사이였다. "이 작품에는 너무나 많은 심리적 드라마가 담겨 있습니다." 소더비의 글로벌 미술품 판매 책임자인 브룩 램플리Brooke Lampley는 기자들 앞에서 이 정도로 중요한 작품이 시장에 나오는 것은 극히 드문 일이라고 말했다. 자코메티의 작품은 대부분 전 세계 주요 박물관에

28장 분노

소장되어 있었다.

하지만 현장에 있던 사람들은 조각품이 경매에 나온 이유가 진짜 드라마라는 사실을 알고 있었다. 그것은 맥클로우 부부가 치른 전쟁의 전리품이었다.

해리 맥클로우는 20대였던 1960년대 중반에 프랑스 니스에서 멀지 않은 현대 미술관인 메그 재단Maeght Foundation에서 처음으로 자코메티 조각상을 봤다고 한다. 처음 방문한 유럽에서 본 조각상은 그에게 싶은 인상을 남겼다. 해리는 수십 년이 지나도 어린 시절 엠파이어스 테이트빌딩을 방문했던 때처럼 총천연색으로 생생하게 조각상을 떠올릴 수 있었다고 한다. 그는 작품을 응시하면서 작가의 감정을 들여다보고, 슬픔을 느꼈다. 해리는 극심한 고통에 시달리는 자코메티가 의자에 앉아 입술 한쪽에 담배를 물고 검지로 점토에서 조각상의 입을 파내는 모습을 볼 수 있었다. 압도적인 경험이었다.

수십 년 후, 전처인 린다가 24시간 동안 그 작품을 판매할 수 있는 독점권을 가지고 있던 딜러로부터 전화를 받았을 때, 해리는 서둘러 작품을 구입하라고 했다. "가격이 얼마든 상관없어. 우리가 사야 해."

(물론 린다가 자코메티의 작품을 구매한 기억은 해리의 기억과는 확연히 달랐다. 그녀는 고등학교 때 뉴욕 현대 미술관에서 해당 작품을 봤고, 마침내 조각품을 구입하겠냐는 제안을 받았을 때 해리가 뉴욕 딜러를 거래에서 제외하려고 시도하는 바람에 거래가 거의 무산될 뻔했다고 말했다. 린다는 해리가 예술에 대해 그렇게 많이 알지 못하며, 그나마 아는 지식도 전부 자신에게서 배운 것이라고 했다.)

2021년 11월, 마침내 자코메티의 작품이 경매에 나왔을 때, 그것은 맥클로우 부부의 컬렉션에서 판매된 소량의 작품 중 첫 번째 작품이었고, 그해 미술 경매 일정의 하이라이트였다. 팬데믹 이후 소더비에서 열린 가장 큰 규모의 개인 소장품 경매였고, 소더비 본사에 설치된 스크린을 통해 런던과 홍콩에서 실시간으로 원격 입찰과 현장 입찰이 진행되었다. 담당자들은 경매장 옆에 있는 전화기 옆에 서서, 통화 내용이 들리지 않도록 손으로 송화기를 꽉 쥔 채로 입찰자들과 열띤 통화를 했다.

경매인은 5천5백만 달러로 입찰을 시작했다. 관중들은 거대한 고래 두 마리가 나타나 소더비의 담당자들을 통해 전화로 입찰 경쟁을 벌이는 모습을 황홀하게 지켜보았다.

조각품은 최종적으로 암호화폐 트론Tron의 창시자인 저스틴 선Justin Sun에게 7840만 달러에 낙찰되었다. 선은 시대적 상황에 완벽히 부합하는 구매자였다. 암호화폐는 연일 새로운 정점을 찍고 있었고, 비트코인 억만장자들은 거액의 수표를 써댔고, NFT 열풍이 전 세계를 휩쓸고 있었다. 외국인 구매자들은 아직 부동산 시장으로 돌아오지 않았을지 모르지만, 예술 시장에 확실한 흔적을 남기고 있었다.

한편, 페이즐리 파시미나에 벨벳 로퍼를 신은 맥클로우는 입찰자와 구경꾼 사이에 앉아 침울한 표정을 지었다. 작품이 팔리는 것을 보니 슬프냐고 묻자, 그는 자신이 예술 작품을 일시적으로 관리한다고 생각했지, 무덤까지 가져갈 계획은 전혀 없었다고 말했다. "나는 이집트인이 아니니까요."

맥클로우 부부의 컬렉션은 두 차례의 별도 경매를 통해 9억 2천2백만 달러에 판매되면서 2018년 은행가 데이비드 록펠러David Rockefeller와 그의 아내 페기 록펠러Peggy Rockefeller의 컬렉션이 세웠던 8억 3천5백만 달러라는 기록을 깼다. 이는 당시 경매 역사상 가장 비싼 컬렉션이었다.

그러나 컬렉션을 판 현금 중 맥클로우의 몫은 그의 주머니로 들어

가지 않았다고 관계자가 말했다. 당시 상황을 잘 아는 사람들은 그가 자신의 예술 작품을 판매하여 얻은 수익 중 일부를 미드타운 이스트에서 토지 합병에 필요한 자금을 조달했던 포트리스 인베스트먼트 그룹에 기부했다고 했다. 맥클로우는 그 부지에 건축 설계 회사 겐슬러Gensler가 디자인한 오피스 타워를 세우기 위해 엄청난 돈을 썼지만 궁극적으로 프로젝트를 진행하는 데 필요한 모든 부지를 합병하지 못했다. 포트리스 인베스트먼트 그룹에게 약간의 빚을 지고 있었던 것이다.

그는 평정심을 유지하려고 노력했지만, 씁쓸함을 감출 수 없었다.

"나는 매우 좋은 남편이었고 가족들을 부양하기 위해 많이 노력했습니다. 전처는 10억 달러를 가지고 떠났고, 아들은 집과 자동차, 보트, 비행기를 가지고 있네요. 당연히 무척 화가 나죠."

에필로그

영원한 유산

부동산 관련 파티 초대장을 받는 일은 업계에 있으면 흔하지만, 이 초대장은 내 눈길을 사로잡았다. 2021년 10월, 나는 브루클린 최초의 초고층 빌딩 꼭대기에서 열리는 칵테일 파티에 초대받은 엄선된 언론인 중 한 명이었다. 이 빌딩은 역사적 랜드마크인 브루클린의 다임 저축은행을 통합하기 위해 지어진 1,000피트(약 305미터)가 넘는 93층짜리 타워였다.

도착하자마자 1906년경 그레코로만* 양식으로 지은 건축의 보석으로 웅장한 이오니아식 기둥과 정교하게 장식된 천장으로 둘러싸인 로툰다를 갖춘 옛 은행 건물로 안내를 받았는데, 그곳에는 칵테일과 음악이 있었다. 그런 다음 공사용 엘리베이터를 타고 위로 올라가 난생처음으로 보는 뉴욕의 전망을 감상했다. 브루클린에서 가장 높은 그 건물은 브루클린 도심 스카이라인에서 맨해튼을 향해 치켜든 가운뎃손가락 같았다.

* Greco-Roman. 그리스 양식과 로마 양식을 혼합한 예술 양식

"맨해튼이 울고 가겠군"이라고 쓰인 초대장에 빌딩은 '구름을 뚫고 지나가는 경이'라고 묘사되어 있었다.

어떤 면에서 건물은 111 웨스트 57번가를 상기시켰다. 아마도 개발업자들이 랜드마크 건물을 검은색 강철, 청동, 구리로 덮인 현대적인 초고층 건물에 통합시켜서 그랬을 것이다. 그게 아니라면 브루클린의 스카이라인을 영원히 바꿔버린 디자인에서 보인 거침없는 야망 때문이었을지도 모른다.

그것은 억만장자 거리에서 영감을 받아 탄생한 전 세계의 새로운 세대의 고층 빌딩 중 하나였다. 마이애미, 시카고, 심지어 오스틴에서도 개발업자와 건축가들이 억만장자 거리를 세계적 현상으로 만든 가느다란 초고층 빌딩을 지을 계획을 세우고 있었다. 보석상 제이콥 아라보까지 아랍에미리트의 부동산 회사와 협력해 두바이에 제이콥 앤 코의 시그니처 시계인 플뢰르 드 자르당Fleurs de Jardin, 아스트로노미아Astronomia, 빌리어네어Billionaire의 이름을 딴 펜트하우스가 있는 초고층 주거용 빌딩을 건설했다. 사우디아라비아에 세워질 계획인 높이 1킬로미터의 제다 타워Jeddah Tower도 공사가 진행되었다. 유리로 된 제다 타워는 높이가 너무 높아서 보행자를 태양 복사열로부터 보호하기 위해 저층에 캐노피를 추가할 계획이었다. (초고층 빌딩 붐의 유일한 예외는 중국이었을 것이다. 중국 당국은 건강과 안전 문제 등을 이유로 500피트(약 152미터)가 넘는 빌딩의 건축을 금지했다.)

브루클린 타워가 친숙해 보이는 것은 놀라운 일이 아니었다. 그것은 스타인웨이 프로젝트를 이끌었던 마이클 스턴의 아이디어였기 때문이다.

파티에는 내가 아는 부동산 중개인부터 디자인 담당자, 홍보 담당자, 모델, 사교계 인사까지 다양한 뉴요커들이 모여들었다. 초대장의 조언을 따라 따뜻한 옷에 발가락이 보이지 않는 점잖은 신발을 신은 사람들도 있고, 조언을 무시하고 크롭 탑에 화려한 케이프, 킬힐을 신은 사람들도 있었다.

당시 내 책에 자신이 호의적으로만 묘사되지 않을 것을 알고 있었던 스턴은 내가 도착하자마자 인사를 건넸고, 사진작가가 다가오자 다소 어색하게 포즈를 취했다. 날씬해진 그는 그날 저녁 프라다 스니커즈에 청바지와 스웨터를 입고 네이비 블루색의 드레스 코트를 걸쳤다. 내가 111 웨스트 57번가에서 벌어지고 있던 법적 다툼에 관해 질문하기 시작하자 그는 자신에 관해 들은 것을 전부 믿지는 말라고 주의를 줬다. 스턴은 '새가슴인 사람들'이 거짓말을 잘 한다고 말했다.

건물 꼭대기는 추웠고, 비바람을 피할 만한 것은 아무것도 없었다. 유리 커튼월이 아직 설치되지 않아 밀폐되지 않은 꼭대기에 있던 우리와 1천 피트 아래 바닥 사이에 있는 유일한 장애물은 밝은 오렌지색 그물망뿐이었는데, 솔직히 많은 사람을 지탱할 만큼 튼튼해 보이지는 않았다.

나는 오래 머물지 않았다. 평소에는 저널리스트로서 가능한 한 현장에 가까이 있으려고 하지만, 킬힐을 신은 사교계 인사들과 모델들이 완벽한 셀카를 찍기 위해 한 손에 탄산수를 들고 벼랑 끝으로 다가가는 모습을 보면서 차라리 집에서 저녁 시간을 보내기로 결심했다. 사교계 인사 중 한 명이 추락해서 죽기라도 하면, 경찰의 질문에 답하느라 꼼짝 못 하는 상황에 갇힐 것이기 때문이었다.

이러한 초고층 빌딩의 경우 위험이 너무 컸다.

스턴과 다른 억만장자 거리의 개발업자들은 세계에서 가장 상징적인 스카이라인을 완전히 바꿔놓았지만, 하늘에 있는 이 새로운 왕국들에 들어갈 수 있는 사람은 극소수에 불과했다. 엠파이어스테이트 빌딩과 원 월드 트레이드 센터 같은 랜드마크 빌딩에 있는 사무실로 매일 수천 명이 몰려들고, 엘리베이터를 꽉 채운 배달 기사들이 입주자에게 따뜻한 점심을 배달하는 동안 억만장자 거리에 있는 타워들은 자신들이 바꾼 도시의 문화나 생활에 아무런 기여도 하지 못할 것이었다. 타워들은 자신들이 만들어낸 10년을 상징하는 대체로 빈 공간을 배경으로 우두커니 서 있었다.

  어떤 사람들은 그 타워들을 보고 공간 낭비, 전 세계의 돈을 보관하는 그릇이라고 부르기도 한다. 만약 이 건물들이 존재하지 않았다면, 부자들은 아파트가 아니라 골드바를 거래했을 것이다. 실제로 그곳에 거주하는 사람들은 피카소의 작품을 창고에 보관하기보다 벽에 걸어 두기로 선택한 미술 투자자에 비유할 수 있다.

  타워는 자신들을 만든 개발업자들의 유산에 영구적인 영향을 미쳤고, 일부 개발업자는 다른 개발업자들보다 훨씬 더 큰 재정적 성공을 거두었다. 2023년, 인플레이션과 암호화폐 폭락, 또 다른 금융 위기의 위협이 다가오는 상황에서도 개발업자들은 단념하지 않고 프로젝트에 박차를 가했다. 이것이 바로 개발업자들의 사고방식이었다. "개발자는 더 이상 할 수 없을 때까지 개발합니다. 결과가 좋지 않아도 몇 년만 지나면, 아무 일도 없었던 것처럼 다시 시작하죠." 감정평가사 조너선 밀러가 말했다.

  보르나도의 스티븐 로스는 억만장자 거리에서 가장 확실한 승자였는데, 220 센트럴파크 사우스에 위치한 그의 건물은 주위 정서가 흔들리기 시작했을 때도 계속해서 기록적인 거래를 성사시켰다. 자화자찬을 주저하지 않는 로스는 수년 동안 여러 차례 자신의 실적을 자랑하며 애널리스트들에게 이 빌딩이 "의심할 여지 없이 가장 성공한 주거용 개발 프로젝트"라고 말했다. 그는 2021년 실적 발표에서 "우리는 아무도 상상하지 못했던 것을 달성했다"며, 빌딩의 성과를 "켄터키 더비에서 10번이나 우승한 것"이라고 말하기도 했다.

승리의 달콤함은 오래가지 않았다. 2023년이 되자 로스에게 220 센트럴파크 사우스는 과거가 되었다. 대신 그는 약 2,300만 제곱피트에 달하는 사무실 공간에 집중하고 있었는데, 뉴욕 사무실로 복귀하는 근로자들의 수가 팬데믹 이전 수준으로 좁혀지지 않고 있다는 월스트리트의 우려로 사무용 공간의 가치가 위협을 받고 있었다. 한편, 그의 회사는 펜 스테이션 주변에 더 많은 오피스 타워를 짓기 위해 뉴욕시의 허가를 받으려 경쟁하는 중이었는데, 이는 현실을 부정하는 듯한 움직임이었다.

바넷도 승리했다. 그는 억만장자 거리에 초대형 타워를 완공한 최초의 개발업자였고, 그의 초기 성공은 시장을 새로운 차원으로 끌어올렸다. 그러나 그 이후 두 번째 건물인 센트럴파크 타워에서 상당한 수익을 낼 것이라는 전망은 사라졌다. 경기 침체에 대한 우려가 커지면서 그는 매출 모멘텀을 유지하기 위해 고군분투했다. 그는 2022년 6월에 "매출이 40억 달러가 되는 일은 없을 겁니다. 그 정도 수준의 매출을 내기를 바랐지만, 현재로서는 승산이 없다. 센트럴파크 타워로 수익에 큰 타격을 입었다"며, 채무를 상환하고 미련을 버리겠다고 덧붙였다.

그럼에도 바넷은 계속해서 총력을 기울였고, 마침내 1,400피트가 넘는 곳에 위치한 건물의 트리플렉스 펜트하우스를 2억 5천만 달러에 내놓았다. 수년 전에 원 57에서 과감히 옷을 벗기까지 했던 리얼리티 쇼 〈밀리언 달러 리스팅 뉴욕〉의 스타 중개인 라이언 서핸트는 트리플 펜트하우스에서 지구의 곡률을 볼 수 있다고 했다. 그의 말을 증명할 과학적 증거는 없었지만 말이다.

만족스럽지 않은 결과를 얻은 바넷 역시 다른 프로젝트로 넘어갔다. 그는 어퍼 웨스트사이드에서 합병 중인 부지의 건물에서 농성 중인 세입자들과 맞닥뜨렸다. 세입자들이 굴복하지 않자 그는 해당 부지를 포기하고 부지를 피해 건물을 짓기로 결정했다.

해리 맥클로우는 432 파크의 결함을 둘러싼 책임 문제로 소유주들과 얽혀 있는 동안에도 스카이라인에 미니멀한 연필처럼 생긴 탑을 가리키며 자신의 것이라고 말할 수 있었다. 그리고 그것은 사실이었다. 그는 이 타워의 창작자이자 옹호자였다. 비록 개인적으로는 프로젝트에서 10억 달러 이상의 수익을 올린 CIM만큼 큰 상업적 성공을 거두지는 못했지만, 이 프로젝트는 그의 자식이나 마찬가지였고 어떤 면에서는 그것으로 충분했다.

"많은 전문가 친구들도 건축과 디자인 면에서 432 파크가 뉴욕 최고의 건물이라고 생각합니다. 기교가 없거든요. 돋보이거나 남들과 다르게 보이려고 우스꽝스러운 시도를 하지 않습니다. 순수하죠." 2022년 6월에 그가 자랑했다.

한편, 인생의 황혼기에 접어든 맥클로우는 로어 맨해튼의 거대한 옛 은행 건물을 콘도로 개조한 또 다른 프로젝트인 원 월스트리트를 분양하는 데도 어려움을 겪고 있었다.

마이클 스턴은 계속해서 파트너들과 소송을 벌였다. 2023년에는 한때 파트너였던 조셉 체트릿이 스턴에게 1천7백만 달러 이상의 프로젝트 관련 채무가 있다고 주장하면서 브루클린 타워도 소송에 휩싸였다. 수차례의 협상 시도가 모두 실패로 돌아간 이후 스턴과 케빈 멀로니, 대출 기관인 아폴로도 첫 소송이 제기된 지 7년이 지난 지금까지 111 웨스트 57번가에서 비앙코를 상대로 소송을 벌이고 있었다.

이미 마이애미에 높이 1,000피트가 넘는 월도프 아스토리아 타워를 짓고 있던 멀로니는 스타인웨이 프로젝트를 상업적 실패로 분류했지만, 수많은 프로젝트가 수시로 진행되기 때문에 이따금 실패작이 나올 수도 있다고 말했다. "사람들은 저에게 부동산으로 돈을 벌지 않느냐고 묻습니다. 그러면 저는 지난 35년 동안 지은 건물 중 10퍼센트, 아니 15퍼센트는 손실이 났다고 대답해요. 하지만 홈런도 몇 번 쳤죠. 두 배나 세 배로 수익을 낸 적도 여러 번 있었습니다."

2022년 10월, 아폴로의 파트너인 스튜어트 로스스타인Stuart Rothstein은 분기별 실적 발표에서 애널리스트에게 건물이 아직 절반 정도만 분양된 상황이라고 말했다.

스턴은 그 일로 밤잠을 설치지는 않았다고 말했지만, 멀로니는 2022년까지 계속되는 비앙코와의 소송으로 삶에서 원하지 않았던 감정적 부담을 느꼈다고 한다. 그는 비앙코가 자신과 비슷한 감정을 느끼지 않는다는 사실과 변호사 비용을 지불할 돈이 남아 있다는 사실에 놀랐다고 한다. 멀로니는 이제 70대가 된 비앙코가 죽을 때까지 소송할 수도 있겠다는 생각이 들었지만, 그런 식으로 그를 이기고 싶지는 않았다.

2022년 7월에 열린 법정 공판에서 백발의 비앙코는 체크무늬 셔츠와 코로나19 마스크, 갈색 구두를 신고 무더운 법정 뒤편에 앉아 자신의 변호사가 변론을 이어가는 동안 검게 그을린 두꺼운 손으로 법원 벤치를 꽉 움켜쥐었다. 이따금 고개를 숙이거나 눈을 감기도 했다.

스턴은 111 웨스트 57번가를 승리로 보는 방법을 찾아냈다. 수익은 엄청나게 줄었지만, 그는 재정적 성공이 하나의 '득점' 방법에 불과하다고 주장했다. 그는 타워에 대해 이렇게 말했다. "더 중요한 것은 이 건물이 건축적 걸작이자 공학 기술의 경이라는 점입니다. 그리고 저는 이 타워를 실현하는 데 가장 큰 책임을 진 개인이죠. 그 점만으로도 저는 매우 만족합니다."

스턴은 잠시 생각에 잠겼다가 이렇게 덧붙였다. "이 모든 건물을 짓는 데 따랐던 시련과 고난은 몇 년만 지나면 거의 기억나지 않아요."

감사의 말

이 프로젝트를 가능하게 한 가족과 친구에게 깊은 감사를 전한다. 이들이 아니었다면, 나는 지금 이 자리에 있지 못했을 것이다.

상냥하고 능력 있는 편집자 헤더 하버스타트Heather Halberstadt, 크리스 프리스윅Kris Frieswick, 캔디스 테일러Candace Taylor가 있는 「월스트리트 저널」에서 멋진 보금자리를 찾은 것은 행운이었다. 그들은 이 책을 현실로 만드는 데 필요한 공간과 지원을 제공해 주었고, 여정 내내 시간과 조언, 지혜를 아낌없이 나누어 주었다. 이 책에 집중할 수 있도록 몇 달 동안 맨션Mansion 섹션을 위한 업무를 쉴 수 있게 허락해 준 「월스트리트 저널」의 경영진, 특히 매슈 머레이Matt Murray, 케이트 오르테가Kate Ortega, 마이크 밀러Mike Miller에게도 감사의 인사를 전하고 싶다.

이 주제에 관해 「월스트리트 저널」과 『리얼 딜』, 「뉴욕 데일리 뉴스」에서 취재했던 경험이 이 프로젝트의 토대가 되었다. 수년 동안 새로운 사실을 밝혀내고 보도를 발전시키는 데 도움을 준 E. B. 솔로몬트E. B. Solomont와 콘라트 푸치어Konrad Putzier 같은 전현직 동료와 친구들, 2011년 나를 처음 고용했을 때부터 지금까지 항상 응원해 주는 전 상사이자 『리얼 딜』 발행인 아미르 코랑기에 감사드린다. 스테파노스 첸Stefanos Chen, 찰리 바글리Charlie Bagli, 테리 프리스틴Terry Pristin, 제니퍼 케일Jennifer Keil, 오슈라트 카르미엘Oshrat Carmiel, 비키 워드Vicky Ward, 피터 그랜트Peter

Grant, 알렉세이 바리오누에보Alexei Barrionuevo, 조슈아 체이핀Joshua Chaffin, 줄리 사토우Julie Satow, 애덤 핑커스Adam Pincus, 고故 조시 바바넬Josh Barbanel 등 이 책에 영감을 준 모든 동료와 경쟁자분들도 감사드린다.

시간을 내준 우리의 주인공들에게도 감사하다. 해리 맥클로우, 개리 바넷, 마이클 스턴은 불편한 상황이나 내가 던진 질문이 마음에 들지 않을 때도 흔쾌히 인터뷰에 응해주었다.

대니얼 그린버그Daniel Greenberg는 내게는 생소했던 책 집필이라는 과정을 안내해 주고 도움을 주었다. 크라운Crown의 편집자인 폴 휘틀래치Paul Whitlatch와 케이티 베리Katie Berry는 신뢰할 수 있는 자문이자 조언자로서 수개월에 걸쳐 엄청난 양의 초고를 검토해 주었다.

특히 지난 2년 동안 나와 함께 술과 저녁 식사를 하면서 부동산 개발에 대한 끝없는 이야기를 들어준 겔다 보이엔Guelda Voien과 케이티 머드릭Katie Mudrick 등 친한 친구들에게 특히 고마운 마음을 전한다. 단체 채팅방에 있는 부동산업계의 몇몇 여자 친구들의 메시지도 필요할 때마다 웃음을 선사했다. 채팅방 이름을 언급하지는 않겠다.

특히 부모님께 가장 감사드린다. 부모님의 아낌없는 사랑과 지원이 없었다면, 나는 길을 잃었을 것이다. 집필하는 동안 자칭 북아일랜드의 '5성급 호텔'이라는 엄마의 집에서 머물렀던 시간은 매우 소중한 추억이 됐다.

마지막으로 남편 존에게. 당신 없이는 이 책을 제안하지도, 끝내지도 못했을 거야. 언제나 사랑해.

참고 자료

이 책에 담긴 정보는 서술된 사건에 직간접적으로 관여한 1백여 명과 인터뷰하며 얻은 것이다. 기억, 메모, 소송 자료, 이메일과 문자 메시지 등 개인 자료에서 발췌한 내용이다. 대화는 당시에 참여했거나 전해 들은 사람들의 기억을 바탕으로 작성했다. 특정 사건에 대한 기억이 엇갈릴 때도 있었는데, 이런 경우에는 가장 많은 의견이 일치하는 이야기를 싣되 반대 의견도 언급했다.

1장 해리 맥클로우 구하기

52 그가 설립한 회사 맥클로우 프로퍼티는
Charles V. Bagli, "G.M. Building Sells for $1.4 Billion, a Record," *New York Times*, August 30, 2003.

52 큰 기쁨을 느꼈다.
Vicky Ward, *The Liar's Ball* (New York: Wiley, 2014).

53 2007년에 그는 사모펀드인 블랙스톤으로부터 트로피 오피스 빌딩 여덟 채를 빌딩 거래 사상 최고가인 72억 5천만 달러에 차입 매수했다.
Charles V. Bagli and Terry Pristin, "Harry Macklowe's $6.4 Billion Bill," *New York Times*, January 6, 2008.

53 서브프라임 모기지 위기가 상업용 부동산까지 확산하면서
Terry Pristin, "Developer's Big Manhattan Move Faces a Time and Credit Squeeze," *New York Times*, August 22, 2007.

60 깊어지던 밤이 새벽으로 바뀐
Charles V. Bagli, "Macklowes Sell G.M. Building for $2.9 Billion," *New York Times*, May 25, 2008.

63 존재 자체로 사람들을 끌어당기는 매력을 지닌 호텔이었다.
Ralph Blumenthal, "Police Check Led Zeppelin Party for Clue in Theft," *New York Times*, July 31, 1973.

2장 궁전의 모퉁이

65 상류 사회의 귀부인이었던
Christopher Gray, "Streetscapes: Edith Wharton; In 'The Age of Innocence,' Fiction Was Not Truth," *New York Times*, August 27, 1995.

67 그러나 뉴욕 상류층 중심지로서 이 교차로의 지위는
Julie Satow, *The Plaza: The Secret Life of America's Most Famous Hotel* (New York: Twelve / Grand Central / Hachette, 2019).

72 1975년에 첫선을 보인 갤러리아의 건설에는
Douglas Martin, "Stewart R. Mott, Longtime Patron of Liberal and Offbeat Causes, Dies at 70," *New York Times*, June 14, 2008.

73 모트의 관심사 중 하나는 농사였다.
Leslie Maitland, "Quadruplex 57th St. Penthouse or Pie in the Sky?" New York Times, December 22, 1975.

74 1983년, 56번가와 57번가 사이 5번 애비뉴에 문을 연
Paul Goldberger, "Architecture: Atrium of Trump Tower," *New York Times*, April 4, 1983..

76 1980년대 후반에는 올림픽 타워와 트럼프 타워의 성공에 힘입어
Paul Goldberger, "Skyscrapers Battle It Out Near Carnegie Hall," *New York Times*, October 21, 1990.

79 '57번가의 테마파크화'가 뉴욕시의 손실이라는 한탄도 있었다.
Herbert Muschamp, "On West 57th, a Confederacy of Kitsch," *New York Times*, June 5, 1994.

3장 랍비, 보석상, 부동산 개발업자

85 그는 랍비 요시야후 핀토였다.
Josh Nathan-Kazis, "Rabbi Pinto's Charity Spent Heavily on Luxury Travel, Jewels," *The Forward*, December 20, 2011

86 보석상 제이콥으로 알려진 제이콥 아라보였다.
Lola Ogunnaike and Anemona Hartocollis, "Godfather of Bling Denies He Aided Drug Ring," *New York Times*, June 17, 2006.

89 도이체방크는 경기 침체로 혼란에 빠져 있었다.
Jennifer S. Forsyth, "Property Mogul Poised to Take a Second Fall," *Wall Street Journal*, May 9, 2008.

91 코헨은 프로젝트를 위한 자신만의 설계도를 가지고 있었다.

Laura Kusisto, "Unmasking Three Mismatched Heavies Who Won and Lost the Drake," *New York Observer*, June 7, 2011.

4장 체스 마스터
105 매끈하게 뒤로 넘긴 검은 머리와 다부진 체격으로
Tom Wright and Bradley Hope, Billion Dollar Whale: *The Man Who Fooled Wall Street, Hollywood, and the World* (New York: Hachette, 2018).

109 금고를 채운 바넷은 회의실을 나왔다.
Craig Karmin, "Developer Courts the Global Elite," *Wall Street Journal*, December 7, 2011.

110 1955년에 태어난 바넷의 본명은 게르숀 스위아티키로
Gabriel Sherman, "The Anti-Trump," *New York magazine*, September 22, 2010.

110 부동산에 뛰어든 것은 우연이었다.
Devin Leonard, "Gary Barnett, Controversial Master of New York City Luxury Real Estate," *Bloomberg*, October 2, 2014.

117 1990년대 후반부터 10년이 넘는 기간 동안 바넷은
Matthew McNelly Jones, "Finance of the Fallow Firmament: Valuing Air Rights in Contemporary Manhattan," DSpace@MIT, master's thesis, Massachusetts Institute of Technology, September 2015.

5장 캘리포니아 드림
125 CIM은 1994년
Konrad Putzier, "Manhattan's New Skyline (*© CIM Group)," *Real Deal*, December 13, 2016.

127 연간 7.4퍼센트의 수익률을 거뒀다.
Craig Karmin, "New York Placing Tallest Order," Wall Street Journal, October 19, 2011.

6장 잭팟을 터뜨리다
141 자금을 마련한 바넷은
Katherine Clarke, "Thomas Juul-Hansen Is a Man of the Masses and a Star Architect in New York for the 1%," *New York Daily News*, June 6, 2014.

147 이 펜트하우스의 판매자는
Josh Barbanel, "Weill Takes Step Toward 'Downsizing,' " *Wall Street Journal*, November 10, 2011.

151 개발업자들이 리볼로블레프와의 거래에 환호하는 동안
Elise Knutsen, "Who's Your Daddy: Did Dmitry Rybolovlev Buy the 15 CPW Penthouse for His Daughter?" *New York Observer*, December 19, 2011.

153 미국 주요 신문사의 부동산 담당 기자와
Josh Barbanel, "Storage Enters Stratosphere," *Wall Street Journal*, December 10, 2011.

158 닉 캔디는
Alexei Barrionuevo, "Rising Tower Emerges as a Billionaires' Haven," *New York Times*, September 18, 2012.

7장 건축의 아이콘을 창조하다

178 432 파크의 마케팅 자료는
Julie Satow, "Selling Park Avenue Condos at $25,000 a Minute," *New York Times*, June 21, 2013.

183 4년이 걸린 것으로 알려졌다.
Thessaly La Force, "In This Manhattan Apartment, Every Room Is a Testament to Japanese Tradition," *New York Times Style Magazine*, February 6, 2019.

8장 억만장자들을 위한 양보

189 다이아몬드의 집주인은
David W. Dunlap, "Sarah Korein, 93, Whose Dainty Bearing Masked a Tough Property Investor, Is Dead," *New York Times*, November 4, 1998.

189 다른 주민들도 불만을 토로했다.
Donald Glasgall v. Madave Properties SPE, LLC, New York State Supreme Court, 102777/2006.

190 입주자 중에는
Kate Briquelet, "Young Mistress Denies Claims She Was Out for Late Mercedes-Benz Exec's Money," *New York Post*, December 16, 2012.

192 로스는 곧 소매 브랜드에서
Will Parker and Hiten Samtani, "Vornado Post Roth?" *Real Deal*, November 1, 2016.

195 베로니카 해킷 역시 대단한 능력을 갖춘 사람이었다.
Hiten Samtani and E. B. Solomont, "The Inside Story of 220 Central Park South, the World's Most Profitable Condo," *Real Deal*, November 18, 2020.

196 로젠홀크는 거친 싸움이나

Will Parker, "The Closing: David Rozenholc," *Real Deal*, February 1, 2018.

196 공공의 적 1호라는 명성을 얻은 것은

Michael Gross, *House of Outrageous Fortune: Fifteen Central Park West, the World's Most Powerful Address* (New York: Atria / Simon & Schuster, 2014).

9장 그림자를 드리우다

208 허리케인이 휘몰아치자

Charles V. Bagli, "As Crane Hung in the Sky, a Drama Unfolded to Prevent a Catastrophe Below," *New York Times*, November 6, 2012.

208 결국 허리케인 샌디는

"Impact of Hurricane Sandy," New York City Mayor's Office of Management and Budget, undated.

213 그림자 문제도 있었다.

Warren St. John, "Shadows over Central Park," *New York Times*, October 28, 2013.

10장 넘치는 돈

237 그렇게 계약은 성사되었다.

Joshua Chaffin, "Michael Stern: The Highs and Lows of a New York Skyscraper King," *Financial Times*, April 17, 2020.

11장 뉴키즈 온 더 블록

242 이후 스턴 부부와 스턴의 어머니 사이에 벌어진 소송에서

Yael Hirsh v. Michael Stern, 2009-08896, Appellate Division of the Supreme Court of New York.

248 유서 깊은 가족 기업인 스타인웨이 앤드 선스는

"Landmarks Preservation Commission Report on the Designation of Steinway & Sons Reception Room and Hallway," September 10, 2013.

252 스턴의 계획에 엇갈린 반응을 보였다

"Proposed Residential Tower Would Encroach on Site of Steinway Hall," *Cityland*, October 18, 2013.

254 잘 알려지지 않은 그 투자자는 전직 은행원 출신인

Konrad Putzier, "The Obscure Investor Who Could Sabotage NYC's Most Ambitious Planned Condo Tower," *Real Deal*, November 1, 2017.

254 20여 년간의 법적 분쟁은

Gretchen Morgenson, "The Bank Case That Refuses to Die," *New York Times*, October 1, 2011.

257 사실 베커와 루한은 프로젝트의 지분을 장기 보유할 의사가 없었다.

Konrad Putzier and David Jeans, "A Russian Oligarch's Guide: How to Hide $20M in a NYC Skyscraper," *Real Deal*, December 20, 2018.

13장 공급과 수요

267 개발업자들은 무리 본능이 강한 것으로 알려져 있지만

Josh Barbanel, "New Tower to Join 'Billionaires Row,'" *Wall Street Journal*, March 24, 2014.

267 2014년 말, 111 웨스트 57번가의 케빈 멀로니와

Paul Goldberger, "Too Rich, Too Thin, Too Tall?" *Vanity Fair*, April 9, 2014.

268 분양이 시작되었다.

Zoe Rosenberg, "At Last, Jean Nouvel's Supertall MoMA Tower Hits the Market," *Curbed*, September 18, 2015.

270 위트코프는 2013년에

Tom Wright and Bradley Hope, B*illion Dollar Whale: The Man Who Fooled Wall Street, Hollywood, and the World* (New York: Hachette, 2018).

275 억만장자 거리가 바넷의 프로젝트와 같은 값비싼 프로젝트로 가득 차게 되면서

E. B. Solomont, "Revealed: Inside Gary Barnett's $4B Tower," *Real Deal*, July 7, 2017.

14장 뉴욕 최고의 빌딩

283 디테일에 대한 로스의 안목은 디자인 너머로 확장되었다.

Konrad Putzier, "At 220 CPS, Steve Roth Is the Bouncer," *Real Deal*, June 23, 2016.

285 사실이라고 해도

Louise Story and Stephanie Saul, "Stream of Foreign Wealth Flows into Elite New York Real Estate," New York Times, February 7, 2015.

15장 전쟁의 시작

300 라바르베라에게는 큰 도전이었다.

Kathryn Brenzel, "Are Unions Losing Their Grip in NYC?," *Real Deal*, March 1, 2016.

301 표지에 실린 삽화에는

James King, "Stern toJames King, "Stern to Unions: You're Done in This Town," *Commercial Observer*, May 12, 2015.

305 블룸버그 뉴스와의 인터뷰에서
Oshrat Carmiel, "How to Sell a $60 Million Penthouse: Don't Try," *Bloomberg*, March 31, 2016.

16장 낙원에서의 경멸
315 그해 11월, 빌리 맥클로우의 법률고문인
E. B. Solomont, "Macklowes Locked in High-Stakes Tug of War," Real Deal, January 1, 2017.

17장 억만장자 거리를 팔다
318 형제의 익살스러운 행동은 곧 업계의 가십거리가 되었고
E. B. Solomont and Katherine Kallergis, "Cracking the Bro Code: Tal and Oren Alexander," Real Deal, March 18, 2019.
320 형제를 비방하는 사람들은
Hiten Samtani, "Qatar Scraps Plan to Buy $90 Million Townhouse in Manhattan," *Real Deal*, August 6, 2014.

18장 수상한 사람들
335 콜라월레 '콜라' 알루코
"Kola Aluko Launches AFRICA50 Fund at NASDAQ, New York," YouTube, November 13, 2013.
336 미국 법무부가 2017년 7월에 제기한 민사소송에 따르면
Press release from the Department of Justice Office of Public Affairs, July 14, 2017.
337 원 57이 데뷔한 이후 수년간
Andrew Rice, "Stash Pad," *New York* magazine, June 27, 2014.
339 하지만 알루코 사건은 수상쩍은 인물 하나가 얼마나 빠르게
E. B. Solomont and Katherine Clarke, "One57 Made Billionaires' Row. Will It Now Destroy It?" *Real Deal*, June 28, 2017.
341 초반에는 은행 송금이나 익명 신탁에는 적용되지 않는 등 허점이 많았지만
Will Parker, "The Biggest Weakness in the Treasury's New LLC Order? Wire Transfers," *Real Deal*, January 29, 2016.
342 알루코가 여전히 도주 중인 것으로 알려져 있던 11월
Philip Obaji, Jr., "The Crooked Playboy Who Courted Naomi Campbell, Threw a Birthday Bash for DiCaprio, and Rented a Yacht to Beyoncé," *Daily Beast*, July 23, 2017.

343 2016년 1월, 위트코프는
Sarah Mulholland, "Manhattan Developer Ices Plans for Central Park Luxury Condos," *Bloomberg*, January 28, 2016.
343 하지만 1년 후, 스티브 위트코프의 전망은 더욱 암울해졌다.
Peter Grant and Bradley Hope, "Prosecutors, Investors Propose Plan to Oust Malaysian Investor from Hotel Consortium," *Wall Street Journal*, February 1, 2017.

19장 음악이 멈추다
349 라이언 서핸트는 알몸 상태였다.
Gus Donohoo, "My Other Home Is Spiritual Fulfilment," Flaunt magazine, February 16, 2017.
353 조너선 밀러의 연구에 따르면
E. B. Solomont, "By the End of 2017, Manhattan Will Have 5 Years of Excess Inventory: Analysis," *Real Deal*, March 18, 2016.
357 억만장자 거리가 본격적으로 분양되기 시작한 후에도
Nicholas Kulish and Michael Forsythe, "World's Most Expensive Home? Another Bauble for a Saudi Prince," *New York Times*, December 16, 2017.

20장 원점으로 돌아가다
372 뉴욕 부동산업계에서 가장 성공한 변호사 중 한 명으로
Jill Noonan, "At the Desk of: Stephen Meister," *Real Deal*, November 30, 2011.
373 가장 참신했던 그의 주장 중 하나는
Will Parker, "Stephen Meister: The Underdog's Lawyer," *Real Deal*, November 1, 2017.
375 2017년 루한은 가정 문제로 씨름하고 있었다.
Maeve Sheehan, "The 'Ruined' Irish Millionaire, His Wife, a Bizarre Murder Plot, and the Battle for His Secret Fortune," *Irish Independent*, November 12, 2017.

21장 칼을 꺼내다
379 농담은 이런 식이었다.
Julia Marsh, "Harry Macklowe Laughs After Offering Wife $1B to Go Away," *New York Post*, Page Six, April 5, 2017.
381 공개 재판에서 이 부부의 이혼 소송을 진행했고
E. B. Solomont, "Macklowe vs. Macklowe," *Real Deal*, November 1, 2017.

23장 보기 좋지 않은

420 2021년 2월, 그녀는
Stefanos Chen, "The Downside to Life in a Supertall Tower: Leaks, Creaks, Breaks," *New York Times*, February 3, 2021.

423 2021년 9월, 432 파크 애비뉴의 콘도 이사회는
Stefanos Chen, "Residents of Troubled Supertall Tower Seek $125 Million in Damages," *New York Times*, September 23, 2021.

26장 법정에서 봅시다

431 노조 위원장인 개리 라바르베라가 예상한 대로
Press release from Cyrus R. Vance, District Attorney, New York County, May 16, 2018.

432 문제의 증언은
Etage Real Estate LLC and Davla Consulting, Inc. v. Michael Stern and David Juracich, New York State Supreme Court, index no. 656322/2019.

434 그의 지분 파트너 라르고 인베스트먼트는
Largo 613 Baltic Street Partners LLC v. Michael Stern, New York State Supreme Court, index no. 652986/2020.

435 플로리다에서는 마이애미 해변에 콘도미니엄을 짓는 프로젝트에 투자한 회사
Katherine Kallergis, "Michael Stern Accused of 'Duping Investors' in Monad Terrace Project," *Real Deal*, November 19, 2021.

435 스턴은 그러한 혐의를 부인했지만
693 Fifth Owner LLC v. 111 West 57th Partners LLC and Michael Stern etc, New York State Supreme Court, index no. 155493/2020.

27장 회복의 씨앗

437 바넷은 휴식이 필요했다.
Chava Gourarie, "Extell Development Lost $206M in 2020," *Commercial Observer*, March 22, 2021.

28장 분노

446 두 차례의 별도 경매를 통해
Kelly Crow, "Macklowe Auctions Total $922 Million, Collection Surpasses Rockefeller Estate as Priciest Ever Sold," *Wall Street Journal*, May 16, 2022.

찾아보기

굵은 글씨로 표시한 쪽수는 지도를 나타낸다.

ㄱ

『가디언The Guardian』 145
『감시와 처벌Discipline and Punish: The Birth of the Prison』 17
갈보리 침례교회Calvary Baptist Church 119
감마 리얼 에스테이트Gamma Real Estate 392~393
갤러리아Galleria 72
『거래의 기술The Art of the Deal』 75
건설 노동조합building trades unions 298~299, 431
게이츠, 릭Gates, Rick 100
게펀, 데이비드Geffen, David 53, 266, 327
'겨울 정원Winter Garden unit' 151, 159, 329, 415
경계층 풍동 연구소Boundary Layer Wind Tunnel Laboratory 172
고든, 길Gill, Gordon 271~272, 274
고층 콘도high-rise condos 76, 113, 353
고프, 크리스타벨Gough, Christabel 252
골드만삭스 그룹Goldman Sachs Group 193, 268, 344~345, 352, 358
골드버거, 폴Goldberger, Paul 77
골드스타인, 엘리자베스Goldstein, Elizabeth 218
골드파브, 알렉스Goldfarb, Alex 204, 286
공정 주택법fair housing laws 340
'공중권air rights' 115~118, 120~122, 204, 214, 225, 247, 268, 273, 275
공평 주거 권리법fair housing laws 286
공, 팀Gong, Tim 439
과스메이, 찰스Gwathmey, Charles 53
굿맨, 웬디Goodman, Wendy 179
'궁전의 모퉁이palace corners' 66
'권력의 탑Tower of Power' 326
그럽 앤드 엘리스Grubb&Ellis 93
그레빈, 제이슨Grebin, Jason 315~316
그레이브스, 마이클Graves, Michael 321
그로스, 마이클Gross, Mich 208
그리핀, 켄Griffin, Ken 325, 329, 395, 400, 405, 415
그린랜드 그룹Greenland Group 363
글래스걸, 도널드Glasgall, Donald 189~190
글로벌불평등연구소Global Inequality Lab 439
글릭, 데버라Glick, Deborah 406
금융 지구Financial District 233, 353
'기회 자금opportunity funds' 128

길더, 워렌Gilder, Warren 376
길버트, 브래드퍼드 리Gilbert, Bradford Lee 101
'끔찍한 지옥굴Horrifying Hellhole' 387

ㄴ
나프탈리, 미키Naftali, Miki 416
나흐마드, 힐랄 '헬리'Nahmad, Hillel 'Helly' 184
노드스트롬Nordstrom 64, 133, 227, 291, 363
노매드NoMad 353
노먼 포스터Norman Foster 393
노조unions 236, 298~303, 431
누벨, 장Nouvel, Jean 217, 268, 358
뉴 밸리New Valley 271
뉴먼, 마거릿Newman, Margaret 219
뉴요커New Yorker 30, 54, 78, 87, 188, 191, 213~214, 216~217, 268, 377~378, 411, 414, 416, 449
『뉴욕New York』 179, 212, 387
「뉴욕 데일리 뉴스New York Daily News」 21, 221~222, 225, 457
「뉴욕 옵저버The New York Observer」 151
뉴욕 전화기 회사New York Telephone Company 235
뉴욕 콜리세움New York Coliseum 80
「뉴욕 타임스The New York Times」 57, 59, 66~67, 73, 75, 98, 113, 158, 179, 189, 208, 212, 217, 220~221, 276, 323, 339, 341, 401, 408, 416, 420, 423, 427
뉴욕 타임스 타워New York Times tower 112
「뉴욕 포스트New York Post」 191, 198, 313, 342, 378, 380
뉴욕미술학생연맹Art Students League 273, 275
뉴욕시 건축법New York City building code 172
뉴욕시 세법New York City taxation 145, 359
니아미, 나일Niami, Nile 355
니폰 클럽Nippon Club 119

ㄷ
다이슨, 제임스Dyson, James 358
다이아몬드, 밥Diamond, Bob 340
다이아몬드, 조엘Diamond, Joel 186, 200
다임 저축은행Dime Savings Bank 448
더글러스 엘리먼Douglas Elliman 170, 182, 185, 271, 319, 329, 421~422
더블라지오, 빌de Blasio, Bill 361, 402, 404
「더 타임스The Times」(영국) 257
더 큰 바보 이론greater fools' theory 359
데로사, 멜리사DeRosa, Melissa 224
데리파스카, 올레크Deripaska, Oleg 100
데스퐁, 티에리Despont, Thierry 279, 329
데이비슨, 저스틴Davidson, Justin 212
델, 마이클Dell, Michael 161, 191, 329
델러빈, 클로이Delevingne, Chloe 324
도로닌, 블라디슬라브Doronin, Vladislav 269
도이체방크Deutsche Bank 53, 89~90, 93, 97~98, 125, 132, 373
두바이Dubai 16, 90, 103, 146, 271, 313, 336, 346, 446
드래거, 로라Drager, Laura 381~382, 385
드레이크 호텔Drake Hotel 62~63, 82, 86, 92, 167, 386
디아스 그리핀, 앤Dias Griffin, Anne 328
디아즈, 카메론Diaz, Cameron 239

찾아보기

딜레크, 에멜Dilek, Emel 191

ㄹ

라르고 인베스트먼트Largo Investments 434
라바르베라, 게리LaBarbera, Gary 299, 300~302, 431
라스리, 마크Lasry, Marc 393
라이언, 폴Ryan, Paul 360
라이클, 루스Reichl, Ruth 179
라이트, 프랭크 로이드Wright, Frank Lloyd 81
랑도, 퍼트리샤Landeau, Patricia 311~312, 377
래트너, 브루스Ratner, Bruce 112
랜드마크 보존 위원회Landmarks Preservation Commission 248, 251, 273~275
램플리, 브룩Lampley, Brooke 444
러디, 세트라Ruddy, Cetra 238~239, 247
러시안 티 룸Russian Tea Room 77, 83
레드 제플린Led Zeppelin 63
레비, 라이어널Levy, Lionel 80
레비, 레온Levy, Leon 80
레슬러, 데브라Ressler, Debra 126
레슬러, 리처드Ressler, Richard 126
레슬러, 토니Ressler, Tony 126
레칭거, 짐Lechtinger, Jim 326
렌드리스Lendlease 204~205, 207~208
렌텔리, 레오Lentelli, Leo 83
로, 캐런Lo, Karen 290
로드리게스, 알렉스Rodriguez, Alex 84, 184
로버, 하워드 M.Lorber, Howard M. 271, 329, 421
로스, 대릴Roth, Daryl 194
로스, 스티븐Roth, Steven 23, 25, 190, 192~193, 227, 267, 277~278, 290, 351, 364, 379, 399~400, 451
로스, 윌버Ross, Wilbur 352
로스, 조던Roth, Jordan 278
로스스타인, 스튜어트Rothstein, Stuart 454
「로스앤젤레스 타임스Los Angeles Times」 127, 258
로우, 조Low, Jho 270, 343~347
로위, 데이비드Lowy, David 342
로위, 프랭크Lowy, Frank 342, 350
로젠블랫, 게리Rosenblatt, Gary 201, 203
로젠블랫, 케네스Rosenblatt, Kenneth 201, 203
로젠홀크, 데이비드Rozenholc, David 196~200, 202~203
로즌솔, 린다 BRosenthal, Linda B. 221
로페즈, 제니퍼Lopez, Jennifer 184, 277
록펠러, 데이비드Rockefeller, David 446
록펠러, 페기Rockefeller, Peggy 446
론투오운loan-to-own 96, 393
롤런드, '스포티'Rowland, 'Spotty' 337
롬바르디, 토머스Lombardi, Thomas 188
루딘 교통정책 관리 센터Rudin Center for Transportation Policy and Management 113
루벤스타인, 데이비드Rubenstein, David 401
루이스, 벅워스Buckworth, Louis 323~324
루이스, 브렌트Lewis, Brent 120
루한, 앤디Ruhan, Andy 256, 257, 259, 264, 368, 369, 371, 375
르보우, 베넷LeBow, Bennett 422
르윗, 솔LeWitt, Sol 176
리 아트 숍Lee's art Shop 83
리버사이드 대로Riverside Boulevard 215
리볼로블레프, 드미트리Rybolovlev, Dmitry

145~146, 148~151, 267
리볼로블레프, 엘레나Rybolovleva, Elena 151
리볼로블레프, 예카테리나Rybolovlev, Ekaterina 146
리브먼, 팸Liebman, Pam 160, 287, 305~306, 329, 388~389
『리얼 딜The Real Deal』 21, 241, 243, 246, 257, 288, 303, 343, 345, 365, 384, 408, 457
리졸리 서점Rizzoli bookstore 82
리처드, 키스Richards, Keith 352
리처드슨 루한, 타이나Richardson-Ruhan, Tania 375
리트윈, 레너드Litwin, Leonard 90
릴레이티드 컴퍼니Related Companies 225, 285, 353

ㅁ
마르코스, 이멜다Marcos, Imelda 68, 269, 290
마르코스, 페르디난드Marcos, Ferdinand 68, 269
마셜, 캐시Marshall, Cathy 188
마이스터, 스티븐Meister, Stephen 372
마이어, 제인Meyer, Jane 75
마이클스, 하워드Michaels, Howard 362
마천루skyscrapers 15, 18~19, 68, 77, 101~102, 109, 168, 215, 218, 241, 253, 257, 260, 267~268, 276, 278~279, 286, 294~295, 297, 299, 396, 427, 444
마커스, 실비안Marcus, Silvian 172
마코프스키, 브루스Makowsky, Bruce 354, 356
마크스, 하워드Marks, Howard 266

만수르 빈 자이드 알 나하얀Mansour Bin Zayed al Nahyan 104, 263
매너포트, 폴Manafort, Paul 91, 96, 100
매디슨 리얼티 캐피털Madison Realty Capital 390, 431
맥, 켈리 케네디Mack, Kelly Kennedy 152, 410, 413, 440
맥코트, 제이미McCourt, Jamie 184
맥클로우 매니지먼트Macklowe Management 315
맥클로우 프로퍼티Macklowe Properties 54, 97, 137, 182, 315
맥클로우 호텔Hotel Macklowe 59
맥클로우, 로이드Macklowe, Lloyd 29
맥클로우, 린다Macklowe, Linda 54~57, 60~61, 99, 185, 311~314, 378~386, 445
맥클로우, 빌리Macklowe, Billy 54, 56, 59~62, 87~89, 99, 119, 132~133, 135~137, 252, 315~316
맥클로우, 샬럿Macklowe, Charlotte 56
맥클로우, 엘리자베스Macklowe, Elizabeth 56~57
맥클로우, 해리Macklowe, Harry 22, 24, 29~32, 51~64, 82, 85, 87~99, 104~105, 123~128, 132~137, 140, 167~170, 178, 227, 233, 270~271, 278, 284, 310~316, 343, 351, 377~386, 445, 453, 458
맨션세Mansion Tax 361, 408
맨해튼 미드타운 특별지구Manhattan Special Midtown District 214
머멜, 마이어스Mermel, Myers 18, 131
머멜스타인, 에드워드Mermelstein, Edward 149, 151, 358~359, 394
멀로니, 케빈Maloney, Kevin 236, 244, 260,

267, 271, 298~299, 305, 366, 388~389, 435, 454
메르시에, 로라Mercier, Laura 239
메이플라워 호텔Mayflower Hotel 196
메자닌 대출mezzanine financing 98, 129~130, 282, 297, 369, 417
메카닉, 조너선Mechanic, Jonathan 60
메타Meta 439
메트로폴리탄 생명보험회사 타워Metropolitan Life Insurance Company Tower 102
메트로폴리탄 타워Metropolitan Tower 58, 76~77
멘델손, 니콜Mendelsohn, Nicole 439
모길레비치, 세미온 유드코비치Mogilevich, Semion Yudkovich 99
모스닷 슈바 이스라엘Mosdot Shuva Israel 86
모엘리스, 켄Moelis, Ken 357
모제스 로버트Moses, Robert 80
모타운 카페Motown Cafe 78~79
모트, 스튜어트 R.Mott, Stewart R. 72, 244
모트, 찰스 스튜어트Mott, Charles Stewart 72
몰리뉴, 후안 파블로Molyneux, Juan Pablo 76
무바달라Mubadala (아부다비 국부펀드) 347
'무법적인 인스타그래머들Outlaw Instagrammers' 15~16
무샴프, 허버트Muschamp, Herbert 79
뮬러, 로버트Mueller, Robert 100
뮬러, 에블린Muller, Evelyn 111
민델, 리Mindel, Lee 290
밀러, 조너선Miller, Jonathan 68~69, 81, 96, 107, 161, 267~268, 353, 359, 382, 402, 451
밀스, 돈나Mills, Donna 203
밍크 디벨롭먼트Mink Development 435

ㅂ

바넷, 개리Barnett, Gary 22, 24~25, 104~122, 128, 141~146, 150~160, 167, 181, 194, 199~215, 219~221, 224~227, 244, 250, 263, 266~267, 271~276, 278~279, 281, 283, 286, 290~293, 298, 307, 321, 329, 336~339, 342, 346, 350, 358, 361~365, 388, 390~399, 409, 411~412, 417, 437, 441, 443, 452, 453, 458
바빌로프, 안드레이Vavilov, Andrei 150
바우포스트 그룹Baupost Group 366, 417
바우하우스 그룹Bauhaus Group 393
바이든, 조셉 R.Biden, Joseph R. 341, 414
바카로, 존Vaccaro, Jon 64
바티, 마수드Bhatti, Masood 254
반 앨런, 윌리엄Van Alen, William 31~32
반클리프 아펠Van Cleef & Arpels 82
발데스, 마놀로Valdés, Manolo 280
방코 산탄데르Banco Santander 109
배니스터, 매슈Bannister, Matthew 175~176
배런, 비키Barron, Vickey 338
밴더빌트, 알프레드 그윈Vanderbilt, Alfred Gwynne 67
밴더빌트, 코닐리어스 2세Vanderbilt, Cornelius II 66
밴스, 사이러스 R. 주니어Vance, Cyrus R., Jr. 431
뱅크 오브 맨해튼 트러스트 빌딩Bank of Manhattan Trust Building 32
뱅크 오브 아메리카Bank of America 109, 140, 193
뱅크 하빌란드 사우디아라비아Banque Havilland Saudi Arabia 337
뱅크먼프리드, 샘Bankman-Fried, Sam 438

버든, 어맨다Burden, Amanda 217
버라이즌Verizon 235~238
버키, 데이비드Berkey, David 347
번스타인, 레너드Bernstein, Leonard 83
『베니티 페어Vanity Fair』 145
베이조스, 제프Bezos, Jeff 185, 438
베일리, 아담 라이트먼Bailey, Adam Leitman 384
베커, 아서Becker, Arthur 255, 368
벤담, 제러미Bentham, Jeremy 17
벤쉐트리, 겔레 페레이라Benchetrit, Gaëlle Pereira 428
벤쉐트리, 요시Benchetrit, Yossi 428
벨노르드Belnord 111
벨라스코, 줄리언Velasco, Julian 184
보르나도 리얼티 트러스트Vornado Realty Trust 113, 190, 193~196, 198~205, 277, 280~283, 287, 291~293, 351, 417~418, 442, 451
『보스턴Boston』 193
보통주common equity 129
봉게리히텐, 장조르주Vongerichten, Jean-Georges 84, 141, 280
부르즈 할리파Burj Khalifa 103, 271
부에노, 에드손 드 고도이Bueno, Edson de Godoy 321
불가리Bulgari 93
브라운 해리스 스티븐스Brown Harris Stevens 147~148
브라운, 아얄라Braun, Ayala 111
브로드스키, 마크Brodsky, Mark 387
브론스타인, 피터Bronstein, Peter 384
브롬리, 키스Bromley, Keith 175
브루클린 타워Brooklyn Tower 449, 453

브린, 페그Breen, Peg 219
블라바트닉, 렌Blavatnik, Len 70
블랑코, 케네스Blanco, Kenneth 337
블래크먼, 카일Blackmon, Kyle 147~151, 267, 330
블랙, 레온 D.Black, Leon D. 324, 326, 379
'블랙 마피아 패밀리Black Mafia Family' 89
블랙스톤Blackstone 53, 60~62, 64, 297, 345, 357
블랭크파인, 로이드Blankfein, Lloyd 84, 326
블레싱스 인베스트Blessings Investments 427
블루크레스트 캐피털 매니지먼트BlueCrest Capital Management 392
블룸버그 뉴스Bloomberg News 305, 343, 389, 441
블룸버그, 마이클Bloomberg, Michael 108, 206~207, 217, 361
'블링의 대부the Godfather of Bling' 86
비놀리, 라파엘Viñoly, Rafael 17, 167~171
비다, 후안 베크만Vida, Juan Beckmann 386
'비밀의 타워Towers of Secrecy' (『뉴욕 타임스』) 341
비블리오비치, 나탄Bibliowicz, Natan 148
비블리오비치, 제시카Bibliowicz, Jessica 148
비앙코, 리처드Bianco, Richard 254~255, 264, 304~309, 367~375, 454
비야로보스, 알프레드 J.R.Villalobos, Alfred J. R. 127
비엘 크리스털 매뉴팩토리Biel Crystal Manufactory 357
비올라, 빈센트Viola, Vin 267, 341
빈더, 론Vinder, Ron 347

찾아보기

ㅅ

사인펠드, 제리Seinfeld, Jerry 416
상하이 타워Shanghai Tower 363
샌더스, 버니Sanders, Bernie 401
샤츠, 브라이언Shatz, Brian 390
샤토 루이 14세Château Louis XIV 357
서틱, 에밀리Sertic, Emily 155~157, 210
서핸트, 라이언Serhant, Ryan 154, 349, 427, 453
선, 저스틴Sun, Justin 446
선샤인, 루이스Sunshine, Louise 288, 325
선순위 대출senior loans 129, 297, 392
세계 슈퍼 요트 어워드World Superyacht Awards 310
세레진, 막심Serezhin, Maxim 433
세버런스, H. 크레이그Severance, H. Craig 31~32
세법 전면 개편tax code overhaul 359
세인트 존, 워런St. John,, Warren 213~214, 219~220
세일 하버 캐피털Sail Harbor Capital 417
센트럴파크 타워Central Park Tower 21~22, 25, **26~27**, 204, 227, 267, 271~273, 275, 291~293, 362~365, 391, 394~396, 398, 409, 417, 436, 439, 441, 443, 452
센트럴파크Central Park 15, 20, 26, 21, 31, 51, 55, 65, 67, 72~73, 80~81, 84, 105, 119, 142, 147, 150, 163, 168, 181, 187, 191, 197, 201, 208~209, 214~216, 218, 220, 246, 267, 270~271, 273, 290, 295, 312, 324, 328, 336
셰리 네덜란드Sherry Netherland 185
셰메시, 아비Shemesh, Avi 125~126
셰어Cher 70

셰트리트, 조셉Chetrit, Joseph 269
소니 빌딩Sony Building 269, 343
소더비Sotheby 444~446
소코로프, 조너선Sokoloff, Jonathan 184
소필드, 윌리엄Sofield, William 296
솔로 빌딩Solow Building 82
솔로몬, 메리Solomon, Mary 352
숍 아키텍츠SHoP Architects 25, 251
수케닉, 허브Sukenik, Herb 196~197
『순수의 시대The Age of Innocence』 65
슈가맨, 제이Sugarman, Jay 132
슈만, 리히텐슈타인, 클라만 앤드 에프론Schuman, Lichtenstein, Claman & Efron (SLCE) 77
슈머, 척Schumer, Chuck 405
슈와브, 찰스 R.Schwab, Charles R. 415
슐라이더, 스티븐chleider, Steven 382
슐라이퍼, 스콧Shleifer, Scott 415
슐먼, 소피Shulman, Sophie 292
스기모토, 히로시Sugimoto, Hiroshi 183, 280
스미스, 아드리안Smith, Adrian 25, 271~272
스위아티키, 게르숀Swiatycki, Gershon 22, 110
스위아티키, 차임Swiatycki, Chaim 110
스켈로스, 딘Skelos, Dean 404
스타우드 캐피탈 그룹Starwood Capital Group 238, 246~247
스타인, 조슈아Stein, Joshua 96
스타인버그, 레너드Steinberg, Leonard 320
스타인웨그, 하인리히 엥겔하르트Steinweg, Heinrich Engelhard 248
스타인웨이 홀Steinway Hall 248, 250~252
스타일러, 트루디Styler, Trudie 280, 290
스터들리, 쥘리앵Studley, Julian 56, 123, 132

스턴, 마이클 제브Stern, Michael Zev 23, 25,
　　233, 235~247, 250~252, 258, 260~264,
　　267~271, 278~279, 283, 294~304,
　　306~309, 319, 344, 358, 366, 368,
　　370~376, 388~390, 409, 412, 417,
　　429~435, 449~455
스턴, 로버트 A.M.Stern, Robert A. M. 25,
　　147, 268~269
스턴, 샌드라 피건Stern, Sandra Feagan 147
스턴리히트, 배리Sternlicht, Barry 238, 246
스테이콤, 다시Stacom, Darcy 51, 54, 60, 250
스트롤, 로렌스Stroll, Lawrence 153
스팅Sting 84
스펙터, 데이비드 케네스Specter, David
　　Kenneth 74
스펠링 매너Spelling Manor 354~355
스프루스 캐피털 파트너스Spruce Capital
　　Partners 370
스피처, 엘리엇Spitzer, Eliot 91, 381
슬리닌, 에두아르도Slinin, Eduard 422
시나트라, 낸시Sinatra, Nancy 79
시모타케, 진 E Shimotake, Jean E. 191
시어스 타워Sears Tower 103
시타델Citadel 25, 327
시트, 조Sitt, Joe 184
시티그룹 프라이빗 뱅크Citi Private Bank 138,
　　147
시티스파이어CitySpire 76, 161
실버, 셸던Silver, Sheldon 404
실버스타인, 래리Silverstein, Larry 193
심슨, 니콜 브라운Simpson, Nicole Brown 79
심슨, O.J.Simpson, O.J. 79
싱어 빌딩Singer Building 102

ㅇ

아덴 맥켄지Auden Mckenzie 427
아도니예프, 세르게이Adoniev, Serguei
　　258~259
아드리안 스미스+고든 길 아키텍처Adrian
　　Smith+Gordon Gill Architecture 25, 271
아라보, 안젤라Arabo, Angela 184
아라보, 제이콥Arabo, Jacob (본명은 야코프
　　아라보Yakov Arabo) 86~89, 184, 449
아랍에미리트United Arab Emirates 103~104,
　　257, 263, 449
아바르 인베스트먼트Aabar Investments 104,
　　109
아부다비 국영석유투자회사International
　　Petroleum Investment Company (IPIC)
　　104~105, 263
아부다비Abu Dubai 104, 263, 344, 347
아브돌리얀, 앨버트Avdolyan, Albert 257~259
아브라모비치, 미하일Abramovich, Mikhail
　　419
아브라모비치, 사리나Abramovich, Sarina
　　419~420, 426
아이크너, 이안 브루스Eichner, Ian Bruce 90,
　　413
『아키텍처럴 레코드Architectural Record』 249
아펠, 아이리스Apfel, Iris 436
아폴로Apollo 126, 297, 326, 366~369,
　　374~375, 391, 432, 454
아프카미, 모하메드Afkhami, Mohammed 184
알라타우Alatau 93~94
알렉산더, 슐로미Alexander, Shlomy 318
알렉산더, 오렌Alexander, Oren 317~319,
　　321, 325, 329~330, 428
알렉산더, 탈Alexander, Tal 317~319, 321,

찾아보기

325, 329~330, 428
알렉산더스Alexander's (백화점 체인) 192~194
알루코, 콜라월레 '콜라'Aluko, Kolawole 'Kola'
　335, 337, 339~340, 342, 350
알리바바Alibaba 443
알사니, 하마드 빈 자심 빈 자베르Al-Thani,
　Hamad bin Jassim bin Jaber 144, 313
알윈 코트Alwyn Court 118, 208
알 쿠바이시, 카뎀Al-Qubaisi, Khadem
　104~106, 108~109, 129, 263~264, 344,
　346~347
알투처, 제임스Altucher, James 416
알호카이르, 파와츠Al-Hokair, Fawaz 183
암베이스 코퍼레이션AmBase Corporation
　254
암스트롱, 브라이언Armstrong, Brian 438
암호화폐cryptocurrency 438~439, 446, 451
애술린Assouline (출판사) 174
『애틀랜틱The Atlantic』 295
애커먼 디벨롭먼트Ackerman Development
　435
애크먼, 빌Ackman, Bill 24, 158~161, 329,
　415
애플 큐브Apple cube 52~53
야르데니, 오페르Yardeni, Ofer 276, 290
얀, 헬무트Jahn, Helmut 76
양도세transfer tax 408
양킨만Yeung Kin-man 357
어린이 투자 펀드Children's Investment Fund
　139~140, 282
어삼, 프레드Ehrsam, Fred 438
억만장자 거리Billionaires' Row 15~16, 18,
　20~21, 23~27, 71, 76, 78, 128, 200,
　215~219, 223, 226~227, 246, 253, 268,

271, 275~276, 286, 290~291, 295,
321, 329, 337~338, 343~344, 347, 350,
353~357, 367, 379, 386, 388, 400, 403,
405, 408, 411, 415, 449, 451~452
억만장자의 벙커Billionaires' Bunker 326
억만장자의 빌딩the billionaire building 16
언펄드Unfurled (맥클로우의 요트) 310
엉클 샘 엄브렐러 앤드 케인즈Uncle Sam
　Umbrellas and Canes 118
에드워드 듀렐 스톤 앤드 어소시에이츠Edward
　Durell Stone & Associates 52
에마르 프로퍼티Emaar Properties 90
에머리 로스 앤드 선스Emery Roth & Sons 51,
　270
에클레스톤, 페트라Ecclestone, Petra 354
엑스텔Extell 109, 111, 119, 121, 142, 155,
　162, 201, 203~204, 206, 208~210,
　221~226, 273, 292, 363~365, 391, 394,
　397, 409, 417, 437, 441
엠파이어스테이트빌딩Empire State Building
　15, 31~32, 63, 102, 178, 217~218, 239,
　395
'열망하는 가격을 책정하는 현상aspirational
　pricing' 354
영, 그레그Young, Greg 350
예젠밍Ye Jianming 340~341
오나시스, 아리스토텔레스Onassis, Aristotle
　68, 71, 91
오나시스, 재클린 케네디Onassis, Jacqueline
　Kennedy 216
오렌스타인, 프랭크Orenstein, Frank 93
오로소프, 니콜라이Ouroussoff, Nicolai 217
오스본Osborne 83
오자크 은행Bank of the Ozarks 282

오카시오코르테스, 알렉산드리아Ocasio-
　Cortez, Alexandria 404
오픈 숍 건설open shop construction 299
오흐, 다니엘Och, Daniel 289, 326
옥스만, 네리Oxman, Neri 415
올라얀 아메리카Olayan America
올림픽 타워Olympic Tower 343
올산 리얼티Olshan Realty 440
올스테이트 리무진AllState Limo 422
「옵저버Observer」 92, 151
와그너, 로버트 F.Wagner, Robert F. 80
왕젠Wang Jian 442
요타Yota 258
용적률floor area ratios (FARs) 114~115, 116,
　119, 218
우드, 개빈Wood, Gavin 438
우드브리, 지니Woodbrey, Jeannie 155, 157,
　323
우선주preferred equity 129~130, 390, 392
울워스 빌딩Woolworth Building 102, 279
울프, 멜Wolf, Mel 57
워런 앤드 웨트모어Warren & Wetmore 82,
　249, 269
워커 타워Walker Tower 239, 242, 245~246,
　253, 262~263, 298, 303, 344, 347, 376,
　391, 432
워커, 랄프Walker, Ralph 235
워튼, 이디스Wharton, Edith 65, 71
원 57One57 15~16, 21~22, 24, **26~27**, 107,
　113, 117, 121, 140~143, 146, 151~156,
　158~159, 162~163, 165, 167, 171, 180,
　181, 184, 191, 200, 201, 207~215,
　220~225, 227, 247, 253, 263, 266~267,
　269, 271, 275, 283, 290~293, 298, 321,
　323, 329, 336~337, 342~326, 349~353,
　387~388, 394, 398, 415, 429, 441~443,
　453
원 비컨 코트One Beacon Court 155, 194
원 월스트리트One Wall Street 453
원 하이드 파크One Hyde Park (런던) 145, 158,
　356
월그렌, 리처드Wallgren, Richard 180, 182
「월스트리트 저널The Wall Street Journal」 21,
　61, 109, 127, 148, 151, 224, 267, 413,
　425, 442, 457
웨일, 샌포드 IWeill, Sanford I. 147~149
위트코프, 스티브Witkoff, Steve 269, 271,
　343~347, 432, 435
윈, 스티브Wynn, Steve 91, 156
윌리스, 브루스Willis, Bruce 78, 352
윌키, 홀Willkie, Hall 148
윙클보스 쌍둥이 형제Winklevoss twins 438
유한책임회사limited liability companies (LLC)
　71, 337~338, 346, 350
율한센, 토마스Juul-Hansen, Thomas 141,
　142, 144
이노밸리스Inovalis 93~94, 97
이더리움Ethereum 438
이스라엘 채권 시장Israeli bond market 292,
　364
이자드파나, 셰리Izadpanah, Sheri 342
일 팔메토Il Palmetto 354
잉그라오, 앤서니Ingrao, Anthony 158, 160,
　415

ㅈ

자동차 거리Automobile Row 79~80
자본 스택capital stack 128~129, 363, 369

자코메티, 알베르토Giacometti, Alberto 381~382, 444~445
재정정책연구소Fiscal Policy Institute 406
재판매 중개인resale brokers 181
잭슨, 브래드Zackson, Brad 91, 96, 136
잭슨, 스티븐Zackson, Stephen 91
전통적인 상업 은행traditional commercial banks 95
제1 세계무역센터One World Trade Center 272
제너럴 모터스 빌딩General Motors building 51~53, 60~61, 91, 135, 181, 383
제다 타워Jeddah Tower 449
제이컵 K. 재비츠 컨벤션 센터Jacob K. Javits Convention Center 81
제이콥 앤 코Jacob & Co. 88, 133
제켄도르프 빌딩Zeckendorf building 146
제켄도르프, 아서Zeckendorf, Arthur 84, 197, 268, 279, 323, 357~359
제켄도르프, 윌리엄Zeckendorf, William 84, 197, 268, 279, 323, 357~359
젤, 샘Zell, Sam 194
조셉, 엘리엇Joseph, Elliott 236~237, 245
조엘, 빌리Joel, Billy 70
조이스 매너Joyce Manor 119
존스, 메리 메이슨Jones, Mary Mason 65
주 및 지방세 공제 혜택state and local tax(SALT) deduction 360
주라시치, 데이비드 '곱슬머리 데이브'Juracich, David 'Wavey Dave' 231~240, 245, 247, 262, 376, 432~433
「주이시 데일리 포워드The Jewish Daily Forward」 86
주커만, 모트Zuckerman, Mort 60, 225
줄리스, 미치Julis, Mitch 183, 428

줄리스, 졸린Julis, Joleen 183
중국은행Bank of China 281~283
지겐, 조시Zegen, Josh 390
지역미술협회Municipal Arts Society (MAS) 215~216, 218~219
지킬 앤드 하이드 클럽Jekyll & Hyde Club 78
질리오티, 마이클Gigliotti, Michael 282
짐, 클라크Clark, Jim 354

ㅊ

차이, 조셉Tsai, Joseph 443
챔피언 파킹Champion Parking 201~202
첸궈칭Chen Guoqing 153
첸펑Chen Feng 153
추, 실라스Chou, Silas 153~154
취약 계층을 위한 저렴한 1인용 숙소single-room-occupancy properties (SROs) 58

ㅋ

카네기홀 타워Carnegie Hall Tower 76~77
카네기홀Carnegie Hall 67, 72, 76~77, 83, 105, 147, 248
카라두스, 제이슨Karadus, Jason 393
카쇼기, 아드난Khashoggi, Adnan 68
카터렛 저축은행Carteret Savings Bank 254~255
칸델라, 로사리오Candela, Rosario 170
캐니언 캐피털 어드바이저스Canyon Capital Advisors 183
캔들러, 레이턴Candler, Leighton 191
캔디, 닉Candy, Nick 158
캘리포니아 공무원 연금California Public Employees' Retirement System (CalPERS) 127

캘리포니아 교직원 연금California State
　　Teachers' Retirement System (CalSTRS)
　　127
캠벨, 발레리Campbell, Valerie 251
『커머셜 옵서버Commercial Observer』 300,
　　302
커브드Curbed 84, 211
컨, 데버라Kern, Deborah 287
케이난, 샤하르Keinan, Shahar 365
켈러, 토머스Keller, Thomas 84
〈코Le Nez〉 (자코메티의 조각품) 381, 444
코랑기, 아미르Korangy, Amir 243, 408, 457
코레인, 사라Korein, Sarah(본명은 사라
　　라비노위츠Sarah Rabinowitz) 189
코로나19COVID-19 410~411, 413~415, 417,
　　431~432, 437, 440, 442, 454
코벳, 키스Corbett, Keith 315
『코스모폴리탄Cosmopolitan』 187
코위, 콜린Cowie, Colin 397, 437
코인베이스Coinbase 438~439
코헨, 글로리Cohen, Glori 422
코헨, 메이어Cohen, Meir 422, 424
코헨, 스티브Cohen, Steve 194
코헨, 아서Cohen, Arthur 91~94, 100
콘도미니엄condominium 58, 63, 69~70, 84,
　　151, 182, 211, 235, 268, 275, 279, 281,
　　291, 362, 385, 423, 435
콜, 리처드Cole, Richard 63
콜리세움Coliseum 84, 216
콜린스, 코니Collins, Connie 191
콜코란 선샤인Corcoran Sunshine 152, 155,
　　226, 288, 307, 322, 388, 410, 413, 432,
　　440
쿠바, 샤울Kuba, Shaul 125

쿠알라룸푸르Kuala Lumpur 103
쿠오모, 마리오Cuomo, Mario 92
쿠오모, 앤드루Cuomo, Andrew 222, 226,
　　360, 405, 410, 413
쿠퍼혼, 제이미Cooper-Hohn, Jamie 139
크라운 빌딩Crown Building 269
크라이슬러 빌딩Chrysler Building 31~32, 95,
　　124, 218, 262, 295
크레아투로, 바바라Creaturo, Barbara 187
크로스 앤드 크로스Cross & Cross 82
크롤리, 조셉Crowley, Joseph 404
크루더, 가브리엘Kreuther, Gabriel 397
크루토이, 이고르Krutoy, Igor 150
크리스티안, 캔디Candy, Christian 324
클라, 스티븐Klar, Steven 161
클라렛 그룹Clarett Group 190, 195, 199, 282
클라먼, 세스Klarman, Seth 366
클라펠드, 닐Klarfeld, Neil 195
키멜먼, 마이클Kimmelman, Michael 212, 272
킴, 로이Kim, Roy 142~144
킴, 존Kim, John 351~352

ㅌ

타사밈Tasameem 104, 109, 346
타워 빌딩Tower Building 101
타이베이 101Taipei 101 (대만) 103
『타임스 유니온Times Union』 224
탈로스 캐피털Talos Capital 140
터렐, 제임스Turrell, James 177
터브, 댄Tubb, Dan 154~155, 180
터실, 윌리엄 버넷Tuthill, William Burnet 83
턴불 앤 아서Turnbull & Asser 88, 133
토나키오, 도메닉Tonacchio, Domenick 434
투 가이즈Two Guys (할인 백화점 체인) 192

투롱델, 로랑Tourondel, Laurent 397
트럼프 소호Trump Soho 137
트럼프 인터내셔널 호텔 앤드 타워Trump
　International Hotel and Tower 119
트럼프 타워Trump Tower 74~77
트럼프, 도널드Trump, Donald 59, 74~75,
　90~91, 111, 119, 137, 146, 193, 212, 306,
　327, 359, 373, 407, 412, 414~415, 439
트럼프, 멜라니아Trump, Melania 438
트럼프, 이방카Trump, Ivanka 79
트론Tron 446
티모셴코, 율리아Tymoshenko, Yulia 99
티파니앤코Tiffany & Co. 82

ㅍ
파놉티콘panopticon 17~18
파사드façades 143, 153, 211, 251, 294~295, 358
파스콰렐리, 그레그Pasquarelli, Gregg 251
파시텔리, 마이크Fascitelli, Mike 195
파예드, 알리Fayed, Ali 133
파크 레인 호텔Park Lane Hotel 92, 269~270, 343
파크 임페리얼Park Imperial 318
파크사이드 컨스트럭션Parkside Construction 431
파텔, 미타Patel, Meeta 427~428
파텔, 아밋Patel, Amit 427
펄머터, 마저리Perlmutter, Margery 252~253
페겔, 게리Fegel, Gary 387
페르티타, 프랭크Fertitta, Frank 358
페쿠니스, 로널드Pecunies, Ronald 190~191
페트로나스 타워Petronas Towers
　(쿠알라룸푸르) 103

펜스타인, 마이클Feinstein, Michael 436
펠드먼, 지엘Feldman, Ziel 112, 118, 244
펠리, 세자르Pelli, César 76
포렐 앤드 토머스Forrell & Thomas 118
포르잠파르크, 크리스티앙 드Portzamparc,
　Christian de 24, 142, 153, 212
『포브스Forbes』149, 439
포즌, 잭Posen, Zac 277
포테일, 알프레드Portale, Alfred 397
포트리스 인베스트먼트 그룹Fortress
　Investment Group 447
'폭포수waterfalls' 212
폰티악 랜드 그룹Pontiac Land Group 358
푸글리세, 살바토레Pugliese, Salvatore 431
푸글리세, 프란체스코Pugliese, Francesco 431
푸르덴셜Prudential 195
푸코, 미셸Foucault, Michel 17
푸틴, 블라디미르Putin, Vladimir 149, 258, 359
풀러 빌딩Fuller Building 152, 180
풋옵션put options 367, 370
퓌망, 안드레Putman, Andrée 77
프라이스, 리처드Fries, Richard 96
프레르, 제르망Frers, German 311
프레이저, 조Frazier, Joe 79
프로모트promote 130~131, 385~386
프로퍼티 마켓 그룹Property Markets Group
　(PMG) 236
프린세스 타워Princess Tower (두바이) 103
프티, 필리프Petit, Philippe 178
플래닛 할리우드Planet Hollywood 78
플랫, 마이클Platt, Michael 392~393
『플런트Flaunt』349

플레이보이 맨션Playboy Mansion 354
플로이드, 조지Floyd, George 414
피르타쉬, 드미트로Firtash, Dmytro 96~97, 99~100
피아노, 렌초Piano, Renzo 112, 168
피에드아테르 세금pied-à-terre tax 405~409
피케티, 토마Piketty, Thomas 439
핀켈스타인르보우, 재클린Finkelstein-LeBow, Jacqueline 422
핀토, 요시야후Pinto, Yoshiyahu 85~86, 89
필드, 니키Field, Nikki 122, 162~166, 350

ㅎ

'하나의 뉴욕을 위한 캠페인Campaign for One New York' 404
하드록 카페Hard Rock Cafe 78~79
하든베르그, 헨리 J.Hardenbergh, Henry J. 273
하이항 그룹HNA Group Co. 153, 442
하인즈Hines 217, 268, 358
하지이오아누, 폴리스Haji-Ioannou, Polys 387
하카산Hakkasan 263
하터, 라이언Harter, Ryan 422~423
할리 데이비슨 카페Harley-Davidson Cafe 79
해킷, 베로니카Hackett, Veronica 190, 192, 195, 199, 200, 282
허갓, 숀Hergatt, Shaun 174
허리케인 샌디Hurricane Sandy 206, 208
허쉬, 야엘Hirsh, Yael 242
허스코비츠, 캐런Herskovitz, Karen 159
허스트, 윌리엄 랜돌프Hearst, William Randolph 354
허자벡, 로버트Herjavec, Robert 442
헤어초크 앤드 드뫼롱Herzog & de Meuron 271

헤프너, 휴Hefner, Hugh 354
헬러, 우디Heller, Woody 123~125, 127, 131~137
헬름슬리, 리오나Helmsley, Leona 270
헬름슬리, 해리Helmsley, Harry 270
협동조합cooperatives 67, 69~73, 106, 118, 174, 208, 267, 279, 283, 339, 340, 352, 398, 401
호일먼, 브래드Hoylman, Brad 401, 406, 408
호프만, 요제프Hoffmann, Josef 169, 176
호프스테터, 빅토리아Hofstaedter, Viktoria 178~180
혼, 크리스토퍼Hohn, Christopher 139
화이자Pfizer 440
'희망 증서hope certificates' 134, 137, 391
휘트먼, 타일러Whitman, Tyler 343
히르텐슈타인, 마이클Hirtenstein, Michael 158
힐피거, 디 오클레포Hilfiger, Dee Ocleppo 415
힐피거, 토미Hilfiger, Tommy 153, 415, 436

기타

1 세계무역센터1 World Trade Center 272
1 파크 레인1 Park Lane 343
102 프린스 스트리트102 Prince Street 318
11 매디슨 애비뉴11 Madison Avenue 137
111 웨스트 57번가111 West 57th Street 21, 23, 25, **26~27**, 253, 258, 260, 267, 294~295, 297~298, 305, 322, 412, 429, 432, 434, 438, 449~450, 454
15 센트럴파크 웨스트15 Central Park West 84, 107, 145~148, 150, 155, 174, 182, 197, 211, 267~268, 278~279, 289~291
1MDB (말레이시아 국부펀드) 344~346

찾아보기

2008년 금융 위기financial crisis of 2008 96, 291, 416
217 웨스트 57번가217 West 57th Street 21, 200, 227
220 센트럴파크 사우스220 Central Park South 21, 23, 25, **26~27**, 186, 189~192, 195, 198, 200~202, 227, 253, 267, 273, 277~283, 286~287, 289~292, 320, 325, 328~329, 351, 379, 395, 399, 400, 417, 437, 442~443, 451~452
3 서튼 플레이스3 Sutton Place 393
421-A 세금 감면 혜택421-A tax abatements 90
432 파크 애비뉴432 Park Avenue 16, 17, 21, **26~27**, 152, 167, 179, 180, 185, 209, 218, 271, 339, 351, 377, 384, 419, 423
520 파크 애비뉴520 Park Avenue 323, 357, 406
53 웨스트 53번가53 West 53rd Street 268, 358
550 매디슨 애비뉴550 Madison Avenue 269
740 파크 애비뉴740 Park Avenue 68, 266
80/20 프로그램80/20 program 223
800 파크 애비뉴800 Park Avenue 73
AOL 타임 워너 센터AOL Time Warner Center 84
CEFC 차이나 에너지CEFC China Energy 341
CIM 125~127, 129, 131~140, 167, 170~171, 182~185, 281, 313, 315, 385~386, 391, 420~426, 453
CMZ 벤처스CMZ Ventures 93, 96
DBOX 175, 177
EB-5 비자 프로그램EB-5 visa program 150
J.P. 모건J.P. Morgan 95, 140, 392, 417

JDS 개발 그룹JDS Development Group 238, 245, 374, 389, 430~431, 434
JSF 캐피털JSF Capital 422
NFT 예술 작품NFT art pieces 438
NYC 크레인 호이스트 & 리깅NYC Crane Hoist & Rigging 430
S. 뮬러 앤드 선즈S. Muller & Sons 110~111
SL 그린SL Green 113
SMI USA 362
US 크레인 & 리깅US Crane & Rigging 430

억만장자의 거리

초판 1쇄 발행 2025년 6월 13일

지은이 캐서린 클라크
옮긴이 이윤정

책임편집 이현은 **편집** 황유정 **디자인** 공미경
제작·마케팅 이태훈 **경영지원** 김도하 **인쇄·제본** 재영P&B

펴낸곳 주식회사 잇담
펴낸이 임정원
주소 서울특별시 강남구 언주로 201, 1108호
대표전화 070-4411-9995
이메일 itdambooks@itdam.co.kr
인스타그램 @itdambooks

ISBN 979-11-94773-03-0 03320

* 잇담북스는 주식회사 잇담의 자체 콘텐츠 브랜드입니다.
* 이 책은 저작권법에 따라 보호받는 저작물이므로 무단 전재와 복제를 금지합니다.
* 이 책 내용의 전부 또는 일부를 이용하려면 반드시 저작권자와
  주식회사 잇담의 서면 동의를 받아야 합니다.
* 책값은 뒤표지에 있습니다.
* 잘못된 책은 구입하신 곳에서 바꿔 드립니다.